彭凯平 孙 沛 倪士光 主编

中国积极心理
Positive 测评手册
Psychology

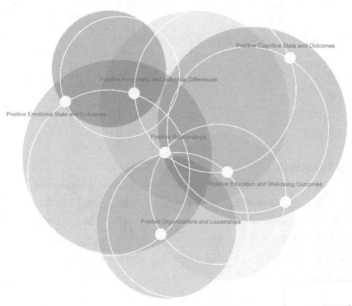

清华大学出版社
北京

本书封面贴有清华大学出版社防伪标签，无标签者不得销售。
版权所有，侵权必究。举报：010-62782989，beiqinquan@tup.tsinghua.edu.cn。

图书在版编目(CIP)数据

中国积极心理测评手册/彭凯平，孙沛，倪士光主编. —北京：清华大学出版社，2022.8
(2025.6 重印)

ISBN 978-7-302-54867-6

Ⅰ.①中… Ⅱ.①彭… ②孙… ③倪… Ⅲ.①普通心理学－工具书－中国　Ⅳ.①B84-6

中国版本图书馆 CIP 数据核字(2020)第 025326 号

责任编辑：王如月
封面设计：常雪影
责任校对：宋玉莲
责任印制：沈　露

出版发行：清华大学出版社
网　　址：https://www.tup.com.cn，https://www.wqxuetang.com
地　　址：北京清华大学学研大厦 A 座　　邮　编：100084
社 总 机：010-83470000　　邮　购：010-62786544
投稿与读者服务：010-62776969，c-service@tup.tsinghua.edu.cn
质量反馈：010-62772015，zhiliang@tup.tsinghua.edu.cn

印 装 者：三河市东方印刷有限公司
经　　销：全国新华书店
开　　本：170mm×240mm　　印　张：29.75　　字　数：472 千字
版　　次：2022 年 8 月第 1 版　　印　次：2025 年 6 月第 5 次印刷
定　　价：128.00 元

产品编号：083815-01

前言

探索人类的幸福,增进社会的福祉,发现未来的知识,都离不开高质量的心理测量工具。近十年来,积极心理学(Positive Psychology,PP)已在国内蓬勃发展起来了,我国积极心理学界同仁们孜孜不倦地在积极心理学学术前沿开展了大量卓有成效的工作,现在有必要将这些工作做一个规范性的梳理,以提升标准化心理测量工具在积极心理学研究中的基础作用。

本书所辖心理测量工具的入选标准是:1. 积极心理学领域的概念,及其理论定义和操作性定义;2. 测量工具已发表在同行评审的刊物中,特别是核心期刊;3. 中文版工具依据经典心理测量学的程序进行了表述;4. 近三年已有同行引用;5. 工具具有文化契合性,进而保障了工具不仅可以用于跨文化和跨国界的学术研究对话,而且可以用于中国人和中国问题的积极心理研究和实践。

根据积极心理学领域的基本心理过程和个体差异,以及在关系、教育和组织的具体场景应用,我们将 78 个工具分成了 6 大部分,分别是:1. 积极人格与个体差异(positive personality and individual differences);2. 积极认知状态和过程(positive cognitive state and outcomes);3.积极情绪状态和过程(positive emotional state and outcomes);4.积极关系(positive relationships);5.积极教育与幸福结果(positive education and well-being outcomes);6.积极组织与领导力(positive organizations and leaderships)。读者朋友们可以根据自己的需要,选择相应的工具。

积极心理学本质上是一门简单有秩序的行动科学,不仅关注积极心理干预方法对幸福结果的效果,还关注效果机制的积极功能研究。我们呼吁同行们一起来进行系统性的高质量研究。

积极心理学是无边界、无偏见的学科体系,它本身包含了跨学科的思维范式,既可以渗入传统的心理学、教育学、社会学、管理学、经济学、艺术学等学科的学术研究,也可以运用于咨询、辅导、训练等不同应用场景的社会实践,还可以作为自我思考和提升的工具。

本书得到了彭凯平幸福教育公益基金、瀚思心理大数据研究院和深圳人文社科重点研究基地深圳民生幸福标杆研究中心的大力支持。我们计划三年内推出修订版,如果您有任何建议或问题,敬请联系我们赐教,我们将不胜感谢。

编 者
2021 年 6 月 15 日

编委会

主　编
彭凯平　孙　沛　倪士光

执行主编
倪士光

副主编
于永菊　段文杰

委　员
于永菊　马秋晨　王　梓　王晓静　卢国华
叶　霖　刘晓丽　孙　沛　安媛媛　吴卫国
张　平　张　迪　张秀琴　张逸梅　李占宏
李海垒　杜晓静　杨泽云　杨瑞东　邹　君
陈树铨　周　希　周凌霄　林　云　姚彦莉
段文杰　倪士光　徐继红　徐媛媛　郭双双
郭素然　高　阳　梁宝勇　黄婧怡　黄琳妍
彭　李　彭凯平　程建伟　程明明

秘书组
王　梓　王梦南　吕艺芝

目录

Positive Psychology

绪论　　1
　　1. 积极心理测评工具的特征、选择与评价　　2
　　2. 积极心理团体干预的效果评估方法与数据分析　　7

第一部分　　积极人格与个体差异
Positive Personality and Individual Differences　　13

一、希望 Hope　　14
　　1. 成人特质希望量表（ADHS）　　14
　　2. 儿童希望量表（CHS）　　18
　　3. 成人状态希望量表（ASHS）　　21
　　4. 华人宁静性希望量表（CPHS）　　24

二、幽默感 Sense of Humor　　28
　　5. 应对幽默量表（CHS）　　28
　　6. 幽默风格问卷（HSQ）　　33

三、心理弹性 Resilience　　39
　　7. 自我韧性量表（ERS）　　39

8. 心理韧性量表(CD-RISC) 43

9. 青少年心理韧性量表(HKRA) 47

10. 坚韧人格量表(HS) 54

四、坚毅 Grit 59

11. 坚毅量表(Grit-O) 59

12. 简式毅力量表(Grit-S) 63

五、优势 Strengths 66

13. 盖洛普优势识别器(CSF 2.0) 66

14. 青少年优势行动价值分类量表(VIA-Youth) 71

15. 优势行动价值问卷(VIA-IS) 74

16. 优势知识和优势使用量表(SKUS) 78

17. 简明优势量表(BSS) 83

18. 三维度性格优势量表(TICS) 88

19. 中国人的美德问卷(CVQ) 93

第二部分 积极认知状态和过程
Positive Cognitive State and Outcomes 103

一、生命意义 Meaning in Life 104

1. 生命意义感量表(MLQ) 104

2. 中国生命意义源量表(CSMIL) 109

二、习得性乐观 Learned Optimism 114

3. 儿童归因风格修订版问卷(CASQ-R) 114

4. 归因风格问卷(ASQ) 120

三、正念 Mindfulness　　128

　　5. 费城正念量表(PHLMS)　　128

　　6. 修订版正念认知与情感量表(CAMS-R)　　133

四、流畅感 Flow　　136

　　7. 状态流畅量表(FSS-2)与特质流畅量表(DFS-2)　　136

五、职业自我效能感 Career Self-Efficacy　　146

　　8. 职业决策自我效能感量表(CDSES)　　146

六、智慧 Wisdom　　152

　　9. 文化智力量表(CQS)　　152

　　10. 三维度智慧量表(3D-WS)　　158

　　11. 智谋量表(RS)　　165

七、应对方式 Ways of Coping　　170

　　12. 应对方式问卷(WCQ)　　170

　　13. 未来取向应对量表(FCI)　　175

八、问题解决 Problem Solving　　180

　　14. 焦点解决量表(SFI)　　180

　　15. 焦点解决量表(SFI)　　184

九、其他 Others　　189

　　16. 时间洞察力量表(ZTPI)　　189

　　17. 创伤后成长量表(PTGI)　　198

第三部分　积极情绪状态和过程
Positive Emotional State and Outcomes　203

一、积极情绪 Positive Emotions　204
    1. 生活满意度量表（SWLS）　204
    2. 情绪状态画像（POMS）　208
    3. 积极消极情绪量表（PANAS）　213
    4. 情绪程度和时间量表（ITAS）　218

二、自尊 Self-Esteem　225
    5. 罗森伯格自尊量表（RSE）　225
    6. 状态自尊量表（SSES）　230

三、情绪智力与情绪调节
    Emotional Intelligence and Emotion Regulation　236
    7. 情绪智力量表（MSCEIT）　236
    8. 情绪调节问卷（ERQ）　265
    9. 灵活调节情绪表达量表（FREE）　270

四、主观幸福感 Subjective Well-Being　275
    10. 心理幸福感量表（RPWS）　275
    11. 殷盛感量表（FS）　280
    12. 旺盛感量表（BIT）　285
    13. 安静自我量表（QES）　289
    14. 内心平静量表（POM）　294

第四部分　积极关系
Positive Relationships　299

一、感恩 Gratitude　300

1. 感恩愤怒感激测验(GRAT) 300
2. 感恩问卷(GQ-6) 306
3. 感恩形容词评定量表(GAC) 311

二、同理心 Empathy 314
4. 基本同理心量表中文版(BES-C) 314
5. 中文版人际反应指数量表(C-IRI) 327

三、依恋与爱情 Adult Attachment Theory and Romantic Love 335
6. 成人依恋量表(AAS) 335
7. 关系问卷(RQ) 341
8. 成人依恋问卷(AAQ) 346
9. 亲密关系经历量表(ECR) 351
10. 爱情态度量表(LAS) 358

四、宽恕 Forgiveness 364
11. 宽恕可能性量表(FLS) 364
12. 决定宽恕与情感宽恕量表(DFS,EFS) 368
13. 人际侵犯动机量表(TRIM-12) 373

五、其他 Others 377
14. 持续联结量表(CBS) 377
15. 身体欣赏量表(BAS) 382

第五部分 积极教育与幸福结果
Positive Education and Well-being Outcomes 387

1. 全人健康量表(HWBS) 388
2. 简版心理健康连续体量表(青少年版)(MHC-SF) 393

3. 成长型思维量表(GMS)　　398

4. 儿童普遍信任量表(CGTB)　　404

5. 儿童认知、情感和躯体移情量表(CASES)　　410

6. 社会与健康情绪量表(中学版)(SEHS-S)　　415

7. 父母养育心理灵活性问卷(PPFQ)　　422

8. 发展性资源分析量表(DAP)　　427

第六部分　积极组织与领导力
Positive Organizations and Leaderships　　433

1. 明尼苏达满意度量表(MSQ)　　434

2. 心理资本量表(PCQ-24)　　438

3. 谦逊领导量表(EHS)　　443

4. 生涯适应力量表(CAAS)　　447

5. 体验购买倾向量表(EBTS)　　451

附录　　456

1. 心理测验管理条例　　456

2. 心理测验工作者的道德准则　　462

绪 论

1. 积极心理测评工具的特征、选择与评价

一、积极心理测评工具的特征

量表的标准化是量表编制中必需且重要的一环。也就是说,量表编制成稿之后经过标准化才算正式完成。编制后的量表能否投入使用,主要取决于其标准化特征和程度。

1. 取样(sampling)

按传统的测验学理论,对测验或评定的解释是,以被测或被评者的所属群体为标准,在编制测验或量表无法测量这个群体中所有成员时,便只能取样,即以样本代表全体(汪向东、王希林、马弘,1999)。样本具有代表性才能保障测评工具具有较好的信度和效度。否则可能导致测评工具的信度和效度不高,导致结果解释存在偏差。提高样本的代表性,除了要求样本的数量达到要求之外,还应该注意所测评内容(如积极心理测评中的生活满意度、生命意义感、情绪智力等)的所有有关影响因素(如年龄、性别、文化程度、民族、生活地区等)。

心理测评常用的取样方法分简单随机抽样、整群抽样、分层比例抽样和机械抽样等。

(1)简单随机抽样:包括直接抽选法、抽签法、随机数字表法。

(2)整群抽样:先将总体分为多个群,然后随机抽取其中若干个群,对这些群内所有个体或单元均进行调查。

(3)分层比例抽样:先将总体中所有的单位按照某个标志分成若干类(组),然后在各个类中分别随机抽取样本。

(4)机械抽样:先将抽样总体单位按照一定顺序排队,根据总体单位数和样本单位数计算出抽选间隔(抽选距离),然后按照一定的间隔抽选样本单位。由于抽选间隔相等,所以也叫等距抽样。

不管用何方式,都要使样本有足够代表性。因此,在选择测量工具时必须注意编制此工具的样本代表性和所要评估的对象情况是否在样本内。只有受测者

的情况在这些方面与标准样本相符,所测结果与标准样本才有可比性。

2. 常模(norm)

常模是一种供比较用的标准量数,由标准化样本测试结果计算而来,其形式大致有如下几种。

(1) 均数。某一受评者所得分数与标准化样本的平均数相比较时,便能确定其水平的高低。

(2) 标准分。用标准分作常模,可提供更多的信息。标准分能说明受测者的评定成绩在标准化样本的成绩分布图上所在位置。许多评定量表采用这种常模可衍化出其他形式,如 T 分。

(3) 百分位。将得分低的排列在下,得分高的在上,计算出样本分数的各百分位范围。如 P25,说明样本中 25% 的得分在该受评者的得分之下(或至多和他的得分一样),另有 75% 人数的得分比他要好。以此类推。

(4) 划界分。在积极心理测评工具中,特别是某些用于特殊人群的测评工具,由于其样本常常不是正态分布,不具备制定标准分常模的条件,而多采用划界分常模。划界分是指用一具体量数,对评定结果进行划界。

除上述常模形式外,还有其他性质的常模,例如年龄常模(按年龄分组建立、在儿童和老年人量表中常用)、区域常模和各种疾病诊断常模,等等。从可比性来看,常模越特异越有效;从适应性来讲,则通用常模使用更方便。

3. 信度(reliability)

信度是指测验或量表的一致性、稳定性及可靠性,一般多以内部一致性来加以表示该测验信度的高低。信度分析的常用具体方法有重测信度、复本信度、分半信度、信度系数法四种(后两种可归为内部一致性信度)。

(1) 重测信度(test-retest reliabilty):同一组受测者在两次不同时间作同一套量表评定,对两次结果作相关性检验,以评估量表结果的稳定性。重测信度所考查的误差来源是时间的变化所带来的随机影响。在评估重测信度时,必须注意重测间隔的时间。重测信度的时间间隔的选择存在两难问题:缩短两次测试的时间间隔,受测者较容易回忆出测试的题目;而延长两次测试的时间间隔,则受测者较容易受外部影响而变化(风笑天,2006)。一般情况而言,重测间隔在两周到6个月之间比较合适。

(2) 分半信度(split-half reliability):将一套量表的各项目按奇、偶数号分成两半,对其评定结果进行相关性检验。

(3) 同质性信度(inter-item consistency):所谓同质性信度是指评定量表内部所有项目间的一致性,这里讲的是分数的一致,而不是项目内容或形式的一致。量表内各项目分数相关越高,则量表项目就越同质。另外,分半相关法也是估计同质性信度的一种方法。

(4) 评定者信度(inter-rater reliability):数名不同评定者采用同一套量表对相同受评者进行评定,对所得结果进行一致性检验,以评估评定量表评分的客观性。对心理测验而言,一般都采用客观性项目,且有一套相当标准化的评分程序,因此由评分引起的误差变异是可以忽略的。而评定量表相当多的是主观项目,且评定者在评分时或多或少掺杂主观判断成分,故评定者之间的评分误差变异难以避免。一般要求在成对的受过训练的评定者之间平均相关系数达到 0.9 以上,才认为评分是客观的。

除以上指标外,还有正复本相关、因素信度、测量标准误等信度检验方法。

4. 效度(validity)

效度即有效性,指一个测量工具能够准确测查出所要测量的变量的程度。积极心理测评工具的效度检验方法与心理测验一样,分为三类,即内容效度(content-related validation)、效标效度(criterion-related validation)和结构效度(construct-related validation)。

(1) 内容效度,又称表面效度,指量表项目反映所测量内容的程度。内容效度评估方法有专家判断法、统计分析法(评分者信度、复本信度、折半信度、再测法)和经验推测法(实验检验)。

(2) 效标效度,是指一个量表对处于特定情境中的个体的行为进行预测的有效性,也就是对于我们所感兴趣的行为能够预测的程度。检验实证效度一般是将量表评定结果与某一标准行为(即效标)进行相关检查。如将个体的抑郁量表与抑郁症病人的临床典型症状、诊断性量表与临床诊断进行相关分析。如果二者相关程度(或一致性程度)高,则说明效标效度理想;反之认为效标效度不理想。

(3)结构效度,又称构想效度,反映编制的量表所依据理论的程度。如编制一个心理弹性量表,必定依据有关的心理弹性理论。同时,所编制的量表是否符合原来预计的理论框架,也可用结构效度来检验。

量表的效度研究,不管是在量表编制过程中,还是编制之后都要持续地进行,并且是一项长期的、永无止境的工作。量表的效度材料越丰富,对量表的功能认识就越全面。

5. 方法的标准化

积极心理测评工具必须按一定的规则实施,其记分方法和方式、分级的标准、结果的换算也要按一定的规则进行,只有这样,评定结果才具有较高的真实性。

积极心理测评工具的标准化特征,并不是每个测评工具都要像标准化测验那样应全部具备,有的量表可能多一些,标准化程度要高一些;有的可能少些,标准化程度就不那么好。至于每个具体量表做了哪些标准化工作,如常模样本、施测方法、信度和效度资料,都应尽可能详细地在使用手册上说明。

二、积极心理测评工具的选择与评价标准

借鉴 Riezen 和 Segal(1988)提出的一整套评价量表的原则,我们认为积极心理测评工具的选择与评价标准主要包括以下几个方面。

1. 量表的功效

量表的功效是指所使用的量表能够全面、清晰地反映所要评定的内容特征和真实性的程度。有的量表可评定多个方面的特质,而另一些量表则只限于评定1~2种特质。有的量表适用于所有年龄和各种类型的人群,而另一些量表可能只限于某一年龄阶段或某一特殊人群。质量好的量表应该对项目描述具体、清晰,等级划分合理,定义明确,以反映出心理行为的细微变化。出现的频度或严重程度分极最好采用3~7级划分。量表应尽可能简短,又不损失必要的细节。

2. 敏感性

敏感性是指选择的量表应该对所评定的内容敏感，即能测出受评者某种特质、行为或程度上的有意义的变化。量表的敏感性既与量表的项目数量和结果表达形式（如因子分）有关，又受量表的标准化程度和信度高低影响。此外，评定者的经验和使用量表的动机也影响量表的敏感性。

3. 简便性

简便性是指所选择的量表应尽量简明、省时和方便实施。然而实际上，量表简短、省时就难以做到全面。使用者不加训练和采用非标准化方法就会降低量表的信度，影响结果的可靠性。几个量表同时配合使用，能弥补单一量表这方面的缺陷。

4. 可分析性

使用量表的目的就是要对测评对象的特质、行为或现象作质与量的评价。一般而言，量表应具有其比较标准，或者是常模，或者是描述性标准。量表中单项分、因子分及总分都是常用分析指标，总分常反映受评者总的情况和变化；而单项分、因子分则是分析这些方面变化的主要指标。把单项分或因子分画成曲线或构成廓图，受评者的某方面心理特质、行为特征或社会背景情况等特点会更直观、清晰。

参考文献

1. 汪向东，王希林，马弘，1999. 心理卫生评定量表手册（增订版）[J]. 中国心理卫生杂志社.
2. 风笑天，2006. 社会研究方法（第一版）. 北京：高等教育出版社.
3. Riezen H. V. & Segal M, 1988. *Comparative Evaluation of Rating Scales for Clinical Psychopharmacology*[M]. Elsevier.

2. 积极心理团体干预的效果评估方法与数据分析

王梦南[1]　倪士光[2]

(1. 清华大学心理学系,北京,100084;

2. 清华大学深圳国际研究生院,深圳,518055)

【摘要】 近年来团体干预在中国发展迅速,但由于团体干预效果的评估方法的规范性匮乏,团体干预的效度亟待更为充分的研究和验证。本文以积极心理团体干预(Group-Based Psychological Interventions,G-PPIs)为例,梳理了团体效果评估的团体方案准备、初步研究和正式研究评估等三个阶段,总结了效果评估的研究设计及数据分析方法,为研究者们进行团体干预的效果评估提供规范性、科学性的方法参考。

积极心理干预是以积极心理学为理论指导的心理干预方案,主要针对提高积极情感、积极认知或积极行为(Sin & Lyubomirsky,2009)。团体心理干预是在团体情境中提供心理辅导、心理咨询或心理治疗的一种干预形式。在帮助那些有着共同发展主题和相似心理困扰的人时,团体辅导相比较个别咨询而言更加经济有效(樊富珉,2005)。随着积极心理学在团体情境中的适用性为更多人所了解,越来越多的团体心理干预采用了积极心理学取向。积极心理团体干预是在团体情境下,运用积极心理干预的理念和技术提供心理指导的干预方式。

虽然积极心理团体干预运用逐渐广泛,但是能否客观地评价团体心理干预的效果仍是影响团体心理干预研究效度的重要议题。王茹婧等(2017)对国内 89 篇团体咨询研究文章进行分析后指出,目前国内团体咨询效果评估呈多样化特点,一部分研究存在误用、滥用效果评估方法从而得出团体咨询效果显著的结论,一部分在研究设计上需要进一步改进。为有效提升积极心理团体干预效果评估的科学性和客观性,我们有必要进行量化的研究设计及数据分析。它不仅为研究者提供了团体干预研究设计的风险与收益的证据,也提供了团体干预研究设计的潜在问题,帮助研究者们做出更加严密的设计,完善团体干预方案。因此,本文旨在为积极心理干预,主要是积极心理团体干预的效果评估,提供研究设计及数据分析方法的参考和指导。团体咨询的效果评估通常包含团体方案准备、初步研究和正式研究三个阶段(Sreevani & Reddemma,2013),本文将总结各阶段的评估目标和方式,并提出针对不同评估阶段的研究设计及数据分析方法。具体如图所示。

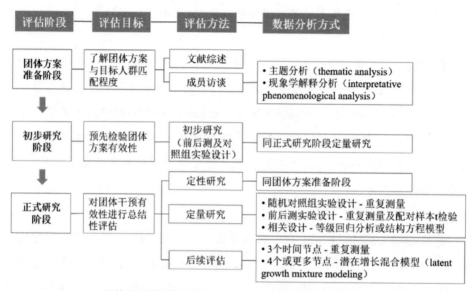

团体干预效果评估的各阶段研究设计及数据分析方法

一、团体效果评估阶段

1. 团体方案准备阶段

主要目的是了解团体方案设计与目标人群行为需求的匹配程度。团体方案设计需要根据目标人群的亚行为特征进行调整,不能直接采用未进行本土化的外国方案(王茹婧等,2017)。本阶段效果评估建议采取质性评估方式。以文献综述及成员访谈的形式,了解目标人群需求的影响因素以及相关领域内已有的有效干预方式,帮助制定与目标人群需求更为契合的团体干预方案。

2. 初步研究阶段

初步研究是在正式干预实施之前,对目标人群中的少量成员进行试点,目的是预先检验团体干预方案的有效性,并根据初步研究结果修改和完善方案,以获得最佳效能,减少方案的潜在风险。王茹婧等人(2017)的研究发现,仅有3.4%的国内团体研究使用了初步研究。鉴于初步研究在保障团体方案有效性上的重要作用,建议在进行正式团体干预前设计初步研究,并以量化方式进行评估,如设置对照组或前后测等方式,通过数据分析保障正式研究的可预测性、可行性和有效性。

3. 正式研究阶段

在正式研究阶段,效果评估的重点是对正式团体干预方案进行总结性评估。通过测量大样本群体,收集反映团体成员变化的证据,并依此判断团体方案是否适用于样本对应群体。值得注意的是,在进行总结性评估时应注重评估角度的多元化。评估对象应该包括团体及个人层面,评估执行者也应当加入团体领导者、督导及观察员等。在收集证据时,既有定性的数据,也有定量的数据。在进行效果评估时也应适当结合过程因素,如团体氛围或成员投入情况。若条件允许,建议进行后续评估,对研究效果的持续性进行检验。

二、团体效果评估方法及数据分析

1. 定性方法(quantitative study)

定性数据包括成员主观报告、绘画作品等,其中成员访谈是收集定性数据的主要方式。成员访谈包括对成员个体的半结构式访谈和焦点小组访谈,围绕明确的访谈主题通过开放式问题了解成员的需求或体验。

访谈或其他质性数据可以通过主题分析(thematic analysis, TA)或者现象学解释分析(interpretative phenomenological analysis, IPA)的方法进行分析,并依此对团体方案进行修正完善。

2. 定量方法(qualitative study)

对团体干预效果进行量化评估的方式包括标准化测验、自编问卷和行为量化等。在标准化测验中,全人健康量表(holistic well-being scale, HWBS)是测量积极心理团体干预有效性的方式之一(Chan, 2014)。该量表具有较好的内部一致性和跨时间的稳定性,内部一致性 α 系数范围为 0.63~0.87;探索性和验证性因素分析的结果均表明 HWBS 的两维度及七因子的结构效度良好。行为量化包括某特定行为发生情况的量化数据,以及生理指标如皮质醇水平、血压、皮肤电等,相关数据可直观反映个体的情绪或其他心理变化。当已有量表不能准确测量相关问题或不适用于目标人群时,许多研究者亦采用自编量表。但在使用自编量表时,需注意信度及效度的检验,并在研究中报告相应指标以确保量表的有效性。

3. 实验设计

(1) 随机对照实验设计(randomized controlled trial, RCT)

随机对照实验运用了严谨的实验设计,将团体成员随机分配到实验组和对照组,最大限度排除干扰因素,以验证团体干预的有效性是否高于其他干预方法。值得注意的是,随机对照实验可能产生伦理问题,即被分配到对照组的人们与实验组虽然有同样的问题或需求却无法得到有效干预。此时可以采用等待序列随机对照实验(waiting-list randomized controlled trial, WL-RCT),将目标人群随机分为 2 组,一组作为实验组在较早时间点 T_0 接受干预,另一组在正常时间点 T_1 接受干预,在中间等待(T_0-T_1)期间后者作为前者的对照组。

重复测量(repeated measures)可用于 RCT 及 WL-RCT 的数据分析。

(2) 前后测实验设计(pre-post test)

前后测实验设计通过比较成员接受团体干预前与接受团体干预后的数据验证团体干预方案的有效性。根据是否设置对照组,前后测实验设计可分为实验组前后测实验设计和实验组、对照组前后测实验设计。实验组前后测实验设计由于操作简便同时保证有效性,常被用于仅面向少数成员的初步研究的效果评估中。实验组、对照组前后测实验设计则更为严谨,能较为准确地反映团体干预方案的有效性。

重复测量和配对样本 t 检验可用于前后测实验设计的数据分析。

4. 相关设计(correlational design)

由于条件或伦理限制,可能出现不可以设置对照组或只接受一种干预的实验组的情况,此时可采用相关设计来检验干预的有效性。成员在干预前接受前测

(T_0),在干预后接受后测(T_1)。通过比较成员前后测获取的心理健康数据,我们可以了解成员的心理健康是否发生了变化。同时在 T_1 对成员的顺从性和满意度进行检验。通过分析成员的健康变化与顺从性、满意度的相关,我们可以对团体干预的有效性进行评估。

对于小样本团体,可以采用逐步回归分析(hierarchical regression analysis)验证成员心理健康变化和一致性、满意度的相关性,成员一致性和满意度在心理健康水平改变中所占的方差标志着干预的有效性。对于较大样本,则需采取更高级的统计方式,如结构方程模型(structural equation modeling),除前述方差值外,还需参考拟合优度指标(goodness of fit indices)以验证有效性。

5. 后续评估(follow-up assessment)

由于团体心理干预常需要一段时间起效,只用前后测方式检验两个时间节点间的变化可能不足以证明团体干预的有效性。因此如预算、时间及人力允许,建议进行后续评估。后续评估可以解释由团体心理干预引发的心理发展轨迹。对于3个时间节点的评估,可以用重复测量检验干预效果;对于4个或更多的时间节点,则可以采用潜在增长混合模型(latent growth mixture modeling)进行检验。

虽然近年来团体咨询在我国已进入专业化发展时期,但相关研究的质量及多样性均有待提高。国外的团体研究经历了从效果研究到过程—效果研究,从单一到丰富的主题,从简单到严谨的研究方法的过程(邵瑾,2015)。国外团体研究的历史及发展趋势可以为国内的团体研究提供指引。由于团体干预是一个动态发展的过程,因此有必要在效果评估中增加过程因素的研究,如团体过程、团体氛围、成员互动等。效果评估也应贯穿团体干预的全程,不同阶段采用不同的侧重点和研究方法。

参考文献

1. Chan C. H., Chan T. H., Leung P. P., Brenner M. J., Wong V. P., Leung E. K., Chan C. L, 2014. Rethinking well-being in terms of affliction and equanimity: development of a holistic well-being scale[J]. *Journal of Ethnic and Cultural Diversity in Social Work*, 23(3-

4),289—308.
2. DeLucia-Waack JL,2014.团体咨询与团体治疗指南[M].李松蔚,鲁小华,贾烜,等,译.北京:机械工业出版社.
3. Sin N. L. & Lyubomirsky S, 2009. Enhancing well-being and alleviating depressive symptoms with positive psychology interventions: A practice-friendly meta-analysis[J]. *Journal of clinical psychology*, 65(5), 467—487.
4. Sreevani R, Reddemma K, Chan CL, et al, 2013. Effectiveness of integrated body-mind-spirit group intervention on the well-being of Indian patients with depression: A pilot study [J]. *Journal of Nursing Research*, 21(3), 179—186.
5. 邵瑾,樊富珉,2015.1996—2013年国内团体咨询研究的现状与发展趋势[J].*中国心理卫生杂志*,29(4),258—263.
6. 王茹婧,樊富珉,李虹,倪士光,2017.2001—2016年国内团体心理咨询效果评估:现状、问题与提升策略[J].*中国临床心理学杂志*,25(3),577—583.

第一部分
积极人格与个体差异
Positive Personality and Individual Differences

一、希望 Hope

1. 成人特质希望量表（ADHS）*

程建伟

（深圳信息职业技术学院应用外语学院，深圳，518127）

【摘要】 成人特质希望量表（Adult Dispositional Hope Scale，ADHS）由 Snyder(1995)编制，广泛应用于测量 15 岁以上群体的特质希望。国内已有以中学生和大学生为测试对象的成人修订版本，符合心理测量学标准。

1. 理论背景

希望(hope)作为积极心理的重要品质之一，近年来一直受到国内外学者的关注。Miller 和 Powers(1988)认为希望是人们对未来美好生活的一种预期和体验，伴之产生的一种自我提升或自我实现的感觉，是一种对生活的目的、意义、价值以及无限可能性的体验。Snyder 和他的同事(1991)提出一种聚焦于目标达成的认知动力理论模型，把希望定义为一种基于内在成功感的积极的动机状态，这种状态以路径(指向目标的计划)和动力(指向目标的活力)交互作用为基础。他

---

* 测评工具研发成果参见：

1. Snyder C.R. (1995). Conceptualizing, measuring, and nurturing hope. *Journal of Counseling and Development*, 73(3): 355—340.
2. 任俊.(2006).积极心理学.上海教育出版社,上海：194—196.
3. 陈灿锐,申荷永,李淅琮.(2009).成人素质希望量表的信效度检验.中国临床心理学杂志,17(1): 24—26.

认为,希望由动力思维(agency thinking)和路径思维(pathways thinking)两部分组成(Snyder,1995)。动力思维是指一组启动个体行动,并支持个体向着目标,沿着既定的路径持续前进的自我信念系统;路径思维是一组有关个人对自己有能力找到有效的途径来达到渴望的目标的信念和认知。

希望的测量工具从最早期的希望量表发展到现在有 10 余种,包括适用于幼儿、儿童、中小学生、成人等不同群体的多种版本。最早的是 Gottschalk(1974)的希望量表,后来还有米勒希望量表(Miller Hope Scale),但国内使用较少。Herth 的希望量表主要用于测量患者和老人的希望水平(苌云莉,2015)。Snyder 和 Sigmon(2002)以他们提出的希望理论为基础,开发了一系列成人希望量表。现已成型可供使用的主要有:成人特质希望量表、成人状态希望量表(Adult State Hope Scale,ASHS)和成人不同生活侧面希望量表(Adult Domain Specific Hope Scale,ADSHS)。

2. 内容简介

成人特质希望量表由 Snyder(1995)编制,由 12 个项目组成。其中,4 个项目测量动力思维,4 个项目测量路径思维,还有 4 个项目属于干扰项。该量表采用 Likert 4 级计分(1 代表"绝对错误",4 代表"绝对正确")。中文版的量表由任俊翻译。国内陈灿锐、申荷永和李淅琮(2009)曾对这一工具进行了信效度检验,认为该希望量表可用于评定我国学生的希望水平。

3. 实施或使用方法

按照经典心理测量学的使用规范来实施。

4. 计分方法与解释

成人特质希望量表由 12 个项目构成,其中 4 个项目(1、4、6、8)用来测量路径思维,4 个项目(2、9、10、12)用于测量动力思维,另外 4 个项目(3、5、7、11)不用于计分,用来转移受测者的注意。除不计分项目外,所有项目均为正向计分。得分越高,表示受测者的希望水平越高。

5. 信度与效度

以陈灿锐、申荷永、李淅琮(2009)的研究为例,采用成人特质希望量表、幸福感指数量表(Index of Well-Being)和简易应对方式问卷对 410 名中学生和大学生进行团体施测,对中文版成人特质希望量表信效度进行检验。结果显示:希望总量表的 Cronbach α 系数为 0.78,路径思维和动力思维的 α 系数分别是 0.73、0.75。对希望总分及其两个因子进行相关分析,结果显示路径思维和动力思维与希望总分均存在显著正相关,相关系数分别为 0.83、0.90(均 $P<0.05$)。间隔 10 天后,希望总分的重测信度为 0.86,路径思维为 0.83,动力思维为 0.80。验证性因素分析支持原有模型,RMSEA=0.098,SRMR=0.060,GFI=0.94,AGFI=0.91,NNFI=0.85;希望量表总分与积极应对方式呈正相关 $r=0.47$,与消极应对方式呈负相关 $r=-0.27$;与幸福感呈正相关 $r=0.47$。表明该量表具有较好的结构效度和效标效度。

6. 应用价值与简要评价

成人特质希望量表是可供 15 岁以上群体(对阅读能力没有特别要求)使用的自我报告量表,在成人希望的本土化研究中应用比较广泛。我们建议在中文情境中,面向成人选择合适的中文版工具。

参考文献

1. Miller J F, Powers M J, 1998. Development of an instrument to measure hope[J]. *Nursing Research*, 37(1): 6—10.

2. Snyder CR, Harris C, Anderson JR, et al, 1991. The will and the ways: Development and validation of an individual-differences measure of hope[J]. *Journal of Personality and Social Psychology*, 60(4): 570—585.

3. Snyder CR. Conceptualizing, measuring, and nurturing hope [J]. 1995. *Journal of Counseling and Development*, 73(3): 355—360.

4. Snyder C.R, 2002. Hope theory: Rainbows in the mind[J]. *Psychological Inquiry*, 13(4): 249—275.

5. 陈灿锐,申荷永,李淅琮,2009.成人素质希望量表的信效度检验[J].中国临床心理学杂志,17(1):24—26.
6. 苌云莉,2015.希望量表的述评[J].社会心理科学,30(171):66—70.

附录

成人特质希望量表

指导语:请阅读下列各项题目,并就你对各题目所表达看法的同意程度,在右边表格相应的数字上画√。

题 目	绝对错误	多数情况下错误	多数情况下正确	绝对正确
1. 在遭遇困境时,我能想出很多办法走出困境。	1	2	3	4
2. 对于我的目标,我总是孜孜不倦地追逐。	1	2	3	4
3. 多数情况下,我感觉比较累。	1	2	3	4
4. 遇到难解决的问题时,我最终会想出解决的方法。	1	2	3	4
5. 和别人争论时,我经常争不过别人。	1	2	3	4
6. 在我生命中占重要地位的事情,我能处理得很好,总能想出好的办法。	1	2	3	4
7. 我经常对自己身体的健康担忧。	1	2	3	4
8. 当遇到难题时,别人都放弃了,我也不放弃,最终能找到突破难题的途径。	1	2	3	4
9. 我的将来取决于我过去的经历。	1	2	3	4
10. 对于我来说,生活一直都是成功的。	1	2	3	4
11. 我发现自己时常担心一些事情。	1	2	3	4
12. 我给自己计划的目标基本都能实现。	1	2	3	4

2. 儿童希望量表（CHS）*

程建伟

（深圳信息职业技术学院应用外语学院，深圳，518127）

【摘要】 儿童希望量表（Children's Hope Scale，CHS）由 Snyder（1997）编制，适用于8～16岁的儿童和青少年。国内已有以儿童、青少年为测试对象的修订版本，符合心理测量学标准。

1. 理论背景

希望作为积极心理的重要品质之一，近年来一直受到国内外学者的关注。最新的希望概念和希望理论模型是 Snyder 和他的同事们（Snyder，Harris，Anderson JR，1991）提出的。希望理论认为儿童或成人的生活是以目标为基础的，这种有关目标的思维可以理解为这样两个组成部分：动力和路径。

Snyder 和 Sigmon（2002）以他们提出的希望理论为基础，开发了三种不同的儿童希望量表，分别是儿童希望量表、幼儿希望量表（Young Children's Hope Scale，YCHS）和幼儿希望量表—故事本（Young Children's Hope Scale—Story Form，YCHS-SF）。

2. 内容简介

儿童希望量表由 Snyder（1997）编制，是测量8～16岁儿童希望特质的自我报告量表，由6个项目组成。国内赵必华、孙彦（2011）对这一工具进行了翻译和中文版的信效度检验，认为可作为测量中国儿童希望特质的工具。

---

* 测评工具研发成果参见：

1. Snyder C.R.，Hoza B.，Pelham W.E.，et al. (1997). The development and validation of the children's Hope Scale. *Journal of Pediatric Psychology*，22（3）：399—421.

2. 赵必华，孙彦. (2011). 儿童希望量表中文版的信效度检验. *中国心理卫生杂志*，25(6)，454—459.

3. 实施或使用方法

按照经典心理测量学的使用规范来实施。

4. 计分方法与解释

儿童希望量表由 6 个项目构成,其中 3 个项目(1、3、5)测量动力思维,3 个项目(2、4、6)测量路径思维。该量表采用 Likert 6 级计分(1 代表"从不",6 代表"总是")。在测量过程中如儿童在阅读方面有困难,可由测验者大声读出,受测者在表上标出其所选的分数即可。得分越高代表希望越大。所有项目均为正向计分。

5. 信度与效度

以赵必华、孙彦(2011)的研究为例,采用方便取样,抽取安徽市区、县城、农村 6 所学校五至九年级学生 1324 名构成两个平行样本(样本 1 和样本 2),对儿童希望量表进行信效度检验。以生活满意度量表(Satisfaction With Life Scale, SWLS)、情感量表和儿童抑郁障碍自评量表(Depression Self-rating Scale for Children, DSRSC)考察效标效度,以自尊量表(Self-Esteem Scale, SES)、学业自我概念量表(Multidimensional Self-Concept Scale, MSCS)和学业成绩等级表考察预测效度。结果显示:样本 1、样本 2、总样本的内部一致性 α 系数分别为 0.741、0.732、0.737,间隔 4 周的重测信度为 0.72。验证性因素分析结果为,$RMSEA = 0.069$,$P(RMSEA < 0.05) = 0.135$,$NNFI = 0.952$,$CFI = 0.978$,$SRMR = 0.034\ 5$。CHS 与 SWLS、情感量表得分正相关,而与 DSRSC 得分负相关(均 $P < 0.05$)。CHS 能在 SES 之外独立解释儿童学业成绩等级 3.9% 的变异,能在学业自我概念之外独立解释儿童学业成绩等级 2.1% 的变异(均 $P < 0.01$)。说明儿童希望量表中文版具有较高的信度与效度。

6. 应用价值与简要评价

儿童希望量表是可供 8~16 岁群体使用(对阅读能力没有特别要求)的自我报告量表,在儿童希望的本土化应用中比较广泛。我们建议在中文情境中,面向儿童选择合适的中文版工具。

参考文献

1. Snyder C.R., Harris C., Anderson J. R., et al, 1991. The will and the ways: Development and validation of an individual-differences measure of hope[J]. *Journal of Personality and Social Psychology*, 60(4): 570—585.
2. Snyder C.R., Hoza B., Pelham W.E., et al, 1997. The development and validation of the children's Hope Scale[J]. *Journal of pediatric psychology*, 22 (3): 399—421.
3. Snyder C.R. (2002). Hope theory: Rainbows in the mind[J].*Psychological Inquiry*, 13(4): 249—275.
4. 赵必华, 孙彦, 2011. 儿童希望量表中文版的信效度检验[J]. *中国心理卫生杂志*, 25(6): 454—459.
5. 芣云莉, 2015. 希望量表的述评[J].*社会心理科学*, 30 (171): 66—70.

附录

儿童希望量表

指导语：下列的 6 个句子描述的是儿童如何思考他们自己，以及平时他们是怎样做事的。请仔细阅读每句话。对每句话，请回顾你在通常情况下是如何做的，与答案中的哪一条最相符，并在该条的圆圈内画√。例如：如果答案中的"从不"与你的情况相符，请在"从不"选项下方的数字处画√。答案中总有与你相符的情况。答案没有对错。

题 目	从不	偶尔	有时	不少	通常	总是
1. 我认为我做得很不错。	1	2	3	4	5	6
2. 我能够想出很多方式应对生活中对我来说非常重要的事情。	1	2	3	4	5	6
3. 我和同龄的孩子们做得一样棒。	1	2	3	4	5	6
4. 当我遇到困境，我可以通过很多种方式来解决。	1	2	3	4	5	6
5. 我认为我过去做过的事情将对我的未来有帮助。	1	2	3	4	5	6
6. 就算别人想要放弃，我也知道自己可以找到解决问题的办法。	1	2	3	4	5	6

3. 成人状态希望量表（ASHS）*

程建伟

（深圳信息职业技术学院应用外语学院，深圳，518127）

【摘要】 成人状态希望量表（Adult State Hope Scale，ASHS）由 Snyder（1996）编制，该量表用于测量成人在某一特定时刻的希望水平。情境不同，个体在希望状态量表上的得分也相异。国内已有以中学生和大学生为测试对象的修订版本，符合心理测量学标准。

1. 理论背景

Snyder 等（1991）提出一种聚焦于目标达成的认知动力理论模型，把希望定义为一种基于内在成功感的积极的动机状态，这种状态以路径和动力交互作用为基础。他认为希望由动力思维和路径思维两部分组成（Snyder，1995）。

Snyder 和 Sigmon（2002）以他们提出的希望理论为基础，开发了一系列成人希望量表。现已成型并可供使用的主要有：成人特质希望量表、成人状态希望量表和成人不同生活侧面希望量表。

2. 内容简介

成人状态希望量表由 6 个项目构成，要求受测者在评分表上评价自己"当下"的感受。问卷采用 Likert 8 级计分（1 代表"完全不符合"，8 代表"完全符合"）。国内周宵、伍新春等（2017）曾对这一工具进行了翻译和信效度检验，信效度良好。

---

* 测评工具研发成果参见：
1. Snyder C.R.（2002）. Hope theory: Rainbows in the mind.*Psychological Inquiry*, 13(4): 249—275.
2. 周宵,伍新春,王文超,田雨馨.（2017）.社会支持对青少年创伤后成长的影响：状态希望和积极重评的中介作用.*心理发展与教育*,33(5): 587—594.
3. 朱琪.（2015）.希望对大学生注意偏向的影响.（硕士学位论文,西南大学）.

3. 实施或使用方法

按照经典心理测量学的使用规范来实施。

4. 计分方法与解释

成人状态希望量表由 3 个动力思维项目(2、4、6)和 3 个路径思维项目(1、3、5)构成。得分越高,表示受测者的希望水平越高。所有项目均为正向计分。

5. 信度与效度

以周宵、伍新春、王文超、田雨馨(2017)的研究为例,他们于雅安地震 2.5 年后的 2015 年 11 月份,在雅安地震极重灾区芦山县选取 397 名中学生进行了调查研究。该研究在翻译原量表的基础上,结合访谈的结果,对量表题目进行了修订,构成了最终的状态希望量表。在本研究中,希望问卷的内部一致性 α 系数为 0.85;$\chi^2/df=3.38$,CFI=0.99,TLI=0.98,RMSEA(90% CI)=0.077(0.047,0.111),表明该量表具有良好的信度和结构效度。该研究同时使用了创伤暴露程度问卷、社会支持问卷、认知情绪调节量表(积极重评维度)和创伤后成长问卷进行调查,结果显示希望与社会支持、积极重评和创伤后成长之间均存在显著的正相关,说明该量表具有良好的效标效度。

朱琪在 2015 年以大学生为受测者,对成人状态希望量表进行了翻译和修订。量表的译文初稿确定后,随机选取了 20 名受测者进行初测,了解受测者对于量表的题目能否准确理解后初步分析项目区分度,把各个题目的得分和总分求积差相关。确定量表后,在公共课上、图书馆内随机发放量表 211 份,剔除无效问卷 4 份,最终获得有效问卷 207 份。通过信度检验,其内部一致性 α 系数为 0.832。最后确定正式量表用于实验研究。

6. 应用价值与简要评价

成人状态希望量表是可供成人使用的自我报告量表,用于测量成人在某一特定时刻的希望水平。我们建议在中文情境中,面向成人,根据研究需要选择合适的中文版工具。

参考文献

1. Snyder C.R., Harris C., Anderson J. R., et al, 1991. The will and the ways: Development and validation of an individual-differences measure of hope[J]. *Journal of Personality and Social Psychology*, 60(4): 570—585.
2. Snyder C.R, 2002.Hope theory: Rainbows in the mind[J]. *Psychological Inquiry*, 13(4): 249—275.
3. 周宵, 伍新春, 王文超, 田雨馨, 2017.社会支持对青少年创伤后成长的影响: 状态希望和积极重评的中介作用[J]. 心理发展与教育, 33(5): 587—594.
4. 朱琪, 2015. *希望对大学生注意偏向的影响*. (硕士学位论文[D], 西南大学).

附录

成人状态希望量表

指导语：仔细阅读下面的每一个题目，选出最适合你此刻、当下情形的答案，并在相应的选择上画√。每一个题目只能选一个答案。

题 目	完全不符合	大部分情况下不符合	有些不符合	有一点不符合	有一点符合	有些符合	大部分情况下符合	完全符合
1. 当我陷入困境的时候，我会想出各种方法让自己摆脱困境。	1	2	3	4	5	6	7	8
2. 我感觉自己现在精力充沛，正努力实现我的目标。	1	2	3	4	5	6	7	8
3. 我现在遇到的任何问题都有许多解决方法。	1	2	3	4	5	6	7	8
4. 此时此刻，我认为自己是相当成功的。	1	2	3	4	5	6	7	8
5. 我能想出许多办法去实现自己当前的目标。	1	2	3	4	5	6	7	8
6. 在这个时候，我正在实现为自己设定的目标。	1	2	3	4	5	6	7	8

4. 华人宁静性希望量表(CPHS)

程建伟

(深圳信息职业技术学院应用外语学院,深圳,518127)

【摘要】 华人宁静性希望量表(Chinese Peaceful Hope Sale,CPHS)由骆月绢、黄囇莉、林以正、黄光国(2010)编制,用于华人的希望水平测试。目前已有以台湾大学生为测试对象的成人版本,符合心理测量学标准。

1. 理论背景

台湾的骆月绢、黄囇莉等学者(2010)认为,Snyder 所提出的希望强调个体在追求目标时,以个体所知觉到的"成功感受"来激励个体向前。而所谓成功感受指的是正向地看待自我、相信自我的能力,假设自我可以控制外在环境,并为未来感到乐观,是一种"提升式希望"。相对于欧美文化的正向思考,东方文化在希望中可能有着不同的内涵和意义。华人文化基本上是一种"阴阳辩证观",即面对困境之时,不一定去改变环境,而是采取柔性顺应策略:先调整自己,然后等待下一个变好的时机;或者重新思考负向事件的意义,从全面性、整合性来看事情,即所谓的"超越顺应"。同时,华人相信,个体想要提升自我,主要的方式是通过个人的"努力",因此在面对困境时,他们也相信"努力"是有效的,通过"努力不懈"的精神,就可以改变自己的处境。因此,华人文化中的希望,强调在失败、受苦后产生的柔性、沉静的力量,即"宁静性希望",包括超越顺应和努力不懈两个因子。他们以提出的双元希望理论为基础,对 Snyder(1995)编制的成人状态希望量表进行了翻译,并增加了超越顺应和努力不懈两个因子,编制了四个因子的新希望量表,也称为华人宁静性希望量表。

---

* 测评工具研发成果参见:

1. 骆月绢,黄囇莉,林以正,黄光国.(2010).盼望的双元性-新盼望量表之建构及效度检证. 中华心理学刊,52(3):265—285.

2. 内容简介

骆月娟等(2010)对 Snyder(1995)编制的成人特质希望量表进行翻译。该量表由 12 个项目组成,其中 4 个项目测量动力思维,4 个项目测量路径思维,还有 4 个项目属于干扰项。该量表采用 Likert 8 级计分(1 代表"非常不同意",8 代表"非常同意")。以上属于提升式希望分量表。骆月娟等(2010)在此基础上又增加宁静性希望分量表,共 6 个项目,其中 3 个项目是测量超越顺应,3 个项目测量努力不懈。其中"超越顺应"是指面对环境上的挫折,仍坦然面对一切,且耐心等候或转换认知思考,使内心不拘泥于困境而得以超越困境;"努力不懈"是指相信努力是有效的,且努力不懈。

3. 实施或使用方法

按照经典心理测量学的使用规范来实施。

4. 计分方法与解释

如前所述,成人特质希望量表的 4 个项目(1、4、6、8)用来测量路径思维,4 个项目(2、9、10、12)用于测量动力思维,另外 4 个项目(3、5、7、11)不用于计分,用来转移受测者的注意。得分越高,表示受测者的提升式希望水平越高。

宁静性希望量表的 3 个项目(1、2、3)是用来测量超越顺应,3 个项目(4、5、6)是用来测量努力不懈。得分越高,表示受测者的宁静性希望水平越高。所有项目均为正向计分。

5. 信度与效度

在骆月绢、黄曬莉等学者(2010)的两个研究中,研究一,以 267 名台湾大学生为对象,对新编制的包含四个因子的新希望量表进行测试,使用乐观、自我效能、自尊、内控倾向、防卫型悲观等作为效标变量。结果显示,总量表的内部一致性 α 系数为 0.90,各分量表(动力思维、路径思维、超越顺应、努力不懈)的 α 系数为 0.71~0.77,显示内部一致性良好。验证性因素显示高阶双因子模型适配度更好,分析结果为 $\chi^2(72, N=267) = 186.78$,$P < 0.01$,CFI $= 0.97$;NNFI $= 0.96$;

RMSEA＝0.07；SRMR＝0.05，结果显示该量表结构效度良好。另外与效标变量的相关检验也显示，动力思维、路径思维、努力不懈及超越顺应等与自尊、乐观、自我效能、内控倾向等都呈正相关（$rs=0.24\sim0.52$, $Ps<0.01$）；动力思维、路径思维与防卫型悲观不具显著相关（$rs=0.06\sim0.08$, $Ps>0.05$），努力不懈及超越顺应都和防卫型悲观有显著相关（$rs=0.12\sim0.15$, $Ps<0.05$）；提升式希望、宁静性希望与自尊、自我效能、内控倾向的相关系数都具有显著性差异（HotellingtHs＝$2.06\sim3.87$, $Ps<0.05$），提升式希望与自尊、自我效能、内控倾向的关联程度比宁静性希望强；宁静性希望与防卫型悲观的相关（$r=0.16$, $P<0.05$）高于提升式希望（$r=0.06$, $P>0.05$），两者的相关系数也有显著差异（HotellingtH＝2.05, $P<0.05$）。显示新希望量表有良好的聚合效度与区分效度。

研究二，以665名台湾大学生为对象，测量问卷包括新希望四因子量表、生活满意度量表、正向情绪量表、无望感及心理抑郁量表，以检验新希望量表的增益效度。结果显示，增加了超越顺应和努力不懈两个因子的新希望量表，比原有的提升式希望量表增加了对正、负向心理适应的总预测力。其中，提升式希望对正向心理适应（生活满意度）有较高预测；而宁静性希望对负向心理适应（如无望感）有较高预测，比较不会导致负向心理适应问题。该研究显示新希望量表具有较好的增益效度。

6. 应用价值与简要评价

华人宁静性希望量表是在东方文化背景下编制的针对华人群体的自我报告量表。以往西方的希望理论比较强调在追求目标的时候，以个体知觉到的"成功感受"（a sense of success）来激励人们向前。而华人宁静性希望量表提出另一种希望的内涵——宁静性希望，更多地指向失败、受苦之后的负向认知处理，强调超越思考、沉静及柔性的力量。随着社会的变迁，东西方文化的交流与相互影响，不同文化的希望内涵在个体上是可以共存的。我们建议在中文情境中，面向华人，选择合适的中文版量表。

参考文献

1. Snyder C.R., Harris C, Anderson JR, et al, 1991. The will and the ways: Development and validation of an individual-differences measure of hope[J]. *Journal of Personality and Social*

Psychology，60(4)：570—585.
2. Snyder C. R，1995. Conceptualizing, measuring, and nurturing hope[J]. *Journal of Counseling and Development*，73(3)：355—360.
3. 骆月绢，黄曬莉，林以正，黄光国，2010. 盼望的双元性-新盼望量表之建构及效度检证[J]. *中华心理学刊*，52(3)：265—285.

附录

华人宁静性希望量表

指导语：请阅读下列题目，并就你对各题目所表达看法的同意程度，在右边表格相应的数字上画√。

题　　目	非常不同意	大部分情况下不同意	有些不同意	有一点不同意	有一点同意	有些同意	大部分情况下同意	完全同意
1. 当我在生命困顿时，我会耐心等待，并且相信未来将会逐步进入佳境。	1	2	3	4	5	6	7	8
2. 当我面对困境时，我会反过来想想困境的背后可能有意想不到的收获。	1	2	3	4	5	6	7	8
3. 在完成目标的过程中，我会经常鼓励自己不要因为一时的困顿就灰心丧气。	1	2	3	4	5	6	7	8
4. 即使在困难重重之下，我还是会努力去达成目标。	1	2	3	4	5	6	7	8
5. 我相信只要我愿意努力，我终究可以克服困难，达成目标。	1	2	3	4	5	6	7	8
6. 只要持续地努力，终究可以实现我为自己所设定的目标。	1	2	3	4	5	6	7	8

二、幽默感 Sense of Humor

5. 应对幽默量表（CHS）*

于永菊

（四川外国语大学国际法学与社会学院，重庆，400031）

【摘要】 应对幽默量表（Coping Humor Scale，CHS）由 Martin 等（1983）编制，应用于评估个体使用幽默应对压力的程度。国内已在大学生群体中进行初步测试，研究表明去掉项目 4 后的量表在中国可使用，但也可考虑作进一步的修订。

1. 理论背景

"幽默具有心理疗愈功能"这一观点长期以来受到人们的普遍支持。这一思想可追溯到古老的圣经格言：心情愉悦乃是良药（"A merry heart does good like a medicine"）。近年来随着积极心理学研究的兴起与推进，众多研究发现，幽默已演变成人类应对压力的一种独特策略。

幽默对人的身心健康有着直接和间接的影响。

直接影响，比如幽默伴随的笑声可触发人体内 β-内啡肽的释放，增强免疫系

---

* 测评工具研发成果参见：

1. 陈国海，Martin RA. (2005). 应对幽默量表在 354 名中国大学生中的初步测试. 中国心理卫生杂志, 19(5): 307—309.

2. 林凌敏. (2011). 大学生应对幽默和社交焦虑与心理健康的关系研究. 吕梁教育学院学报, 28(1): 26—27, 65.

统功能,减少应激相关激素水平,同时还可减少肌肉张力(Lefcourt,2005)。临床研究发现,幽默能增强个体对疼痛的忍耐力。幽默还可分散个体在紧张情境和不稳定时刻的注意力来增强自身的应对能力(Scholl & Ragan,2003)。对消防员的研究发现,应对幽默可缓冲创伤事件对职业倦怠和创伤后应激障碍的影响(Sliter、Kale & Yuan,2014)。

幽默对健康的间接影响表现为个体应对资源的增强。幽默的个体通过对困境重评(reappraisal)和意义寻求(sense-making),往往更倾向于积极地应对和处理挑战情境,而较少否认和回避问题(Lefcourt,2005)。幽默有助于提升个体的人际关系满意度,幽默作为人际交往的"润滑剂",在与家人或朋友交谈中,适当地运用幽默可缓冲困境带来的压力、减少人际冲突,增加与他人的连接。相关研究发现,幽默可增加个体的积极情感和幸福感(Deiner & Lucas,2000)。

应对幽默(coping humor)被定义为使用幽默作为个人应对生活中压力或逆境方法的倾向(Martin & Lefcourt,1983;Martin,2007)。与其他积极的压力应对策略(如理性行为或自我调节)相比,应对幽默可以通过提升心理幸福感、个人魅力,营造友善的氛围来缓解压力。

2. 内容简介

应对幽默量表由 Martin 等(1983)编制,共设 7 个项目,与其他幽默量表相比,此量表不考虑幽默在减压中的具体作用,而是专门用来评估受测者使用幽默来应对压力体验的程度,Likert 4 级计分(1 代表"非常不同意";2 代表"比较不同意";3 代表"比较同意";4 代表"非常同意")。

中文版目前有大陆的大学生版和台湾的中学生版。本文重点介绍陈国海和 Martin 修订的应对幽默量表。大学生版经过对 354 名中国大学生的初步测试,结果发现项目 4("我必须承认,如果我能够多一些幽默感,我的生活将会轻松很多。")与其他 6 个项目呈轻度正相关,或者负相关,说明该项目与其他项目并非完全一致。建议删掉项目 4,保留其他 6 个项目。

3. 实施或使用方法

应对幽默量表按照经典心理测量学的使用规范来实施。

4. 计分方法与解释

应对幽默量表的第 1 项和第 4 项是反向计分，其他项目均为正向计分。该量表仅有一个维度，测量指标是项目总分。得分越高，表明个体越倾向于使用幽默来应对压力。

5. 信度与效度

以陈国海和 Martin(2005)的研究为例，采用中文版应对幽默量表和症状自评量表(SCL-90)对 354 名大学生进行测试，对问卷的信效度进行了检验。删去项目 4 后，探索性因子分析提取了一个因子，可解释总变异的 39.3%，该量表的一致性系数为 0.70。对 74 名大学生 4 周后的重测信度为 0.79。应对幽默量表与症状自评量表的总体症状指数呈显著负相关($r=0.33, P<0.01$)。研究将中国大学生与加拿大大学生进行对比发现，中国大学生应对幽默的得分略低于加拿大大学生($P<0.05$)。分析还发现中国大学生中男性的应对幽默得分(19.8 ± 3.2)显著高于女性($18.9\pm3.2, P<0.05$)。

林凌敏(2011)采用中文版应对幽默量表和社交焦虑量表对 483 名在校本科生进行调查研究，结果发现应对幽默与社交焦虑呈显著负相关($r=-0.133, P<0.01$)。

6. 应用价值与简要评价

应对幽默量表被应用于评价个体使用幽默应对压力的程度，是具有代表性的自评工具。截至 2018 年 10 月份，在 Web of Science 里被引 304 次。应对幽默具有一定的跨文化差异，我们建议该量表可在中国使用，但可以考虑作进一步的修订。

参考文献

1. Deiner, E., Lucas, R. E, 2000.Subjective emotional well-being[M]. In M. Lewis & J. M. Haviland-Jones (Eds.), *Handbook of emotions* (2nd ed., pp. 325—337)[M]. New York, NY: Guilford.
2. Lefcourt, H. M, 2005. Humor[M]. In C. R. Snyder & S. J. Lopez (Eds.), *Handbook of positive psychology* (pp. 619—631). New York, NY: Oxford.

3. Lockwood, N. L., Yoshimura, S. M, 2014. The Heart of the Matter: The Effects of Humor on Well-Being During Recovery From Cardiovascular Disease[J]. *Health Communication*, 29(4): 410—420.

4. Martin, R. A., Lefcourt, H. M, 1983. Sense of humor as a moderator of the relation between stressors and moods[J]. *Journal of Personality and Social Psychology*, 45(6), 1313—1324.

5. Martin, R. A, 1996. The Situational Humor Response Questionnaire (SHRQ) and Coping Humor Scale (CHS): A decade of research findings. *Humor*, 9(3-4): 251—272.

6. Martin, R. A, 2007. *The Psychology of Humor: An Integrative Approach*. Burlington, MA[M]: Elsevier Academic Press.

7. Scholl, J. C., Ragan, S. L, 2003. The use of humor in promoting positive provider—patient interactions in a hospital rehabilitation unit[J]. *Health Communication*, 15(3), 319—330.

8. Sliter, M., Kale, A., Yuan, Z, 2014. Is humor the best medicine? The buffering effect of coping humor on traumatic stressors in firefighters[J]. *Journal of Organizational Behavior*, 35(2): 257—272.

9. 陈国海, Martin R. A, 2005. 应对幽默量表在354名中国大学生中的初步测试[J]. *中国心理卫生杂志*, 19(5): 307—309.

10. 林凌敏, 2011. 大学生应对幽默和社交焦虑与心理健康的关系研究[J]. *吕梁教育学院学报*, 28(1), 26—27, 65.

11. 何茉如, 林世华, 2000. 国中生幽默感对于生活压力、身心健康之调节作用[J]. *教育心理学报(中国台湾)*, 32(1), 123—156.

附录

应对幽默量表

指导语：所有的项目采取1～4四级计分方法作答，"1"为非常不同意；"2"为比较不同意；"3"为比较同意；"4"为非常同意。

题 目	非常不同意	比较不同意	比较同意	非常同意
*1. 当我遇到问题时,我往往会失去幽默感。	1	2	3	4

续表

题　目	非常不同意	比较不同意	比较同意	非常同意
2. 我经常发现,当我试图从遇到的问题中找到一些趣事时,这些问题则在很大程度上就被缓解了。	1	2	3	4
3. 当面临紧张的局面的时候,我通常会找一些滑稽的事情来说说。	1	2	3	4
*4. 我必须承认,如果我能够多一些幽默感,我的生活将会轻松很多。	1	2	3	4
5. 我经常感到,如果我处于非哭即笑的情况下,选择笑会更好。	1	2	3	4
6. 即使在艰难的时候,我都常常能找到一些东西来说笑一番。	1	2	3	4
7. 我的经验是,幽默常常是缓解压力的有效方法。	1	2	3	4

备注:标*的项目为反向计分。中文版建议删除项目4。

6. 幽默风格问卷(HSQ)*

于永菊

(四川外国语大学国际法学与社会学院,重庆,400031)

【摘要】 幽默风格问卷(Humor Styles Questionnaire,HSQ)由 Martin 等(2003)编制。Martin 及其同事在分析了幽默感和主观幸福感的相关研究文献后,编制了 32 个项目包括亲和型幽默、自强型幽默、嘲讽型幽默和自贬型幽默 4 个因子的幽默风格问卷。中文版的幽默风格问卷由陈国海等(2007)进行了修订。中文修订版幽默风格问卷删除了原版中的项目 11、19、27 和 28,保留了 28 个项目,量表效度和信度可接受,研究者建议可结合中国文化作进一步的修订。

1. 理论背景

研究发现,幽默作为一种稳定的人格特征,是一个多维的结构,由一组松散的相关特性组成(Martin,Puhlik-Doris,Larsen,Gray & Weir, 2003)。比如幽默感可以被概念化为:(1)一种认知能力(例如,创造、理解、复制和记忆笑话的能力);(2)审美反应(例如,幽默欣赏,对特定类型的幽默材料的喜爱);(3)一种习惯化的行为模式(例如,经常笑、讲笑话和逗别人开心、听到笑话大笑);(4)情感相关的气质特征(例如,习惯性快乐);(5)态度(例如,困惑的世界观、积极的态度);(6)一种应对策略或防御机制(例如,倾向于在逆境中保持幽默)。不同的方法测量幽默感的不同方面,最大化操作测验(例如,作为认知能力的幽默)、趣味性评级(例如,作为审美反应的幽默)和观察者评价(例如,用于评估幽默行为的 Q 分类技术)。幽默感的这些不同成分未必存在高相关,也并非所有的幽默感都与心理、社会健康和幸福感相关。不协调解决笑话可能与幸福感不太相关,而不是幽默作为一种应对机制。

---

* 测评工具研发成果参见:
1. 陈国海, Martin R.A. (2007). 大学生幽默风格与精神健康关系的初步研究. *中国临床心理学杂志*, 30(1): 219—223.

目前研究者对幽默感中的某些成分与心理、社会和身体健康以及幸福感各个方面的关系进行了研究。常用的工具有情境幽默反应问卷（Situational Humor Response Questionnaire，SHRQ；Martin & Lefcourt，1984），可评估个体在各种情况下微笑和大笑的程度；应对幽默量表（Coping Humor Scale，CHS；Martin & Lefcourt，1983），可评估个体使用幽默作为应对策略的程度；幽默感问卷（Sense of Humor Questionnaire，SHQ-6；Svebak，1996）和多维幽默感量表（Multidimensional Sense of Humor Scale，MSHS；Thorson & Powell，1993），可评估个体关注和享受幽默的程度，以及其他量表。

Martin 等（2003）研制了 32 道题的幽默风格问卷，其中包括 4 个子量表，即亲和型幽默、自强型幽默、嘲讽型幽默和自贬型幽默。亲和型幽默（affiliative humor）是指为加强群体内的凝聚力，以一种能容忍和可接受的方式到处与他人开玩笑并娱乐他人的倾向。自强型幽默（self-enhancing humor）是指对生活保持幽默的视角并用幽默作为应对策略的倾向。嘲讽型幽默（aggressive humor）是指幽默使用是为了批评或者操纵别人，或者不顾对方感受而表达幽默的倾向。自贬型幽默（self-defeating humor）是指过度使用自嘲、讨好以及对负面情绪的防卫性否认的倾向。其中亲和型幽默和自强型幽默对心理健康潜在有益，嘲讽型幽默和自贬型幽默对心理健康潜在有害。

早期研究者认为，幽默对个人的身心健康普遍具有增益作用，是缓解压力的一种有效方式。Martin 等通过幽默风格问卷的研制，对幽默与心理健康的关系阐述提供了新的视角。陈国海等（2007）研究发现，亲和型幽默和自强型幽默有益于精神健康，但嘲讽型幽默和自贬型幽默有害于精神健康。张信勇等（2009）对大学生幽默风格与人格特征的关系进行了研究，结果显示：亲和型幽默和自强型幽默与积极的人格特征紧密相关，而嘲讽型幽默和自贬型幽默则与消极的人格特征密不可分。

2. 内容简介

幽默风格问卷最初由 Martin 等（2003）编制，共 32 个项目，4 个因子，分别为亲和型幽默、自强型幽默、嘲讽型幽默和自贬型幽默，每个因子均由 8 个项目组成，问卷采用 Likert 7 级计分方法（1 代表"完全不同意"，7 代表"完全同意"）。

中文版目前仅有陈国海等(2007)修订的大学生版。基于对354名大学生研究修订形成的中文版幽默风格问卷保留了28个条目,其中亲和型幽默8个项目,自强型幽默8个项目,嘲讽型幽默4个项目,自贬型幽默7个项目,采用Likert 7级计分方法。

3. 实施或使用方法

幽默风格问卷按照经典心理测量学的使用规范来实施。

4. 计分方法与解释

28个项目的中文修订版幽默风格问卷删除了原版中的项目11、19、27和28。亲和型幽默包括了项目1、5、9、13、17、21、25、29;自强型幽默包括了2、6、10、14、18、22、26、30;嘲讽型幽默包括3、7、15、23、31;自贬型幽默包含4、8、12、16、20、24、32。其中项目1、7、9、15、16、17、22、23、25、29、31为反向计分。各子量表得分为本维度所有项目得分的总和,得分越高,表示该类型幽默风格的倾向越明显。

5. 信度与效度

陈国海等(2007)采用幽默风格问卷和症状自评量表(SCL-90)对354名大学生进行问卷调查,亲和型幽默、自强型幽默、嘲讽型幽默、自贬型幽默的内部一致性系数分别是0.81、0.78、0.61和0.72。为测查各子量表得分的稳定性,4个星期之后对74名大学生(男28人、女46人)组成的子样本进行了重测信度系数的计算,结果表明,幽默风格量表的4个子量表的重测信度系数在0.57和0.67之间,重测信度较好。性别差异检验显示中国受测者男性在各子量表上的得分稍高于女性,但均不存在显著差异。对中国大学生的调查研究发现,亲和型幽默和自强型幽默与SCL-90总体症状指数呈显著负相关($r=-0.13, P<0.05; r=-0.24, P<0.01$),而嘲讽型幽默和自贬型幽默与SCL-90总体症状指数呈显著正相关($r=0.14, P<0.05; r=0.18, P<0.01$)。

6. 应用价值与简要评价

幽默风格是指个体在社交中倾向于表达幽默的方式。Martin等编制的幽默风格量表将幽默分为四种类型：亲和型幽默、自强型幽默、自贬型幽默和嘲讽型幽默。以往研究提示亲和型幽默和自强型幽默有益于身心健康，嘲讽型幽默和自贬型幽默则有害于身心健康。截至 2018 年 11 月，该量表在 Web of Science 里被引 262 次。该量表的初步测试效度和信度可接受，研究者建议可结合中国文化作进一步的修订。

参考文献

1. Martin, R. A., Puhlik-Doris P., Larsen G., Gray J., Weir K, 2003 Individual differences in uses of humor and their relation to psychological well-being: Development of the Humor Styles Questionnaire[J]. *Journal of Research in Personality*, 37(1), 48—75.

2. Martin, R.A., Lefcourt, H.M, 1983. Sense of humor as a moderator of the relation between stressors and moods [J]. *Journal of Personality and Social Psychology*, 45(6), 1313—1324.

3. Martin, R.A., Lefcourt, H.M, 1984. Situational humor response questionnaire: Quantitative measure of the sense of humor[J]. *Journal of Personality and Social Psychology*, 47(1), 145—155.

4. Svebak, S, 1996. The development of the sense of humor questionnaire: From SHQ to SHQ-6. *Humor: International Journal of Humor Research*, 9(3—4): 341—361.

5. Thorson, J.A., Powell, F.C, 1993. Development and validation of a multidimensional sense of humor scale[J]. *Journal of Clinical Psychology*, 49(1): 13—23.

6. 陈国海, Martin R. A, 2007. 大学生幽默风格与精神健康关系的初步研究[J]. 中国临床心理学杂志, 30(1): 219—223.

7. 齐兴, 2011. 大学生人格、幽默风格和自我和谐的关系研究. 硕士学位论文[D], 河北师范大学.

8. 张信勇, 胡瑜, 卞小华, 2009. 大学生的幽默风格与人格特征的关系[D]. 心理科学, 32(2): 459—461.

附录

幽默风格问卷

指导语：人们经常以多种方式体验和表达幽默。下面列出了一些描述体验、表达和创造幽默的不同方式的说法,请认真阅读每一句话,并表明你对该说法赞同或不赞同的程度。请尽可能诚实、客观地作答。请按以下比例回答。

题　目	完全不同意	大部分不同意	有些不同意	说不清	有些同意	大部分同意	完全同意
*1. 我一般不太爱发笑,或者和其他人一起开玩笑。	1	2	3	4	5	6	7
2. 我觉得情绪低落的时候,通常能够用幽默来振奋自己。	1	2	3	4	5	6	7
3. 如果某个人犯了错误,我经常会取笑他	1	2	3	4	5	6	7
*4. 我过分地让其他人以嘲笑或取笑我为乐。	1	2	3	4	5	6	7
5. 我不必费太大劲就可以让别人笑起来——看来我是一个天生的富有幽默感的人。	1	2	3	4	5	6	7
6. 即使我独自一人,我也经常以生活中的荒谬行为和事情自寻其乐。	1	2	3	4	5	6	7
7. 我的幽默感从不使别人感到不愉快或受到伤害。	1	2	3	4	5	6	7
8. 如果这样做可以使我的家人或朋友发笑,我会经常失去理智地贬低自己。	1	2	3	4	5	6	7
9. 我很少通过讲有关自己的趣事来让别人发笑。	1	2	3	4	5	6	7
10. 如果我感到难过或不高兴,我通常会尽力去想一些与此时此景相关的趣事来使我自己感觉好一点。	1	2	3	4	5	6	7
11. 我经常通过讲一些有关我自己的弱点、过失或过错的趣事来使别人更喜欢我或更加接受我。	1	2	3	4	5	6	7
12. 我经常和密友一起发笑和开玩笑。	1	2	3	4	5	6	7
13. 我的幽默人生观使得我不会对事情感到过度心烦或沮丧。	1	2	3	4	5	6	7
14. 我不喜欢别人将幽默作为一种批评或贬低某人的方式。	1	2	3	4	5	6	7
15. 我不经常讲一些趣事来贬低自己。	1	2	3	4	5	6	7
16. 我一般不爱讲笑话或逗别人开心。	1	2	3	4	5	6	7

续表

题 目	完全不同意	大部分不同意	有些不同意	说不清	有些同意	大部分同意	完全同意
17. 当我独自一人并且感到不愉快的时候,我会尽力去想一些趣事来振奋自己。	1	2	3	4	5	6	7
18. 在开玩笑或尽力使自己表现得比较诙谐的时候,我经常过分地贬低自己。	1	2	3	4	5	6	7
19. 我乐于使别人发笑。	1	2	3	4	5	6	7
20. 我感到难过、沮丧或心烦的时候,通常会失去幽默感。	1	2	3	4	5	6	7
21. 即使我所有的朋友都在取笑别人,我也不会参与此事。	1	2	3	4	5	6	7
22. 我和朋友(或家人)在一起的时候,似乎经常成为别人取笑或开玩笑的对象。	1	2	3	4	5	6	7
23. 我不经常和朋友开玩笑。	1	2	3	4	5	6	7
24. 据我的经验,根据当时情境想想某一个与问题有关的有趣方面常常是应对问题的一种行之有效的方法。	1	2	3	4	5	6	7
25. 和别人相处的时候,我经常想不到有什么机智或诙谐的话可以拿来应对。	1	2	3	4	5	6	7
26. 我不需要别人来使自己开心,即使我独自一人,我也常常可以找到一些东西来笑乐一番。	1	2	3	4	5	6	7
27. 如果会使别人感到不愉快的话,即使有些事对我来说确实很有趣,我也不会发笑或就此开玩笑。	1	2	3	4	5	6	7
28. 让别人笑我是我使朋友或家人保持心情愉快的方法。	1	2	3	4	5	6	7

备注:项目 11、19、27、28 在中文修订版中被删除。

三、心理弹性 Resilience

7. 自我韧性量表（ERS）

彭 李

（陆军军医大学医学心理系，重庆，400038）

【摘要】 自我韧性量表（Ego-Resiliency Scale，ERS）由 Block 和 Kremen（1996）编制，主要用于评定个体心理韧性的特质。国内已有大学生、中学生等修订版本，均符合心理测量学标准。

1. 理论背景

自我韧性被看作个人的一种能力或品质，是个体所具有的特征，是个体能够承受高水平的破坏性变化并同时表现出尽可能少的不良行为的能力。心理韧性是个体从消极经历中恢复过来，并且灵活地适应外界多变环境的能力（Block & Kremen，1996）。

在众多心理韧性的测量工具中，自我韧性量表是被广泛用于测量个体心理韧性特质水平的测量工具之一。该量表最初以成人群体为样本编制，是一个纯粹测量人格的复原力特征的量表。

2. 内容简介

自我韧性量表由 Block 和 Kremen（1996）编制，测量个体根据挫折和应激情境的需要而调整自己行为的能力。共 14 个题目，采用四级评分，从 1（完全不符合）到 4（完全符合）。该量表英文版的内部一致性系数为 0.76，间隔 5 年的再测信度系数是 0.67（女性）和 0.51（男性）。

3. 实施或使用方法
按照经典心理测量学的使用规范来实施。

4. 计分方法与解释
所有题目均为正向计分，总分是将所有条目的分数相加，得分越高，表明自我韧性水平越高。47~56 分为非常高的心理弹性特质，35~46 分为高心理弹性特质，23~34 分为一般心理弹性特质，11~22 分为低心理弹性特质，0~10 分为非常低的心理弹性特质。

5. 信度与效度
于肖楠和张建新（2007）在 150 名社区人群中进行自我韧性量表 Connor-Davidson 韧性量表的施测，考察了自我韧性量表的心理测量学指标，以及与 Connor-Davidson 韧性量表的关系，结果发现，自我韧性量表的内部一致性信度和分半信度较好，与 Connor-Davidson 韧性量表的相关系数为 0.61。

喻承甫等人在 2011 年采用自我韧性量表、核心自我评价量表、军人适应不良量表、亲子关系问卷和军营联结问卷对 435 名消防武警新兵进行调查，考察了消防武警新兵适应不良的影响因素及其内在机制。结果显示：自我韧性与适应不良呈显著负相关；自我韧性在核心自我评价与适应不良关系间起着部分中介作用。

6. 应用价值与简要评价
自我韧性量表广泛应用于评价个体的心理韧性特质水平，是心理韧性特质领域最具有代表性的自评工具。Block 和 Kremen 编制的自我韧性量表是以成人群体为样本编制的，每一条目都涉及个性的某些方面，因题目简约、题量少而受到欢迎。截至 2018 年 12 月份，在 Web of Science 里被引达 96 次。

参考文献

1. Block J., Kremen A.M., 1996. "IQ and ego-resiliency: conceptual and empirical connections and separateness"[J]. *Journal of Personality & Social Psychology*, 70(2): 349—361.
2. Farkas D., Orosz G, 2015. "Ego-resiliency reloaded: a three-component model of general resiliency"[J]. *Plos One*, 10(3): e0120883.
3. Haviland M.G., Reise S.P., 1996. "A California Q-set alexithymia prototype and its relationship to ego-control and ego-resiliency"[J]. *Journal of Psychosomatic Research*, 41(6): 597-607.
4. Letzring T.D., Block J., Funder D.C., 2005. "Ego-control and ego-resiliency: Generalization of self-report scales based on personality descriptions from acquaintances, clinicians, and the self"[J]. *Journal of Research in Personality*, 39: 395-422.
5. 毛淑芳, 2007. 复原力对自我复原的影响机制. 硕士学位论文[D], 浙江师范大学.
6. 喻承甫, 曹文植, 杜晓辉, 张卫, 2011. 消防武警新兵适应不良影响因素的中介效应模型[J]. *心理学探新*, 31(4): 377-381.
7. 于肖楠, 张建新, 2007. 自我韧性量表与Connor-Davidson韧性量表的应用比较[J], *心理科学*, 30(5): 1169-1171.

附录

自我韧性量表

指导语：下面共有14个题目。请根据你的实际情况，从"完全不符合""有点符合""基本符合""完全符合"中选出最贴合自己情况的选项，并计分，分数累加后即为总分。

题目	完全不符合	有点符合	基本符合	完全符合
1. 我对朋友很慷慨。	1	2	3	4
2. 我能很快摆脱惊吓，并从其中恢复过来。	1	2	3	4
3. 我乐于应付新的和非同寻常的局面。	1	2	3	4

续表

题　　目	完全不符合	有点符合	基本符合	完全符合
4. 我通常能给人们留下很好的印象。	1	2	3	4
5. 我乐于去品尝从来没有吃过的食物。	1	2	3	4
6. 我被认为是一个精力非常充沛的人。	1	2	3	4
7. 我乐于选择不同的路径到达我熟悉的地方。	1	2	3	4
8. 比起大多数人我更有好奇心。	1	2	3	4
9. 我遇到的大多数人都很可爱。	1	2	3	4
10. 行动之前我总是周密地考虑一些事情。	1	2	3	4
11. 我喜欢做新奇和不同凡响的事情。	1	2	3	4
12. 我的日常生活充满了很多让我感兴趣的事情。	1	2	3	4
13. 我乐于把自己描述为个性很强的人。	1	2	3	4
14. 我能很快并适时地从对某人的气恼中摆脱出来。	1	2	3	4

8. 心理韧性量表（CD-RISC）

彭 李

（陆军军医大学医学心理系，重庆，400038）

【摘要】 心理韧性量表（Connor-Davidson Resilience Scale，CD-RISC）由 Connor 和 Davidson 等（2003）编制，广泛应用于评价个体的心理韧性水平，是心理韧性领域最具有代表性的自评工具。国内已有军人、大学生、护士等修订版本，均符合心理测量学标准。

1. 理论背景

心理韧性（psychological resilience）是指个体在面对灾难、痛苦或者逆境时能有效地应对和适应，保持心理健康的一种能力，又称"抗逆力""心理韧性""复原力""回弹力"等（Davidson et al.，2005）。它作为一种积极的心理品质，越来越得到学者们的关注。个体在经历重大应激事件后可能会出现各种各样的心理障碍，如急性应激障碍、创伤后应激障碍、抑郁与焦虑障碍、自杀、物质依赖、适应障碍等，但不是所有经历创伤事件、挫折、逆境的人都会出现心理疾患，多数个体仍然能恢复到应激前的心理健康状态，表现出适应性生理、心理反应（Bonanno，2004）。

心理韧性的测量工具相当多，在国内外发表的众多心理韧性标准化量表中，Connor-Davidson 韧性量表已经过多次的实证研究，被认为是良好的测量工具之一，曾在美国的研究中显示出良好的心理测量学特性，并反映了创伤后应激障碍患者经过治疗后的全面改善状况（Davidson et al.，2005）。

2. 内容简介

Connor-Davidson 心理韧性量表由 Connor 和 Davidson（2003）编制，共 25 个项目，Likert 5 级计分（0 代表"从不"；1 代表"很少"；2 代表"有时"；3 代表"经常"；4 代表"几乎总是"），包括个体能力、忍受消极情感、接受变化、控制感和精神信仰5个因子,总分为0~100分。内部一致性α系数为0.89,重测信度为0.87。

CD-RISC被应用于中国、南非、韩国、澳大利亚、英国等国家,应用人群包括消防员、护士、学生、社区人群门诊、临床病人等。中文版CD-RISC由于肖楠和张建新教授(2007)修订,包括坚韧(面对挑战时镇定自若、坚定不移、反应敏捷、有控制感等)、力量(经历挫折后不仅能够复原,还能获得发展和成长)和乐观(对克服逆境有信心,从积极的角度看待事情等)3个维度,内部一致性α系数为0.91。

3. 实施或使用方法

按照经典心理测量学的使用规范来实施。

4. 计分方法与解释

第20项是反向计分,其他项目均为正向计分。坚韧包括11、12、13、14、15、16、17、18、19、20、21、22、23题;力量包括1、5、7、8、9、10、24、25题;乐观性包括2、3、4、6题。测量指标是总分和维度平均分。得分越高,表明心理韧性水平越高。

5. 信度与效度

谢远俊等人(2016)采用了中文Connor-Davidson韧性量表、罗森伯格自尊量表(Rosenberg Self-esteem Scale)和正负性情感量表(Positive and Negative Affect Scale)对2 357名中国军人进行了探索性因子分析和验证性因素分析。结果显示:心理韧性量表在中国军人中进行运用时,三因素模型优于五因素模型,修订后最终保留了21个条目,并且表现出良好的内部一致性信度和结构效度。此外,心理韧性与自尊水平和积极情感呈现正相关,与负性情感显著负相关。

以钟雪等人(2016)的研究为例,采用中文Connor-Davidson心理量表、抑郁自评量表(SDS)和焦虑自评量表(SAS)对439名社区老人进行测试,对问卷的信效度进行了检验。结果发现,量表具有较好的内部一致性信度和分半信度,分别为0.921和0.891,间隔2周的重测相关系数分别为0.780,$P<0.01$;探索性因子分析的结果得到了心理韧性的四因素结构,包括坚韧性、能力、控制和寻求帮助,心理韧性总分与抑郁和焦虑水平都存在显著的负相关,心理韧性量表总分高分组与低分组在抑郁和焦虑得分上均有显著性的差异,说明该问卷具有良好的区分效

度。可见 Connor-Davidson 韧性量表在本次测量中具有较好的信度和效度,可以应用于对中国老年群体适应性行为的研究中。

6. 应用价值与简要评价

心理韧性量表广泛应用于评价个体的心理弹性水平,是心理弹性领域最具有代表性的自评工具。截至 2018 年 11 月,在 Web of Science 里被引高达 1 637 次。

参考文献

1. Bonanno G. A, 2004. "Loss, trauma, and human resilience: have we underestimated the human capacity to thrive after extremely aversive events?"[J] *American Psychologist*, 59(1): 20.
2. Connor K.M., Davidson J.R.T, 2003. "Development of a new resilience scale: The Connor-Davidson Resilience Scale (CD-RISC)."[J]*Depression and Anxiety*, 18: 76-82.
3. Davidson, J.R.T., Payne, V.M., Connor, K.M., Foa, E.B., Rothbaum, B.O., Hertzberg, M.A., et al, 2005."Trauma, resilience and saliostasis: effects of treatment in post-traumatic stress disorder"[J].*International Clinical Psychopharmacology*, 20(1): 43—48.
4. Luthar S.S., Cicchetti D., Becker B, 2010. "The construct of resilience: a critical evaluation and guidelines for future work"[J].*Child Development*, 71(3): 543-562.
5. Xie Y., Peng L., Zuo X., Li M, 2016."The Psychometric Evaluation of the Connor-Davidson Resilience Scale Using a Chinese Military Sample"[J].*PLoS One*,11(2): e0148843.
6. Yu X.N., Zhang J.X, 2007. "Factor analysis and psychometric evaluation of the Connor-Davidson resilience scale (CD-RISC) with Chinese people"[J]. *Social Behavior and Personality*, 35(1): 19-30.
7. 钟雪,吴大兴,夏结,聂雪晴,刘翃,2016. Connor-Davidson 弹性量表在我国社区老年人中的信效度检验[J].*中国临床心理学杂志*, 24(2): 264—266.

附录

心理韧性量表

指导语:请根据你的实际情况,对比下列所描述的情形,按每种情形与你真实情况符合的程度来选择相应的数字,并在你认为最符合的数字上画√。

题 目	完全不是这样	很少这样	有时这样	经常这样	几乎总是这样
1. 能够适应变化。	0	1	2	3	4
2. 有亲密和可信赖的人际关系。	0	1	2	3	4
3. 有时候运气不错。	0	1	2	3	4
4. 能够处理好发生的任何事情。	0	1	2	3	4
5. 过去的成功经历使你有信心来面对新的挑战。	0	1	2	3	4
6. 看到事情乐观的一面。	0	1	2	3	4
7. 应对压力的能力不断增强。	0	1	2	3	4
8. 在遭遇疾病或困难之后能够很快恢复。	0	1	2	3	4
9. 认为事出必有因。	0	1	2	3	4
10. 无论做什么都会竭尽全力。	0	1	2	3	4
11. 能够实现自己的目标。	0	1	2	3	4
12. 即使事情看来没希望了，也不放弃。	0	1	2	3	4
13. 知道到哪里寻求帮助。	0	1	2	3	4
14. 重压下，仍能神情专注、头脑清醒。	0	1	2	3	4
15. 愿意率先带头去解决问题。	0	1	2	3	4
16. 不容易被失败挫伤勇气。	0	1	2	3	4
17. 自认是个强者。	0	1	2	3	4
18. 勇于作出他人不愿或难以作出的决定。	0	1	2	3	4
19. 能够掌控不良情绪。	0	1	2	3	4
20. 处理生活难题，有时不得不依靠直觉行事。	0	1	2	3	4
21. 有强烈的使命感。	0	1	2	3	4
22. 能够管理好自己的生活。	0	1	2	3	4
23. 喜欢接受挑战。	0	1	2	3	4
24. 致力于实现自己的目标。	0	1	2	3	4
25. 为自己取得的成就而自豪。	0	1	2	3	4

9. 青少年心理韧性量表（HKRA）*

李海垒

（山东师范大学商学院，济南，250014）

【摘要】 青少年心理韧性量表（Healthy Kids Resilience Assessment，HKRA）由 Norm 等（1999）编制，用于评价个体的外部保护因素和内部心理韧性特质。国内已有中学生修订版本，符合心理测量学标准。

1. 理论背景

心理韧性是个体从消极经历中恢复过来，并且灵活适应外界多变环境的能力（Lazarus，1993）。由于受流行病学和医学研究范式的影响，一些研究者传统上把处境不利儿童看作一个同质的、不分化的群体进行研究，认为处境不利儿童日后的成就水平、适应能力必定低于正常儿童，他们的发展遵循着"处境不利（高危）—压力—适应不良"的直线模型（曾守锤，李其维，2003）。20 世纪 70 年代，一些心理学家和精神病学家开始关注处境不利儿童群体内部的发展结果变异性问题，从而开始了对心理韧性的研究，并逐渐成为一个广受各国心理学家关注的心理学领域（Masten，2001）。

为了更好地进行心理韧性的实证研究和应用研究，从 1998 年开始，美国加利福尼亚州的一些科研机构联合一批心理学家，致力于心理韧性模型的提出和测量工具的开发，并提出了心理韧性动态模型（李海垒，张文新，张金宝，2008）。该模型认为，心理韧性是青少年的一种天生潜能。青少年在发展过程中具有安全、爱、归属、尊敬、掌控、挑战、才能、价值等的心理需要，而这些需要的满足依赖来自学校、家庭、社会和同伴群体的保护性因素或外部资源，这包括亲密关系、高期望值、积极参与等。如果外部资源为青少年的心

---

* 测评工具研发成果参见：
1. 李海垒，张文新，张金宝. (2008). 青少年心理韧性量表（HKRA）的修订. 心理与行为研究, 6(2): 98—102.

理需要提供了满足,青少年就会很自然地发展起一些个体特征,包括合作、移情、问题解决、自我效能、自我意识、自我觉察、目标与志向等,这些个体特征构成了内部资源。这些内部资源会保护青少年免受危险因素的影响,并促进他们的健康发展。

对心理韧性的考察方法有多种,如简洁质性判别法、简明量化判定法、年龄发展任务法、汇聚操作评估法、心理量表评定法等(席居哲,左志宏,2009)。其中,心理量表评定法的优点在于操作简便、数据收集效率高,能够为心理韧性的研究工作提供很大便利。但同时也应注意到,该方法将心理韧性作为静态特质去测量,忽视了心理韧性的动态过程。此处介绍的心理韧性量表是基于心理韧性动态模型开发的测量工具(李海垒等,2008),具有较好的理论基础,应用较为广泛(如Kimberly,Kimberly & Eva,2015;周永红,吕催芳,徐凡皓,2013)。

2. 内容简介

青少年心理韧性量表由 Norm 等(1999)编制,共有 51 个题目,采用"1~4"四点计分,1 代表"完全不符合";2 代表"有点符合";3 代表"比较符合";4 代表"完全符合"。每三个题目测量一个维度,共测量 11 项外部保护因素和 6 项内部心理韧性特质。

中文版已由李海垒等(2008)在中学生群体中修订,条目数量没有变化,仍然是 51 个,但将 22、23、24 的条目表述进行了修改。外部保护因素减少为 7 个,分别是教师关怀、亲戚关怀、家庭平等与自主、家庭高期望值、学校社会积极参与、同伴高期望值、同伴亲密关系等;内部心理韧性特质减少为 4 个,分别是社会能力、自我觉察、问题解决与自我效能、目标与志向等。

3. 实施或使用方法

按照经典心理测量学的使用规范来实施。

4. 计分方法与解释

所有项目均为正向计分。对于外部保护因素,1、2、3、4、5、6 题测量教师关怀;25、26、27、28、29、30 题测量亲戚关怀;13、15、16、17、18 题测量家庭平等与自主；10、11、12、14 题测量家庭高期望值；7、8、9、31、32、33 题测量学校社会积极参与；22、23、24 题测量同伴高期望值；19、20、21 题测量同伴亲密关系。对于内部心理韧性特质，43、44、45、46、47、48 题测量社会能力；49、50、51 题测量自我觉察；37、38、39、40、41、42 题测量问题解决与自我效能；34、35、36 题测量目标与志向。分数越高，表明该类因素或特质的水平越高。

5. 信度与效度

李海垒等（2008）研究发现，各分量表的内部一致性信度在 0.62～0.85 之间；采用抑郁作为效标，发现对于受欺凌的青少年来讲，心理韧性高的青少年的抑郁水平明显低于心理韧性低的青少年。周永红等（2013）研究发现该量表的内部一致性信度是 0.94。周文娇、高文斌、孙昕霙、罗静（2011）研究发现该量表的内部一致性信度是 0.95，验证性因素分析发现，量表的结构效度较好。

6. 应用价值与简要评价

青少年心理韧性量表可以对普通中学生的外部保护因素和内部心理韧性特质进行简单有效的评估。虽然量表修订版的一些维度与原量表有所不同，但基本上仍符合量表所依据的理论模型，量表的信度、效度也达到了理想水平。因此，该修订版量表可以用于国内中学生的心理韧性测量。

参考文献

1. Kimberly T., Kimberly S. R. & Eva, O, 2015. Optimism in early adolescence: relations to individual characteristics and ecological assets in families, schools, and neighborhoods. *Journal of Happiness Studies*, 16(4): 1—25.

2. Lazarus R. S, 1993. From psychological stress to the emotions: A history of changing outlooks. *Annual Review of Psychology*, 44(1): 1—21.

3. Masten A. S, 2001. Ordinary magic: Resilience processes in development. *American Psychologist*, 56(3): 227—238.

4. Norm C, Bonnie B, Marycruz D. Measuring protective factors and resilience traits in youth: The healthy kids resilience assessment. *Seventh Annual Meeting of the Society for*

Prevention Research，New Orleans，LA，June，1999.

5. 曾守锤，李其维，2003. 儿童心理弹性发展的研究综述[J]. 心理科学，26(6)：1091—1094.
6. 李海垒，张文新，张金宝，2008. 青少年心理韧性量表(HKRA)的修订[J]. 心理与行为研究，6(2)：98—102.
7. 席居哲，左志宏，2009. 心理韧性者甄别诸法[J]. 心理科学进展，17(6)：1295—1301.
8. 周文娇，高文斌，孙昕霙，罗静，2011. 四川省流动儿童和留守儿童的心理复原力特征[J]. 北京大学学报(医学版)，43(3)：386—390.
9. 周永红，吕催芳，徐凡皓，2013. 留守儿童心理弹性与心理健康的关系研究[J]. 中国特殊教育，(10)：52—59.

附录

青少年心理韧性量表(HKRA)

指导语：所有的项目采取1～4四级计分方法作答，1代表"完全不符合"；2代表"有点符合"；3代表"比较符合"；4代表"完全符合"。

例　　题	完全不符合	有点符合	比较符合	完全符合
我是一个学生	1	2	3	4

下面是关于你在学校里的一些情况：

题　　目	完全不符合	有点符合	比较符合	完全符合
1. 至少有一位老师，非常关心我。	1	2	3	4
2. 至少有一位老师，当我表现良好时能表扬我。	1	2	3	4
3. 至少有一位老师，当我不在学校时能引起他(她)的注意。	1	2	3	4
4. 至少有一位老师，一直希望我尽力做好每件事。	1	2	3	4
5. 至少有一位老师，愿意倾听我的心里话。	1	2	3	4
6. 至少有一位老师，相信我将会是一位成功者。	1	2	3	4
7. 在学校里我参加一些有趣的活动。	1	2	3	4

续表

题 目	完全不符合	有点符合	比较符合	完全符合
8. 我参与制订一些班规或者发起一些活动。	1	2	3	4
9. 我做的一些事情能对班级产生影响。	1	2	3	4

下面是关于你在家里的一些情况(这里所说的其他长辈,指与你生活在一起的祖父母或外祖父母):

题 目	完全不符合	有点符合	比较符合	完全符合
10. 我的父母或其他长辈期望我能守规矩。	1	2	3	4
11. 我的父母或其他长辈很关心我的学业。	1	2	3	4
12. 我的父母或其他长辈相信我将会是一位成功者。	1	2	3	4
13. 我的父母或其他长辈会与我共同探讨我的问题并给予指导。	1	2	3	4
14. 我的父母或其他长辈一直希望我尽力做好每件事。	1	2	3	4
15. 我的父母或其他长辈在我遇到困难时能安慰和帮助我,并倾听我的心里话。	1	2	3	4
16. 我做的一些事情能对家庭产生影响。	1	2	3	4
17. 我与父母或其他长辈共同做一些有趣的事情,或去一些好玩的地方。	1	2	3	4
18. 我参与家庭的一些决策。	1	2	3	4

下面是关于你同龄(年龄与你相仿)朋友的一些情况:

题 目	完全不符合	有点符合	比较符合	完全符合
19. 我的朋友非常关心我。	1	2	3	4
20. 我的朋友会与我共同探讨关于我的问题。	1	2	3	4

续表

题　目	完全不符合	有点符合	比较符合	完全符合
21. 当我有困难时,我的朋友能够帮助我。	1	2	3	4
22. 我的朋友相信我将来会是一名成功者。	1	2	3	4
23. 我的朋友认为我有能力去面对困难。	1	2	3	4
24. 我的朋友希望我做好每件事。	1	2	3	4

下面是关于你学校和家庭之外的一些情况(这里所说的成年亲戚,包括叔家、姑家、姨家、舅家的成人):

题　目	完全不符合	有点符合	比较符合	完全符合
25. 我有一位成年亲戚,非常关心我。	1	2	3	4
26. 我有一位成年亲戚,当我表现良好时会表扬我。	1	2	3	4
27. 我有一位成年亲戚,会注意到我心烦和不安。	1	2	3	4
28. 我有一位成年亲戚,相信我将会是一名成功者。	1	2	3	4
29. 我有一位成年亲戚,一直希望我尽力做好每件事。	1	2	3	4
30. 我有一位成年亲戚,很值得我信任。	1	2	3	4
31. 我是一些俱乐部、体育队或其他群体组织的成员。	1	2	3	4
32. 我的业余爱好广泛,像音乐、文学、艺术、体育等。	1	2	3	4
33. 我喜欢帮助别人。	1	2	3	4

下面是关于你个人的一些情况:

题　目	完全不符合	有点符合	比较符合	完全符合
34. 我有自己的未来目标和计划。	1	2	3	4
35. 我计划能从高中顺利毕业。	1	2	3	4

续表

题 目	完全不符合	有点符合	比较符合	完全符合
36. 我毕业后打算继续接受更高等的教育。	1	2	3	4
37. 当我遇到困难时,我知道从哪里获得帮助。	1	2	3	4
38. 我设法通过聊天或写作来找到解决问题的办法。	1	2	3	4
39. 我能够解决自己的问题。	1	2	3	4
40. 如果我努力,几乎所有的事情我都能做。	1	2	3	4
41. 我会跟与我有意见分歧的人和谐相处。	1	2	3	4
42. 我能做好许多事情。	1	2	3	4
43. 当我发现有人感情受到伤害时,我也会难过。	1	2	3	4
44. 我尽力去理解别人的经历或遭遇。	1	2	3	4
45. 当我需要帮助时,我会找人商量。	1	2	3	4
46. 我喜欢与别人一起工作或学习。	1	2	3	4
47. 我在坚持自己的观点时,不会去贬低别人。	1	2	3	4
48. 我尽力去理解别人的所感和所想。	1	2	3	4
49. 我知道自己的生活目标是什么。	1	2	3	4
50. 我理解自己的感情和情绪体验。	1	2	3	4
51. 我理解自己所做事情的原因。	1	2	3	4

10. 坚韧人格量表（HS）*

卢国华　刘晓丽

（潍坊医学院心理学系，潍坊，261053）

【摘要】 坚韧人格量表（Hardiness Scale，HS）由卢国华等（2012）编制，应用于评价人格中的韧性、控制、投入和挑战，是坚韧人格领域中极具代表性的自评工具，具备较好的心理测量学特征，可以作为中国成年人人格坚韧性的测量工具。

1. 理论背景

坚韧人格可以帮助人们缓冲应激对心身健康的不良影响，使高应激情境下的个体保持心身健康（Beasley，Thompson Davidson，2003；邹志敏，王登峰，2007）。Kobasa（1979）将坚韧人格定义为一组帮助人们管理应激的态度、信念、行为的特质，它包含三个子概念或维度：投入（commitment）、控制（control）与挑战（challenge）。Salvatore 和 Maddi（2002）认为，坚韧人格必须同时具备投入、控制和挑战三个子因素，即坚韧人格的 3C 结构。目前西方多数坚韧人格研究也是以 Kobasa 和 Maddi 等人的三因素结构为理论基础。

自从坚韧人格的概念被提出以来，研究工具也不断得到发展。最早用于坚韧人格研究的量表（Unabridged Hardiness Scale，UHS）由 6 个与投入、控制和挑战相关的量表组成（Kobasa，1979）；随后，Maddi 等人根据在实证研究中发现的问题对其进行修订，形成了个人观念调查量表（Personal Views Survey Ⅲ-R，PVC Ⅲ-R）（Maddi，Richard，2002）。后来又出现了 Pollock 和其同事发展的健康相关坚韧人格量表（Health-Related Hardiness Scale，HRHS）（Pollock，Duffy，1990）

---

* 测评工具研发成果参见：

1. 卢国华，于丽荣，梁宝勇.（2012）.心理健康素质测评系统·中国成年人坚韧人格量表的编制（HS）.*心理与行为研究*，2012,0(5)：321—325.

2. 卢国华，梁宝勇.（2008）.坚韧人格量表的编制.*心理与行为研究*，6(2)：103—106.

等。以上量表尽管所包含的题目不同,但维度相同,即均包含投入、控制、挑战三个维度。但在非英语国家中,上述量表的应用却出现了量表和分量表的信度较低等问题(Chan,2000)。卢国华和梁宝勇(2008)曾探讨个人观念调查量表在中国的适用性,结果发现,量表内部一致性系数较低,探索性因子分析结果与原始问卷大相径庭。在限定三个因素进行分析时,各因素中的项目交互混杂出现,考虑东西方文化的差异,对坚韧的理解存在不一致,致使量表内容不够敏感,不能反映中国人性格中的坚韧品质。

2. 内容简介

坚韧人格量表由卢国华等(2012)编制,以坚韧人格理论为基础,结合中国人对坚韧的理解,最终确立了中国人坚韧人格的结构,它包含四个维度,即韧性、控制、投入、挑战。此量表共 27 个项目:6 个项目测量韧性;8 个项目测量控制;6 个项目测量投入;7 个项目测量挑战。4 级计分。

3. 实施或使用方法

按照经典心理测量学的使用规范来实施。

4. 计分方法与解释

韧性:1,5,12,13,19,23。控制:8,14,15,20,21,22,26,27。投入:6,7,9,11,16,17。挑战:2,3,4,10,18,24,25。所有项目均为正向计分,测量指标是维度平均分,得分越高,表明该维度的效价越高。

5. 信度与效度

采用坚韧人格量表对 632 名大学生进行施测,检验信效度。结果发现,量表具有较好的内部一致性和跨时间的稳定性,总量表及韧性、控制、投入、挑战的内部一致性 α 系数分别为 0.93、0.81、0.85、0.80、0.75,间隔 2 周的重测相关系数分别为 0.92、0.91、0.91、0.89、0.92;内容效度检测中,所有项目平均 CVI 值为 0.90,探索性因子分析发现,27 个项目因子负荷都在 0.40 以上,并可解释总变异的 46.5%;而验证性因素分析的拟合指标均达到理想标准,表明该量表的四维结构模型有较好的拟合指标。

以 SCL-90 为效标,结果表明,坚韧人格量表总分与心理症状间存在显著负相关(Chan,2000)。可以看出,坚韧人格是一种积极向上的人格特质,对个体心理健康具有积极的意义(Kobasa & Pucccetti,1983)。考虑到 16PF 中有恒性、稳定性和敢为性分别反映个体情绪稳定性,有恒负责、做事尽职和冒险敢为的特质倾向,而坚韧人格的控制性、担当性和挑战性维度与以上三方面的人格特质有相似之处,由此认为其相关性也应该较高。进行相关分析结果表明,坚韧人格量表所测得的人格坚韧性与 16PF 中有恒性、稳定性和敢为性人格特质呈显著正相关,这说明该量表有较好的会聚效度。

6. 应用价值与简要评价

坚韧人格量表适用于中国成年人坚韧人格的测评,是该领域中代表性的自评工具。

参考文献

1. Kobasa S. C,1979. Stressful life events, personality and health: an inquiry into hardiness[J].*Journal of Personality and Social Psychology*,37(1):1—11.Salvatore R.
2. Kobasa S. C., & Pucccetti, M. C,1983.Personality and social resources in stress resistance[J].*Journal of Personality and Social Psychology*,45(4):839—850.
3. Maddi S. R,2002.The Story of Hardiness: Twenty Years of Theorizing, Research, and Practice Consulting[J]. *Psychology Journal: Practice and Research*,54(3):173—185.
4. Maddi S. R,2004.Hardiness: An operationlization of existential courage[J]. *Journal of Humanistic Psychology*,44(3):279—298.
5. Chan D.M,2000. Dimensionality of hardiness and its role in the stress-distress relationship among Chinese adolescents in Hong Kong[J]. *Journal of Youth and Adolescence*,29(2):147—161.
6. Pollock S. & Duffy M,1990. The Health-Related Hardiness Scale: Development and psychometric analysis[J]. *Nursing Research*,39(4):218—222.
7. 邹志敏,王登峰,2007.应激的缓冲器:人格坚韧性[J].*心理科学进展*,15(2):241—248.

附录

坚韧人格量表

指导语：下面是一些描述人们兴趣、态度的句子，请仔细阅读，根据每个句子的内容与你自己的实际情况相符合的程度，在相应数字上画√。答案无对错之分，请根据你的真实情况填写。

题　目	完全不符合	有点符合	符合	完全符合
1. 我总能通过自己的努力实现目标。	1	2	3	4
2. 生活工作中的变化常常令我感到振奋。	1	2	3	4
3. 我喜欢尝试新鲜刺激的事物。	1	2	3	4
4. 我宁愿做那些富有挑战性和变化的工作。	1	2	3	4
5. 只要有意义，再艰难的事情我也能坚持做下去。	1	2	3	4
6. 工作和学习会带给我乐趣。	1	2	3	4
7. 我几乎每天都期待着投入工作或学习。	1	2	3	4
8. 遇到困难时，我总会想方设法寻找解决的办法。	1	2	3	4
9. 能够积极努力地做事情确实令我兴奋。	1	2	3	4
10. 我更喜欢承担重要工作。	1	2	3	4
11. 忙碌的生活节奏使我感到充实。	1	2	3	4
12. 对于决定要做的事，我不怕任何困难。	1	2	3	4
13. 我不会轻易放弃自己的理想和追求。	1	2	3	4
14. 面对不利的处境，我会设法扭转局面。	1	2	3	4
15. 即使在不顺利的情况下，我仍能保持精神振奋。	1	2	3	4
16. 对工作我总会投入极大热情。	1	2	3	4
17. 即使很简单的事情我也会做得很投入。	1	2	3	4

续表

题　目	完全不符合	有点符合	符合	完全符合
18. 打破常规会激发我去学习。	1	2	3	4
19. 只要努力,任何困难都可克服。	1	2	3	4
20. 每当出现问题时,我会尽力找到其根源。	1	2	3	4
21. 当有人对我发火时,我会设法使他镇静下来。	1	2	3	4
22. 无论遇到多么复杂的问题,我总能很快厘清思路。	1	2	3	4
23. 如果目标已确定,即使遇到障碍我也不轻言放弃。	1	2	3	4
24. 我愿意放弃安定的生活以获得面对重大挑战的机会。	1	2	3	4
25. 在我生命中迎接新情境是项重要的事。	1	2	3	4
26. 我常常把生活中遇到的困难看成是一种挑战而不是威胁。	1	2	3	4
27. 面对来自他人的批评,我会保持冷静。	1	2	3	4

四、坚毅 Grit

11. 坚毅量表（Grit-O）*

黄琳妍

（北京教育学院心理学系，北京，100120）

【摘要】 坚毅量表（Grit-O）由 Duckworth 等人（2007）编制，应用于评价个体完成长期目标所持有的毅力和激情。国内已有该量表的中文修订版，在中国成年人中试用具有较高信度和效度，可以作为测量成年人坚毅品质的有效工具。

1. 理论背景

近年来，美国心理学界和教育学界出现了一个非常热门的词汇"grit"，它指一种积极的心理特质——坚毅，包含两方面的内涵：一是为长久目标付出坚持不懈的努力；二是对这个目标保持一如既往的兴趣。

Duckworth、Peterson、Matthews 和 Kelly（2007）通过对投资银行、美术、新闻业、学术界、医学、法律等行业的专业人士的访谈发现，他们用坚毅来描述那些行业佼佼者们的频率与使用天赋一词的频率近乎相当。他们甚至更敬佩那些在一

---

* 测评工具研发成果参见：

1. Duckworth A. L., Peterson C., Matthews M. D. & Kelly D. R. (2007). Grit: perseverance and passion for long-term goals. *Journal of Personality and Social Psychology*, 92(6)：1087—1101.

2. 谢娜，王臻，赵金龙.（2017）. 12项坚毅量表（12-item grit scale）的中文修订. *中国健康心理学杂志*, 25(6)：893—896.

开始并不如别人有天赋,却可以对自己的雄心保持长久的承诺与努力的人。坚毅作为一种积极心理特质,代表了一种积极的依靠个体强大动机来持续完成个体长期目标的非认知品质。Duckworth 等人(2007)将坚毅定义为针对长期目标所持有的毅力和激情,坚毅可以预测挑战性领域中取得的成就。坚毅与心理学中的坚韧(hardiness)、心理韧性(resilience)等品质相类似,都体现了个体在完成目标或克服困难时所表现出的坚持不懈的努力和坚韧不拔的品质。

坚毅作为一种心理特质,与自我控制、尽责性等高度相关,对个体在学校、军队、工作岗位上的表现有着很强的预测力,坚毅特质高的个体表现更好。此外,坚毅也与一些积极的心理特质,如与积极情绪、情感高度相关(魏怡、胡军生,2017)。

2. 内容简介

坚毅包括两个既独立又相互联系的部分:坚持努力和兴趣一致。基于坚毅的二因素结构,Duckworth、Peterson、Matthews 和 Kelly(2007)编制了适用范围为儿童到成年人,适合各个领域的坚毅量表,包括12个条目,量表的内部一致性系数为0.85,两个分量表在一起比单独使用,能更好地预测行为表现。

3. 实施或使用方法

按照经典心理测量学的使用规范来实施。

4. 计分方法与解释

Duckworth 等人编制,采用 Likert 5 级计分,从"极不符合我"到"极为符合我"。题目1、4、6、9、10、12 为正向计分题目,即选择"极为符合我"得5分,选择"极不符合我"得1分;题目2、3、5、7、8、11 为反向计分题目,即选择"极为符合我"得1分,选择"极不符合我"得5分。整个量表得分由12项题目得分相加,最后除以12,换算成为1~5分制的坚毅指数。量表总得分越高,坚毅程度就越高。

5. 信度与效度

在谢娜等人(2017)的研究中,以心理弹性量表(RS-14)作为效标工具,在北京市随机选取360名成人进行测验,两周后随机选取其中80名成年人进行重测,分析中文版信效度。结果表明,中文版坚毅量表所有题目的决断值(CR)均达到 0.001 的显著性水平,每个题目与对应量表的相关系数较高。因素分析结果表明,坚毅量表符合 Duckworth 二因素模型结构,量表的结构效度良好(RMR＝0.037,NFI＝0.927,GFI＝0.957,RMSEA＝0.049)。用心理弹性量表(RS-14)作为效标,坚毅量表得分与心理弹性量表的得分呈现正相关($r=0.671, P<0.001$)。量表的内部一致性 α 系数为 0.729,分半信度为 0.784,两周后的重测信度为 0.804($P<0.001$),在成年人中试用具有较高信度和效度,可以作为测量成年人坚毅品质的有效工具。

6. 应用价值与简要评价

近年来,坚毅量表已在国际学术研究中被广泛使用,中文情境中的实证研究也表明该量表具有较高的信度和效度(谢娜等人,2017)。我们建议在中文情境中,面向大学生或成年人群体,可以选择使用坚毅量表。

参考文献

1. Duckworth A. L., Peterson C., Matthews M. D. & Kelly D. R, 2007. Grit: perseverance and passion for long-term goals[J]. *Journal of Personality and Social Psychology*, 92(6): 1087—1101.
2. 谢娜,王臻,赵金龙,2017. 12 项坚毅量表(12-item grit scale)的中文修订[J]. *中国健康心理学杂志*, 25(6): 893—896.
3. 魏怡,胡军生., 2017. 坚毅性人格:概念结构、影响因素及作用结果[J]. *心理技术与应用*, 5(1): 52—61.

附录

坚 毅 量 表

指导语:请对量表中每项描述的程度进行自我评估并打分(1 代表"极不符合";2 代表"有点不符合";3 代表"不确定";4 代表"有点符合";5 代表"极为符合")。

题　　目	极不符合	有点不符合	不确定	有点符合	极为符合
1. 我曾经克服过重大挑战性的困难。	1	2	3	4	5
2. 新的想法和计划有时会使我从原先的项目中分心。	1	2	3	4	5
3. 我做事的兴趣每年都在变化。	1	2	3	4	5
4. 困难不能令我泄气。	1	2	3	4	5
5. 我对一个观点或者项目会着迷一小段时间,然后失去兴趣。	1	2	3	4	5
6. 我是一个努力工作和学习的人。	1	2	3	4	5
7. 我经常设定目标,但后来会改变主意完成不同的目标去了。	1	2	3	4	5
8. 我难以将我的兴趣持续地放在需要几个月才能完成的项目上。	1	2	3	4	5
9. 只要我开始做的事情我就一定能够完成它。	1	2	3	4	5
10. 我曾经花费多年完成一个目标。	1	2	3	4	5
11. 每隔几个月我会对新的事物感兴趣。	1	2	3	4	5
12. 我很勤奋。	1	2	3	4	5

12. 简式毅力量表(Grit-S)*

黄琳妍

(北京教育学院心理学系,北京,100120)

【摘要】 简式毅力量表(Grit-S)由 Duckworth 等人(2009)编制,应用于评价个体完成长期目标所持有的毅力和激情。国内已有该量表的中文修订版,在中国大学生和中学生中试用具有较高的信度和效度,可以作为测量青少年和成年人毅力品质的有效工具。

1. 内容简介

Duckworth 和 Quinn(2009)对其进行了简化,编制了简式毅力量表。在原来量表的基础上减少了 4 个条目,变为 8 个条目,采用 Likert 5 级计分,从"完全符合"到"完全不符合"。量表整体的内部一致性系数从 0.73~0.83。兴趣分量表的内部一致性系数从 0.73~0.79,努力分量表的内部一致性系数从 0.60~0.78。验证性因素分析支持了量表的二因素结构,坚持努力和兴趣一致都作为二阶潜在因子负载在 Grit 上,两个因子表现出较高的内部一致性,并且显著正相关(Duckworth & Quinn,2009)。

2. 实施或使用方法

按照经典心理测量学的使用规范来实施。

3. 计分方法与解释

简式毅力量表包含两个维度(努力持续性和兴趣稳定性),由 8 个条目构成,使用

---

* 测评工具研发成果参见:

1. Duckworth A. L. & Quinn P. D. (2009). Development and validation of the short grit scale (grit-s). *Journal of Personality Assessment*,91(2):166—174.

2. 谢娜,王臻,赵金龙. (2017). 12 项坚毅量表(12-item grit scale)的中文修订. *中国健康心理学杂志*,25(6):893—896.

Likert5 级计分(1 代表"完全符合",2 代表"比较符合",3 代表"不确定",4 代表"比较不符合",5 代表"完全不符合"),其中第 1、3、6 题为反向计分。该量表在 25 岁以上成年受测者样本中科隆巴赫 α 系数为 0.82,重测信度 $r=0.68$。量表总得分越高,坚毅程度就越高。

4. 信度与效度

在王丹丹(2016)的研究中,以大五人格的尽责性问卷、简式自我控制问卷和心理坚韧性问卷为效标工具,选取 254 名普通大学生、330 名艺术专业大学生、222 名体育专业大学生以及 310 名普通中学生四个样本为测试人群,总量表在四个样本中的 $α=0.69\sim0.72$,努力一致性因素 $α=0.62\sim0.71$,兴趣稳定性因素 α 系数稍低,$α=0.58\sim0.67$,结果与 Duckworth 的研究基本一致。四个样本学生在完成第一次测验后的 3～4 个月进行了第二次测验,总量表重测信度在 0.47～0.87 之间,均达到非常显著水平,兴趣稳定性因素的重测信度在 0.39～0.70 之间,努力持续性因素的重测信度在 0.434～0.706 之间,且验证性因素分析结果表明四个样本较好地拟合了已有的二因素模型。

5. 应用价值与简要评价

近年来,简式毅力量表已在国际学术研究中被广泛使用,中文情境中的实证研究也表明该量表具有较高的信度和效度(王丹丹,2016;员东婷,王英春,2018)。我们建议在中文情境中,面向大学生或成年人群体,可以选择使用简式坚毅量表。

参考文献

1. Duckworth A. L., Peterson C., Matthews M. D. & Kelly D. R, 2007. Grit: perseverance and passion for long-term goals[J]. *Journal of Personality and Social Psychology*, 92(6): 1087—1101.
2. Duckworth A. L. & Quinn P. D, 2009. Development and validation of the short grit scale (grit-s)[J]. *Journal of Personality Assessment*, 91(2): 166—174.
3. 王丹丹,2016. 简式毅力问卷在中国大学生与中学生群体中的信效度检验. 硕士学位论文[D]. 武汉体育学院.

4. 魏怡,胡军生,2017. 坚毅性人格:概念结构、影响因素及作用结果[J]. 心理技术与应用,5(1):52—61.
5. 员东婷,王英春,2018. 控制感剥夺激发状态毅力:趋近动机的中介作用[J]. 心理科学,41(5):1192—1199.

附录
简式毅力量表

指导语:请对量表中每项描述的程度进行自我评估并打分(1 代表"极不符合";2 代表"有点不符合";3 代表"不确定";4 代表"有点符合";5 代表"极为符合")。

题 目	极不符合	有点不符合	不确定	有点符合	极为符合
1. 新的想法或计划有时会使我无法专心于现有的想法或计划。	1	2	3	4	5
2. 挫折不会使我气馁。	1	2	3	4	5
3. 我常常在短期内沉迷于某种想法或计划,但随后又失去兴趣。	1	2	3	4	5
4. 我是个努力的人。	1	2	3	4	5
5. 我经常会在设定了一个目标后不久又开始追求另一个目标。	1	2	3	4	5
6. 我很难把注意力集中在一个要花好几个月才能完成的计划上。	1	2	3	4	5
7. 无论做什么事情,我开了头就要完成它。	1	2	3	4	5
8. 我很勤奋。	1	2	3	4	5

五、优势 Strengths

13. 盖洛普优势识别器（CSF 2.0）

高 阳

（西北大学公共管理学院，西安，710127）

【摘要】 盖洛普是世界著名的调查公司，基于其科学家团队历经40年针对人性优势所做的研究，创造了一种语言来描述最常见的34种天赋，并开发了优势识别器，以帮助人们发现并描述这些天赋。2001年，优势识别器1.0发布在管理类畅销书《现在，发现你的优势》中，该书被翻译为25种语言，在100多个国家中被广泛使用。2012年，优势识别器2.0在同名书中发布。2.0优化了1.0，测评时间更短、更可靠，给予个性化定制的答案和行动指南。

1. 理论背景

天赋(talents)是一个人油然而生并贯穿始终的思维、感觉或行为模式(Hodges & Clifton, 2004)。知识(knowledge)由所学的事实和课程组成。技能(skills)是做一件事的步骤。这三者，即天赋、知识和技能合在一起就构成了一个人的优势。

20世纪60年代中期，"优势心理学之父"唐纳德·克利夫就意识到，我们太过关注人们不正常的表现，最具代表性的就是《心理障碍诊断与统计手册》(DSM)，是心理学领域使用最为广泛的指导手册之一。管理界也有各种"胜任力"模型（competency models），这些模型通常关注的是员工在胜任力方面存在哪些问题。为了号召大家关注人的"正常"或积极的表现，1998 年克利夫召集了一个科学家团队，着力于开发出一种用于测试工作领域积极品质的工具。克利夫带领的团队通过对数据库的深入挖掘和对 10 万多份关于天赋的访谈的分析，识别了 34 个关于天赋的主题词，在此基础上，开发了优势识别器 1.0 测试系统（Clifton Strengths Finder，CSF 1.0）（Gallup，Inc.，Washington D.C.），用来测量工作领域的这 34 种天赋。虽然优势识别器测量的是一个人的天赋，但是由于盖洛普开发这样一个系统的目标是帮助人们从天赋出发构建其真正的优势，因此这个测评系统被命名为优势识别器。

盖洛普的科学家团队认为知识和技能可以通过学习得到，而一个人的天赋在成年之后较为稳定，因此优势识别器测试的是一个人的天赋。他们的研究也进一步指出，从天赋着手，然后再学习技能和知识，再加以练习，天赋会产生乘数效应，这些结合才能代表一个人的优势。特别是优势识别器 2.0 在分析个体天赋的基础上，给出了个性化定制的行动指南，给人们在知识和技能的提高上指明了方向，更加符合优势识别器的初衷。尽管这 34 个主题词能够定义大部分人的天赋，但天赋在每个个体上的呈现方式因人而异。为了能从更具体、更个性化的层面了解自身的天赋，在优势识别器 2.0 中增加了 5 000 多条优势识别，根据一个人在测试过程中对每个问题的回答，这些优势识别能更深入地分析 5 项天赋将如何影响一个人的生活。优势识别器 2.0 中每个测试者得出的测试报告是定制式的，定义的是一个人与众不同的独特优势。

《盖洛普优势识别器 2.0》一书的中文版，目前已由中国青年出版社出版（汤姆·拉思著，常霄译，2012）。每本书后附赠一个密码，读者登录 www.strengthsfinder.com 后凭密码可以注册并完成测试。

2. 内容简介

盖洛普优势识别器 2.0 由盖洛普公司开发，该测试系统共包含 177 个项目，测试过程约 30 分钟。每题只有 20 秒作答时间，以确保是受测者的第一反应，完成后自动进入下一题。系统将对受测者的 34 种天赋进行评估，包括：成就、行动、适应、分析、统筹、信仰、统率、沟通、竞争、关联、回顾、审慎、伯乐、纪律、体谅、公平、专注、前瞻、和谐、理念、包容、个别、搜集、思维、学习、完美、积极、交往、责任、排难、自信、追求、战略、取悦。测试完成后,测试系统会生成一份《优势识别和行动计划指南》,内含受测者分数最高的 5 大优势主题分析报告和行动计划指南。

3. 实施或使用方法

登录 www.strengthsfinder.com 后,以《盖洛普优势识别器 2.0》书中密码注册并进行测试或直接付费进行测试,受测者需以第一反应作答,错过个别题目不会明显影响结果。

4. 计分方法与解释

盖洛普优势识别器 2.0 是一个 5 点迫选自比型量表(5-point Likert-type Forced-choice Ipsative Scale),共包含 177 个项目。每题有两个选项,受测者根据自己对描述的符合程度选择:如果特别同意左边的选项,就选择最左边,比较同意就选左边第二个;如果特别同意右边的选项,就选最右边的,比较同意就选右边第二个;如果摇摆不定或者比较均衡,就选中间那个(见附录)。测试系统自动根据受测者在每个题目上的选择统计其在 34 个天赋上的得分,并与数据库中进行对比,给出得分结果和主题说明。在 CSF2.0 的技术报告(Asplund, Agrawal, Hodges, Harter & Lopez, 2014)中,有些题目中的描述同时与多个天赋主题相关,而且同一题目中的两种描述可能与不同的主题相关,所以对于一个题目的回答可能影响两个或两个以上的天赋主题。用来计算每个天赋主题得分的公式是盖洛普公司的专利,这就意味着想要使用该测试系统只能以个人或团体的方式通过官方途径购买。

5. 信度与效度

根据 CSF2.0 的技术报告(Asplund et al., 2014),该研究团队从 2008 年和 2012 年的受测者中分别随机抽取了 46 902 个和 250 000 个样本进行分析,结果显示各个主题有较好的内部一致性,内部一致性 α 系数在 0.52~0.78 之间。此外,团队从 2008 年的受测者中随机抽取了 2 219 个受测者在初次测试后 1 个月、3 个月和 6 个月进行了重测,结果显示各个主题的重测信度在 0.61~0.82。报告还进一步指出，尽管前后两次测量得出的5大优势主题可能不同，但后测中的5大优势主题均在前测中测得的主题得分中排前十，这也进一步说明了这一测试还是具有较好的跨时间一致性的。

在效度方面，由于该测试采用的是迫选自比型量表，题目内部的一种描述会影响受测者对另一种描述的影响（题目内部自比，intra-item ipsativity）。不仅如此，这类量表中类似的描述常常会出现在不同的题目中，使得题目之间出现相互影响（题目内部间自比，inter-item ipsativity）以造成题目的失真（Meade, 2004）。CSF2.0的技术报告对这种失真效应进行了回应，指出，由于只有不到30%的题目采用了自比的方式计分，这种失真效应很有限。通过检验各个主题的平均值和标准差，研究团队认为这种效应并没有影响对测试题目的理解。但在这一点上仍然存在争议，一项研究在分析了1 198 645份CSF的测试结果后发现，涵盖题目越多的主题在受测者的5大优势主题中出现的频率越高，即可能存在着由于自比造成的失真（Chara & Eppright, 2012）。盖洛普的研究团队还采用层级聚类分析（hierarchical cluster analysis）检验了测试的效度，结果显示不同题目中与同一主题相关的两种描述的Pearson相关系数均大于0.7，而与同一主题无关的两种描述的相关系数均小于0.67。在效标效度上，研究显示CSF2.0测试得到的主题与50项的大五人格量表（Big Five Scale）测得的相关人格分类显著相关（如沟通和取悦与外倾性）（Yang & Blacksmith, 2011）。

6. 应用价值与简要评价

目前CSF2.0已被翻译为25种语言，并有适用于有缺陷个体的修订版。在全世界范围内，已有超过1 000万人接受过CSF测试，在成年人和青少年身上都有广泛的使用。由于专利的保护，目前测试只能在盖洛普的网站上付费参与。这一测试的信效度的检验结果都来自盖洛普公司自己的技术报告，尚缺少足够的同行评议。我们建议在理论研究和实践中谨慎使用，可作为探索工作和教育领域个人优势的检验参考。

参考文献

1. Asplund J., Agrawal S., Hodges T., Harter J. & Lopez S.J, 2014. *The Clifton Strengths*

Finder 2.0 technical report[R]: *development and validation*. Princeton, NJ: The Gallup Organization, p. 5. Copyright, 2009 by The Gallup Organization.

2. Chara J. R., P., J., EPPRIGHT & W., J., 2012. The item-number distortion effect in rank order testing: an example using t.: ebscohost.*Psychol Rep*, 111(1): 219—227.

3. 汤姆·拉思著, 常霄译, 2012. *盖洛普优势识别器 2.0: Strengthsfinder 2.0*[M]. 中国青年出版社.

14. 青少年优势行动价值分类量表*(VIA-Youth)

周 希

(清华大学心理学系,北京,100084)

【摘要】 青少年优势行动价值分类量表(Values in Action Inventory of Strengths for Youth,VIA-Youth)由 Park 和 Peterson(2006)编制,应用于评价儿童或青少年的个体品格优势,是目前针对特定人群的测量品格优势的代表性自评工具之一。目前已被译成多种语言在全球范围内进行测量,包括简体中文版本和繁体中文版本。

1. 理论背景或依据

品格优势(character strengths)是个体积极发展的重要内容,培养具有一定品格优势的儿童、青少年更是全社会的目标之一(Park,Peterson & Seligman,2004)。Peterson 和 Seligman(2004)提出,通过培养 24 种积极人格特质,能够获得六大美德——智慧与知识、勇气、仁慈、公正、节制和自我超越,并据此形成了优势行动价值分类体系(Values in Action Classification of Strengths,VIA)。其具体内容已在优势行动价值问卷中有所介绍。

依据对品格优势研究的不断深入,发现不同年龄阶段的群体的品格优势有所不同,如高年级青少年的品格优势得分普遍高于低年级青少年,这在中国青少年样本中得到了印证(刘旭等,2014)。这些品格优势能够帮助个体更好地适应生活和学习,如领导力、公平、自我控制、毅力和宽恕等有利于儿童建立良好的同伴关

---

* 测评工具研发成果参见:

1. Park N. & Peterson C. (2006). Moral competence and character strengths among adolescents: The development and validation of the Values in Action Inventory of Strengths for Youth. *Journal of adolescence*,29(6):891—909.

2. VIA-Youth. (n.d.). RetrievedDecember 20, 2018, from https://www.authentichappiness.sas.upenn.edu/zh-hans/questionnaires/%E5%84%BF%E7%AB%A5%E4%BC%98%E7%82%B9%E9%97%AE%E5%8D%B7.

系(Cillessen & Rose, 2005),希望、活力、领导力等能够降低抑郁、焦虑(Park & Peterson, 2006),而毅力、正直、谨慎以及爱与被爱等可以减少攻击(Ruch, Proyer, Harzer, Park, Peterson & Seligman, 2010)。

目前关于青少年的品格优势的测量,主要采用的是由优势行动价值问卷(VIA-IS)衍生出的青少年优势行动价值分类量表,该量表也已被译作多种语言在全球范围内进行了测量和验证。由于初始的青少年优势行动价值分类量表篇幅较长,随后也有一些团队编制了简版量表或其他本土化的测量工具。

2. 内容简介

青少年优势行动价值分类量表由Park和Peterson(2006)编制,共198个条目,分为24个分量表,每个分量表包含7~10个条目,Likert 5级计分。24个分量表的内容同优势行动价值问卷,参见《优势行动价值问卷》的表1。

3. 实施或使用方法

按照经典心理测量学的使用规范来实施。

4. 计分方法与解释

约1/3的项目为反向计分,其他项目为正向计分。24个分量表的题目顺序为乱序。测量指标是分量表平均分,得分越高,表示该品格优势越突出。

5. 信度与效度

Park和Peterson(2006)收集了来自不同民族和不同社会经济地位的2 036名青少年完成网络版青少年优势行动价值分类量表(www.authentichappiness.org)的数据,对量表进行了信效度检验。24个分量表的内部一致性系数均高于0.70,6个月后的重测信度均在0.45以上。探索性因子分析将24个分量表分为4个因素,这与六大美德存在一定出入,结构效度不甚理想。这一结果也与成年人版本的行动优势价值分类量表结果相似。

6. 应用价值与简要评价

青少年优势行动价值分类量表是目前测量青少年品格优势的代表性测量工具,广泛应用于评价和干预青少年的积极人格特质。截至 2018 年 12 月,在 Web of Science 中引用达 186 次。我们建议在中文语境中,面向不同的群体和测量环境,要选择合适的中文版工具。

参考文献

1. Cillessen A. H. & Rose A. J, 2005. Understanding popularity in the peer system[J]. *Current Directions in Psychological Science*, 14(2): 102—105.
2. Park N. & Peterson C, 2006. Moral competence and character strengths among adolescents: The development and validation of the Values in Action Inventory of Strengths for Youth[J]. *Journal of adolescence*, 29(6): 891—909.
3. Park N., Peterson C. & Seligman M. E, 2004. Strengths of character and well-being[J]. *Journal of social and Clinical Psychology*, 23(5): 603—619.
4. Park N., Peterson C. & Seligman, M. E, 2006. Character strengths in fifty-four nations and the fifty US states[J]. *The Journal of Positive Psychology*, 1(3): 118—129.
5. Peterson C. & Seligman M. E. P. (Eds.), 2004. Character strengths and virtues: A handbook and classification[M]. Oxford University Press, USA.
6. Ruch W., Proyer R. T., Harzer C., Park N., Peterson C. & Seligman M. E, 2010. Values in action inventory of strengths (VIA-IS)[J]. *Journal of individual differences*.
7. 刘旭,吕艳红,马秋萍,郭菲,闫晓静,纪林芹,2016. 儿童青少年优秀品质的基本特点与模式[J]. *心理与行为研究*,14(2):167—176.

15. 优势行动价值问卷*(VIA-IS)

周 希

(清华大学心理学系,北京,100084)

【摘要】 优势行动价值问卷(Values in Action Inventory of Strengths,VIA-IS)由 Peterson 和 Seligman(2004)编制,广泛应用于评价个体的品格优势,是品格优势领域最具代表性的自评工具,目前已被译成多种语言在全球范围内进行测量,包括简体中文版本和繁体中文版本。

1. 理论背景或依据

人类的积极人格特质对日常工作和生活至关重要。品格优势由 Perterson 和 Seligman(2004)提出,部分中国学者将其译为"性格优势",描述了 24 种积极人格特质,这些人格特质通过认知、情感和行为反映出来。这些品格优势是先由多名心理学家从世界的哲学、宗教和文化体系中提炼出六大美德——智慧与知识、勇气、仁慈、公正、节制和自我超越,随后从六大美德中遴选出 24 种品格优势,因此它们被认为是在不同文化下普遍存在的。品格优势的跨文化一致性也得到了实证研究的验证(Park,Peterson & Seligman,2006)。

目前关于影响品格优势的因素的研究对象多为单一品格优势。与其他人格特质类似,品格优势也会受到遗传、年龄、性别和宗教信仰等因素的影响(张宁,张雨青,2010)。但目前少有关于个人品格优势分布或整体情况的影响因素的相关研究,且各个品格优势之间的关系也尚不明确。

品格优势作为积极人格特质的集合,对人和社会的多个方面有着广泛影响。

---

* 测评工具研发成果参见:

1. Park N., Peterson C. & Seligman M. E. (2006). Character strengths in fifty-four nations and the fifty US states. The Journal of Positive Psychology, 1(3), 118—129.

2. VIA Survey. (n.d.). Retrieved December 20, 2018, from https://www.authentichappiness.sas.upenn.edu/zh-hans/questionnaires/%E6%80%A7%E6%A0%BC%E4%BC%98%E7%82%B9%E7%9A%84%E8%B0%83%E6%9F%A5-0.

刘美玲、田喜洲和郭小东(2018)综合了近年来品格优势的相关研究,发现品格优势在个人层面和组织层面均有较为深入的影响。其中个人层面如个人积极体验、身心健康、工作呼唤和员工创造力等,组织层面如工作绩效、领导力、团队角色和组织有效性等,均发现与部分或全部品格优势密切相关。

现在已有许多适用于不同群体、情境和文化背景的品格优势的测量工具,其中具有代表性的是优势行动价值问卷,已被译为多种语言在全球范围的多个国家和地区进行了测量和验证。此外还有一些本土化的测量工具,如中文长处问卷(CVQ-96)。

2. 内容简介

优势行动价值问卷由 Peterson 和 Seligman(2004)编制,共 240 个条目,分为 24 个分量表,每个分量表包含 10 个条目,Likert 5 级计分(1 代表"非常像我";5 代表"非常不像我")。详见下表。

美德及分属品格优势

美　　德	品　格　优　势
智慧与知识	创造力、好奇心、开放性思维、好学、洞察力
勇气	勇敢、毅力、正直、热情
仁慈	爱与被爱的能力、善良、社交能力
公正	合作、公平、领导力
节制	宽恕、谦逊、谨慎、自我调节
自我超越	对美和卓越的欣赏、感激、希望、幽默、信仰

3. 实施或使用方法

按照经典心理测量学的使用规范来实施。

4. 计分方法与解释

所有题目均为正向计分,24 个分量表分别对应 24 种品格优势,每个分量表有 10 个题项。测量指标是分量表总分,某分量表得分越高,说明受测者所具有的此项品格优势越突出。该量表测量的24个品格优势依次为：好奇心、好学、开放性思维、创造力、社交能力、洞察力、勇敢、毅力、正直、善良、爱与被爱的能力、合作、公平、领导力、自我调节、谨慎、对美和卓越的欣赏、感激、希望、信仰、谦逊、幽默、热情和宽恕，每个分量表的题目依次交叉呈现，即好奇心分量表的项目为第1、25、49、73、97、121、145、169、193和217条，好学分量表的10个项目分别为好奇心分量表十个项目的后一项，即第2、26、50、74、98、122、146、170、194和218条。依此类推。

5. 信度与效度

Peterson和Seligman(2004)在发布测量工具时，对该工具的信度进行了检测，各个分量表的内部一致性系数均为0.70以上，4个月后的重测信度均达到0.70以上。McGrath(2014)综合了之前对该工具的结构效度的研究，发现探索性因子分析结果为3～5个因子，这与六大美德的理论结构相近但不完全相同。他们还对458 998名来自美国的成年人的数据进行分析后发现，基于条目的水平的分析得出的24个分量表与原有理论中的20个分量表重合，二阶数据分析结果得到了五个因子，其中四个因子与六大美德重合。探索性因子分析表明，该问卷具有良好的结构效度。

段文杰等人(2011)就优势行动价值问卷在中国大学生中的信效度进行了检验，各分量表和六大美德的内部一致性系数均在0.71以上，各分量表和六大美德的8周后重测信度均在0.68以上。然而探索性因子分析和验证性因素分析结果表明该量表的结构效度并不理想，这与McGrath(2014)整理的结果是相似的，表明六大美德的结构与量表并不完全匹配。

6. 应用价值与简要评价

优势行动价值问卷是测量品格优势的主要工具之一，在此基础上衍生出了青少年优势行动价值分类量表和结构化访谈版本(VIA-RTO)等。截至2018年12月，在Google Scholar中被引高达7 518次。我们建议在中文情境中，面向不同的群体和测量情境要选择合适的中文版工具。

参考文献

1. McGrath R. E, 2014. Scale-and item-level factor analyses of the VIA inventory of strengths [J]. *Assessment*, 21(1): 4—14.
2. Park N., Peterson C., & Seligman M. E, 2006. Character strengths in fifty-four nations and the fifty US states[J]. *The Journal of Positive Psychology*, 1(3): 118—129.
3. Peterson C. & Seligman M. E. P. (Eds), 2004. *Character strengths and virtues: A handbook and classification*[M]. Oxford University Press, USA.
4. 段文杰, 白羽, 张永红, 唐小晴, 王志章, 李婷婷, 2011. 优势行动价值问卷（VIA-IS）在中国大学生中的适用性研究[J]. 中国临床心理学杂志, 19(4): 473—475.
5. 刘美玲, 田喜洲, 郭小东, 2018. 品格优势及其影响结果[J]. 心理科学进展, 26(12): 2180—2191.
6. 张宁, 张雨青, 2010. 性格优点: 创造美好生活的心理资本[J]. 心理科学进展, 18(7): 1161—1167.

16. 优势知识和优势使用量表（SKUS）*

段文杰[1]　关秋洁[2]

(1. 华东理工大学社会与公共管理学院，上海，200237；

2. 复旦大学社会发展与公共政策学院，上海，200433)

【摘要】 优势知识和优势使用量表（Strengths Knowledge and Use Scale，SKUS）由 Govindji 和 Linley（2007）编制，广泛应用于评价个体的优势知识和优势使用程度，是针对优势干预的有代表性的自评工具。国内已在大学生、青少年等群体中运用，均符合心理测量学标准。

1. 理论背景

优势知识和优势使用是基于性格优势促进个人发展和开展积极心理干预工作的基本机制。自我决定理论认为，优势知识和优势使用能够满足个人的基本心理需求，从而提高自我动机和幸福感（Ryan & Deci, 2000）。已有的研究表明，优势知识和优势使用相互关联，并且与幸福感之间存在着显著的相关性，提高对优势的认识、使用优势能够显著地增加个体的心理健康（Govindji & Linley, 2007）。此外，通过积极心理干预提升优势知识，确定自身优势并发现其他人的优势，可以帮助学生提高他们的生活满意度（Proctor et al., 2011）。

Govindji 和 Linley（2007）提出的优势知识和优势使用理论具有广泛代表性。优势知识和优势使用理论是关于个体对优势知识的识别和对优势知识的使用的理论。优势知识是指对自身优势的认识；优势使用是指在不同的环境中使用自己的优势。优势知识可能作为优势使用的先决条件。识别突出优势和运用突出优

---

* 测评工具研发成果参见：

1. Duan W., Li J. & Mu W. (2018). Psychometric Characteristics of Strengths Knowledge Scale and Strengths Use Scale among Adolescents. *Journal of Psychoeducational Assessment*, 36(7): 756—760.

2. Duan W., Bu H., Zhao J. & Guo X. (2018). Examining the mediating roles of strengths knowledge and strengths use in a 1-year single-session character strength-based cognitive intervention. *Journal of Happiness Studies: An Interdisciplinary Forum on Subjective Well-Being*. Accepted, Forthcoming.

势都是典型的基于性格优势的积极心理干预策略(Seligman et al., 2005)。研究者们总结的"认识—探索—运用"模型(Aware—Explore—Apply),具体来说,在性格优势基础上的干预中使用了三个步骤:(1)帮助参与者逐渐意识到他们现有的性格优势;(2)协助参与者深入挖掘自身优势;(3)参与者运用行动计划或目标来提高某一特定的优势。该模型表明,识别优势是其他基于优势的活动起点(Shankland & Rosset, 2017),优势知识和优势使用是影响性格优势发挥作用的关键因素。

优势知识和优势使用测量的工具主要就是优势知识和优势使用量表。

2. 内容简介

优势知识和优势使用量表由 Govindji 和 Linley (2007)编制,共 22 个项目,8 个项目测量优势知识,14 个项目测量优势使用,Likert 7 级计分(1 代表"非常不同意";7 代表"非常同意")。

中文版的优势知识和优势使用量表已有青少年版和大学生版。代表性的修订版本是 Duan et al. (2018)在青少年群体中的修订版,删除了原量表的第 2 题,原因是题目 2 的负荷不明显,因为题目 2 是一道反向计分题目。最终形成了 21 个项目的优势知识和优势使用量表中文版。

3. 实施或使用方法

按照经典心理测量学的使用规范来实施。

4. 计分方法与解释

第 2 项是反向计分,其他项目均为正向计分。优势知识包括了 1～8 题;优势使用包括了 9～22 题。测量指标是维度的总分或平均分。得分越高,表明优势知识和优势使用水平越高。

5. 信度与效度

以 Duan et al. (2018)的研究为例,采用优势知识和优势使用量表、殷盛感量表(FS)和积极情绪和消极情绪量表(PANAS)对 442 名青少年进行测试,对量表的信效度进行了检验。各项目的相关性范围为0.65～0.84,探索性结构方程模型结果表明具有较好的内部一致性和结构稳定性,比较拟合指数(CFI)＝0.931,Tucker-Lewis指数(TLI)＝0.914,标准化残差均方根(SRMR)＝0.035,近似误差均方根(RMSEA)＝0.065,90％置信区间(CI)＝[0.059,0.072]。SKS的标准化因子负荷范围为0.51～0.93,SUS的标准化因子负荷范围为0.52～0.91。SKS和SUS的平均变异抽取量(AVE)分别为0.60和0.61。模型也显示了SKS(ω＝0.925)和SUS(ω＝0.959)良好的内部一致性。此外,优势知识和优势使用与充实感、积极情绪和学生学业成绩(GPA)呈正相关(r＝0.15～0.66,P＜0.001),而与消极情绪、抑郁、焦虑和压力呈负相关(r＝－0.10～－0.32,P＜0.001)。具体来说,除了积极情绪之外,相比优势使用,优势知识表现出与其他变量的更强的相关性。

Duan et al. (2018)通过在高校中招募100名大学新生作为研究对象,对其开展基于性格优势的积极心理干预,并在干预的前后完成抑郁—焦虑—压力量表(DASS-21)、优势知识和优势使用量表、简短旺盛感量表(BIT)。在研究中计算了从基线测量到后测优势知识的变化值(即Δ优势知识);以及从基线测量到干预活动后一周的优势使用的变化值(即Δ优势使用),用来反映在优势干预过程中优势知识和优势使用增量。相关分析的结果显示:Δ优势知识与因变量(干预组和控制组)没有显著的相关性;而Δ优势使用与因变量有显著的相关性,优势使用的变化可以影响干预对象负面情绪,但优势知识的改变却不能。这表明,在以性格优势干预对健康的影响中,优势使用是至关重要的。

6. 应用价值与简要评价

优势知识和优势使用量表广泛应用于评价个体的优势知识和优势使用程度,是基于性格优势干预活动中有效的自评工具。截至2018年12月,在百度学术里被引高达125次,在Google学术里被引高达377次。

参考文献

1. Duan W., Bu H., Zhao J. & Guo X, 2018. Examining the mediating roles of strengths knowledge and strengths use in a 1-year single-session character strength-based cognitive intervention[J]. *Journal of Happiness Studies: An Interdisciplinary Forum on Subjective*

Well-Being.

2. Duan W., Li J. & Mu W, 2018. Psychometric Characteristics of Strengths Knowledge Scale and Strengths Use Scale among Adolescents[J].*Journal of Psychoeducational Assessment*, 36(7): 756—760.

3. Govindji R. & Linley P. A, 2007. Strengths use, self-concordance and well-being: Implications for strengths coaching and coaching psychologists[J]. *International Coaching Psychology Review*, 2(2): 143—153.

4. Proctor C., Tsukayama E., Wood A. M., Maltby J., Eades J. F. & Linley P. A, 2011. Strengths Gym: The impact of a character strengths-based intervention on the life satisfaction and well-being of adolescents[J].*The Journal of Positive Psychology*, 6(5): 377—388.

5. Ryan R. M. & Deci E. L, 2000. Self-determination theory and the facilitation of intrinsic motivation, social development, and well-being[J].*American Psychologist*, 55(1): 68—78.

6. Seligman M. E. P., Steen T. A., Park N. & Peterson C, 2005. Positive Psychology Progress: Empirical Validation of Interventions[J].*American Psychologist*, 60(5): 410—421.

7. Shankland R. & Rosset E, 2017. Review of Brief School-Based Positive Psychological Interventions: a Taster for Teachers and Educators[J].*Educational Psychology Review*, 29(2): 363—392.

附录

优势知识和优势使用量表

以下列出的是关于你个人优势的问题。所谓优势,即你最擅长的或能够做得最好的事情。请仔细阅读每一条,然后在每个问题上选择你的认同程度。

题　目	非常不同意	不同意	有点不同意	不确定	有点同意	同意	非常同意
1. 其他人能够看到我所具有的优势。	1	2	3	4	5	6	7
2*. 我需要非常努力地思考才能知道我的优势是什么。	1	2	3	4	5	6	7
3. 我知道我做得最好的是什么。	1	2	3	4	5	6	7

续表

题 目	非常不同意	不同意	有点不同意	不确定	有点同意	同意	非常同意
4. 我能意识到自己的优势。	1	2	3	4	5	6	7
5. 我知道我所擅长的事情是什么。	1	2	3	4	5	6	7
6. 我非常了解自己的优势。	1	2	3	4	5	6	7
7. 我知道我能够做得最好的事情是什么。	1	2	3	4	5	6	7
8. 我知道什么时候自己处于最佳状态。	1	2	3	4	5	6	7
9. 我经常能够做我擅长的事情。	1	2	3	4	5	6	7
10. 我总是能发挥自己的优势。	1	2	3	4	5	6	7
11. 我总是能够使用我自己的优势。	1	2	3	4	5	6	7
12. 我通过运用自己的优势来获得自己想要的东西。	1	2	3	4	5	6	7
13. 我每天都使用自己的优势。	1	2	3	4	5	6	7
14. 我利用自己的优势以得到自己想要的生活。	1	2	3	4	5	6	7
15. 我的工作给了我很多机会去使用自己的优势。	1	2	3	4	5	6	7
16. 我的生活给我提供了很多不同的途径去发挥自己的优势。	1	2	3	4	5	6	7
17. 我能够顺其自然地发挥自己的优势。	1	2	3	4	5	6	7
18. 我发现自己在做事情时非常容易运用到自己的优势。	1	2	3	4	5	6	7
19. 我能够在很多不同的情境中使用自己的优势。	1	2	3	4	5	6	7
20. 我大部分时间都花在做我擅长做的事情上面。	1	2	3	4	5	6	7
21. 使用自己的优势是我非常非常熟悉的事情。	1	2	3	4	5	6	7
22. 我能够用许多不同的方法来使用自己的优势。	1	2	3	4	5	6	7

注：2*为反向计分的，在实际运用时可省去此题。

17. 简明优势量表（BSS）*

段文杰¹　关秋洁²

(1. 华东理工大学社会与公共管理学院，上海，200237；
2. 复旦大学社会发展与公共政策学院，上海，200433)

【摘要】 简明优势量表（Brief Strengths Scale，BSS）由 Ho 等人（2016）编制，应用于测量个体的亲和力、生命力、意志力等三个方面的优势，是国内学者开发的测量个体优势的有效工具。目前已被运用于有精神病症状的临床患者、大学生群体中，均符合心理测量学标准。

1. 理论背景

积极心理学家所提出的一个基本观点是要强调一个人"什么是优异的"（Duckworth et al.，2005）的重要性，无论这个人是健康的还是生病的，都可以利用优势来提高人的生活质量，这与传统的精神病理学临床方法不同。近年来，越来越多的精神卫生专业人士开始关心其服务对象的优势，诸多研究探讨了个人的积极特质与健康之间的关系（Duan et al.，2015）。研究表明，通过日常应用实践可以明确识别、测量、增强积极品质，以解决患有抑郁症、丧偶和危及生命疾病（如癌症）的个体的心理问题，而积极品质的缺乏会对心理健康产生显著的消极影响（Ho et al.，2011；Ho et al.，2010；Wong & Lim，2009）。

亲和力、生命力、意志力三维度的优势与中国人的精神健康密切相关，不仅存在于健康的个体中，还存在于抑郁个体和精神健康疾病患者中，而且三维度优势模型在其他文化背景下同样被验证其可接受性（Shryack et al.，2010）。基于此，

---

* 测评工具研发成果参见：
　1. Ho S. M., Li W. L., Duan W., Siu B. P., Yau S., Yeung G. & Wong K. (2016). A Brief Strengths Scale for individuals with mental health issues. *Psychological Assessment*, 28(2): 147—157.
　2. Duan W. & Ho S. M. Y. (2017). Three-Dimensional Model of Strengths: Examination of Invariance Across Gender, Age, Education Levels, and Marriage Status. *Community Mental Health Journal*, 53(2): 233—240.

(Ho et al. 2016)将三维度性格优势模型应用到患有疾病的临床人群中,结合以往的临床实践经验和研究结果,丰富和完善了优势理论,促进了优势在临床和咨询中的运用。

已有的 VIA 性格优势问卷和中国人长处问卷(CVQ)对于患有精神疾病的临床人群来说,可能过于冗长,许多存在精神健康问题的人很难完成一个太过冗长的问卷调查,因为这需要极大的耐心,还需集中注意力。简明优势量表的开发为筛选临床人群的性格优势提供了有效的测量工具。

2. 内容简介

简明优势量表由 Ho 等人(2016)编制,共 12 个项目,4 个项目测量亲和力维度的优势,4 个项目测量生命力维度的优势,4 个项目测量意志力维度的优势,采用 Likert 7 级计分方式(1 代表"非常不同意";7 代表"非常同意")。

简明优势量表是在中国文化背景下开发的用于测量个体优势的工具,已被运用于临床精神疾病患者群体和正常大学生群体中,在这两个群体中均保留了量表的全部项目。具体来说,Ho 等人(2016)在测量中国香港的临床精神疾病患者群体的基础上开发了中文版的简明优势量表,随后,又将这一量表运用于中国大陆的大学本科学生中进行验证,结果显示出该量表具有良好的信效度。

3. 实施或使用方法

按照经典心理测量学的使用规范来实施。

4. 计分方法与解释

全部项目均为正向计分。亲和力维度的优势包括 4、5、8、10 题;生命力维度的优势包括 3、6、7、12 题;意志力维度的优势包括 1、2、9、11 题。测量指标是维度平均分,得分越高,表明亲和力、生命力和意志力的优势水平越高。

5. 信度与效度

Ho 等人(2016)在对 149 名临床精神疾病患者群体优势测试和焦虑抑郁情况调查的基础上开发了简明优势量表,并对量表的信效度进行了检验。三个优势分量表的内部一致性系数α范围为0.76～0.84,表明量表具有较好的内部一致性。探索性因子分析结果显示三个因子解释了61.5%的方差变异,亲和力因子方差贡献率为40.0%,生命力因子方差贡献率为11.2%,意志力因子方差贡献率为10.3%,所有12个题目的因子负荷均大于或等于0.60。此外,简明优势量表总评分与抑郁和焦虑显著负相关,三项优势分别解释了28.5%的抑郁方差变异和13.1%的焦虑方差变异。

Ho等人(2016)招募203名大学本科学生完成简明优势量表,对简明优势量表的信度和效度进行了检验。结果显示,三个分量表的内部一致性系数α范围为0.72～0.89,反映了这些分量表在大学生群体中具有良好的内部一致性。验证性因素分析表明三因子模型和二阶三因子模型具有相同的拟合优度指数(χ^2/df=1.846;CFI=905;RMSEA=065;SRMR=059)。此外,三个优势分量表的均值和标准差与之前研究中使用的抑郁和焦虑临床样本的结果相似。

Duan和Ho(2017)通过对中国大陆城市11个不同社区的375名成年人进行性格优势测量,结果表明,意志力维度的序数信度为0.77,生命力为0.71,亲和力为0.76。Duan和Ho(2017)进一步对简明优势量表在根据性别(χ^2=79.909,df=48,比较拟合指数CFI=0.951,近似均方根误差RMSEA=0.060)、年龄(χ^2=68.482,df=48,比较拟合指数CFI=0.966,近似均方根误差RMSEA=0.049)、教育(χ^2=78.132,df=48,比较拟合指数CFI=0.961,近似均方根误差RMSEA=0.053)和婚姻状况(χ^2=71.114,df=48,比较拟合指数CFI=0.961,近似均方根误差RMSEA=0.053)不同情况下进行了验证,均具有足够的模型拟合,所有因子负荷均显著。此外,多组验证性因素分析(MG-CFA)表明简明优势量表在不同性别群体中具有测量不变性,在不同年龄群体中测量具有等价性,在不同教育水平和婚姻状况中只能观察到有限的因子结构不变性。

6. 应用价值与简要评价

简明优势量表应用于评价个体的生命力、亲和力和意志力三个方面的优势,是简版的优势自评工具。截至2018年12月,在Web of Science里被引8次,在百度学术里被引8次,在Google学术里被引17次。

参考文献

1. Duan W. & Ho S. M. Y, 2017. Three-Dimensional Model of Strengths: Examination of Invariance Across Gender, Age, Education Levels, and Marriage Status[J]. *Community Mental Health Journal*, 53(2): 233—240.

2. Duan W., Ho S. M. Y., Siu B. P. Y., Li T. & Zhang Y, 2015. Role of virtues and perceived life stress in affecting psychological symptoms among Chinese college students[J]. *Journal of American College Health*, 63(1): 32—39.

3. Duckworth A. L., Steen T. A. & Seligman M. E. P, 2005. Positive Psychology in Clinical Practice[J]. *Annual Review of Clinical Psychology*, 1(1): 629.

4. Ho S., Rajandram R. K., Chan N., Samman N., McGrath C. & Zwahlen R. A, 2011. The roles of hope and optimism on posttraumatic growth in oral cavity cancer patients[J]. *Oral Oncology*, 47(2): 121—124.

5. Ho S. M. Y., Ho J. W. C., Bonanno G. A., Chu A. T. W. & Chan E. M. S, 2010. Hopefulness predicts resilience after hereditary colorectal cancer genetic testing: a prospective outcome trajectories study[J]. *BMC Cancer*, 10: 279.

6. Ho S. M. Y., Li W. L., Duan W., Siu B. P. Y., Yau S., Yeung G. & Wong K, 2016. A Brief Strengths Scale for individuals with mental health issues[J]. *Psychological Assessment*, 28(2): 147—157.

7. Shryack J., Steger M. F., Krueger R. F. & Kallie C. S, 2010. The structure of virtue: An empirical investigation of the dimensionality of the virtues in action inventory of strengths[J]. *Personality & Individual Differences*, 48(6): 714—719.

8. Wong S. S. & Lim T, 2009. Hope versus optimism in Singaporean adolescents: Contributions to depression and life satisfaction[J]. *Personality and Individual Differences*, 46(5): 648—652.

附录

简明优势量表

请就下列每项描述,选出最适合你的答案。请诚实并准确地回应。

题　目	非常不同意	不同意	有点不同意	中立	有点同意	同意	非常同意
1. 我是一个有恒心的人。	1	2	3	4	5	6	7
2. 我是一个勤劳的人。	1	2	3	4	5	6	7
3. 我是一个喜欢寻找新事物的人。	1	2	3	4	5	6	7
4. 我是一个充满爱心的人。	1	2	3	4	5	6	7
5. 我重视和身边人的关系。	1	2	3	4	5	6	7
6. 我经常陶醉于一些有趣的事物。	1	2	3	4	5	6	7
7. 当我想到有可能制造一件新事物时便会感到兴奋。	1	2	3	4	5	6	7
8. 我感激别人对我的恩惠。	1	2	3	4	5	6	7
9. 遇到困难时，我会要求自己坚持到底。	1	2	3	4	5	6	7
10. 当我看到他人开心时，我也会开心。	1	2	3	4	5	6	7
11. 我是一个自制能力很强的人。	1	2	3	4	5	6	7
12. 我觉得这个世界有很多有趣的事物有待发掘。	1	2	3	4	5	6	7

18. 三维度性格优势量表（TICS）[*]

段文杰[1]　关秋洁[2]

(1. 华东理工大学社会与公共管理学院,上海,200237；

2. 复旦大学社会发展与公共政策学院,上海,200433)

【摘要】 三维度性格优势量表(Three-dimensional Inventory of Character Strengths，TICS)由 Duan 和 Bu (2017)编制,是用于测量亲和力、求知欲和自控力等三个方面性格优势的量表。中文版的三维度性格优势量表在大学生、成年人、社区居民、患者群体中的运用均符合心理测量学标准。

1. 理论背景

性格优势作为一种自我图式,从自我、他人和世界三个层面来组织不同类别信息(DiMaggio，1997),是人类所共有的积极品质。已有的性格优势研究结果指向了一个具有三因素结构的性格优势模型,尽管三因素模型在多种文化和测量中已经被证明具有可靠性,但仍存在一些问题阻碍其在临床和非临床环境中的应用(Bird et al.，2012)。对于具有重大心理健康问题的医疗患者或个人,现有的 VIA 性格优势问卷和中国人长处问卷可能过于冗长,而简明优势量表是基于华人社群所开发的,其结果与国际学界无法直接相比。因此,有必要开发简短性格优势问卷以用于跨文化(东方和西方)和跨人群(医疗与社区)的研究和实践。

Duan 和 Bu (2017)在 96 题目的中国人长处问卷的基础上,采用 Marsh 等人(Marsh et al.，2005)提出的开发简短量表的准则构建了性格优势的简短问卷。具体构建标准有：(1)保留三个分量表的结构,以描述三个性格优势；(2)保留尽可能多的优势,但每个优势只有一题；(3)三个分量表中,每个子量表至少包括四个题目；(4)筛选项目以使每个子量表达到可接受的内部一致性；(5)选择总相关

---

[*] 测评工具研发成果参见：
　Duan W. & Bu H. (2017). Development and initial validation of a short three-dimensional inventory of character strengths. *Quality of Life Research*, 26(9): 2519—2531.

系数在 0.40 以上的题目；(6)报告可接受的模型拟合度以及因子负荷达到 0.50 以上。

性格优势的测量工具最早是 VIA 优势问卷，来自不同国家和地区的研究者开发了包括中文版、西班牙语版、日语版等不同的翻译版本。Duan et al.(2012)通过对中文版的 VIA 优势问卷修订，开发了中国人长处问卷，用于测量中国人的性格优势。在此基础上 Duan & Bu(2017)进一步开发了简短版的三维度性格优势量表。此外，Ho et al.(2016)开发了适用于中国文化背景的简明优势量表，用于临床群体的性格优势测量。

2. 内容简介

三维度性格优势量表是由 Duan 和 Bu(2017)编制的三因子量表，共 15 个项目，每个因子包含 5 个项目，分别从亲和力、求知欲、自控力等 3 个方面来描述人们的性格优势，采用 Likert 5 级量表计分(1 代表"非常不像我"；5 代表"非常像我")。

三维度性格优势量表是在中国文化背景下开发的性格优势测量工具，已被运用于大学生、社区居民、患者群体中。具体来说，Duan 和 Bu(2017)基于中国人长处问卷，在中国大学生样本中开发了简短版，并在西方留学生样本中验证了三维度性格优势量表的结构有效性。随后，在社区居民样本和普通外科住院患者样本中验证了三维度性格优势量表的测量不变性和预测效度。

3. 实施或使用方法

按照经典心理测量学的使用规范来实施。

4. 计分方法与解释

所有项目均为正向计分。亲和力维度包括第 11、12、13、14、15 题，求知欲维度包括第 3、5、7、8、9 题，自控力维度包括第 1、2、4、6、10 题。总分范围为 15～75 分，平均分范围为 1～5 分。采用总得分或平均得分两种计分方式，总得分或平均得分越高，表明个体的性格优势水平越高。

5. 信度与效度

在三维度性格优势量表开发的研究中(Duan & Bu, 2017),三维度性格优势量表三个子量表的内部一致性系数 α 均高于 0.74,条目的相关性高于 0.42。在中国大学生群体中的探索性因子分析显示:15 个项目中的 14 个项目的因子负荷高于 0.51,仅有一个题目的因子负荷为 0.49,所有题目的方差解释率为 50.94%。在西方留学生群体中的验证性因素分析结果显示:三因素模型相较于单因素来说达到了可接受的拟合($\chi^2=213.246, df=87, \chi^2/df=2.45, P<0.001$,比较拟合指数 CFI=0.928,TLI=0.913,近似均方根误差[RMSEA]=0.051,90%CI [0.042, 0.060]),这表明三维度性格优势量表具有良好的跨文化结构有效性。

在上述研究的基础上,Duan 和 Bu (2017)进一步选取 175 名社区参与者和 171 名普通外科住院患者完成了三维度性格优势量表和抑郁焦虑压力量表(DASS),检验了三维度性格优势量表在不同人群中的测量不变性,并探讨四周后三维度性格优势量表在临床和社区样本中心理健康水平的预测能力。两个样本中三个性格优势相互之间均呈正相关,系数范围为 0.19~0.48($P<0.05$);三个性格优势与抑郁、焦虑呈负相关($r=-0.17 \sim -0.39$,均 $P<0.001$)。多组验证性因素分析(MG-CFA)结果显示:在临床和社区人群中,三维度性格优势量表的因子数和题目的因子负荷具有一致性,三因素模型的因子不变性得以部分实现。此外,分层回归分析表明:在社区样本中,三个优势预测了抑郁症状的 29% 方差变异,生命力优势预测了焦虑症状变异的 12%。而在临床样本中,只有自控力优势解释了焦虑症状变异的 6%。

6. 应用价值与简要评价

三维度性格优势量表应用于评价个体亲和力、求知欲和自制力三个方面的性格优势。截至 2018 年 12 月份,在 Web of Science 里被引 3 次,在百度学术里被引 2 次,在 Google 学术里被引 12 次。我们建议在中文语境中,面向不同的群体,选择合适的中文版工具。

参考文献

1. Bird V. J., Le Boutillier C., Leamy M., Larsen J., Oades L. G., Williams J. & Slade M, 2012. Assessing the strengths of mental health consumers: A systematic review[J]. *Psychological Assessment*, 24(4): 1024—1033.
2. DiMaggio P, 1997. Culture and Cognition.*Annual Review of Sociology*, 23: 263—287.
3. Duan W. & Bu H. (2017). Development and initial validation of a short three-dimensional inventory of character strengths[J].*Quality of Life Research*, 26(9): 2519—2531.
4. Duan W., Ho S. M. Y., Yu B., Tang X., Zhang Y., Li T. & Yuen T, 2012. Factor Structure of the Chinese Virtues Questionnaire[J]. *Research on Social Work Practice*, 22(6): 680—688.
5. Ho S. M., Li W. L., Duan W., Siu B. P., Yau S., Yeung G. & Wong K, 2016. A Brief Strengths Scale for individuals with mental health issues[J]. *Psychological Assessment*, 28(2): 147—157.
6. Marsh H. W., Ellis L. A., Parada R. H., Richards G. & Heubeck B. G, 2005. A Short Version of the Self Description Questionnaire II: Operationalizing Criteria for Short-Form Evaluation With New Applications of Confirmatory Factor Analyses[J]. *Psychological Assessment*, 17(1): 81—102.

附录

三维度性格优势量表

请就下列每项描述，选出最适合你的答案。请诚实并准确地回应。

题 目	非常不像我	不像我	中立	像我	非常像我
1. 我是一个高度自律的人。	1	2	3	4	5
2. 我总是思考以后再讲话。	1	2	3	4	5
3. 我有能力令其他人对一些事物产生兴趣。	1	2	3	4	5
4. 我是个真正的终生学习者。	1	2	3	4	5
5. 我总能想出新方法去做事情。	1	2	3	4	5

续表

题　　目	非常不像我	不像我	中立	像我	非常像我
6. 我不言放弃。	1	2	3	4	5
7. 我从不让沮丧的境遇带走我的幽默感。	1	2	3	4	5
8. 我精力充沛。	1	2	3	4	5
9. 在任何情形下,我都能找到乐趣。	1	2	3	4	5
10. 深思熟虑是我的性格特点之一。	1	2	3	4	5
11. 我享受善待他人的感觉。	1	2	3	4	5
12. 尊重团体的决定对我来说很重要。	1	2	3	4	5
13. 我认为每个人都应该有发言权。	1	2	3	4	5
14. 作为团队领导者,我认为每个成员都有对团体所做的事发表意见的权力。	1	2	3	4	5
15. 别人相信我能帮他们保守秘密。	1	2	3	4	5

19. 中国人的美德问卷(CVQ)

段文杰[1] 关秋洁[2]

(1. 华东理工大学社会与公共管理学院,上海,200237;

2. 复旦大学社会发展与公共政策学院,上海,200433)

【摘要】 中国人长处问卷(Chinese Virtues Questionnaire,CVQ)由 Duan 等人(2012)编制,是用于测量亲和力、生命力和意志力等三个方面性格优势的问卷。中国人长处问卷在大学生、青少年、普通居民群体中的运用均符合心理测量学标准。

1. 理论背景

美德和性格优势是全人类普遍赞赏的品质,是推动社会进步的重要精神力量(段文杰等,2016)。研究者们在全世界各种主要文化以及宗教哲学家和思想家们的各种著作里,提炼了六个核心的美德,在每种美德之下进一步提出了 24 种性格优势。性格优势是一系列由个体的思想、情感和行为所表现出的积极品质,6 项美德与 24 种性格优势分别为智慧(创造力、好奇心、批判性、好学、洞察力)、勇气(勇敢、诚实、热情、毅力)、仁慈(爱与被爱的能力、善良、社交能力)、节制(宽恕、谦逊、审慎、自我调节)、自我超越(感恩、对美和卓越的欣赏、灵性、幽默、希望)和公正(合作、公平、领导力),与这一系统相对应,研究者们编制了测量这 24 种性格优势的优势行动价值问卷(Park & Peterson,2006;Peterson & Seligman,2004)。研究表明具有高水平性格优势的个体普遍会表现出高水平的心理健康。

---

* 测评工具研发成果参见:

1. Duan W., Ho S. M. Y., Yu B., Tang X., Zhang Y., Li T. & Yuen T. (2012). Factor Structure of the Chinese Virtues Questionnaire.*Research on Social Work Practice*,22(6):680—688.

2. Duan W., Ho S. M. Y., Bai Y. & Tang X. (2013). Psychometric Evaluation of the Chinese Virtues Questionnaire.*Research on Social Work Practice*,23(3):336—345.

3. 张永红,段文杰,唐小晴,甘需,甘凤春,郭鹏飞.(2014). 中文长处问卷在青少年群体中应用的信效度. *中国临床心理学杂志*,22(3):470—474.

例如,性格优势与幸福感(Gillham et al.,2011)和积极情绪(Güsewell & Ruch, 2012)均有着显著的正相关关系。

由于VIA优势理论在中国文化背景下存在跨文化不稳定性等问题(段文杰等,2011),Duan等人(2012)采用兼顾文化共通性与文化特殊性的方法,进一步对VIA优势理论进行了验证,并提出三维度的中国人性格优势理论。三个维度分别是亲和力、生命力和意志力,分别指代对他人、对外界、对自身的三类优势结构。其中,亲和力维度是指个体与他人保持良好关系的性格优势,生命力维度是指自我与外部世界联系起来的好奇心和创造力的性格优势,意志力维度是指实现有价值目标的自我调节和适应能力的性格优势。三维度的中国人性格优势理论可以被运用于中国青少年、大学生以及普通居民群体中,涵盖了已有实证研究与临床实践中普遍确定的积极品质,能够在实践中为干预对象提供较为全面的性格优势档案。

性格优势的测量工具主要是VIA优势问卷,来自不同国家和地区的研究者开发了包括英文版、法文版、西班牙语版、日语版、中文版等不同的翻译版本。Duan et al.(2012)通过对VIA优势问卷修订,开发了中国人长处问卷,用于测量中国人的性格优势。

2. 内容简介

中国人长处问卷由Duan等人(2012)编制,共96个项目,包含亲和力、生命力、意志力三个分量表,测量24种性格优势,每个性格优势包含4个项目。中国人长处问卷采用Likert 5级计分(1代表"非常不像我";5代表"非常像我")。

原版的优势行动价值问卷用来测量全人类普遍共有的24种性格优势和6种美德,段文杰等(2011)将优势行动价值问卷运用于中国大学生的研究显示,优势行动价值问卷的24个性格优势相关模型可以接受,能够测量中国大学生的性格优势,但美德结构划分不合理。基于此,Duan等人(2012)在中国文化背景下对优势行动价值问卷进行了修订,采用兼顾文化共通性与文化特殊性的方法,对240个项目逐一筛选,综合定性与定量方法,保留了具有高负荷、高认同度的96个项目,将新修订的问卷命名为中国人长处问卷。

3. 实施或使用方法

按照经典心理测量学的使用规范来实施。

4. 计分方法与解释

所有项目均为正向计分。亲和力分量表包括善良(8、15、45、66题)、合作(10、47、68、78题)、公平(22、35、79、92题)、爱(9、46、67、77题)、真诚(2、7、34、91题)、领导力(11、36、69、80题)、宽恕(28、39、53、73题)、感恩(37、61、71、83题);生命力分量表包括幽默(38、51、62、95题)、好奇心(29、40、54、74题)、热情(27、52、87、96题)、创造力(14、32、41、57题)、洞察力(42、58、64、89题)、希望(3、13、18、84题)、社交(5、20、33、7 6题)、美(24、49、60、82题)、勇敢(43、59、65、90题)、信仰(19、25、50、85题);意志力分量表包括判断力(4、31、56、63题)、谨慎(17、48、70、81题)、自我管理(12、16、23、93题)、毅力(1、6、21、44题)、好学(30、55、75、88题)、谦虚(26、72、86、94题)。相关性格优势题目得分相加后的平均分,即为该项性格优势的得分,得分越高,表明具有的某项性格优势越突出。

5. 信度与效度

Duan等人(2012)在调查839名中国大学生的基础上开发了中国人长处问卷,探索性因子分析分别提取了三个特征值为10.612、1.932和1.322的因子,这些因子可以解释总方差的57.774%,三个因子之间的相关性的范围为0.64~0.73,内部一致性系数α的范围是0.83~0.90。验证性因素分析结果显示:可接受的拟合最优拟合指数出现在了三因子模型中($\chi^2=829.440, df=249$,拟合指数GFI=0.852,增量拟合指数IFI=0.899,Tucker-Lewis指数TLI=0.887,比较拟合指数CFI=0.898,近似均方根误差RMSEA=0.075),这表明96个题目的三维度的结构有效性。

Duan等人(2013)选取中国大陆493名大学生和153名员工完成了96个题目的中国人长处问卷,通过构建两个CFA模型(一个一阶三因子相关模型和一个二阶三因子高阶模型)进一步验证了中国人长处问卷的因子结构。结果显示,两个模型几乎都符合标准,并在所有指标上显示了近乎相同的数据(比较拟合指数

CFI＝0.89,标准化残差均方根 SRMR＝0.05,近似均方根误差 RMSEA＝0.08,一致性阿凯克信息标准指数 CAIC＝1 675.02),这表明两个模型在统计上没有显著的差异,二阶模型并没有比一阶因子解释更多的独特方差。研究者们认为,用加总每个维度的分数来表示个人的总体概况是没有意义的,三种优势在未来的研究和实践中可能应该被看作是相关但独立的变量,以探求各个优势独特的功能。此外,在学生—员工组,男性—女性组和另外两个均匀分布样本中的验证性因素分析结果显示,各项指标极小的差异表明中国人长处问卷在不同群体中的测量不变性。

Duan 等人(2013)在上述研究的基础上进一步对中国人长处问卷的效标效度进行了检验。选取 153 名员工和 142 名大学生完成了中国人长处问卷、希望量表、感恩问卷、生活满意度量表、医院焦虑和抑郁量表。聚合效度的结果显示,中国人长处问卷的三类优势和相关积极变量(即希望、感恩和生活满意度)的得分呈现出显著正相关关系(0.27～0.52),与焦虑和抑郁消极变量呈现出显著负相关关系(－0.25～－0.12)。分层回归的结果显示,中国人长处问卷所测量的性格优势对生活满意度的解释与其他变量,如希望和感恩等有一定程度的重叠。然而,希望和感恩所贡献的可解释方差相对较小,中国人长处问卷所测量的性格优势更具全面性。

Duan 等人(2013)再次招募了 296 名本科生参与一项独立的纵向研究以检验中国人长处问卷的重测信度和预测效度。内部一致性分析结果显示,亲和力、生命力和意志力的内部一致性 α 系数分别为 0.88、0.89 和 0.87。就十周后的重测信度而言,亲和力子量表的重测信度为 0.73($P<0.001$),生命力子量表为 0.76($P<0.001$),意志力子量表为 0.70($P<0.001$)。此外,通过分层回归来探索中国人长处问卷的预测效度,结果表明只有生命力能够显著预测参与者当前的生活满意度以及他们未来的生活满意度。

张永红等(2014)将中国人长处问卷运用于中国青少年群体(12～17 岁)中,结果显示,中国人长处问卷总量表和三个分量表的内部一致性系数较高,达 0.878 以上。再测相关系数达到 0.738 以上,说明三个优势分量表在中国青少年群体中均具有较好的信度。而三个分量表验证性因素分析的拟合指标均达到可接受水平,这在一定程度上体现出中国人长处问卷因素结构的跨群体稳定性。此外,三个优势与积极心理变量(希望与感恩)显著正相关,与消极心理变量(焦虑与抑郁,除亲和力与焦虑外)显著负相关。总的来说,中国人长处问卷在中国青少年群体中具有良好的心理测量学特征。

6. 应用价值与简要评价

中国人长处问卷应用于评价个体亲和力、生命力和意志力三个方面的性格优势。截至2018年12月,在Web of Science里被引34次,在百度学术里被引35次,在Google学术里被引53次。我们建议在中文情境中,面向不同的群体,选择合适的中文版工具。

参考文献

1. Duan W., Ho S. M. Y., Bai Y. & Tang X, 2013. Psychometric Evaluation of the Chinese Virtues Questionnaire[J]. *Research on Social Work Practice*, 23(3): 336—345.
2. Duan W., Ho S. M. Y., Yu B., Tang X., Zhang Y., Li T. & Yuen T, 2012. Factor Structure of the Chinese Virtues Questionnaire[J]. *Research on Social Work Practice*, 22(6): 680—688.
3. Gillham J., Adams-Deutsch Z., Werner J., Reivich K., Coulter-Heindl V., Linkins M., Winder B., Peterson C., Park N. & Abenavoli R, 2011. Character strengths predict subjective well-being during adolescence[J]. *The Journal of Positive Psychology*, 6(1): 31—44.
4. Güsewell A. & Ruch W, 2012. Are only Emotional Strengths Emotional? Character Strengths and Disposition to Positive Emotions[J]. *Applied Psychology: Health and Well-Being*, 4(2): 218—239.
5. Park N. & Peterson C, 2006. Moral competence and character strengths among adolescents: the development and validation of the Values in Action Inventory of Strengths for Youth[J]. *Journal of Adolescence*, 29(6): 891—909.
6. Peterson C. & Seligman M. E. P, 2004. *Character strengths and virtues: A handbook and classification*[M]. Washington, D.C.: New York, NY: American Psychological Association Oxford University Press.
7. 段文杰,白羽,张永红,唐小晴,王志章,李婷婷,2011. 优势行动价值问卷(VIA-IS)在中国大学生中的适用性研究[J]. *中国临床心理学杂志*, 19(4): 473—475.
8. 段文杰,谢丹,李林,胡卫平,2016. 性格优势与美德研究的现状、困境与出路[J]. *心理科学,39(4).

9. 张永红,段文杰,唐小晴,甘霈,甘凤春,郭鹏飞,2014.中文长处问卷在青少年群体中应用的信效度[J].中国临床心理学杂志,22(3):470—474.

附录

中国人长处问卷

请就下列每项描述,选出最适合你的答案。请诚实并准确地回应。

题　　目	非常不像我	不像我	中立	像我	非常像我
1. 我从来不会在任务没有完成前就放弃。	1	2	3	4	5
2. 我一向遵守承诺。	1	2	3	4	5
3. 我总是对事物抱着乐观的态度。	1	2	3	4	5
4. 我总是会从事物的正反两面去考虑问题。	1	2	3	4	5
5. 我知道如何在不同的社交场合下扮演适合自己的角色。	1	2	3	4	5
6. 我做事从不虎头蛇尾。	1	2	3	4	5
7. 我的朋友认为我能够保持事情的真实性。	1	2	3	4	5
8. 能为朋友做些小事让我感到很享受。	1	2	3	4	5
9. 我身边有人像关心自己一样关心我,在乎我的感受。	1	2	3	4	5
10. 我非常喜欢成为团体中的一分子。	1	2	3	4	5
11. 作为一个组织的领导,不管成员有过怎样的经历,我都对他们一视同仁。	1	2	3	4	5
12. 就算美食当前,我也不会吃过量。	1	2	3	4	5
13. 当别人看到事物消极的一面时,我总能乐观地发现它积极的一面。	1	2	3	4	5
14. 我喜欢想一些新的方法去解决问题。	1	2	3	4	5
15. 我尽力让那些沮丧的人振作起来。	1	2	3	4	5
16. 我是一个高度自律的人。	1	2	3	4	5
17. 我总是思考以后再讲话。	1	2	3	4	5
18. 即使面对挑战,我也总对将来充满希望。	1	2	3	4	5
19. 在困难的时刻,我的信仰从来没有离弃过我。	1	2	3	4	5

续表

题　目	非常 不像我	不像我	中立	像我	非常 像我
20. 我有能力令其他人对一些事物产生兴趣。	1	2	3	4	5
21. 即使会遇到阻碍,我也要把事情完成。	1	2	3	4	5
22. 对我来说,每个人的权利同样重要。	1	2	3	4	5
23. 我会控制自己的情绪。	1	2	3	4	5
24. 我能看到被别人忽视的美好事物。	1	2	3	4	5
25. 我有明确的生活目标。	1	2	3	4	5
26. 我从不吹嘘自己的成就。	1	2	3	4	5
27. 我热爱自己所做的事情。	1	2	3	4	5
28. 我一向容许别人把错误留在过去,重新开始。	1	2	3	4	5
29. 我对各式各样的活动都感到兴奋。	1	2	3	4	5
30. 我是个真正的终身学习者。	1	2	3	4	5
31. 我的朋友欣赏我能客观地看待事物。	1	2	3	4	5
32. 我总能想出新方法去做事情。	1	2	3	4	5
33. 我总能知道别人行事的动机。	1	2	3	4	5
34. 我的承诺值得信赖。	1	2	3	4	5
35. 我给每个人机会。	1	2	3	4	5
36. 作为一个有效能的领导者,我一视同仁。	1	2	3	4	5
37. 我是一个充满感恩之心的人。	1	2	3	4	5
38. 我试着在所做的任何事情中添加一点幽默的成分。	1	2	3	4	5
39. 我希望人们能学会原谅和遗忘。	1	2	3	4	5
40. 我有很多兴趣爱好。	1	2	3	4	5
41. 朋友们认为我有各种各样的新奇想法。	1	2	3	4	5
42. 我总能看到事物的全部。	1	2	3	4	5
43. 我总能捍卫自己的信念。	1	2	3	4	5
44. 我不言放弃。	1	2	3	4	5
45. 在朋友生病时,我总会致电问候。	1	2	3	4	5
46. 我总能感受到自己生命中有爱存在。	1	2	3	4	5

题 目	非常不像我	不像我	中立	像我	非常像我
47. 维持团体内的和睦对我来说很重要。	1	2	3	4	5
48. 行动前,我总是先考虑可能出现的结果。	1	2	3	4	5
49. 我总能觉察到周围环境里存在的自然美。	1	2	3	4	5
50. 我的信仰塑造了现在的我。	1	2	3	4	5
51. 我从不让沮丧的境遇带走我的幽默感。	1	2	3	4	5
52. 我精力充沛。	1	2	3	4	5
53. 我总是愿意给他人改正错误的机会。	1	2	3	4	5
54. 在任何情形下,我都能找到乐趣。	1	2	3	4	5
55. 我常常阅读。	1	2	3	4	5
56. 深思熟虑是我的特点之一。	1	2	3	4	5
57. 我经常有原创性的思维。	1	2	3	4	5
58. 我对人生有成熟的看法。	1	2	3	4	5
59. 我总能直面自己的恐惧。	1	2	3	4	5
60. 我非常喜欢各种形式的艺术。	1	2	3	4	5
61. 我对生命中所得到的一切充满感激。	1	2	3	4	5
62. 我很有幽默感。	1	2	3	4	5
63. 我总会权衡利弊。	1	2	3	4	5
64. 别人喜欢来征询我的建议。	1	2	3	4	5
65. 我曾经战胜过痛苦与失望。	1	2	3	4	5
66. 我享受善待他人的感觉。	1	2	3	4	5
67. 我能够接受别人的爱。	1	2	3	4	5
68. 即使不同意团体领袖的观点,我还是会尊重。	1	2	3	4	5
69. 作为一个团体领导,我尽量让每一个成员快乐。	1	2	3	4	5
70. 我是个非常小心的人。	1	2	3	4	5
71. 当审视自己的生活时,我发现有很多地方值得感恩。	1	2	3	4	5
72. 别人告诉我,谦虚是我最显著的优点之一。	1	2	3	4	5
73. 通常情况下,我愿意给别人第二次机会。	1	2	3	4	5

续表

题 目	非常不像我	不像我	中立	像我	非常像我
74. 我认为我的生活非常有趣。	1	2	3	4	5
75. 我阅读大量各种各样的书籍。	1	2	3	4	5
76. 我总是知道说什么话可以让别人感觉良好。	1	2	3	4	5
77. 在我的邻居、同事或同学中,有我真正关心的人。	1	2	3	4	5
78. 尊重团体的决定对我来说很重要。	1	2	3	4	5
79. 我认为每个人都应该有发言权。	1	2	3	4	5
80. 作为团体领导者,我认为每个成员都有对团体所做的事发表意见的权力。	1	2	3	4	5
81. 我总是谨慎地作出决定。	1	2	3	4	5
82. 我经常渴望能感受伟大的艺术,比如音乐、戏剧或绘画。	1	2	3	4	5
83. 每天我都心怀深刻的感激之情。	1	2	3	4	5
84. 情绪低落时,我总是回想生活中美好的事情。	1	2	3	4	5
85. 信仰使我的生命变得重要。	1	2	3	4	5
86. 没有人认为我是一个自大的人。	1	2	3	4	5
87. 早晨醒来,我会为了新一天中存在的无限可能性而兴奋。	1	2	3	4	5
88. 我喜欢阅读非小说类的书籍作为消遣。	1	2	3	4	5
89. 别人认为我是一个聪明的人。	1	2	3	4	5
90. 我是一个勇敢的人。	1	2	3	4	5
91. 别人相信我能帮他们保守秘密。	1	2	3	4	5
92. 我相信聆听每个人的意见是值得的。	1	2	3	4	5
93. 我定时锻炼身体。	1	2	3	4	5
94. 别人都因我的谦逊而走近我。	1	2	3	4	5
95. 我因富于幽默而被众人所知。	1	2	3	4	5
96. 人们形容我为一个热情洋溢的人。	1	2	3	4	5

第二部分
积极认知状态和过程
Positive Cognitive State and Outcomes

一、生命意义 Meaning in Life

1. 生命意义感量表（MLQ）*

倪士光

（清华大学深圳国际研究生院，深圳，518055）

【摘要】 生命意义感量表（Meaning in Life Questionnaire，MLQ）由 Steger 等（2006）编制，广泛应用于个体拥有意义感和寻求意义感的评价，是生命意义领域最具代表性的自评工具。国内已有大学生、中学生等修订版本，均符合心理测量学标准。

1. 理论背景

追求人生意义是人类的基本动机，感受到有意义的存在是人类的基本需要（Frankl，1963）。生命意义是个体从其生活经历或经验中萃取的生活目标和重要性，它根源于个体对自己、世界以及自己与世界关系的理解（张荣伟，李丹，2018）。在积极心理学视野下，研究者强调意义产生的动力与过程，生命意义的积

---

* 测评工具研发成果参见：
1. 王孟成，戴晓阳. (2008). 中文人生意义问卷（C-MLQ）在大学生中的适用性. 中国临床心理学杂志，16(5)：459—461.
2. 刘思斯，甘怡群. (2010). 生命意义感量表中文版在大学生群体中的信效度. 中国心理卫生杂志，24(6)：478—482.
3. 王鑫强. (2013). 生命意义感量表中文修订版在中学生群体中的信效度. 中国临床心理学杂志，21(5)：764—767.

极作用越来越受重视。众多研究表明,充盈的生命意义可促进人的身心健康,有助于发展健康行为,提升幸福感,引发积极应对方式,促进人际和谐,提高学习与工作绩效(Allan,Duffy & Douglass,2015),以及修复心理创伤等。

Steger,Frazier,Oishi,Kaler(2006)提出的生命意义二维度理论具有广泛代表性。他们将生命意义定义为"个体存在的意义感和对自我重要性的感知",并提出了生命意义的二维模型,即"拥有意义(present of meaning)(或生命意义感、拥有意义感)"和"意义追寻(search for meaning)(或寻求意义感)"。生命意义感是一种核心信念系统的认知维度,指个体对自己活得是否有意义的感受程度;意义追寻是一种动机维度,是指个体对意义的积极寻找程度。个体只有积极地寻找生命意义,才能在这个过程中获得真正的快乐与满足,也才能真正拥有"有意义的人生"(King,Heintzelman & Ward,2016)。

生命意义心理测量的工具有59种之多(Brandstatter,Baumann,Borasio & Fegg,2012),是用于评估生命意义感受与追寻、生命意义源与生命意义危机事件、意义生成、有意义活动,以及生命意义在疾病等具体情境应用的工具。

2. 内容简介

生命意义感量表由Steger等(2006)编制,共10个项目,5个项目测量意义体验,5个项目测量意义寻求,Likert 7级计分(1代表"非常不符合";7代表"非常符合")。

中文版已有大学生版和中学生版。大学生版代表性的有两个:一个是刘思斯和甘怡群(2010)在大学生群体中的修订版本;另一个是王孟成和戴晓阳(2008)版本(原作者将其称为中文人生意义问卷,C-MLQ)。前者删除了原量表的第10题,形成了9个项目的生命意义感量表中文版;后者保留了原问卷的全部项目。中学生版有代表性的是王鑫强修订的版本,该版本同样保留了生命意义感量表的全部项目(王鑫强,2013)。

3. 实施或使用方法

按照经典心理测量学的使用规范来实施。

4. 计分方法与解释

该量表的 10 个项目中除第 9 项是反向计分外,其他项目均为正向计分。拥有意义感(MLQ-P)包括 1、4、5、6、9 题;寻求意义感(MLQ-S)包括 2、3、7、8、10 题。测量指标是维度平均分。得分越高,表明意义体验或意义寻求水平越高。

5. 信度与效度

以王孟成和戴晓阳(2008)的研究为例,采用中文人生意义问卷(C-MLQ)、抑郁自评量表(SDS)、Rosenberg 自尊量表(SES)、自我超越生命意义量表(SMLS)、情感平衡量表(PANAS)和生活满意度量表(SWLS)对 531 名大学生进行测试,对问卷的信效度进行了检验。结果发现,量表具有较好的内部一致性和跨时间的稳定性,体验和追寻分问卷的内部一致性 α 系数分别为 0.85、0.82,间隔 2 周的重测相关系数分别为 0.74 和 0.76,$P<0.01$;探索性和验证性因素分析的结果均表明中文版人生意义问卷具有较好的结构效度,条目在所属因子上的因素负荷均超过 0.60,验证性因素分析的拟合指标也都达到了建议值。

王鑫强(2013)采用方便取样的方法,抽取 1 899 名中学生完成生命意义感量表、总体生活满意度量表、修订后的积极情感消极情感量表、流调用抑郁自评量表(CES-D)、状态焦虑问卷(S-AI)。结果发现,生命意义感量表中文修订版共 10 个项目,探索性因子分析提取了 MLQ-P 和 MLQ-S 2 个因子,因子贡献率分别为 31.154% 和 30.406%;验证性因素分析也验证了原量表 2 因子结构的有效性。拥有意义感、寻求意义感与主观幸福感(SWB)显著正相关($r=0.384, r=0.138, P<0.001$),与 S-AI 显著负相关($r=-0.396, r=-0.107, P<0.001$),与 CES-D 相关分别为 $-0.344(P<0.001)$、$-0.021(P>0.05)$。总量表及拥有意义感、寻求意义感的内部一致性 α 系数分别为 0.830、0.842 和 0.828,间隔 7 个星期后的重测信度分别为 0.639、0.746 和 0.558。

6. 应用价值与简要评价

生命意义感量表广泛应用于评价个体的拥有意义感和寻求意义感,是生命意义领域最具有代表性的自评工具。截至 2018 年 5 月,在 Web of Science 里被引高达789次。我们建议在中文情境中,面向不同的特殊群体,选择合适的中文版工具。

参考文献

1. Allan B. A., Duffy R. D., Douglass R, 2015. Meaning in life and work: A developmental perspective[J]. *Journal of Positive Psychology*, 10(4): 323—331.
2. Brandstatter M., Baumann U., Borasio G. D., Fegg M. J, 2012. Systematic review of meaning in life assessment instruments[J]. *Psycho-oncology*, 21(10): 1034—1052.
3. Frankl V. E, 1963. Man's search for meaning: An introduction to logotherapy[M]. New York: Washington Square Press.
4. King L. A., Heintzelman, S. J., Ward, S. J, 2016. Beyond the Search for Meaning: A Contemporary Science of the Experience of Meaning in Life[J]. *Current Directions in Psychological Science*, 25(4): 211—216.
5. Steger M. F., Frazier P., Oishi S., Kaler M, 2006. The meaning in life questionnaire: Assessing the presence of and search for meaning in life[J]. *Journal of Counseling Psychology*, 53(1): 80—93.
6. 刘思斯,甘怡群,2010. 生命意义感量表中文版在大学生群体中的信效度[J]. *中国心理卫生杂志*, 24(6): 478—482.
7. 王孟成,戴晓阳,2008. 中文人生意义问卷(C-MLQ)在大学生中的适用性[J]. *中国临床心理学杂志*, 16(5): 459—461.
8. 王鑫强,2013. 生命意义感量表中文修订版在中学生群体中的信效度[J]. *中国临床心理学杂志*, 21(5): 764—767.
9. 张荣伟,李丹,2018. 如何过上有意义的生活?——基于生命意义理论模型的整合[J]. *心理科学进展*, 26(4): 744—760.

附录

生命意义感量表

指导语:请花一些时间想想,是什么让你的生活对你来说显得很重要。请如实、准确地回答下列问题,并从下列选项中选出最符合自己情况的答案,请记住这些是非常主观的问题,没有正确或错误的答案。

题 目	完全不同意	大部分不同意	有些不同意	说不清	有些同意	大部分同意	完全同意
1. 我很了解自己的人生意义。	1	2	3	4	5	6	7
2. 我正在寻找某种使我的生活有意义的东西。	1	2	3	4	5	6	7
3. 我总是在寻找自己的人生目标。	1	2	3	4	5	6	7
4. 我的生活有很明确的目标感。	1	2	3	4	5	6	7
5. 我很清楚是什么使我的生活感觉起来是重要的东西。	1	2	3	4	5	6	7
6. 我已经发现了一个令人满意的人生目标。	1	2	3	4	5	6	7
7. 我一直在寻找某样能使我的生活感觉起来是重要的东西。	1	2	3	4	5	6	7
8. 我正在寻找自己人生的目标和"使命"。	1	2	3	4	5	6	7
9. 我的生活没有很明确的目标。	1	2	3	4	5	6	7
10. 我正在寻找自己人生的意义。	1	2	3	4	5	6	7

2. 中国生命意义源量表*(CSMIL)

程明明

(上海大学社会学院,上海,200444)

【摘要】 中国生命意义源量表(Chinese Sources of Meaning in Life Questionnaire, CSMIL)由程明明等(2011)编制,是用以测量中国文化情境下生命来源的标准化工具。经过探索性因子分析和验证性因素分析,并进行信度和效度指标的检验,中国生命意义源量表具有良好的心理测量学指标,可用于进一步相关研究中。

1. 理论背景

关于生命意义的心理学研究在很长一段时期内被心理学家们所忽视,20世纪40年代,心理治疗大师Frankl《活出意义来》(*Man's Searching for Meaning*)(Frankl,1962)一书的诞生才将生命意义从哲学领域带进了心理学研究领域,成为生命意义研究走向心理学化的一个重要的里程碑。半个多世纪以来,关于生命意义源的研究国外成果已有一百余篇。Kaufman认为生命意义源是个体在人生经历中获得意义的生活事件。这些生命意义源来自于个体过去学习的经验和现在生活的方式,并且因文化的不同而存在变异(Kaufman,1986)。以往的研究证实,生命意义源主要集中在关系、个人发展、宗教以及服务等几个维度。目前常用的测量工具有两个:一是Reker使用定量的方法发展的生命意义源简述量表(Sources of Meaning Profile-Revised,SOMP-R),包括自我关注、个体主义、集体主义和自我超越4个维度(Reker,1996);二是Wong基于内隐理论以定量和定性混合研究的方法发展的个人意义简述量表(Personal Meaning Profile,PMP)。该量表相对于SOMP-R发展出了更多具体的意义源,包括关系、宗教、成就、接受、

---

* 测评工具研发成果参见:
1. 程明明,樊富珉,彭凯平.(2011).生命意义源的结构与测量.*中国临床心理学杂志*,19(5):591—594.
2. 程明明.(2015).*积极意义与生命教育*.中国社会科学出版社.

亲密感、超越和公平待遇7个维度(Wong,1998)。

许多研究证明,生命意义源具有明显的"文化印记"。Prager(1997)在一项跨文化研究中指出,个体所认同的价值和意义会被固定在一定的历史文化群体中,人们在获得生命意义来源时具有文化和语言环境的敏感性。因此,无论是SOMP-R还是PMP是否适用于中国文化,都有待于进一步验证。相比而言,国内对生命意义的心理学研究起步较晚,对于生命意义来源的研究实为鲜见,尤其缺乏中国文化背景下的生命意义源的测量工具。

2. 内容简介

中国生命意义源量表由程明明等(2011)编制,共有30个条目,5个维度,分别为社会关注、自我成长、关系和谐、生活享受以及身心健康。问卷采用Likert 7级计分,从1到7的数字表示"完全没有意义"到"非常有意义"的程度依次递加。

3. 实施或使用方法

按照经典心理测量学的使用规范来实施。

4. 计分方法

社会关注包含条目4、8、13、14、15、16、17、26、30;自我成长包含条目7、19、20、21、22、23、24、29;关系和谐包含条目5、6、9、10、11、12;生活享受包含条目18、25、27、28以及身心健康包含条目1、2、3。总分越高,表示生命越有意义。所有条目均为正向计分。

5. 信度与效度

采取方便取样的方法,在正式施测阶段发放问卷800份,回收问卷721份,问卷的回收率为90.13%。其中有效问卷637份,问卷有效率为88.45%。

受测者分别来自北京(9.26%)、河南(7.22%)、江苏(40.21%)、湖南(5.52%)、山东(37.79%)等省市。受测者的职业包括大学生(29.92%)、公务员(22.56%)、公司职员(20.72%)、个体户和自由职业者(15.21%)、农民(4.73%)以及其他(6.86%)等,受测者年龄在18~83岁($M=36.70,SD=12.94$),年龄在18~

29 岁 35.6%,30～39 岁 27.3%,40～49 岁 19%,50 岁以上 18.1%;其中男性 333 名,女性 304 名。将 637 份有效问卷的数据按照序号的奇偶数分为两半,一半进行探索性因子分析,一半进行验证性因素分析以及信度和效度的检验。

中国生命意义源量表的内部一致性 α 系数为 0.94,分半信度系数为 0.89,重测信度系数为 0.84。5 个维度的内部一致性 α 系数在 0.71～0.90,分半信度系数在 0.65～0.89,重测信度系数在 0.78～0.86。以上信度系数均达到显著水平。

中国生命意义源量表 5 个维度之间的相关系数在 0.37～0.79,说明各维度之间存在中等相关。各维度与中国生命意义源量表总分的相关分别为 0.88、0.86、0.81、0.74、0.51。所有相关系数均达到显著水平。因此,中国生命意义源量表具有较好的结构效度。中国生命意义源量表与自尊量表、关注生命意义指标以及生命意义源简述量表存在显著正相关,表明中国生命意义源量表具有较好的效标效度。

6. 应用价值

对于生命意义的来源确因中西方文化的不同而存在差异。这些来源的差异,一方面体现了不同文化下,对自我的认识不同而产生了不同的人生价值观;另一方面源于不同文化的历史根基。从某种意义上说,不同文化的历史根基造就了不同的人生价值观,使得意义的具体来源各有所倾。中国生命意义源量表既保持了国外同类量表的主要内容,同时在题目和维度上也具有中国本土化的特点。该量表具有良好的项目区分度,信度和效度均符合心理测量学的要求,可以作为进一步研究的工具。

参考文献

1. Frankl V. E, 1962. *Man's search for meaning* [M]. Boston, MA: Beacon Press.
2. Sixsmith A., Sharon R. Kaufman, 1989. *The Ageless Self: Sources of Meaning in Late Life* [M]. Madison, WI: University of Wisconsin Press.
3. Reker G. T, 1996. *Manual of the sources of meaning profile-revised* (SOMP-R) [M]. Peterborough, ON: Student Psychologists Press.
4. Wong P. T. P, 1998. Implicit theories of meaningful life and the development of the personal

meaning profile. In P. T. P. Wong & P. S. Fry (Eds.), *The human quest for meaning: A handbook of psychological research and clinical applications* (pp. 111—140)[M]. Mahwah, NJ, US: Lawrence Erlbaum Associates Publishers.

5. Prager E, 1997. Sources of Personal Meaning For Older and Younger Australian and Israeli Women: Profiles and Comparisons. *Ageing and Society*, 17(2): 167—189.

6. Markus H. R. & Kitayama S, 1998. The cultural psychology of personality[J]. *Journal of cross-cultural psychology*, 29(1): 63—87.

7. 程明明,樊富珉,彭凯平, 2011. 生命意义源的结构与测量[J].*中国临床心理学杂志*,19(5): 591—594.

8. 程明明, 2015.*积极意义与生命教育*[M].*中国社会科学出版社*.

附录

中国生命意义源量表

题 目	毫无意义	基本没意义	缺少些意义	中立	有一点意义	有些意义	非常有意义
1. 有健康的身体。	1	2	3	4	5	6	7
2. 保持积极乐观的心态。	1	2	3	4	5	6	7
3. 保护环境。	1	2	3	4	5	6	7
4. 孝敬父母。	1	2	3	4	5	6	7
5. 养育子女。	1	2	3	4	5	6	7
6. 达成一定的目标。	1	2	3	4	5	6	7
7. 关心国家大事。	1	2	3	4	5	6	7
8. 有亲密和知心的朋友。	1	2	3	4	5	6	7
9. 有良好的人际关系。	1	2	3	4	5	6	7
10. 有美满的爱情。	1	2	3	4	5	6	7
11. 生活在和谐的社会中。	1	2	3	4	5	6	7
12. 社会的公正。	1	2	3	4	5	6	7
13. 先人后己。	1	2	3	4	5	6	7
14. 给他人带来快乐。	1	2	3	4	5	6	7
15. 得到他人的帮助。	1	2	3	4	5	6	7

续表

题　目	毫无意义	基本没意义	缺少些意义	中立	有一点意义	有些意义	非常有意义
16. 贡献社会。	1	2	3	4	5	6	7
17. 做自己想做的事。	1	2	3	4	5	6	7
18. 合理安排和管理好时间。	1	2	3	4	5	6	7
19. 有工作和事业（或学业）。	1	2	3	4	5	6	7
20. 获得受教育机会。	1	2	3	4	5	6	7
21. 独处思考。	1	2	3	4	5	6	7
22. 获得提高自我能力的机会。	1	2	3	4	5	6	7
23. 有人生的理想和目标。	1	2	3	4	5	6	7
24. 有基本的物质生活保障。	1	2	3	4	5	6	7
25. 帮助他人。	1	2	3	4	5	6	7
26. 有富裕的物质享受。	1	2	3	4	5	6	7
27. 得到他人或社会的认可与尊重。	1	2	3	4	5	6	7
28. 从事有创造性的活动。	1	2	3	4	5	6	7
29. 人与自然和谐的关系。	1	2	3	4	5	6	7

二、习得性乐观 Learned Optimism

3. 儿童归因风格修订版问卷(CASQ-R)

倪士光

(清华大学深圳国际研究生院,深圳,518055)

【摘要】 儿童归因风格量表(The Children's Attributional Style Questionnaire-Revised,CASQ-R)由 Thompson 等人(1998)编制,测量人在长期归因过程中形成的归因倾向,是儿童归因风格领域最具代表性的评价工具。国内已有中文版本*,符合心理测量学标准。

1. 理论背景

归因风格是个体具有的归因认知方式并会产生自己独特的归因倾向(Abela et al.,2008)。抑郁症归因理论认为,抑郁症患者和非抑郁症患者的因果判断不同,这些归因差异与抑郁症现状以及抑郁症严重程度密切相关,特定的归因方式是导致个体抑郁的危险因素(Golin et al.,1981)。

抑郁症最重要的归因解释之一是重构习得无助模型(Abramson et al.,1979)。根据这个模型,抑郁症是经历无法控制的有害事件的结果。然而,无法控

---

* 测评工具研发成果参见:

1. 李思霓.(2010).流动儿童的社会融入及其过程中的归因风格与挫折应对.(Doctoral Dissertation,华东师范大学).

制事件所造成的抑郁的本质是由个体促成的因果归因导致的。如果这些无法控制的事件被认为是由个人(内部归因)引起的,而不是由情境(外部归因)引起的,那么由此导致的抑郁涉及自尊的丧失。如果无法控制的事件归因于非瞬时因素(稳定因素),而未归因于瞬时因素(不稳定归因),那么抑郁症状预期会持续很长时间。最后,如果无法控制的事件是归因于各种情况下的原因(整体归因),而非具体的原因(具体归因),那么由此导致的抑郁是无处不在的。因此,重构习得无助模型认为,把无法控制的不良事件归因于内部的、稳定的以及全局的因素导致了抑郁。

Nolend-Hoeksema 和 Girgus、Seligman(1992)的追踪研究发现,消极事件不良归因风格可以显著预测儿童抑郁症的增加,进入儿童期,孩子的归因风格由于性格和年龄等的不同呈现一定的差异。了解儿童的归因风格特点,并有针对性地培养其形成良好的归因,对其心理健康发展有促进作用。

Thompson 等人(1998)改编的归因风格修订版问卷,描述了测量儿童归因风格的方法。该量表用于测量和解释儿童对于积极和消极事件的因果。

2. 内容简介

儿童归因风格修订版问卷是由 Thompson 等人(1998)编制,有 24 个条目,每个条目均含有两个选项。包含内在—外在、稳定—暂时以及普遍—特殊 3 个维度。问卷中描述了 24 个假设事件,积极和消极的事件各占一半。每个事件下设 2 个选项,第一个条目代表内在、稳定或普遍性归因,第二个条目代表外在、暂时或特殊归因。问卷的 12 个积极事件中,有 2 个涉及内部和外部维度,7 个涉及稳定和暂时维度,3 个涉及普遍和特殊维度;问卷的 12 个消极事件中,有 3 个涉及内部和外部维度,6 个涉及稳定和暂时因素,3 个涉及普遍和特殊维度。

3. 实施或使用方法

按照经典心理测量学的使用规范来实施。建议加入适用年龄范围。

4. 计分方法与解释

问卷共有 24 个条目,每个条目包含两个问题,均为正向计分。

5. 信度与效度

Thompson(1998)的研究，采用儿童归因风格修订版问卷调查了 1 086 名 9～12 岁的中小学生。在这项研究中，该量表的内部一致性系数 α 达到 0.60，其中积极事件和消极事件的内部一致性系数 α 分别为 0.53 和 0.45。间隔六个月之后进行了重测，总体、积极事件、消极事件重测相关系数分别为 0.53、0.53 和 0.38（$P<0.001$）。同时用范德比尔特抑郁量表（Vanderbilt Depression Inventory, VDI）（Weiss, 1995）作为效标进行效标效度检验，总体、积极事件以及消极事件得分与 VDI 预测的显著相关。

以李思霓(2010)的研究为例，采用流动儿童社会融入问卷和儿童归因风格修订版问卷对 1 110 名流动儿童进行测试，对问卷的信效度进行了检验。结果发现，儿童归因风格修订版问卷每个项目与总分相关均达到显著水平（$P<0.05$），总体信度达到 0.567，问卷信度一般。各维度间相关均低于各维度与总分间相关，说明该问卷效度良好。

6. 应用价值与简要评价

儿童归因风格修订版问卷在测量人在长期归因过程中形成的归因倾向具有比较重要的意义，是儿童归因风格领域最具代表性的评价工具。截至 2018 年 12 月，在 Web of Science 里被引高达 142 次。

参考文献

1. Thompson M., Kaslow N. J., Weiss B., & Nolenhoeksema S., 1998. Children's attributional style questionnaire—revised: psychometric examination. *Psychological Assessment*, 10(2): 166—170.

2. Abela J. R. Z. & Hankin B. L., 2008. Cognitive vulnerability to depression in children and adolescents: a developmental psychopathology perspective. *International Journal of Cognitive Therapy*, 1(4): 281—283.

3. Golin S., Sweeney P. D. & Shaeffer D. E, 1981. The causality of causal attributions in depression: a cross-lagged panel correlational analysis. *Journal of Abnormal Psychol*, 90

(1): 14—22.

4. Seligman M. E., Abramson L. Y., Semmel A. & Von B. C, 1979. Depressive attributional style[J]. *Journal of Abnormal Psychol*, 88(3): 242—247.

5. Nolenhoeksema S., Girgus J. S. & Seligman M. E, 1992. Predictors and consequences of childhood depressive symptoms: a 5-year longitudinal study[J]. *Journal of Abnormal Psychology*, 101(3): 405.

6. Weiss B. &. Garber J, 1995. *The Vanderbilt Depression Inventory: A self-report inventory of depressive symptoms for developmentalcomparisons.* Unpublished manuscript, Vanderbilt University, Nashville, TN.

7. 李思霓, 2010. 流动儿童的社会融入及其过程中的归因风格与挫折应对. 博士学位论文[D], 华东师范大学.

附录

儿童归因风格修订版问卷

指导语：

（1）以下每一题为一个场景，请仔细阅读并想象你正在亲身经历这些事情。

（2）请在两个选项中选择一个你认为这个场景发生的原因。

（3）完成上述步骤后进入下一个情境。

1. 你在考试中取得了好成绩，因为：

a. 我很聪明。　b. 我擅长这门课。

2. 一些同学不喜欢你，因为：

a. 他们对人很苛刻。　b. 我对他们不好。

3. 你的一个好朋友告诉你说，他讨厌你。因为：

a. 他这天心情不好。　b. 我那天对我朋友不好。

4. 有人偷了你的钱。因为：

a. 这个人不诚实。　b. 所有的人都不诚实。

5. 爸爸妈妈因为你做的某件事表扬了你。因为：

a. 我很擅长做这件事情。　b. 爸爸妈妈心情好。

6. 你打碎了玻璃。因为：

a. 我很粗心。　　b. 有的时候我很粗心。

7. 你和别的小朋友一起集体讨论时闹得很不愉快。因为：

a. 我和这些小朋友相处得不好。　　b. 我通常都参与不好集体讨论。

8. 你认识了一个新朋友。因为：

a. 我人好,别人喜欢和我交朋友。　　b. 他人好,所以和我成了朋友。

9. 你和你的家人相处得很好。因为：

a. 通常我和我家人在一起时,都很容易相处。　　b. 我只是有时候和家人相处得好。

10. 有次考试你的成绩很差。因为：

a. 我不是个好学生。　　b. 这次考试太难了。

11. 你进屋时不小心摔了一跤。因为：

a. 我进门的时候没看清楚。　　b. 我最近都挺粗心的。

12. 你的房间很乱。因为：

a. 今天我没整理房间。　　b. 我通常都不整理房间。

13. 妈妈给你做了最喜欢吃的食物。因为：

a. 这天妈妈心情好,也想让我高兴。　　b. 妈妈一直都想让我高兴。

14. 你参加的集体,输了比赛。因为：

a. 集体里的人都不团结。　　b. 比赛的那天集体里的人都不团结。

15. 在家里你没整理家务。因为：

a. 那天我有点懒。　　b. 通常我都很懒。

16. 你去了一个很有意思的公园,那天很开心。因为：

a. 我很喜欢那个公园。　　b. 我很喜欢活动。

17. 你参加了一个好朋友的聚会,很开心。因为：

a. 我的朋友那天组织的聚会很好。

b. 我的朋友通常会组织很多很好的聚会。

18. 你们班新来了一个代课老师,他/她很喜欢你。因为：

a. 上课的那天我表现不错。　　b. 我通常都表现不错。

19. 你让你的朋友很高兴。因为：

a. 我通常都很幽默,会搞气氛。　　b. 我有的时候还挺幽默的。

20. 你完成了一项比较复杂的功课。因为：

a. 这门功课正好是我擅长的。　　b. 我对很多事情都很在行。

21. 一次班级活动在招人参加，你最终没有被选上。因为：

a. 我对这个活动不在行。　　b. 被选上的同学对这个活动更在行。

22. 你的考试成绩不理想。因为：

a. 所有的考试都很难。　　b. 这次考试太难了。

23. 在课上，你学会了新的知识。因为：

a. 我学习努力，认真听了。　　b. 老师教得好。

24. 你的一次作业在全班得了第一。因为：

a. 别的同学没有努力做这个作业。　　b. 我努力做了这个作业。

4. 归因风格问卷*(ASQ)

倪士光

（清华大学深圳国际研究生院，深圳，518055）

【摘要】 归因风格问卷（Attributional Style Questionnaire，ASQ）由 Peterson 等人(1982)编制，广泛应用于测量人在长期归因过程中形成的归因倾向，是归因风格领域最具代表性的评价工具。国内已有中文修订版本，符合心理测量学标准。

1. 理论背景

在某种程度上个体会表现出个性的归因倾向，心理学上称之为归因风格。

Peterson、Semmel、von Beayer、Abramson、Metalsky 和 Seligman(1982)提出的归因风格问卷描述了一种测量归因风格的方法。该问卷将个人不良事件和好的事件归因于内部（相对于外部）、稳定（相对于不稳定）和全局（相对于特定）因素的倾向，然后进行计分。

2. 内容简介

归因风格问卷是由 Peterson 等人(1982)编制的，共有 48 个条目。共 12 个假设事件，积极和消极的事件各占一半，分别包括 3 个人际相关事件和 3 个成就相关事件。每个事件下设 4 个条目，第一个条目是为了引导参与者写出假设事件的原因，其后三个条目是从内外归因、稳定归因和整体归因三个维度来测量归因的。

国内目前已有中文修订版。王纯和张宁(2006)对归因风格问卷进行了修订，该修订版在保留归因风格问卷全部条目的基础上增加了"宿命—现实"维度的测

---

* 测评工具研发成果参见：
1. 王纯,张宁.(2006).归因方式问卷的初步修订.*中华行为医学与脑科学杂志*,15(5):470—471.

量,修订后每个事件下各有 5 个条目,共 60 个条目。

3. 实施或使用方法
按照经典心理测量学的使用规范来实施。

4. 计分方法与解释
三个归因维度的计分按照每个事件下的各个维度的选择进行计分,每个维度是 7 级计分。积极事件是正向计分,消极事件是反向计分。综合得分即条目得分之和除以条目数。

问卷的结构决定了其在分析之后可以分解出很多基于不同分类方法的子量表。例如,为三件积极结果且成就相关的事件的归因稳定性计分;为六个积极事件归因的稳定性进行评分;也可以结合内外部、稳定以及整体归因对积极事件或者消极事件进行计分。

5. 信度与效度
Peterson 等人(1982)用归因风格问卷对 130 名大学生进行调查研究,结果显示该问卷有较好的信效度。该问卷的内部一致性和跨项目的一致性较好,积极和消极事件的内部一致性系数分别为 0.75 和 0.72。不同归因风格之间没有相关性。

以王纯和张宁(2006)的研究为例,采用 Beck 抑郁量表和中文修订版归因风格问卷对 467 名大学生进行测试,对问卷的信效度进行了检验。结果发现,该问卷具有较高的总体信度和实证效度,总体信度达到 0.84,除了内外部归因维度的信度为 0.49 外,其他各个分量表的信度都在 0.60 以上。

6. 应用价值与简要评价
归因风格问卷在测量人在长期归因过程中形成的归因倾向具有比较重要的意义,是归因风格领域最具代表性的评价工具。我们建议在中文情境中,面对不同的特殊群体,选择合适的中文版工具。

参考文献

1. Peterson C., Semmel A., Baeyer C. V., Abramson L. Y., Metalsky G. I. & Seligman M. E. P, 1982. The attributional style questionnaire[J]. *Cognitive Therapy & Research*, 6(3): 287—299.
2. Golin S., Sweeney P. D. & Shaeffer D. E, 1981. The causality of causal attributions in depression: a cross-lagged panel correlational analysis[J]. *J Abnorm Psychol*, 90(1): 14—22.
3. Seligman M. E., Abramson L. Y., Semmel A. & Von B. C, 1979. Depressive attributional style[J]. *J Abnorm Psychol*, 88(3): 242—247.
4. 王纯, 张宁, 2006. 归因方式问卷的初步修订[J]. 中华行为医学与脑科学杂志, 15(5): 470—471.

附录

归因风格问卷

指导语:

(1) 仔细阅读下面的每一个情境并想象你正在亲身经历这些事情。

(2) 当你处于这样的情境中时,思考你认为造成该情境的一个主要原因。

(3) 在横线处写下这个原因。

(4) 1～7 表示你认为与你的情况相符的程度,越靠近 1 表示与左边的情况越相符;越靠近 7 表示与右边的情况越相符。在回答需要选择的题目时,用笔在你认为符合自己情况的数字下面画√。

(5) 完成上述步骤后进入下一个情境。

情境

你遇到一个朋友,他/她称赞你的外表。

1. 写出一个主要的原因:＿＿＿＿＿＿＿＿＿＿＿＿＿。

2. 朋友称赞你的这一原因是由你自己引起的,还是由他人或环境因素引起的?

完全是由他人或环境引起的　　　　　　　　　完全是我自己引起的

| 1 | 2 | 3 | 4 | 5 | 6 | 7 |

3. 以后,当和朋友共处时,这种原因还会出现吗?

不再会出现　　　　　　　　　　　　　　　　　　　　总是会出现

| 1 | 2 | 3 | 4 | 5 | 6 | 7 |

4. 上述原因是仅仅影响到你和你朋友之间的交往,还是也影响到你生活的其他方面?

只对这种特定情境产生影响　　　　　　　　影响我生活的方方面面

| 1 | 2 | 3 | 4 | 5 | 6 | 7 |

曾经有那么一段时间你找工作总是碰壁。

5. 写出一个主要的原因:_____。

6. 找工作失败的原因是由你自己引起的,还是由他人或环境因素引起的?

完全是由他人或环境引起的　　　　　　　完全是我自己引起的

| 1 | 2 | 3 | 4 | 5 | 6 | 7 |

7. 以后,当你找工作时这个原因还会出现吗?

不再会出现　　　　　　　　　　　　　　　　　　　　总是会出现

| 1 | 2 | 3 | 4 | 5 | 6 | 7 |

8. 上述原因是只影响你找工作这件事,还是也影响你生活的其他方面?

只对这个特殊情境产生影响　　　　　　　影响我生活的方方面面

| 1 | 2 | 3 | 4 | 5 | 6 | 7 |

你成了一个非常富裕的人。

9. 写出一个主要的原因:_____。

10. 使你富裕的这个原因是由你自己引起的,还是由他人或环境因素促成的?

完全是由他人或环境因素促成的　　　　　完全是我自己引起的

| 1 | 2 | 3 | 4 | 5 | 6 | 7 |

11. 将来,这个原因还会出现吗?

不再会出现　　　　　　　　　　　　　　　　　　　　会一直出现

| 1 | 2 | 3 | 4 | 5 | 6 | 7 |

12. 这个原因是仅仅影响到你赚钱,还是也会影响到你生活的其他方面?

只对这个特殊的情境产生影响　　　　　　　　　影响我生活的方方面面

| 1 | 2 | 3 | 4 | 5 | 6 | 7 |

一个朋友有求于你,但你并没有尽力帮他/她。

13. 写出一个主要的原因:＿＿＿＿＿＿＿＿＿＿。

14. 你不帮助朋友的这个原因是由你自己引起的,还是由他人或环境因素促成的?

完全是由他人或环境因素促成的　　　　　　　　完全是我自己引起的

| 1 | 2 | 3 | 4 | 5 | 6 | 7 |

15. 将来再有朋友有求于你时,这个原因还会出现吗?

绝不会出现　　　　　　　　　　　　　　　　　　　　会一直出现

| 1 | 2 | 3 | 4 | 5 | 6 | 7 |

16. 这个原因只影响朋友来找你帮忙这件事,还是会影响你生活的其他方面?

只对这个特殊的情境产生影响　　　　　　　　　影响我生活的方方面面

| 1 | 2 | 3 | 4 | 5 | 6 | 7 |

你在群体中发表了一个重要讲话,但听众的反响不是太好。

17. 写出一个主要的原因:＿＿＿＿＿＿＿＿＿＿。

18. 这个原因是由你自己引起的,还是由他人或环境的因素促成的?

完全是由他人或环境因素促成的　　　　　　　　完全是我自己引起的

| 1 | 2 | 3 | 4 | 5 | 6 | 7 |

19. 以后你演讲时,这个原因还会再出现吗?

绝不会出现　　　　　　　　　　　　　　　　　　　　会一直出现

| 1 | 2 | 3 | 4 | 5 | 6 | 7 |

20. 这个原因只对你演讲产生影响,还是也会影响你生活的其他方面?

只对这个特殊的情境产生影响　　　　　　　　　影响我生活的方方面面

| 1 | 2 | 3 | 4 | 5 | 6 | 7 |

你制订的方案得到很高的评价。

21. 写出一个主要的原因：＿＿＿＿＿＿＿＿＿＿。

22. 这个原因是由你自己引起的,还是由他人或环境因素促成的？

完全是由他人或环境因素促成的　　　　　　　完全是我自己引起的

| 1 | 2 | 3 | 4 | 5 | 6 | 7 |

23. 以后你再制订方案的时候这个原因还会出现吗？

绝不会出现　　　　　　　　　　　　　　　　会一直出现

| 1 | 2 | 3 | 4 | 5 | 6 | 7 |

24. 这个原因只对你做计划产生影响,还是会影响你生活中的方方面面？

只对这个特殊的情境产生影响　　　　　影响我生活的方方面面

| 1 | 2 | 3 | 4 | 5 | 6 | 7 |

你碰见一个朋友,他对你很不友善。

25. 写出一个主要的原因：＿＿＿＿＿＿＿＿＿＿。

26. 这个原因是由你自己造成的,还是由他人或环境的因素促成的？

完全是由他人或环境因素促成的　　　　　　　完全是我自己引起的

| 1 | 2 | 3 | 4 | 5 | 6 | 7 |

27. 以后和朋友相处时,这个原因还会出现吗？

绝不会出现　　　　　　　　　　　　　　　　会一直出现

| 1 | 2 | 3 | 4 | 5 | 6 | 7 |

28. 这个原因只是影响你和朋友相处这件事,还是也会影响你生活的其他方面？

只对这个特殊的情境产生影响　　　　　影响我生活的方方面面

| 1 | 2 | 3 | 4 | 5 | 6 | 7 |

你没有完成他人期望你完成的所有事情。

29. 写下一个主要的原因：＿＿＿＿＿＿＿＿＿＿。

30. 这个原因是由你自己引起的,还是由他人或环境因素促成的？

完全是由他人或环境因素促成的　　　　　　　完全是我自己引起的

| 1 | 2 | 3 | 4 | 5 | 6 | 7 |

31. 以后他人再期望你完成某一工作时,这个原因还会出现吗?

绝不会出现　　　　　　　　　　　　　　　　　　　　　　　　　一直会出现

| 1 | 2 | 3 | 4 | 5 | 6 | 7 |

32. 上述原因只影响你完成他人的期望,还是会影响你生活的其他方面?

只对这个特殊的情境产生影响　　　　　　　　　　影响我生活中的方方面面

| 1 | 2 | 3 | 4 | 5 | 6 | 7 |

你的配偶(男朋友/女朋友)越来越爱你。

33. 写下一个主要的原因:＿＿＿＿＿＿＿＿＿＿＿＿＿。

34. 上述原因是由你自己引起的,还是由他人或环境因素促成的?

完全是由他人或环境因素促成的　　　　　　　　　完全是我自己引起的

| 1 | 2 | 3 | 4 | 5 | 6 | 7 |

35. 以后你和爱人(男朋友/女朋友)相处时,这个原因还会出现吗?

不再会出现　　　　　　　　　　　　　　　　　　　　　　　　　一直会出现

| 1 | 2 | 3 | 4 | 5 | 6 | 7 |

36. 这个原因只是影响爱人如何对你,还是也会影响你生活的其他方面?

只对这个特殊的情境产生影响　　　　　　　　　　　影响生活的方方面面

| 1 | 2 | 3 | 4 | 5 | 6 | 7 |

你申请并获得了一个你期待已久的职位(例如,重要的工作、研究生入学等)。

37. 写出一个主要的原因:＿＿＿＿＿＿＿＿＿＿＿＿＿。

38. 这个原因是由你自己引起的,还是由他人或环境因素促成的?

完全是由他人或环境因素促成的　　　　　　　　　完全是我自己引起的

| 1 | 2 | 3 | 4 | 5 | 6 | 7 |

39. 以后你再申请某一职位时,这个原因还会出现吗?

不再会出现　　　　　　　　　　　　　　　　　　　　　　　　　一直会出现

| 1 | 2 | 3 | 4 | 5 | 6 | 7 |

40. 上述原因只是影响你的职位申请，还是也会影响你生活的其他方面？

只对这个特殊的情境产生影响　　　　　　　　　　　影响生活的方方面面

| 1 | 2 | 3 | 4 | 5 | 6 | 7 |

你去约会，但结果很糟糕。

41. 写下一个主要的原因：_____。

42. 致使约会很糟糕的这个原因是由你自己引起的，还是由他人或环境因素促成的？

完全是由他人或环境因素促成的　　　　　　　　　　完全是我自己引起的

| 1 | 2 | 3 | 4 | 5 | 6 | 7 |

43. 以后你和他人约会的时候这样的原因还会出现吗？

不再会出现　　　　　　　　　　　　　　　　　　　一直会出现

| 1 | 2 | 3 | 4 | 5 | 6 | 7 |

44. 这个原因只是影响你约会这件事，还是会影响你生活的其他方面？

只对这个特殊的情境产生影响　　　　　　　　　　　影响生活的方方面面

| 1 | 2 | 3 | 4 | 5 | 6 | 7 |

你得到加薪。

45. 写下一个主要的原因：_____。

46. 致使你加薪的这个原因是由你自己引起的，还是由他人或环境因素促成的？

完全是由他人或环境因素促成的　　　　　　　　　　完全是我自己引起的

| 1 | 2 | 3 | 4 | 5 | 6 | 7 |

47. 在你以后的工作中，这个原因还会出现吗？

绝不会出现　　　　　　　　　　　　　　　　　　　一直会出现

| 1 | 2 | 3 | 4 | 5 | 6 | 7 |

48. 这个原因只是影响你加薪，还是也会影响你生活的其他方面？

只对这个特殊的情境产生影响　　　　　　　　　　　影响生活的方方面面

| 1 | 2 | 3 | 4 | 5 | 6 | 7 |

三、正念 Mindfulness

5. 费城正念量表（PHLMS）*

林 云

（清华大学心理学系，北京，100084）

【摘要】 费城正念量表（Philadelphia Mindfulness Scale，PHLMS）由 Cardaciotto 等人（2008）编制，广泛应用于测量正念的意识维度和接纳维度，是正念领域具有代表性的自评工具。国内已有基于大学生和佛教徒群体的修订版本，符合心理测量学标准。

1. 理论背景或依据

正念是近年来在积极心理学、临床心理学等领域被普遍使用的新概念，正念练习对人的身心健康和主观幸福感都能起到积极的促进作用（段文杰，2014）。基于正念的理念，临床心理学领域已发展出正念认知疗法、辩证行为疗法、接纳与承诺疗法等多种创新性的心理疗法，为心理和精神问题或疾病的缓解与治疗提供了有效手段。在非临床领域，大量研究结果表明正念练习有助于人提升希望、乐观、生活满意度、自主性，促进宜人性等积极人格品质，在积极心理干预领域应用

---

* 测评工具研发成果参见：

1. Zeng X., Li M., Zhang B. & Liu X. (2015). Revision of the Philadelphia Mindfulness Scale for Measuring Awareness and Equanimity in Goenka's Vipassana Meditation with Chinese Buddhists. *Journal of Religion & Health*, 54(2): 623—637. doi: 10.1007/s10943-014-9870-y.

广泛。

正念的概念起源于东方文化下的传统佛教,距今已有超过 2 500 年的发展历史。正念的概念最早包含三层含义,分别是对自身内外事物的意识、对意识的注意以及对注意和意识的记忆。正念的概念在进入西方临床心理学领域后得到了扩展,部分学者也给正念作出了相对正式的定义。例如,临床心理学专家 Kabat-Zinn(2003)曾指出,正念是"一种通过将注意指向当下目标而产生的意识状态,不加评判地对待此时此刻所展开的各种经历或体验"(段文杰,2014;Kabat-Zinn,2003)。为了对正念这一概念展开测量,Bishop 等多名学者通过一系列研讨会达成共识,提出了正念的操作性定义(Bishop et al., 2004)。该操作性定义包含两个因素:一是对当下体验的持续注意;二是对此体验采取开放、好奇、接纳的态度。此后,大部分学者认同这一操作性定义,部分学者结合该定义和使用情境发展出有关正念的测量工具。

有关正念的测量工具种类繁多,其用途包含从状态、能力、认知、特质等角度测量正念(段文杰,2014;Baer,Walsh & Lykins,2009)。

2. 内容简介

费城正念量表由 Cardaciotto 等人(2008)编制,共 20 个项目,奇数项测量意识维度,偶数项测量接纳维度,Likert 5 级计分(1 代表"从不",5 代表"非常多")。该量表实现了意识维度和接纳维度的分离,并且可用于测量无正念练习经历的个体(Cardaciotto,Herbert,Forman,Moitra & Farrow,2008)。

中文版费城正念量表保留了原问卷所有项目的版本以及 10 个项目修改版(Zeng,Li,Zhang & Liu,2015)。10 题修改版删去了原量表中涉及对外部世界的意识和可能存在歧义的项目,形成了每个维度包含 5 个项目的 10 题版本。

3. 实施或使用方法

按照经典心理测量学的使用规范来实施。

4. 计分方法与解释

10 题修改版保留了原量表中意识维度的第 1、11、13、17、19 题和接纳维度的

2、6、14、16、20题。意识维度包含所有奇数项,正向计分,该维度得分为所有项目得分的总和,得分越高,表明正念意识水平越高。接纳维度包含所有偶数项,反向计分,该维度得分为所有项目反向计分后的得分总和,得分越高,表明正念接纳水平越高。

5. 信度与效度

曾祥龙等人(2015)在大学生群体和佛教徒群体中测量了保留费城正念量表所有项目的中文版本(简称"修订版"),并对该版本的信效度进行了检验。与此同时,作者在数据分析时抽出了其中10个项目的数据形成10题修改版,并对该修改版的信效度进行了独立的检验。大学生群体中的测量结果显示,修订版和10题修改版都具有较好的内部一致性(修订版意识维度和接纳维度的α系数分别为0.715和0.756,10题修改版意识维度和接纳维度的α系数分别为0.734和0.638),且意识维度和接纳维度间的相关不显著。验证性因素分析的结果显示修订版和10题修改版都具有较好的结构效度(修订版:$\chi^2/df=1.616$,CFI=0.90,RMSEA=0.052;10题修改版:$\chi^2/df=1.534$,CFI=0.95,RMSEA=0.050)。10题修改版的大部分项目都具有较高的因素负荷,除第6个项目外,所有项目的因素负荷都高于0.50。修订版和10题修改版的得分高度相关,意识维度和接纳维度的相关系数分别为0.86和0.90。

佛教徒($n=200$)样本中,曾祥龙等人(2015)测量了费城正念量表修订版、积极/消极情感量表中文版(Chinese Positive and Negative Affect Scale)、生活满意度量表中文版(SWLS)和个体的冥想经历(集中冥想或正念冥想)。分析结果表明,修订版和10题修改版都具有较好的内部一致性(修订版意识维度和接纳维度的α系数分别为0.865和0.845,10题修改版意识维度和接纳维度的α系数分别为0.812和0.826)。验证性因素分析的结果显示,修订版和10题修改版都具有较好的结构效度(修订版:$\chi^2/df=1.823$,CFI=0.95,RMSEA=0.062;10题修改版:$\chi^2/df=1.471$,CFI=0.98,RMSEA=0.044)。对10题修改版的分析结果显示,所有项目的因素负荷都高于0.50;意识维度得分与正念冥想经历相关($r=0.18,P<0.01$);接纳维度得分与消极情感显著负相关,与生活满意度、正念冥想经历和集中冥想经历显著正相关($r=0.35,r=0.20,r=0.19,P<0.01$)。修订版

和 10 题修改版的得分高度相关,意识维度和接纳维度的相关系数分别为 0.90 和 0.93。

6. 应用价值与简要评价

费城正念量表是正念测量领域的主流自评工具之一。截至 2018 年 12 月,在 Web of Science 里被引 258 次。

参考文献

1. 段文杰,2014. 正念研究的分歧:概念与测量[J]. 心理科学进展,22(10):1616—1627.
2. Baer R. A., Walsh E. & Lykins E. L. B, 2009. Assessment of Mindfulness *Clinical Handbook of Mindfulnes* (pp. 153—268)[Z]. New York, USA: Springer Science+Business Media.
3. Bishop S. R., Lau M., Shapiro S., Carlson L., Anderson N. D., Carmody J., …Devins G, 2004. Mindfulness: A proposed operational definition[J]. *Clinical Psychology-Science and Practice*, 11(3): 230—241.
4. Cardaciotto L., Herbert J. D., Forman E. M., Moitra E. & Farrow V, 2008. The assessment of present-moment awareness and acceptance-The Philadelphia Mindfulness Scale. *Assessment*, 15(2): 204—223.
5. Kabat-Zinn J, 2003. Mindfulness-based interventions in context: Past, present, and future. *Clinical Psychology-Science and Practice*, 10(2): 144—156.
6. Zeng X., Li M., Zhang B. & Liu X, 2015. Revision of the Philadelphia Mindfulness Scale for Measuring Awareness and Equanimity in Goenka's Vipassana Meditation with Chinese Buddhists[J]. *Journal of Religion & Health*, 54(2): 623—637.

附录

费城正念量表

指导语:下面,请回忆最近一周的生活,勾出下列语句所述内容的频率。请注意限定了情境的语句,"当……时",是询问此情境下的相对多少,可参考一般生活来估算那些较少出现的情境。

题　　目	从不	很少	有时	经常	非常多
1. 当某个想法闪过头脑时,我及时地觉察或意识到它的存在。	1	2	3	4	5
2. 我通过分心或注意其他事情来回避坏情绪。	1	2	3	4	5
3. 当与别人交谈时,我会觉察到他们的面部表情和肢体语言的信息。	1	2	3	4	5
4. 我不愿去考虑我自己的某些方面。	1	2	3	4	5
5. 当我在洗澡时,我清晰地觉察到水是怎样流过身体的。	1	2	3	4	5
6. 我尽量保持忙碌以阻止某些想法和感受进入脑中。	1	2	3	4	5
7. 当我震惊时,我会觉察到我身上或体内所发生的变化。	1	2	3	4	5
8. 我想我必须更好地控制或改变自己的坏心情。	1	2	3	4	5
9. 当我在户外行走时,我会觉察到细微的气味或空气接触脸的感觉。	1	2	3	4	5
10. 我告诉自己我不该有某些特定的想法。	1	2	3	4	5
11. 当被问到自己的感受时,我能轻易识别出当下的情绪。	1	2	3	4	5
12. 有些事情我尽量不去想它。	1	2	3	4	5
13. 当我的心境变化时,我会及时觉察到我当下的想法。	1	2	3	4	5
14. 我告诉自己我不该难过。	1	2	3	4	5
15. 我会觉察到情绪发生时的身体变化,如心跳加快或肌肉紧张等。	1	2	3	4	5
16. 我会做各种尝试,使我不愿去想到的事从脑中消失。	1	2	3	4	5
17. 当我感到情绪有变化时,我会立刻觉察到它们。	1	2	3	4	5
18. 我尝试将自己的问题抛于头脑之外。	1	2	3	4	5
19. 当与别人交谈时,我会觉察到自己正在体验的情绪。	1	2	3	4	5
20. 我转移注意力以使不愉快的回忆从眼前消失。	1	2	3	4	5

6. 修订版正念认知与情感量表（CAMS-R）[*]

林 云

（清华大学心理学系，北京，100084）

【摘要】 修订版正念认知与情感量表（Cognitive and Affective Mindfulness Scale-Revised，CAMS-R）由 Feldman 等人（2007）编制，广泛应用于测量个体的正念倾向，是正念领域具有代表性的自评工具。国内已有大学生群体的中文繁体字修订版本，符合心理测量学标准。

1. 内容简介

修订版正念认知与情感量表由 Feldman 等人（2007）在正念认知与情感量表（Cognitive and Affective Mindfulness Scale，CAMS）的基础上修改编制而成，其目的为用简短、综合的方式测量人们的正念倾向。该量表共 12 个项目，包含注意、当下关注、意识、接纳/不评判等 4 个维度，每个维度包含 3 个项目，Likert 4 级计分（1 代表"绝少/从不"；4 代表"接近总是"）。由于第 2 题和第 7 题因素负荷较低且与其他概念混淆，Feldman 等人（2007）提供了删去第 2 题和第 7 题后形成的 10 题版本。

中文版的正念认知与情感量表—修订版（Ch-CAMS-R）已有中文繁体的大学生版本，由香港树仁大学的 Hau-Lung Chan 等人（2016）修订。中文版量表保留了原版量表的 12 个项目，并对两个项目所在的维度进行了调整。

2. 实施或使用方法

按照经典心理测量学的使用规范来实施。分量表（单个维度）不能单独使用。

---

[*] 测评工具研发成果参见：

Chan H.-L., Lo L.-Y., Lin M. & Thompson N. (2016). Revalidation of the Cognitive and Affective Mindfulness Scale-Revised (CAMS-R) With Its Newly Developed Chinese Version (Ch-CAMS-R). *Journal of Pacific Rim Psychology*, 10：1-10. doi：10.1017/prp.2015.4.

3. 计分方法与解释

第 2、6、7 题为反向计分，其他项目均为正向计分。测量指标为所有项目总分，得分越高，说明正念水平越高。根据英文版量表的相关研究，注意维度包含第 1、6、12 题，当下关注维度包含第 2、7、11 题，意识维度包含第 5、8、9 题，接纳维度包含第 3、4、10 题（Feldman，Hayes，Kumar，Greeson & Laurenceau，2007）。中文版量表对第 10、11 题所在的维度进行了调整，第 10 题被调整至意识维度，第 11 题被调整至注意维度（Chan，Lo，Lin & Thompson，2016）。

4. 信度与效度

Chan 等人（2016）采用英文版正念认知与情感量表—修订版（CAMS-R）、中文版正念认知与情感量表—修订版、中文版正念注意觉知量表（Ch-MAAS）、中文五因素正念量表（Ch-FFMQ）、元情绪量表（TMMS）、抑郁—焦虑—压力量表简版（DASS-21）和反刍思维量表—修改版（RRS-M）对 215 名中英双语本科生进行了测试，对量表的信效度进行了检验。结果发现，Ch-CAMS-R 具有可接受的内部一致性（Cronbach's alpha＝0.67）。根据探索性因子分析的结果，作者对第 10、11 题所在的维度进行了调整，调整后的 Ch-CAMS-R 在验证性因素分析中体现出较好的结构效度（RMSEA＝0.058，CFI＝0.93，SRMR＝0.063）。Ch-CAMS-R 有较好的内容效度，与已被验证的正念量表（CAMS-R、Ch-MAAS、Ch-FFMQ）显著正相关（$r \geq 0.3$，$P < 0.01$）。在与其他量表的相关分析中，Ch-CAMS-R 呈现出与 CAMS-R 类似的模式：Ch-CAMS-R 与 DASS-21 显著负相关（$r = -0.28$，$P < 0.01$），与 RRS-M 呈现负相关的趋势（$r = -0.13$，$P = 0.058$），与 TMMS 显著正相关（$r = 0.20$，$P < 0.01$）。

5. 应用价值与简要评价

中文修订版正念认知与情感量表是正念测量领域的主流自评工具之一。截至 2018 年 12 月，在 Web of Science 里被引 350 余次。

参考文献

1. Chan H.-L., Lo L.-Y., Lin M. & Thompson N, 2016. Revalidation of the Cognitive and Affective Mindfulness Scale-Revised (CAMS-R) With Its Newly Developed Chinese Version (Ch-CAMS-R)[J]. *Journal of Pacific Rim Psychology*, 10.
2. Feldman G., Hayes A., Kumar S., Greeson J. & Laurenceau J.-P, 2007. Mindfulness and emotion regulation: The development and initial validation of the Cognitive and Affective Mindfulness Scale-Revised (CAMS-R)[J]. *Journal of Psychopathology and Behavioral Assessment*, 29(3): 177—190.

附录

修订版正念认知与情感量表

指导语：人总用不同方式去整合他们的思想和感受。请衡量以下句子有多少适合你。

题　　目	绝少/从不	适中	经常	接近总是
1. 对我来说，我很容易集中在正在做的事上。	1	2	3	4
2. 对未来的担忧占去了我的注意力。	1	2	3	4
3. 我能够忍受情感上的痛楚。	1	2	3	4
4. 我能够接受有些事是我不能够转变的。	1	2	3	4
5. 我通常能够非常详细地形容当下的感受。	1	2	3	4
6. 我是容易分心的。	1	2	3	4
7. 对过去的担忧占去了我的注意力。	1	2	3	4
8. 对我来说，我容易持续地观察和分辨自己的思想和感觉的变化。	1	2	3	4
9. 我尝试去留意自己的想法，而又不判断它们是好的或是坏的。	1	2	3	4
10. 我能够接纳自己的思想和感受。	1	2	3	4
11. 我能够集中于当下的时刻。	1	2	3	4
12. 我能够在一件事上集中很长一段时间。	1	2	3	4

四、流畅感 Flow

7. 状态流畅量表(FSS-2)与特质流畅量表(DFS-2)[*]

徐媛媛

(陆军军医大学医学心理系,重庆,400038)

【摘要】 流畅状态是一种主观体验,指个体全身心投入某项任务中达到最佳状态时的积极体验。状态流畅量表(Flow State Scale, FSS)和特质流畅量表(Dispositional Flow Scale, DFS)均由 Jackson 和 Marsh(2002)根据定性研究编制而成,分别用以测量特定情境下的流畅状态以及不同个体流畅体验的倾向性。国内已有大学生运动员修订版本和青少年修订版本,均符合心理测量学标准。

1. 理论背景

生活中我们常常可以看到一些人完全沉浸于工作中,忽视自我关心和他人需要,废寝忘食直至筋疲力尽。这种身心合一的高峰体验状态被称作流畅感(flow,

---

[*] 测评工具研发成果参见:

1. Jackson S A, Eklund R C. (2002). Assessing Flow in Physical Activity: The Flow State Scale-2 and Dispositional Flow Scale-2. *Journal of Sport & Exercise Psychology*, 24(2): 133—150.

2. Liu W. N., Liu X. T., Ji L., Watson J. C. I., Zhou C. L. & Yao J. X. (2012). Chinese translation of the Flow State Scale-2 and the Dispositional Flow Scale-2: examination of factorial validity and reliability. *International Journal of Sport Psychology*, 43(2): 153—175.

3. 刘微娜. (2010).《简化状态流畅量表》和《简化特质流畅量表》中文版修订. *体育科学*, 30(12): 64—70.

又被译为心流体验或沉浸体验)(Csikszentmihalyi，1991)。Csikszentmihalyi 认为,在不同的工作环境、娱乐环境和文化中,产生流畅感的条件非常相似,包括:(1)知觉到扩展现有技能的行动挑战或机会(既非未充分利用又非无法完成);(2)清晰的近期目标和关于进展的即时反馈,其中,个体的技能与情境因素是否能很好地匹配对于其能否体验到流畅感起着关键作用,当知觉到的挑战与技能低于个体的平均水平时,体验到冷漠,当它们高于平均水平时,则体验到流畅感(见下图)(Snyder & Lopez，2007)。

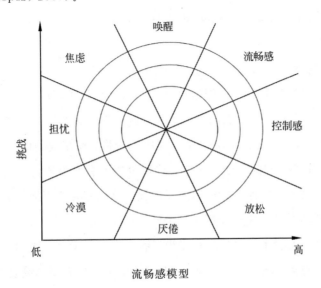

流畅感模型

来源：Csikszentmihalyi, M. (1997). The Masterminds Series. Finding flow: The psychology of engagement with everyday life. New York: Basic Books.

Csikszentmihalyi 从现象学的角度归纳提出了流畅感的 9 个心理特征,包括:知觉到挑战与技能相匹配、行动与觉知融合、有清晰的目标、得到明确的进展反馈、注意力高度集中于当下正在做的事情、失去反思性自我意识(即失去对自己作为社会行动者的觉知)、感觉自己能掌控自己的行动、时间感的改变、享受活动过程中的体验(刘微娜,季浏,Watson Jack，2009)。

流畅感的评估方法主要分为三类:一是访谈法,通过半结构式访谈收集个体的流畅体验;二是经验抽样法(Experience Sampling Method，ESM),给参与者佩戴可编程的手表、电话或其他智能装备,这些装置在一天中预先设置好的时间点发出信号,通知参与者完成流畅感的自评量表,描述当时他们正在做什么,追踪一至四周,经验抽样法方法可准确、客观地记录个体流畅状态下的认知、情绪等反应(Csikszentmihalyi & Larson,1987);三是问卷调查法,Jackson 和 Marsh 基于 Csikszentmihalyi 的流畅感 9 维度模型,通过定性研究编制了状态流畅量表和特质流畅量表。后续研究对量表进行了修订,替换了一些存在概念或统计学等方面问题的条目,发展出了流畅量表的新版本:状态流畅量表-2(Flow State Scale-2,FSS-2)和特质流畅量表-2(Dispositional Flow Scale-2,DFS-2)(Jackson & Eklund,2002;Kawabata,Mallett & Jackson,2008)。

2. 内容简介

状态流畅量表-2 和特质流畅量表-2 均包含 9 个因子,分别为:①挑战与技能平衡;②行动与意识融合;③清晰明确的目标;④明确的反馈;⑤专注于当前任务;⑥控制感;⑦自我意识的消失;⑧时间的变换;⑨享受的体验。两个量表都包含 36 个条目,条目内容一致,只是措辞和时态上有所差异,分别检测个体在特定情境下(状态)或习惯性的(特质)流畅体验。量表采用 Likert 5 级计分(1 代表"完全不同意";5 代表"完全同意")。

中文版已有大学生运动员版和青少年版。大学生运动员版由刘微娜修订,删除了原量表中的第 2、6、21 题,形成了 33 题的中文版状态流畅量表和特质流畅量表(刘微娜,2009;Liu et al.,2012)。青少年版状态流畅量表由张慕文修订,删除了原量表"自我意识消失"分量表所含第 7、16、25、34 题,形成了 32 个题项,8 个维度的中文版状态流畅量表(张慕文,2016)。

3. 实施或使用方法

按照经典心理测量学的使用规范来实施。

4. 计分方法与解释

刘微娜修订的大学生运动员版状态流畅量表-2(CFSS-2)和特质流畅量表-2(CDFS-2)各包含 33 个题目,9 个因子分别为:①挑战与技能平衡(1、8、17、25);②行动与意识融合(9、18、26);③清晰明确的目标(2、10、27);④明确的反馈(3、

11、19、28);⑤专注于当前任务(4、12、20、29);⑥控制感(13、21、30);⑦自我意识的消失(5、14、22、31);⑧时间的变换(6、15、23、32);⑨享受的体验(7、16、24、33)。量表采用Likert 5级计分,1~5分别表示完全不同意、不同意、不同意也不反对、同意、完全同意(CFSS-2)或从未、很少、有时、经常、总是(CDFS-2)。总分范围33分到165分,分值越高,状态流畅程度或特质流畅程度越高。

张慕文修订的青少年版状态流畅量表(FSS-32)共32题,包含8个因子,分别为:①挑战与技能平衡(1、9、17、25);②行动与意识融合(2、10、18、26);③清晰明确的目标(3、11、19、27);④明确的反馈(4、12、20、28);⑤专注于当前任务(5、13、21、29);⑥控制感(6、14、22、30);⑦时间的变换(7、15、23、31);⑧享受的体验(8、16、24、32)。计分方式同上。

5. 信度与效度

CFSS-2和CDFS-2分别应用于大学生运动员群体的结果显示,两量表信度良好。CFSS-2的内部一致性α系数范围为0.67~0.78,平均为0.75;CDFS-2的内部一致性α系数范围为0.67~0.78,平均为0.74。其中182名受测者在四周后再次填写CDFS-2,各分量表的稳定性系数范围为0.53~0.70,平均值为0.62。探索性因子分析提取了9个因子,CFSS-2的因子负荷范围为0.42~0.71,平均值为0.57;CDFS-2的因子负荷范围为0.41~0.75,平均值为0.58。验证性因素分析结果验证了9因子结构具有良好的拟合度。CFSS-2:$\chi^2/df=2.20$,CFI=0.917,NNFI=0.905,RMSEA=0.05;CDFS-2:$\chi^2/df=2.78$;CFI=0.902;NNFI=0.887;RMSEA=0.05。两量表各因子之间的相关均不高,CFSS-2的因子相关系数范围为0.28~0.67,均值为0.48;CDFS-2的因子相关系数范围为0.07~0.68,均值为0.37。表明两量表各自的9个因子分别测量了流畅体验的独特结构(刘微娜,2009)。

张慕文将FSS-32应用至青少年群体,对数据进行Rasch分析,结果显示,各个分量表的分离系数都大于可接受值2,说明样本与项目的代表性较高;项目信度都大于0.8接近于1,显示出较高的测验信度。对1 200名青少年的验证性因素分析结果验证了8因子结构具有良好的拟合度:$\chi^2/df=2.33$;拟合指数GFI=0.89,NFI=0.86,IFI=0.88;近似误差均方根RMSEA=0.05。8因子均与一般自我效能感呈显著正相关,相关系数为 0.30～0.55(张慕文,2016)。

6. 应用价值与简要评价

状态流畅量表-2 与特质流畅量表-2 分别应用于评估个体在特定情境下的流畅状态或不同个体流畅体验的倾向性,对研究个体高峰体验作出了重要贡献。截至 2018 年 12 月,在 Web of Science 里被引高达 594 次。

参考文献

1. Csikszentmihalyi M, 1991. Flow: the psychology of optimal experience[J]. *Design Issues*, 8(1): 75—77.
2. Csikszentmihalyi M. & Larson R, 1987. Validity and reliability of the Experience-Sampling Method[J]. *Journal of Nervous & Mental Disease*, 175(9): 526—536.
3. Jackson S. A. & Eklund R. C, 2002. Assessing flow in physical activity: the Flow State Scale-2 and Dispositional Flow Scale-2[J]. *Journal of Sport & Exercise Psychology*, 24(2): 133—150.
4. Kawabata M., Mallett C. J. & Jackson, S. A, 2008. The Flow State Scale-2 and Dispositional Flow Scale-2: Examination of factorial validity and reliability for Japanese adults[J]. *Psychology of Sport & Exercise*, 9(4): 465—485.
5. Liu W. N., Liu X. T., Ji L., Watson J. C. I., Zhou C. L. & Yao J. X, 2012. Chinese translation of the Flow State Scale-2 and the Dispositional Flow Scale-2: examination of factorial validity and reliability[J]. *International Journal of Sport Psychology*, 43(2): 153—175.
6. Snyder C. D. & Lopez S. J, 2007. *Positive psychology: The scientific and practical explorations of human strengths*. California: Sage Publications.
7. 刘微娜, 2009. 体育运动中流畅状态的心理特征及其认知干预[D]. 华东师范大学.
8. 刘微娜, 季浏, Watson Jack C, 2009. 体育运动领域流畅状态的研究进展[J]. *体育科学*, 29(11): 72—78.
9. 张慕文, 2016. 流畅状态量表修订及青少年流畅状态研究[D]. 贵州师范大学.

附录

特质流畅量表-2

指导语：请根据你在选定活动中的体验回答下列问题。这些问题与你在参与活动过程中可能体验到的想法和感受有关。你可能有时、总是或者从未体验到过这些特征。答案无对错之分。回想你在活动过程中体验每一特征的频率，在与你的体验最匹配的选项下画√。

题 目	从未	很少	有时	经常	总是
1. 我遇到了挑战，但我相信自己的技能能够应付这一挑战。	1	2	3	4	5
2. 我清楚地知道自己想要做什么。	1	2	3	4	5
3. 我的确很清楚自己的表现如何。	1	2	3	4	5
4. 我的注意力完全集中于正在进行的活动上。	1	2	3	4	5
5. 我不关心别人可能会怎样看待自己。	1	2	3	4	5
6. 时间似乎改变了（要么是减慢了，要么是加快了）。	1	2	3	4	5
7. 我真的很享受这种体验。	1	2	3	4	5
8. 我的能力与情境的高要求相匹配。	1	2	3	4	5
9. 行动似乎是自然而然发生的。	1	2	3	4	5
10. 我清楚地意识到自己想要做什么。	1	2	3	4	5
11. 我知道自己的表现如何。	1	2	3	4	5
12. 我可以毫不费力地使自己的注意力集中于正在进行的活动上。	1	2	3	4	5
13. 我感觉自己能够控制正在进行的活动。	1	2	3	4	5
14. 我不关心别人可能会如何评价自己。	1	2	3	4	5
15. 时间过得和平常不一样。	1	2	3	4	5
16. 我爱这种完成动作的感受，想再次体验它。	1	2	3	4	5
17. 我感觉自己的能力足够满足情境的高要求。	1	2	3	4	5

续表

题　目	从未	很少	有时	经常	总是
18. 我的动作是自动化的,没有想太多。	1	2	3	4	5
19. 完成动作时,我很清楚自己的表现如何。	1	2	3	4	5
20. 我完全聚精会神。	1	2	3	4	5
21. 我有完全的控制感。	1	2	3	4	5
22. 我不关心自己的表现如何。	1	2	3	4	5
23. 我感觉到时间仿佛停止了。	1	2	3	4	5
24. 这种体验让我感到欣喜若狂。	1	2	3	4	5
25. 挑战和我的技能都处于同等的高水平上。	1	2	3	4	5
26. 我的行动是出于本能和自动的,而不必去想。	1	2	3	4	5
27. 我的目标界定明确。	1	2	3	4	5
28. 我能够根据正在完成的动作判断自己的表现如何。	1	2	3	4	5
29. 我全神贯注于当前的任务。	1	2	3	4	5
30. 我感觉完全能够控制自己的身体。	1	2	3	4	5
31. 我不担心别人可能会怎样看待自己。	1	2	3	4	5
32. 我失去了正常的时间感。	1	2	3	4	5
33. 这种体验是一种最好的奖励。	1	2	3	4	5

状态流畅量表-2

指导语：请根据你在刚刚结束的竞赛或活动中的体验回答下列问题。这些问题与你在刚刚完成的竞赛或活动过程中可能体验到的各种想法和感受有关。答案无对错之分。思考一下你在竞赛或活动过程中的感受,然后采用下面的等级划分回答问题。请在与你的体验最匹配的选项下画√。

题　目	完全不同意	不同意	不同意也不反对	同意	完全同意
1. 我遇到了挑战,但我相信自己的技能能够应付这一挑战。	1	2	3	4	5
2. 我清楚地知道自己想要做什么。	1	2	3	4	5

续表

题 目	完全不同意	不同意	不同意也不反对	同意	完全同意
3. 我的确很清楚自己的表现如何。	1	2	3	4	5
4. 我的注意力完全集中于正在进行的活动上。	1	2	3	4	5
5. 我不关心别人可能会怎样看待自己。	1	2	3	4	5
6. 时间似乎改变了(要么是减慢了,要么是加快了)。	1	2	3	4	5
7. 我真的很享受这种体验。	1	2	3	4	5
8. 我的能力与情境的高要求相匹配。	1	2	3	4	5
9. 行动似乎是自然而然发生的。	1	2	3	4	5
10. 我清楚地意识到自己想要做什么。	1	2	3	4	5
11. 我知道自己的表现如何。	1	2	3	4	5
12. 我可以毫不费力地使自己的注意力集中于正在进行的活动上。	1	2	3	4	5
13. 我感觉自己能够控制正在进行的活动。	1	2	3	4	5
14. 我不关心别人可能会如何评价自己。	1	2	3	4	5
15. 时间过得和平常不一样。	1	2	3	4	5
16. 我爱这种完成动作的感受,想再次体验它。	1	2	3	4	5
17. 我感觉自己的能力足够满足情境的高要求。	1	2	3	4	5
18. 我的动作是自动化的,没有想太多。	1	2	3	4	5
19. 完成动作时,我很清楚自己的表现如何。	1	2	3	4	5
20. 我完全聚精会神。	1	2	3	4	5
21. 我有完全的控制感。	1	2	3	4	5
22. 我不关心自己的表现如何。	1	2	3	4	5
23. 我感觉到时间仿佛停止了。	1	2	3	4	5
24. 这种体验让我感到欣喜若狂。	1	2	3	4	5
25. 挑战和我的技能都处于同等的高水平上。	1	2	3	4	5
26. 我的行动是出于本能和自动的,而不必去想。	1	2	3	4	5
27. 我的目标界定明确。	1	2	3	4	5

续表

题 目	完全不同意	不同意	不同意也不反对	同意	完全同意
28. 我能够根据正在完成的动作判断自己的表现如何。	1	2	3	4	5
29. 我全神贯注于当前的任务。	1	2	3	4	5
30. 我感觉完全能够控制自己的身体。	1	2	3	4	5
31. 我不担心别人可能会怎样看待自己。	1	2	3	4	5
32. 我失去了正常的时间感。	1	2	3	4	5
33. 这种体验是一种最好的奖励。	1	2	3	4	5

青少年版状态流畅量表

指导语：下面列出的选项是你在本次活动过程中产生的想法、体验和发生频率，请你仔细体会活动中的真实感受，并在符合你自己感受的选项下画√。答案没有好坏对错之分，请放心作答。

题 目	从不	很少	有时	经常	总是
1. 我面临挑战，但我认为我的技能完全可以让我迎接挑战。	1	2	3	4	5
2. 我不用考虑就能做出正确的技能动作。	1	2	3	4	5
3. 我清楚地知道我想做什么。	1	2	3	4	5
4. 我很清楚我做得非常好。	1	2	3	4	5
5. 我的注意力完全集中在与活动有关的内容上。	1	2	3	4	5
6. 我感觉完全能控制我的所作所为。	1	2	3	4	5
7. 我觉得时间好像不断变换，一会过得快，一会过得慢。	1	2	3	4	5
8. 我真的很享受这种体验。	1	2	3	4	5
9. 我的能力符合活动的高要求。	1	2	3	4	5
10. 行动似乎是自然而然发生的。	1	2	3	4	5
11. 我对我想做的事有一种强烈愿望。	1	2	3	4	5
12. 我意识到我的表现非常好。	1	2	3	4	5

续表

题　目	从不	很少	有时	经常	总是
13. 我可以毫不费力地使自己的注意力集中于正在进行的活动上。	1	2	3	4	5
14. 我感觉自己能够控制正在进行的活动。	1	2	3	4	5
15. 我感觉时间过得和平常不一样。	1	2	3	4	5
16. 我喜欢活动中的感觉,想再次体验它。	1	2	3	4	5
17. 我认为自己的能力足够满足活动的高要求。	1	2	3	4	5
18. 我在比赛中得心应手,所有行为都是自动化的。	1	2	3	4	5
19. 我知道我所要达到的目标。	1	2	3	4	5
20. 在活动中我很清楚自己能做得有多好。	1	2	3	4	5
21. 我完全聚精会神。	1	2	3	4	5
22. 我有完全的掌控感去控制活动情境。	1	2	3	4	5
23. 当我活动时,我感觉时间仿佛停止了。	1	2	3	4	5
24. 这种体验让我感到满足。	1	2	3	4	5
25. 我所具备的能力和所面临的要求在相同的高度上。	1	2	3	4	5
26. 我不用思考就能完全自动化地做出各种行为。	1	2	3	4	5
27. 我有很明确的目标。	1	2	3	4	5
28. 我能够根据正在完成的动作判断自己的表现如何。	1	2	3	4	5
29. 我完全把注意力集中在所要完成的任务上。	1	2	3	4	5
30. 我感觉完全能够控制自己的身体。	1	2	3	4	5
31. 有时,整个场景好似慢动作进行。	1	2	3	4	5
32. 我发现这种经历是非常值得的。	1	2	3	4	5

五、职业自我效能感 Career Self-Efficacy

8. 职业决策自我效能感量表（CDSES）*

邹 君

（深圳职业技术学院，深圳，518055）

【摘要】 职业决策自我效能感量表（Career Decision Self-efficacy Scale, CDSES）由 Betz 和 Taylor（1983）编制，1996 年，他们编制了该量表的简版。该量表广泛应用于评价个体在职业决策过程中相关活动的自我效能感，是职业决策效能领域最具代表性的自评工具。该量表主要施测对象为大学生群体，国内已有大学生修订版本，符合心理测量学标准。

1. 理论背景

自我效能感是由美国心理学家 Bandura（1977）提出的概念。心理学家 Betz 和 Hackett（1981）最早把自我效能理论应用于职业心理学和职业咨询领域，提出了职业自我效能感的概念，并开辟了这一研究领域。职业决策自我效能感（Career Decision-making Self-efficacy, CDSE）是指个体对自己是否有能力完成

---

* 测评工具研发成果参见：

1. Hampton N.Z. (2005). Testing for the structure of the Career Decision Self-Efficacy Scale-Short Form among Chinese college students. *Journal of Career Assessment*, 13, 98—113.

2. 邝磊等. (2011). 大学生的经济信心与职业决策自我效能的关系——归因和主动性人格的调节作用. *心理学报*, 43(9): 1063—1074.

3. 彭永新, 龙立荣. (2005). 大学生职业决策自我效能测评的研究. *应用心理学*, 7(2): 38—43.

职业决策活动的信心,它体现为个体对自己从事制定职业规划、恰当评价自我、收集职业信息、掌握问题解决技能和筛选职业目标等一系列活动的信心(Taylor & Betz,1983)。职业决策自我效能感也被认为是衡量个体职业成熟度的新的角度和指标。如果一个人职业决策的自我效能感高,他的职业成熟度就高,否则就低。

根据 Bandura 自我效能感理论,并借鉴 Crites 职业成熟度理论,Betz 和 Taylor 以大学生为研究对象,于 1983 年编制了职业决策自我效能感量表,并于 1996 年编制了该量表的简版。这两个量表的编制,是按照职业决策的具体过程划分的,包括自我评价、信息收集、目标确定、制订计划和解决问题五个环节,分别对应个体在职业决策自我效能感上的五个方面的能力:自我评价能力,信息收集能力,目标选择能力,制订计划、提高能力的能力,解决问题的能力。研究证明,职业决策自我效能感量表简版和职业决策自我效能感量表一样可靠和有效,为了实际研究和评估的便捷性,Betz 等人建议使用职业决策自我效能感量表简版,因此后来的研究者大多数使用职业决策自我效能感量表简版。

国内学者于 2000 年左右开始对职业决策自我效能感进行研究。比如,彭永新和龙立荣 2001 年参照 Betz 和 Taylor 的职业决策自我效能感量表,依据对学生进行访谈的资料和开放式问卷的结果,编制出大学生职业决策自我效能感量表(彭永新,龙立荣,2001)。

2. 内容简介

Betz、Klein 和 Taylor 于 1996 年编制的职业决策自我效能感量表共有 50 个题目,五个维度,每个维度 10 个题目。在最初的版本里,每个题目采用 Likert 10 级计分,从"完全有信心(9)"到"完全没有信心(0)"。后来,也采用 Likert 5 级计分,从"完全有信心(5)"到"完全没有信心(1)"。

中文版主要针对大学生群体。上海师范大学的龙燕梅于 2003 年在其硕士学位论文中对 Betz,Klein 和 Taylor 于 1996 年编制的职业决策自我效能感量表简版(CDMSE-SF)进行了翻译和修订。该简版保留了原版的五个维度和计分方法,且将每个维度缩减到 5 个题目。Hampton(2005)也对职业决策自我效能感量表简版在中国大学生群体的信效度进行了验证。

3. 实施或使用方法

按照经典心理测量学的使用规范来实施。

4. 计分方法与解释

龙燕梅(2003)修订的职业决策自我效能感量表简版包含五个维度，25个项目。个体得分越高，表明其择业效能感水平越高。25个项目均为正向计分。

职业决策自我效能感量表简版的五个维度包括：自我评价(1、6、11、16、21题)，收集信息(2、7、12、17、22题)，目标筛选(3、8、13、18、23题)，制订计划(4、9、14、19、24题)和问题解决(5、10、15、20、25题)。

5. 信度与效度

以龙燕梅(2003)的研究为例，用职业决策自我效能感量表简版测试195名大学生职业决策效能感，结果发现，各个项目的通俗性水平均可接受，平均通俗性水平为0.65；各个项目区分度较为理想；量表信度较高，内部一致性系数为0.8953，重测信度为0.851；验证性因素分析的结果显示该量表具有较好的结构效度。

邝磊等人对职业决策自我效能感量表简版进行了翻译，抽取513名大学生进行职业决策自我效能感测量。该研究采用Likert 7级计分，测量了五个维度，25个项目。研究发现，该量表各个维度内部一致性为0.66~0.75，总量表的内部一致性为0.92(邝磊等，2011)。

Hampton(2005)选取了两个样本群对职业决策自我效能感量表简版进行了结构效度验证，其中一个样本由256名大学生组成，另外一个样本由157名大学生组成。研究表明，职业决策自我效能感量表简版在中国大学生群体中具有较高的信度，内部一致性信度达到0.91。然而，在256名大学生的样本群，研究者使用探索性因子分析，发现25个项目的简版并不能很好地验证五个维度的结构。通过主轴因子分析(principal axis factoring analysis of variance, PAF)，研究者提取了三个因子，解释率分别为33%、4.09%和3.09%，并在第二个样本群进行了验证性因子分析，发现：三因子的职业决策自我效能感量表简版具有更好的结构效度，其中因子1为作决定，包括6个项目(3、7、24、9、16、8)；因子2为信息收集，包括 4 个项目(1、10、19、22);因子 3 为问题解决,包括 3 个项目(13、17、12)。研究者认为,根据职业决策自我效能感量表简版修正过的三因子版本(13 个项目)具有较好的信度和结构效度,可以用于中国大学生职业决策自我效能感的测量。

6. 应用价值与简要评价

职业决策自我效能感量表和职业决策自我效能感量表简版广泛用于评价个体职业决策的自我效能感,是职业决策自我效能领域最具代表性的自评工具,在国内职业决策效能感领域的研究中被广泛使用,主要用于大学生群体。李晶等人(2016)对国内大学生职业决策自我效能感领域的研究进行了元分析,中国大陆大概有 58 篇文献、26 501 个样本采用了职业决策自我效能感量表进行了相关研究。大部分研究均验证了该量表具有较高的信度,但是该量表的结构效度还有待于进一步的验证。

参考文献

1. Betz N. E. & Hackett G, 1981. The relationship of career-related self-efficacy expectations to perceived career options in college women and men[J]. *Journal of Counseling Psychology*, 28: 399—410.
2. Betz N. E., Klein K. & Taylor K. M, 1996. Evaluation of a short form of the Career Decision-Making Self-Efficacy scale[J]. *Journal of Career Assessment*, 4: 47—57.
3. Betz N. E. & Luzzo D. A, 1996. Career Assessment and the Career Decision-Making Self-Efficacy Scale. *Journal of Career Assessment*, 4: 413—428.
4. Betz N. E. & Taylor K. M, 2000. *Manual for the Career Decision Self-Efficacy Scale and CDMSE-Short form*[J]. Unpublished instrument, Ohio State University, Columbus.
5. Hampton N. Z, 2005. Testing for the structure of the Career Decision Self-Efficacy Scale-Short Form among Chinese college students[J]. *Journal of Career Assessment*, 13: 98—113.
6. Taylor K. M. & Betz N. E, 1983. Applications of self-efficacy theory to the understanding and treatment of career indecision[J]. *Journal of Vocational Behavior*, 22: 63—81.
7. 龙燕梅, 2003. 大学生择业效能感的研究. 硕士学位论文[D], 上海师范大学.
8. 邝磊等, 2011. 大学生的经济信心与职业决策自我效能的关系——归因和主动性人格的调节作用[J]. 心理学报, 43(9): 1063—1074.
9. 李晶等, 2016. 大学生职业决策自我效能感的元分析[J]. 应用心理学, 22(1): 48—57.
10. 彭永新, 龙立荣, 2005. 大学生职业决策自我效能测评的研究[J]. 应用心理学, 7(2): 38—43.

附录

职业决策自我效能感量表

指导语：请认真阅读下面的陈述，按照你的真实情况回答。根据你所作出的回答，表明你有多少信心完成下列的每一项任务。答案没有对错好坏之分，所得数据仅供研究之用，并将对你的答案绝对保密。请你尽可能快地选择答案，不要在任何一个题上花太多的时间。我们需要你对问卷的第一印象，从现在起尽快地回答每一道问题。请不要遗漏任何题目。

题 目	根本没有信心	有很少的信心	有中等程度信心	有较多信心	完全有信心
1. 能够准确地评价自己的能力。	1	2	3	4	5
2. 能够查出感兴趣的职业的信息。	1	2	3	4	5
3. 能够从所考虑的候选专业列表中选择一个专业。	1	2	3	4	5
4. 能够制订下一个五年目标计划。	1	2	3	4	5
5. 如果遇到所选专业方面的学习困难，能够作出要采取的措施的决策。	1	2	3	4	5
6. 能够确定自己的理想工作将是什么。	1	2	3	4	5
7. 能够找出一个职业在下一个十年的就业趋势。	1	2	3	4	5
8. 能够从所考虑的候选职业列表中选择一个职业。	1	2	3	4	5
9. 能够作出为了成功地完成所选专业而需要采取的措施的决策。	1	2	3	4	5
10. 即使遇到挫折，仍然能够坚持致力于自己的专业或职业目标。	1	2	3	4	5
11. 能够明确在一个职业中自己认为最有价值的东西是什么。	1	2	3	4	5
12. 能够弄清楚一个职业的人均年收入。	1	2	3	4	5

续表

题　　目	根本没有信心	有很少的信心	有中等程度信心	有较多信心	完全有信心
13.能够选择一个与自己喜欢的生活方式相适合的职业。	1	2	3	4	5
14.能够准备一份好简历。	1	2	3	4	5
15.如果不喜欢第一次选择的专业,能够改换专业。	1	2	3	4	5
16.能够明确为了达到自己的职业目标,打算牺牲什么和不牺牲什么。	1	2	3	4	5
17.能够和一个已在你感兴趣的职业领域里工作的人交谈。	1	2	3	4	5
18.能够在作出职业决策之后,不再担心决定是否正确。	1	2	3	4	5
19.能够确认什么是和自己未来职业可能有关的人员、公司和研究所。	1	2	3	4	5
20 如果不满意自己从事的职业,能够更换工作。	1	2	3	4	5
21.能够清晰地描绘出自己想要的生活方式是什么。	1	2	3	4	5
22.能够找到有关毕业院校的信息。	1	2	3	4	5
23.能够选择一个与自己兴趣相适的专业或职业。	1	2	3	4	5
24.能够成功地应对工作面试的进程。	1	2	3	4	5
25.如果不能得到第一次选择的专业或职业,能够认同其他一些合理的专业或职业来替代。	1	2	3	4	5

六、智慧 Wisdom

9. 文化智力量表（CQS）[*]

周凌霄　孙　沛

（清华大学社会科学学院，北京，100084）

【摘要】 文化智力量表（Cultural Intelligence Scale，CQS）由 Ang 等人（2004）编制，广泛应用于文化智力的研究，是文化智力领域最有代表性的测量工具，有 4 个维度 20 个条目。国内已有针对大学生和企业管理人员的中文版文化智力量表，符合心理测量学标准。

1. 理论背景

文化智力（Cultural Intelligence，CQ）是一种有效适应跨文化情境的综合能力（王玉珏，2014）。随着经济全球化进程的持续深入，个体在不同文化情境下的适应能力（即文化智力）越来越受到重视。研究表明，文化智力及其不同维度对社会文化适应、决策、个体任务绩效等都有积极影响（Ang et al.，2007）。

---

[*] 测评工具研发成果参见：
1. 唐宁玉，郑兴山，张静抒，付佳.（2010）.文化智力的构思和准则关联效度研究.*心理科学*，33（2）：485—489.
2. 王琦琪，唐宁玉，孟慧.（2008）.文化智力量表在我国大学生中的结构效度.*中国心理卫生杂志*，22（9）：654—657.
3. 肖芬，张建民.（2012）.文化智力：个体差异与跨文化适应关系研究新视角.*中南财经政治大学学报*，4：16—22.

Earley 和 Ang(2003,2008)将文化智力定义为个体有效应对多元文化情境的能力,并提出文化智力包括元认知(metacognitive,MC)、认知(cognitive,COG)、动机(motivational,MOT)以及行为(behavior,BEH)4个维度。元认知文化智力指个体在跨文化交流中对文化的觉知水平;认知文化智力指个体从教育和个人经验中得到的关于不同文化规范、实践以及风俗的知识;动机文化智力反映了个体将注意和精力集中于学习如何在具有文化差异的情境中有效应对的能力;行为文化智力反映了个体在与具有不同文化背景的人们互动时显示出合适的言语与非言语行为的能力。

文化智力的测量方法包括心理测量与非心理测量(Ng & Earley,2006;高中华,李超平,2009)。心理测量方法一般采用问卷的形式;非心理测量方法包括评价中心以及临床评估(高中华,李超平,2009)。

2. 内容简介

文化智力量表由 Ang 等人(2004)编制,共 20 个条目,4 个条目测量元认知的文化智力,6 个条目测量认知的文化智力,5 个条目测量动机的文化智力,5 个条目测量行为的文化智力。Likert 7 级计分(1 代表"完全不同意";7 代表"完全同意")。

国内已有针对大学生和企业管理人员的中文版文化智力量表。较有代表性的有王琦琪、唐宁玉和孟慧(2008)在大学生群体中的中文版本,保留了原问卷的全部条目;唐宁玉等人(2010)使用原问卷的全部条目,对具有跨文化工作经历背景的中国企业管理人员进行了测量;肖芬和张建民(2012)删除交叉、重复的内容,并对表述不准确的条目进行了修改形成了中文版的文化智力量表,修订后的中文版依然包含元认知、认知、动机与行为四个维度。

3. 实施或使用方法

按照经典心理测量学的使用规范来实施。

4. 计分方法与解释

各条目均为正向计分。元认知文化智力有 4 个条目;认知文化智力有 6 个条目;动机文化智力有 5 个条目;行为文化智力有 5 个条目。测量指标是条目平均分,得分越高,说明文化智力水平越高。量表可以较全面地反映个体的文化智力,有助于组织选派跨文化工作人员以及进行有针对性的人才培养和能力开发(肖芬、张建民,2012)。

5. 信度与效度

以王琦琪、唐宁玉和孟慧的研究为例,采用 Ang 等人(2004)编制的文化智力量表情绪智力问卷以及自编一般情况调查表对 400 位本科生与研究生进行测试,收回有效问卷 351 份。中文版文化智力量表采用"往返翻译法",经过团队与专家讨论和修改,最终得到翻译的中文版本,进行信效度检验。将 351 份数据按照奇偶排序进行分半,对 176 份数据进行探索性因子分析,结果显示,分析出的四个成分与英文版四因素完全吻合,累计方差贡献率为 67.35%;对剩下的 175 个数据进行验证性因素分析,检验结构效度,结果显示,四因素模型多个拟合指数都在 0.95 以上。对量表进行内部一致性检验,总量表的 α 系数为 0.93;元认知、认知、动机和行为各分量表的 α 系数分别为 0.87、0.86、0.88 和 0.89。

肖芬和张建民(2012)对量表进行了修订,删除了交叉、重复的内容,并选择具有国际经历的员工进行调查,回收有效问卷 312 份。结果显示,修订后的量表内部一致性系数为 0.859;将样本分半,分别进行探索性因子分析与验证性因子分析。探索性因子分析得出四个共同因子,总变异解释累计 81.002%,旋转后分成矩阵发现四个主成分,与英文版四因素吻合;验证性因子分析的拟合指标也都达到了建议值。

6. 应用价值与简要评价

文化智力量表广泛应用于评价文化智力,是文化智力领域最具代表性的测量工具。

参考文献

1. Earley C. & Ang S, 2003. *Cultural intelligence: Individual interactions across cultures*. CA: Stanford University Press.

2. Ang S., Van Dyne L., Koh C., Ng K. Y., Tay C. & Chandrasekar N. A, 2007. Cultural intelligence: Its measurement and effects on cultural judgment and decision making, cultural adaptation and task performance [J]. *Management and Organization Review*, 3(3): 335—371.

3. Ang S., Van Dyne L., Koh C. & Ng K. Y, 2004. *The measurement of cultural intelligence* [R]. Paper presented at the 2004 Academy of Management Meetings Symposium on Cultural Intelligence in the 21st Century, New Orleans, LA.

4. Van Dyne L., Ang S. & Koh C, 2008. Development and Validation of the CQS: The Cultural Intelligence Scale. In: Ang, S. & Van Dyne, L., (eds), *Handbook of Cultural Intelligence: Theory, Measurement, and Applications* (pp. 16-40) [M]. NY: M. E. Sharpe.

5. 高中华,李超平,2009.文化智力研究评述与展望[J].心理科学进展,17(1):180—188.

6. 唐宁玉,郑兴山,张静抒,付佳,2010.文化智力的构思和准则关联效度研究[J].心理科学,33(2):485—489.

7. 王琦琪,唐宁玉,孟慧,2008.文化智力量表在我国大学生中的结构效度[J].中国心理卫生杂志,22(9):654—657.

8. 王玉珏,2014.文化智力对跨文化适应的影响——应对策略的中介作用.硕士学位论文[D],华东师范大学.

9. 肖芬,张建民,2012.文化智力:个体差异与跨文化适应关系研究新视角[J].中南财经政法大学学报.4:16—22.

附录

文化智力量表

指导语:题目没有对错之分,请按照自己的理解,客观作答即可。其中,1代表"完全不同意";5代表"完全同意"。

元认知

题 目	完全不同意	不同意	不确定	同意	完全同意
1.我能意识到不同文化之间的差异和相同点并保持高度敏感。	1	2	3	4	5

续表

题　　目	完全不同意	不同意	不确定	同意	完全同意
2. 与不同文化背景的人们交往时，我会调整自己的文化常识。	1	2	3	4	5
3. 与不同文化背景的人们交往时，我会检验自己文化常识的准确性。	1	2	3	4	5

认知

题　　目	完全不同意	不同意	不确定	同意	完全同意
1. 我了解其他文化的法律和经济体系。	1	2	3	4	5
2. 我了解其他文化的价值观和宗教信仰。	1	2	3	4	5
3. 我了解其他文化的民俗和传统文化（如礼仪、婚姻制度等）。	1	2	3	4	5
4. 我了解其他文化的艺术和艺术作品（如音乐、绘画、手工艺品等）。	1	2	3	4	5
5. 我了解其他文化的语言规则（如词汇、语法等）。	1	2	3	4	5
6. 我了解其他文化的非语言行为表达规则（如手势、表情、交际距离等）。	1	2	3	4	5
7. 我了解跨文化背景下与工作相关的专业知识。	1	2	3	4	5
8. 我了解跨文化背景下与工作相关的职责范围。	1	2	3	4	5
9. 我了解跨文化背景下与工作相关的绩效目标。	1	2	3	4	5

动机

题　　目	完全不同意	不同意	不确定	同意	完全同意
1. 我喜欢与来自不同文化的人交往。	1	2	3	4	5
2. 我相信自己能够与陌生文化中的当地人进行交往。	1	2	3	4	5
3. 我确信自己可以处理适应新文化所带来的压力。	1	2	3	4	5
4. 我喜欢生活在自己不熟悉的文化中。	1	2	3	4	5
5. 我相信自己能逐渐习惯不同文化的生活或工作环境（如购物环境、企业文化等）。	1	2	3	4	5

行为

题　目	完全不同意	不同意	不确定	同意	完全同意
1. 我会根据跨文化交往的需要改变自己的语言方式（如语音、语调、语速等）。	1	2	3	4	5
2. 我会根据文化交往的情境改变自己的非语言行为（如手势、表情、交际距离等）。	1	2	3	4	5
3. 我会根据跨文化交往的需要选择不同的方式应对冲突（如合作、妥协、让步、回避、竞争等）。	1	2	3	4	5

来源：肖芬，张建民.(2012).文化智力：个体差异与跨文化适应关系研究新视角.*中南财经政法大学学报*.4：16—22.

10. 三维度智慧量表(3D-WS)*

周凌霄　孙　沛

(清华大学社会科学学院,北京,100084)

【摘要】 三维度智慧量表(Three-dimensional Wisdom Scale,3D-WS)由Ardelt(2003)编制,广泛应用于评价个体的智慧,是智慧研究领域最具代表性的自评工具。该量表在包括中国在内的不同国家和文化情境中分别做过测量和修订,具有良好信度和效度,符合心理测量学标准。

1. 理论背景

智慧是个人幸福感和生命意义的来源(Kunzmann, 2004; Bang & Zhou, 2014)。根据埃里克森(1968)的心理社会发展理论,智慧在自我同一性的形成中起着重要的作用。在积极心理学视野下,智慧的积极作用越来越受到重视。已有研究发现,智慧与环境变化、主观幸福感、生活目的以及主观健康存在显著正相关,与抑郁症状、害怕死亡、死亡逃避以及经济压力感呈负相关(Ardelt, 2003;刘晓宁,2016)。

Ardelt(2003)在前人对智慧研究的基础上,提出智慧是一种人格特质,是认知(cognitive)、反思(reflective)和情感(affective)三个维度的整合,目前这一理论被广泛接受。其中,认知维度是指个体对人生的理解,即理解现象和事件的重要性与深层次意义的能力;反思维度是认知维度发展的先决条件,是指个体按事实本身感知事实;情感维度指个体对他人表现出的积极情绪和行为,如对他人的同情。

根据对智慧的不同定义,智慧测量主要有自我评价、同行评价、自陈量表三种

---

* 测评工具研发成果参见:
1. Bang H. Y. & Zhou Y. C. (2014). The function of wisdom dimensions in ego-identity development among Chinese university students. *International Journal of Psychology*, 49(6): 434—445.
2. 刘晓宁. (2016).《三维智慧问卷》的修订与应用.(硕士学位论文,南京师范大学).

测量方法(Redzanowsk & Gluck,2013;刘晓宁,2016),包括柏林智慧范式、不来梅智慧范式、智慧推理方法、三维智慧量表、自我评估智慧量表以及自我超越问卷等形式(陈浩彬、董海燕,2018),广泛用于评估个体智慧。

2. 内容简介

三维度智慧量表由 Ardelt(2003)编制,共 39 个条目,14 个条目测量认知,12 个条目测量反思,13 个条目测量情感。Likert 5 级计分(1 代表"非常同意",5 代表"非常不同意";1 代表"非常符合",5 代表"非常不符合")。该量表在不同国家和文化背景下做过验证(Jana,2008;Kim & Knight,2015;Bang & Zhou,2014)。

中文版已有大学生版。例如,刘晓宁(2016)在大学生群体中的修订版本以及 Bang 和 Zhou(2014)针对大学生的研究。前者对原量表进行翻译和修订,形成了包含 17 个条目,以及认知、反思 1、反思 2 和情感四个维度的版本;后者保留了全部 39 个条目,但将智慧分成了辩证性思维、换位思考、不怨恨以及同情四个维度。

3. 实施或使用方法

按照经典心理测量学的使用规范来实施。

4. 计分方法与解释

认知维度包括 1~14 题;反思维度包括 15~26 题;情感维度包括 27~39 题。"非常同意"与"非常符合"计 1 分;"基本同意"和"基本符合"计 2 分;"不确定"计 3 分;"基本不同意"和"基本不符合"计 4 分;"一点也不同意"和"一点也不符合"计 5 分(刘晓宁,2016)。第 17、18、19、20、22、30、33、39 题是反向计分条目,其他均为正向计分。得分越高,表明个体智慧程度越高。

5. 信度与效度

以刘晓宁(2016)的研究为例,该研究选取在校大学生进行测量,回收并剔除无效问卷,最终对 480 个有效数据进行分析。结果发现,各维度的内部一致性 α 系数均在 0.64~0.75,量表总的内部一致性 α 系数为 0.75。各维度间隔 3 周的重测信度在 0.66~0.88,量表总的重测信度为 0.88。采用总体幸福感问卷

(Bergsman & Ardelt,2012)作为检验效标效度的指标,结果显示,智慧与幸福感之间呈正相关,说明该智慧量表修订版具有良好的效标效度。

Bang 和 Zhou(2014)采用中文修订的三维度智慧量表(3D-WS)以及自我同一性状态量表(Revised Version of the Extended Objective Measure of Ego-identity Status,RVEOM-EIS)对 365 名中国大学生的智慧和自我同一性之间的关系进行了考察,其中对智慧量表的因子分析表明智慧维度可以分为四个因子,分别被命名为辩证性思维、换位思考、不怨恨以及同情,内部一致性信度分别为 0.81、0.68、0.68、0.67。

6. 应用价值与简要评价

三维度智慧量表广泛应用于评价个体智慧,是智慧心理学测量领域较常用的测量工具。截至 2019 年 2 月,在 Web of Science 里被引 168 次。

参考文献

1. Ardelt M,2003. Empirical assessment of a three-dimensional wisdom scale. *Research on Aging*,25(3):275—324.
2. Ardelt M,2004. Wisdom as expert knowledge system:a critical review of a contemporary operationalization of an ancient concept. *Human Development*,47(5):257—285.
3. Bang H. Y. & Zhou Y. C,2014. The function of wisdom dimensions in ego-identity development among Chinese university students. *International Journal of Psychology*,49(6):434—445.
4. Erikson E. H,1968.*Identity*:*Youth*,*and crisis*. New York,NY:Norton.
5. Jana B. (2008). The three dimensional wisdom scale in cross-cultural context:a comparison between American and Slovak college students.*Studia Psychologica*,50(2):179—190.
6. Kim S. & Knight B. G,2015. Adaptation of the three-dimensional wisdom scale(3d-ws) for the Korean cultural context.*International Psychogeriatrics*,27(10):1669—1678.
7. Staudinger U. M. & Gluck J,2011. Psychological Wisdom Research:Commonalities and Differences in a Growing Field. In S. T. Fiske,D. L. Schacter,& S. E. Taylor (Eds.),*Annual Review of Psychology*,62 (pp. 215—241). Palo Alto:Annual Reviews.
8. 陈浩彬,董海燕,2018. 国外智慧心理学测量研究述评[J]. 江西科技师范大学学报,5:

84—91.

9. 刘晓宁, 2016.《三维智慧问卷》的修订与应用. 硕士学位论文[D]. 南京师范大学.

附录 1：

英文版三维度智慧量表

Cognitive Dimension of the 3D-WS

How strongly do you agree or disagree with the following statements?
(1 = strongly agree to 5 = strongly disagree)

Ignorance is bliss
It is better not to know too much about things that cannotbe changed
In this complicated world of ours, the only way we can know what's going on is to rely on leaders or experts who can be trusted
There is only one right way to do anything
A person either knows the answer to a question or he/she doesn't
You can classify almost all people as either honest or crooked
People are either good or bad
Life is basically the same most of the time

How muchare the following statements true of yourself?
(1 = definitely true of myself to 5 = not true of myself)

A problem has little attraction for me if I don't think it hasa solution
I try to anticipate and avoid situations where there is alikely chance I will have to think in depth about something
I prefer just to let things happen rather than try to under-stand why they turned out that way
Simply knowing the answer rather than understanding the reasons for the answer to a problem is fine with me
I am hesitant about making important decisions after thinking about them
I often do not understandpeople'sbehavior

Reflective Dimension of the 3D-WS

How strongly do you agree or disagree with the following statements?
(1 = strongly agree to 5 = strongly disagree)

Things often go wrong for me by no fault of my own
I would feel much better if my present circumstances changed

How much are the following statements true of yourself?

(*1 = definitely true of myself to 5 = not true of myself*)
I try to look at everybody's side of a dis-agreement before I make a decision (reversed)
When I'm upset at someone, I usually try to "put myself in his or her shoes" for a while (reversed)
I always try to look at all sides of a problem (reversed)
Before criticizing somebody, I try to imagine how I would feel if I were in their place (reversed)
I sometimes find it difficult to see things from another person's point of view
When I am confused by a problem, one of the first things I do is survey the situation and consider all the relevant pieces of information (reversed)
Sometimes I get so charged up emotionally that I am unable to consider many ways of dealing with my problems
When I look back on what has happened to me, I can't help feeling resentful

When I look back on what's happened to me, I feel cheated
I either get very angry or depressed if things go wrong

Affective Dimension of the 3D-WS

How strongly do you agree or disagree with the following statements?
(*1 = strongly agree to 5 = strongly disagree*)
I am annoyed by unhappy people who just feel sorry for themselves
People make too much of the feelings and sensitivity of animals
There are some people I know I would never like
I can be comfortable with all kinds of people (reversed)
It's not really my problem if others are in trouble and need help

How much are the following statements true of yourself?
(*1 = definitely true of myself to 5 = not true of myself*)
Sometimes I don't feel very sorry for other people when they are having problems
Sometimes I feel a real compassion for everyone (reversed)
I often have not comforted another when he or she needed it
I don't like to get involved in listening to another person's troubles
There are certain people whom I dislike so much that I am inwardly pleased when they are caught and punished for something they have done
Sometimes when people are talking to me, I find myself wishing that they would leave
I'm easily irritated by people who argue with me
If I see people in need, I try to help them one way or another (reversed)

来源：Ardelt M. (2003). Empirical assessment of a three-dimensional wisdom scale. *Research on Aging*, 25(3): 275—324.

附录 2
中文版三维度智慧量表

这份问卷希望了解你对一些问题的看法和你的行为习惯,请根据你的实际情况和真实感受作答。作答时在题后备选项答案上画√即可,每题选一个答案。本调查是匿名的,调查结果仅用于科研,我们对你的信息保密,请你放心填写。

题号	下面的观点,你在多大程度上赞同或不赞同?	非常赞同	基本赞同	不确定	基本不赞同	非常不赞同
Q1	在这个复杂的世界里,我们只能依靠可信赖的领导或专家才能认识周围发生的一切。	1	2	3	4	5
Q2	做好每一件事都只有唯一正确的方法。	1	2	3	4	5
Q3	对于某个问题,人们要么知道答案,要么不知道。	1	2	3	4	5
Q4	我们可以将人划分为诚实和不诚实两类。	1	2	3	4	5
Q5	每一个人不是好人就是坏人。	1	2	3	4	5
	你在多大程度上真的表现出以下做法?	完全真实	基本真实	不确定	基本不真实	完全不真实
Q6	在作决定时我会努力兼顾所有人的不同意见。	1	2	3	4	5
Q7	当我对某人失望时,我通常会努力换位思考一下。	1	2	3	4	5
Q8	我总是努力兼顾问题的所有方面。	1	2	3	4	5
Q9	在批评某人之前,我会努力换位思考他或她的感受。	1	2	3	4	5
Q10	有时我觉得站在别人的立场考虑问题是件很困难的事。	1	2	3	4	5
Q11	当回顾发生在自己身上的事情,我不禁感到愤怒。	1	2	3	4	5
Q12	当回顾发生在自己身上的事情,我有种被欺骗的感觉。	1	2	3	4	5
Q13	如果事情进展的不顺利,我要么会很生气,要么会很沮丧。	1	2	3	4	5

续表

	你在多大程度上真的表现出以下做法？	完全真实	基本真实	不确定	基本不真实	完全不真实
Q14	如果别人遇到麻烦需要帮助，我觉得这跟我没什么关系。	1	2	3	4	5
Q15	有时我对遇到麻烦的人不会表现出太多同情。	1	2	3	4	5
Q16	当他或她需要安慰时，我一般不会去安慰。	1	2	3	4	5
Q17	我不喜欢全神贯注地倾听别人遇到的麻烦事。	1	2	3	4	5

来源：刘晓宁.(2016).《三维智慧问卷》的修订与应用.硕士学位论文，南京师范大学.

11. 智谋量表（RS）*

于永菊

(四川外国语大学国际法学与社会学院,重庆,400031)

【摘要】 智谋量表（Resourcefulness Scale，RS）由 Zauszniewski 等人（2006）编制，应用于评价个体独立执行日常事务的能力，以及当个体无法独立执行日常事务时从外界获得帮助的综合能力。中文版本有台湾学者王淑米和大陆学者柯熹等各自修订的版本，均符合心理测量学标准。本文详细介绍了柯熹等人（2015）修订的中文智谋量表(C-RS)的实施与使用方法。

1. 理论背景

Resourcefulness 概念由 Zauszniewski 等人（2006）提出，台湾学者王淑米（2009）将其译成"智谋"。智谋是指个体独立执行日常事务的能力，以及当个体无法独立执行日常事务时从外界获得帮助的综合能力（Bekhet et al.，2008）。其中个体在其生活中积累和获得的认知行为技巧，通过对情绪、疼痛、负面认知等内部反应的自动调节，在潜在不利情况下能够独立维持日常生活的能力被定义为习得性智谋（learned resourcefulness），属于重要的个体内应对资源（Zauszniewski et al.，2001）。而个体无法独立活动时，从正式或非正式途径寻求帮助的能力则被定义为社会性智谋，这两种形式的智谋在理论上具有相关性（Zauszniewski，2005）。基于以上理论，2006 年 Zauszniewski 和 Lai 将反映习得性智谋的自我控制量表（Self-control Schedule，SCS）与反映社会性智谋的求助资源量表（Help-seek Resource Scale，HSRS）进行修订结合，形成了具有 28 个条目的智谋量表。

---

* 测评工具研发成果参见：
 1. Zauszniewski J. A., Lai C. Y., Tithiphontumrong S.（2006）. Development and testing of the Resourcefulness Scale for older adults. *Journal of Nursing Measurement*，14(1)：57—68.
 2. 柯熹，吴美华，刘雅清，何晓华，林梅榕，杨华清，林云月，邓燕萍，林朝春.（2015）. 中文版智谋量表信效度分析. *中华现代护理杂志*，21(15)：1737—1740.

以 Zauszniewski 等人(2006)为主的研究者团队，以老年人为调查对象对智谋量表进行测试并得出该量表的信效度数据，同时将智谋量表推广运用于普通老年人、照顾孙辈的祖母、肠癌幸存者、护理专业学生及成年精神障碍患者的女性亲属等研究对象。2009年台湾学者王淑米将智谋量表译成中文，并将其运用于精神科护理人员。大陆学者柯熹等人(2015)通过正向翻译、回译、综合、研究小组评议和专家评议5个步骤对 Zauszniewski 等人(2006)编制的智谋量表进行汉化和调试，形成中文版智谋量表，采用方便抽样的方法对330例乳腺癌患者进行评估，其研究表明中文版智谋量表信度和效度均较好。

2. 内容简介

智谋量表由 Zauszniewski 等人(2006)在自我控制量表和求助资源量表的基础上发展而来，由28个项目组成。其中16个项目来自自我控制量表，用于测量个人习得性智谋，另外的12个条目来自求助资源量表，用于测量社会性智谋。由于习得性智谋和社会性智谋在理论上是相关的，因此将自我控制量表和求助资源量表结合起来的做法是合理的。采用 Likert 6级计分法，分别计0～5分(0代表"完全不相似"；5代表"非常不相似")。

大陆学者柯熹等人(2015)修订的中文版本保留了原版智谋量表的全部项目，对其中个别条目的字词进行调整，实现中英文量表内容的对等性，使国内受测者可以准确理解条目的意思，最终形成中文版智谋量表。

3. 实施或使用方法

按照经典心理测量学的使用规范来实施。

4. 计分方法与解释

该量表共有28个项目，均为正向计分。该量表包括习得性智谋和社会性智谋两个因子。习得性智谋因子包括1、2、3、5、7、9、11、13、15、16、17、18、21、22、23、25，共16题；社会性智谋因子包括4、6、8、10、12、14、19、20、24、26、27、28，共12题。总量表得分越高，表明智谋水平越高。

5. 信度与效度

柯熹等人(2015)使用中文版智谋量表测量乳腺癌患者的内部一致性α系数为0.825,这与原量表在老年人群中评价的内部一致性α系数0.850值接近。刘立君等(2010)的研究中该量表的内部一致性α系数为0.885,说明智谋量表内部一致性信度较为稳定。柯熹等人(2015)的研究显示,量表各项目与总分的相关系数在0.40~0.66,说明量表具有较好的内部一致性;间隔2周后量表的总体重测信度在0.80以上,说明量表的跨时间稳定度好。智谋量表探索性因子分析提取到两个因子,可解释80.22%的变异量,反映习得性和社会性智谋的两个非常强的因素的出现均证明了智谋量表具有较高的结构效度。另外高阶因素分析也表明,习得性和社会性智谋是一个更大的结构"智谋"的组成部分。这些结果支持了理论观点,认为习得性和社会性智谋是互补的、高度相关的。

6. 应用价值与简要评价

智谋量表被应用于评价个体独立执行日常事务的能力,以及当个体无法独立执行日常事务时从外界获得帮助的综合能力。截至2019年1月,在Web of Science里被引120次。当前应用大多集中于对医院护理人员、临床及亚临床患者的研究。我们建议面向不同的特殊群体,需对该量表进行进一步修订。

参考文献

1. Bekhet A. K., Zauszniewski J. A, 2008. Theoretical substruction illustrated by the theory of learned resourcefulness[J]. *Research and Theory for Nursing Practice*, 22(3): 205—214.
2. Zauszniewski J. A, 2005. *Resourcefulness: A new middle-range theory*. In J, J. Fitzpatrick (Ed.), Encyclopedia of nursing research[M]. New York: Springer Publishing, 2005.
3. Zauszniewski J. A., Chung C., Krafcik K, 2001. Social cognitive factors in predicting health of elders[J]. *Western Journal of Nursing Research*, 23(5): 490—503.
4. Zauszniewski J. A., Lai C. Y., Tithiphontumrong, S, 2006. Development and testing of the Resourcefulness Scale for older adults[J]. *Journal of Nursing Measurement*, 14(1): 57—68.

5. 柯熹,吴美华,刘雅清,何晓华,林梅榕,杨华清,林云月,邓燕萍,林朝春,2015.中文版智谋量表信效度分析[J].*中华现代护理杂志*,21(15):1737—1740.
6. 刘立君,石莲桂,吴艳平,2010.智谋与护士抑郁的相关性.*护理学杂志*,25(20):75—77.
7. 王淑米,2009.*精神科护理人员工作压力、智谋、抑郁的相关研究*[D].高雄:高雄医学大学.
8. 吴美华,柯熹,何晓华,刘雅清,邓燕萍,2014.智谋相关测评工具的开发及护理应用现状[J].*护理学杂志*,29(17):94—96.

附录

中文版智谋量表

指导语:请从以下的题目中,圈选出一个最符合你情况的答案。所有的项目采取1~6六级计分方法作答,1代表"完全不相似";2代表"非常不相似";3代表"有点不相似";4代表"有点相似";5代表"非常相似";6代表"完全相似"。

题 目	完全不相似	非常不相似	有点不相似	有点相似	非常相似	完全相似
1.当我在做一件无趣的工作时,我会去想这工作中比较有趣的部分,也会去想当工作完成后带来的收获。	1	2	3	4	5	6
2.当我必须做一些会令我紧张、焦虑的事情时我会试着想象如何克服我的紧张和焦虑。	1	2	3	4	5	6
3.几乎每一件事情只要我的想法改变,通常我的感觉就会跟着改变。	1	2	3	4	5	6
4.当我觉得悲伤时,与人谈一谈,会让我觉得有帮助。	1	2	3	4	5	6
5.当我感到抑郁沮丧时,我会试着去想一些愉快的事情。	1	2	3	4	5	6
6.当我觉得很难作决定时,我会请别人帮我想一想。	1	2	3	4	5	6
7.当我面临一个难题时,我会试着用系统的方法寻求解决。	1	2	3	4	5	6
8.当我觉得疼痛和不舒服时,我会寻求医师、护理人员或是专业人员的协助。	1	2	3	4	5	6
9.当有不愉快的想法困扰我时,我会试着想一些愉快的事情。	1	2	3	4	5	6
10.当我觉得困惑时,我会依赖别人来帮助我。	1	2	3	4	5	6

续表

题　　目	完全 不相似	非常 不相似	有点 不相似	有点 相似	非常 相似	完全 相似
11. 当我抑郁沮丧时,我会做些自己喜欢的事情,让自己保持忙碌。	1	2	3	4	5	6
12. 关于我的健康,我会遵从并执行他人给我的建议。	1	2	3	4	5	6
13. 当我难以定下心来做一件事时,我会想办法让自己平静下来。	1	2	3	4	5	6
14. 当我有许多事情要做时,我会找其他人来帮忙。	1	2	3	4	5	6
15. 为了克服失败带来的不愉快的感觉,我常常告诉自己事情并没有那么悲惨,我仍可以为这件事情做一些努力。	1	2	3	4	5	6
16. 当我感觉自己过于冲动时,我会告诉自己：停下来,想一想再行动。	1	2	3	4	5	6
17. 即使我对某人非常生气,我仍会非常小心地考量我的举动。	1	2	3	4	5	6
18. 当我需要作决定时,通常我会先找出所有可选择的方法而不作太快行动的决定。	1	2	3	4	5	6
19. 如果我没有足够的钱付账单,我会向别人借钱。	1	2	3	4	5	6
20. 当我生气时,我会跟别人谈一谈以发泄情绪。	1	2	3	4	5	6
21. 当我发现前往一重要会议(约会)势必会迟到时,我会告诉自己保持冷静。	1	2	3	4	5	6
22. 当我有很多事情要做时,我通常会事先作规划。	1	2	3	4	5	6
23. 缺钱时,我会记录我所有的支出,以便于将来更小心谨慎安排我的预算。	1	2	3	4	5	6
24. 当我遇到过去未曾面临的情况,我会求助于曾经面临相同情况的人。	1	2	3	4	5	6
25. 当我发现自己很难专注于某一项工作时,我会将它分成比较小的部分,分段去执行。	1	2	3	4	5	6
26. 当我必须做一些我不喜欢的事情时,我会问他人是怎么做的。	1	2	3	4	5	6
27. 如果我需要去某个地方,我会请别人载我去。	1	2	3	4	5	6
28. 当我无精打采活力降低时,我会跟别人在一起,从与他们的相处中获得更多能量。	1	2	3	4	5	6

七、应对方式 Ways of Coping

12. 应对方式问卷（WCQ）

高 阳

（西北大学公共管理学院，西安，710127）

【摘要】 应对方式问卷（Ways of Coping Questionnaire，WCQ）由 Folkman 和 Lazarus（1980，1988）编制，广泛应用于评估个体面对应激情境时所采用的应对方式，是应对方式研究领域中使用最广泛的自评工具。香港学者大卫·W. 陈（1994）修订了应对方式问卷的中文版，大陆学者解亚宁（1998）在原问卷基础上结合中国文化特点编制了简易应对方式问卷，目前在国内研究中有比较广泛的使用。

1. 理论背景

应对目前被普遍接受的定义是，个体在面临压力或困难情境时，所运用的各种适应性技巧或策略，个体的应对方式是人格特质、个体差异和应激情境相互作用的结果（叶一舵、申艳娥，2002）。研究应对首先要对个体在应激情境中所采用的应对方式作出评定，对各种应对方式适应价值的估计（即应对方式的评价）是将压力与应对研究应用于实践的核心问题之一。只有我们知道了个体采用了哪种应对方式，该方式是否适当之后，才能指导人们在一定的情境下采取适当的应对方式。有效的应对方式的识别是应对技巧的学习以及心理健康教育和治疗性干预的基础。

较长时期以来,国内外本领域内的研究在应激和应对后果评价指标的选择中往往选择那些总括的、不具体的适应不良性质的应激反应后果指标,例如,消极的情感或身体与心理症状。这种做法反映了一种消极的"疾病观点",大多数研究者采用像 SCL-90 这样的症状检核表,将应激和应对方式的测量结果同消极后果的测量结果进行相关分析。采用这种消极片面的指标来评价应对方式,有时候易造成误导,对于心理干预没有实质性的实际指导意义。Folkman 和 Moskowitz (2000)认为,应激的应对研究之所以进展缓慢,其部分原因便是缺乏对积极后果的关注。从积极心理学的角度来看,应激不完全是有害的,适度的应激和恰当的应对还有促进成长的作用,这一点早已被许多研究和临床观察所证实。心理应激是人生中不可避免的一部分,压力、冲突和挫折既可引起心理痛苦,又可促使我们增长应对能力,提高心理耐受力。不仅如此,大量的有关压力与应对的研究(例如,Moskowitz,2001;Folkman & Moskowitz,2000)发现,积极情绪促进了积极应对策略(例如,积极重评、问题为中心的策略、赋予积极意义等)的运用,而积极的应对策略能够促进压力的有效解决,进一步提高积极情绪的水平,促进主观幸福感。

应对方式测量的工具众多,其中使用最为广泛的是由 Folkman 和 Lazarus (1988)编制的应对方式问卷,用于评估个体在应激情境中所采用的应对方式,目前已有包括中文版在内的多种语言的修订版。

2. 内容简介

应对方式问卷由 Folkman 和 Lazarus (1980,1988)编制,共 66 个项目,将应对方式分为对抗应对(confrontive coping)、逃避(escape-avoidance)、有计划地解决问题(planful problem-solving)、接受责任(accepting responsibility)、寻求社会支持(seeking social support)、疏离(distancing)、积极重评(positive reappraisal)、自我控制(self-control)共 8 种类别,Likert 4 级计分(0 代表"从不使用";3 代表"经常使用")。

香港学者大卫·W. 陈(1994)以香港的中学生和老师为受测者,对应对方式问卷(WCQ)的中文版进行了修订,将应对方式分为问题解决(rational problem-solving)、逃避放弃(resigned distancing)、寻求支持和建议(seeking support and ventilation)以及等待和幻想(passive wishful thinking),但这一版本在大陆的研究中应用并不广泛。大陆学者解亚宁(1998)结合中国文化特点,对原应对方式问卷进行简化和修改,编制了简易应对方式问卷(SCSQ),该问卷由20个条目组成,包括积极应对(12项)和消极应对(8项)两个维度,目前在国内研究中有比较广泛的使用,并针对不同人群中进行了修订(例如,青少年:方菁等,2018;老年人:朱宇航等,2016)。

3. 实施或使用方法
按照经典心理测量学的使用规范来实施自评。

4. 计分方法与解释
简易应对方式问卷由20个条目组成,其中1~12项为积极应对维度,13~20项为消极应对维度。采用多级评分,在每一应对方式项目后,列有不采用、偶尔采用、有时采用和经常采用4种选择(相应评分为0~3分),所有项目均为正向计分。测量指标是维度平均分。得分越高,表明采用该种应对方式的倾向越高。

5. 信度与效度
解亚宁(1998)在原版应对方式问卷的基础上编制了简易应对方式问卷,并对20名大学生进行测试,对问卷的信度和效度进行了检验。结果发现,量表具有较好的内部一致性和跨时间的稳定性,全量表的内部一致性α系数分别为0.90,积极应对维度的α系数为0.89,消极应对维度的α系数为0.78。间隔2周的重测相关系数分别为0.89,$P<0.01$;探索性因子分析的结果表明简易应对方式量表具有较好的结构效度,应对方式项目确实可以分成两个因子,两因子的方差为48.5%,条目在所属因子上的因素负荷均达到了建议值。

方菁等人(2018)检验简易应对方式问卷在青少年中的信度和效度,抽取3 480名中学生完成了简易应对方式问卷、病人健康问卷抑郁量表及广泛性焦虑量表,其中352人在间隔2~4周后完成了问卷重测。结果发现简易应对方式问卷可分为自我调节、幻想与逃避、求助与问题解决三个维度,修正后的三因子结构模型总体适配良好($\chi^2/df=6.05$,CFI=0.901,GFI=0.946,NFI=

0.884，TLI=0.885，RMSEA=0.054，RMR=0.053）。问卷的实证效度良好，抑郁或焦虑程度较低的个体相比抑郁或焦虑程度较高的个体，更多地采用自我调节和求助与问题解决的积极应对方式，更少采用幻想与逃避的消极应对方式，且两组间差异具有统计学意义（P<0.01）。问卷重测信度为 0.554～0.613，内部一致性 α 系数为 0.737～0.811。可见简易应对方式问卷应用于青少年群体具有良好的信度和效度。

6. 应用价值与简要评价

应对方式问卷广泛应用于评定个体的应对方式，是应对和应对方式研究领域最具代表性的自评工具。截至 2018 年 11 月，在 Web of Science 里被引高达 375 次。解亚宁编制的简易应对方式问卷在国内使用更为广泛，CNKI 被引高达 990 次，有较好的信度和效度。我们建议在中文情境中，面向不同的特殊群体，选择合适的修订版工具。

参考文献

1. Chan D. W, 1994. The Chinese ways of coping questionnaire: assessing coping in secondary school teachers and students in Hong Kong[J]. *Psychological Assessment*, 6(2): 108—116.
2. Folkman S. & Lazarus R. S, 1980. An analysis of coping in a middle-aged community sample [J]. *Journal of Health and Social Behavior*, 21(3): 219—239.
3. Folkman S. & Lazarus R. S, 1988. *Manual for the Ways of Coping Questionnaire* (Research ed.)[M]. Palo Alto, CA: Consulting Psychologists Press.
4. Folkman S. & Moskowitz J. T, 2000. Positive affect and the other side of coping[J]. *American Psychologist*, 55(6): 647—654.
5. 方菁，王雅婷，肖水源，赵美，江慧，胡宓，2018. 简易应对方式问卷在青少年中的信效度检验 [J]. *中国临床心理学杂志*，26(5): 905—909.
6. 解亚宁，1998. 简易应对方式量表信度和效度的初步研究[J]. *中国临床心理学杂志*，(2): 114—115.
7. 叶一舵，申艳娥，2002. 应对及应对方式研究综述[J]. *心理科学*，25(6): 755—756.

附录

简易应对方式问卷

指导语：下面是人们在遇到不顺心的事情（或问题）以及相关的情绪困扰（或精神压力）时可能会采取的一些做法。请如实、准确地回答下列问题。不要考虑"应该怎样"，而要按照你通常的做法回答。

题 目	不采用	偶尔采用	有时采用	经常采用
1. 通过工作学习或一些其他活动解脱。	1	2	3	4
2. 与人交谈，倾诉内心烦恼。	1	2	3	4
3. 尽量看到事物好的一面。	1	2	3	4
4. 改变自己的想法，重新发现生活中什么重要。	1	2	3	4
5. 不把问题看得太严重。	1	2	3	4
6. 坚持自己的立场，为自己想得到的斗争。	1	2	3	4
7. 找出几种不同的解决问题的方法。	1	2	3	4
8. 向亲戚朋友或同学寻求建议。	1	2	3	4
9. 改变原来的一些做法或自己的一些问题。	1	2	3	4
10. 借鉴他人处理类似困难情境的办法。	1	2	3	4
11. 寻求业余爱好，积极参加文体活动。	1	2	3	4
12. 尽量克制自己的失望、悔恨、悲伤和愤怒情感。	1	2	3	4
13. 试图休息或休假，暂时把问题（烦恼）抛开。	1	2	3	4
14. 通过吸烟、喝酒、服药和吃东西来解除烦恼。	1	2	3	4
15. 认为时间会改变现状，唯一要做的便是等待。	1	2	3	4
16. 试图忘记整个事情。	1	2	3	4
17. 依靠别人解决问题。	1	2	3	4
18. 接受现实，认为没有其他办法。	1	2	3	4
19. 幻想可能会发生某种奇迹改变现状。	1	2	3	4
20. 自己安慰自己。	1	2	3	4

13. 未来取向应对量表(FCI)*

邹 君

(深圳职业技术学院,深圳,518055)

【摘要】 未来取向应对量表(the Future-oriented Coping Inventory,FCI)由 Gan 等人(2007)在预先应对量表(Proactive Coping Inventory,PCI)(Greenglass et. al.,1999)基础上,选取了预先应对和预防应对两个分量表,进行了中文版修订,并命名为未来取向应对量表。目前该量表主要应用于对老龄人群、功能障碍者、抑郁病人和灾难预防等领域的研究。该量表符合心理测量学标准。

1. 理论背景

未来取向应对的概念和有关理论来自于传统的应激—应对理论的拓展,是应对研究领域的一个新视角。传统压力应对研究关注的是压力之后的应对,称之为反应性应对,而发生在压力之前的关注积极功能的应对称之为预先应对。预先应对的概念最早由 Aspinwall 和 Tyalor(1977)提出,他们认为预先应对是指个体为了防止或者消除潜在压力源的影响提前采取应对措施以防止其出现,它是一种积极的、指向未来的应对方式。而 Schwarzer 和 Taubert(2002)认为预先应对是个体为了挑战自我或自我成长而进行的一系列努力。高预先应对个体不再将压力视为一种负性的、消极阻断性压力,而将其视为正性的、积极的挑战性压力。Aspinwall 和 Tyalor 的定义更像是预防应对,个体建立资源抵制在不久的将来可能出现的压力源。预先应对者主动寻求新的挑战,创造新的机会,促进挑战目标的逐步达成。预先应对分为 5 个阶段:资源积累阶段(resource accumulation)、注意再认阶段(attention recognition)、初始评估阶段(initial appraisals)、初始应对阶段(preliminary coping)和利用反馈阶段(elicit and use feedback)。

---

* 测评工具研发成果参见:

1. Gan Y.Q., Hu Y. Q. & Zhang Y. W. (2010). Proactive and preventive coping in adjustment to college.*Psychological Record*,60:556—571.

2002年,凤四海、黄希庭等研究者将预先应对的概念引入国内,并用于老年人退休生活的适应研究(凤四海,黄希庭,2002)。甘怡群带领的研究团队提出了未来取向应对的概念,包括预防应对和预先应对两个维度。预防应对是指对于在较远的未来可能发生但不太确定的压力源的应对。预先应对主要涉及的是如何迎接即将到来的挑战,它更偏向于自我提升的过程。未来取向应对可以被看成为是应对研究领域的一种更积极、更加具有目的性的方式(甘怡群,2011)。甘怡群团队在Greenglass等人(1999)编制的预先应对量表基础上编制了未来取向应对量表,并运用此量表进行了一系列的研究(Gan,Hu & Zhang,2010;Hu & Gan,2011)。

2. 内容简介

未来取向应对量表(FCI)由Gan等人(2007)在预先应对量表(Proactive Coping Inventory,PCI)基础上,选取了其中的预先应对分量表和预防应对分量表,修订汉化完成,命名为未来取向应对量表。该量表共有16个项目,预先应对分量表8个项目,预防应对分量表6个项目,Likert 4级计分(1代表"完全不同意",4代表"完全同意")。

3. 实施或使用方法

按照经典心理测量学的使用规范来实施。

4. 计分方法与解释

第11、15题是反向计分,其他项目均为正向计分。预先应对分量表包括第1、3、5、7、9、11、13、15题;预防应对分量表包括第2、4、6、8、10、12、14、16题。测量指标是维度平均分。得分越高,表明个体采用未来取向的应对方式的程度越高。

5. 信度与效度

以Gan等人(2007)的研究为例,研究者选取了北京300名大学生完成了未来取向应对量表,预先应对分量表的内部一致性系数为0.80,预防应对分量表的内部一致性系数为0.83。探索性因子分析显示,所有因子负荷均大于0.5,抽取了两个因子。研究者又抽取了北京200名大学生完成未来取向应对量表,并进行了验证性因素分析,结果表明,预防应对和预先应对是两个独立的因子,量表具有较好的结构效度。同时,研究者探索了未来取向应对量表与抑郁自评量表、CPAI乐观量表的相关,发现未来取向应对量表与乐观正性相关显著,与抑郁负性相关显著,具有较好的效标效度。

以文敏等人(2014)的研究为例,研究者选取3个时间点,测量了163名高中生的成就动机、未来取向应对、学业倦怠以及学业投入。研究发现预防应对分量表内部一致性系数α为0.646,预先应对分量表内部一致性系数α为0.767。成就动机通过未来取向应对二阶段序列机制缓解个体的学业倦怠,促进学业投入。

6. 应用价值与简要评价

未来取向应对量表主要应用于老龄人群、功能障碍者、抑郁病人和灾难预防等领域,是预先应对领域最具代表性的自评工具。未来取向应对量表经过汉化修订,适宜针对中国人预先应对的测量。

参考文献

1. Aspinwall L. G. & Taylor S. E, 1997. A stitch in time: Self-regulation and proactive coping [J].*Psychological Bulletin*, 121(3): 417—436.
2. Gan Y.Q., Yang M. S., Zhou, Y. & Zhang Y. L, 2007. The two-factor structure of future-oriented coping and its mediating role in student engagement[J].*Personality and Individual Differences*, 43(4): 851—863.
3. Gan Y.Q., Hu Y. Q. & Zhang Y. W, 2010. Proactive and preventive coping in adjustment to college[J].*Psychological Record*, 60: 556—571.
4. Greenglass E., Schwarzer R., Jakubiec S. D., Fiksenbaum L. & Taubert S, 1999. The Proactive Coping Inventory (PCI): A multidimensional research instrument [R]. Paper presented at the 20th *International Conference of the STAR (Stress and Anxiety Research Society)*, Cracow, Poland, July 12—14.
5. Schwarzer R., & Taubert S, 2002. Tenacious goal pursuits and striving toward personal

growth: Proactive coping. In E. Fydenberg (Ed.), *Beyond Coping: Meeting goals, Visions and Challenges* (pp. 19—35)[J]. London: Oxford University Press.

6. Hu Y.Q. & Gan Y. Q, 2011. Future-oriented coping and job hunting among college students [J]. *The psychological Record*, 61(2): 253—268.

7. 凤四海,黄希庭,2002. 预先应对:一种面向未来的应对[J]. 心理学探新,(2):31—35.

8. 甘怡群,2011. 未来取向应对的双阶段序列模型及其实践透视机制[J]. 心理科学进展, 19(11):1583—1587.

附录

未来取向应对量表

指导语:请仔细阅读以下的陈述性语句,并根据自己的实际情况在相应的数字上画圈。例如,选择"1"表示你极不同意,即说明你的实际情况与这一句子极不相符;选择"4"表示你极同意,即说明你的实际情况与这一句子极相符。答案不存在正确和错误之分。

题 目	极不同意	不同意	比较同意	完全同意
1. 在完成一个目标后,我会寻找另一个更具挑战性的目标。	1	2	3	4
2. 我不会将我挣的钱全部花掉,而是积攒下来以备不时之需。	1	2	3	4
3. 我喜欢挑战和克服困难。	1	2	3	4
4. 在灾难降临之前,我会为其后果作出充分准备。	1	2	3	4
5. 我能勾勒自己的梦想并试图将它们达成。	1	2	3	4
6. 在行动之前,我会为我想改变的状况制定出策略。	1	2	3	4
7. 尽管遭受很多挫折,我通常都能成功地得到我所想要的。	1	2	3	4
8. 我会提高我的工作技能来避免失业。	1	2	3	4
9. 我总尝试去找出排除阻碍的途径,没有什么能真正阻止我。	1	2	3	4
10. 我会确保我的家人得到了很好的照顾,以免他们遭受未来的不幸。	1	2	3	4

续表

题 目	极不同意	不同意	比较同意	完全同意
11. 我总是失败,所以对自己不抱太大的希望。	1	2	3	4
12. 我会事先考虑以免遇到危险的状况。	1	2	3	4
13. 当我遇到问题时,我会主动着手解决它。	1	2	3	4
14. 我会制定策略来得到我所希望的最好的结果。	1	2	3	4
15. 当我遇到问题时,我总认为自己处在无法成功的境地。	1	2	3	4
16. 我试图很好地理财以免老来贫困。	1	2	3	4

八、问题解决 Problem Solving

14. 焦点解决量表（SFI）

王 阳

（中国人民大学附属中学朝阳学校，北京，100085）

【摘要】 焦点解决量表（Solution-focused Inventory，SFI）是由 Grant 等人（2012）编制的，测量经过焦点解决取向的咨询和培训后个体产生的变化。由3个分量表构成：目标取向、资源激活和问题脱离。海棠、杨洪飞等人（2013）验证了焦点解决量表中文版在中国大学生中也是适用的。

1. 理论背景或依据

焦点解决是有别于传统心理咨询的一种新的心理干预手段。1978年，Steve De Shazer 和 Insoo Kim Berg 等人组建的团队创建了焦点解决短期治疗（Solution-focused Brief Therapy，SFBT）。焦点解决短期治疗认为，来访者自身就具备解决目前困境或问题的资源和潜能，治疗师的作用在于帮助来访者看到自身的力量，鼓励其重建自信来达到目标（de Jong & Berg, 2012; Trepper, McCollum, De Jong, Korman, Gingerich & Franklin, 2010）。因此，焦点解决短期治疗不再聚焦在问题及其原因上，转而关注个体的优势，强调利用个人自身的资源、复原力以达成目标和促成积极的改变（Jackson & McKergow, 2002）。焦点解决短期治疗是一种后现代的短期治疗，属于社会建构论取向的派别，代表了心理治疗范式的一种转移(许维素,2014)。

焦点解决短期治疗由于关注目标,指向问题的解决,效率高,疗程短,符合现代社会发展的需求,被广泛运用在教练技术和心理治疗实践中。焦点解决不仅是一种心理治疗和干预手段,也是一种思维方式(Cavanagh & Grant,2010)。Grant认为,焦点解决思维包含三个因素:目标取向、资源激活和问题脱离。Grant等人编制了焦点解决量表来验证经过焦点解决取向的咨询和培训后个体产生的变化。

2. 内容简介

与焦点思维的三因素相对应,焦点解决量表由 3 个分量表构成,每个量表有 4 个题目,一共 12 个题目。所有题目都采用 Likert 6 级计分进行评估(1 代表"非常不同意",6 代表"非常同意")。

分量表 1"目标取向"测量的是个体是否能清楚地描述和表达自己的目标,并能激活自我管理能力去实现目标。其题目包含:我会想象我的目标,然后朝着它们努力;我会记录实现目标过程中取得的进步;我非常擅长制订有效的行动计划;我总是能达成我的目标。

分量表 2"资源激活"测量的是个体是否能注意到问题的例外,从而能利用周围的资源和个体的优势。其包含的 4 个题目为:每个问题都有解决办法;如果知道问题的方向,总会有足够的资源去解决问题;大多数人的复原能力比他们以为的要强;挫折是失败转为成功的机会。

分量表 3"问题脱离"测量的是个体脱离"聚焦问题"的思维方式的程度。其包含的 4 个题目均是反向计分:我倾向于花更多的时间去分析我的问题而不是寻找解决方案上;我倾向于陷入思考问题本身;我倾向于关注事情的消极面;我并不擅长发现事情正在朝好的方面进行。

3. 实施或使用方法

按照经典心理测量学的使用规范来实施。

4. 计分方法与解释

分量表 3"问题脱离"包含的 4 个题目均是反向计分,其他的两个分量表都是正向计分。

5. 信度与效度

海棠、杨洪飞（2013）在 931 名大学生中检测了该量表在中国的适用性。测得总量表及 3 个分量表的 alpha 系数为 0.69、0.62、0.59、0.76，间隔 4 周的重测信度为 0.66、0.62、0.61、0.72。总量表及各分量表与生活满意度量表、复原力量表及心理幸福感量表呈显著正相关，与大学生心理症状量表及自卑、人际过敏、网络成瘾、抑郁、敌对各分量表呈显著负相关。重测信度（16 周后）和内部一致性系数均为 0.84（Grant, Cavanagh, Kleitman, Spence, Lakota & Yu, 2012）。结果表明，焦点解决思维是一种有利于心理健康的思维方式。焦点解决量表在中国大学生中是适用的。

6. 应用价值与简要评价

焦点解决量表中文版进行的项目分析、信度分析和效度分析，均表明该量表在中国具有良好的信度、效度和适应性，我们建议在中文情境中，面向不同的特殊群体，可以进一步检验和深入研究。

参考文献

1. Cavanagh M. & Grant A.M, 2010. The solution-focused coaching approach to coaching[J]. In E. Cox, T. Bachkirova, & D. Clutterbuck (Eds.), Sage handbook of coaching (pp. 34—47). London: Sage.

2. De J. P., Berg I. K. & Brooks/Cole, 2002. *Interviewing for solutions* [M]. Pacific Grove, CA: Brooks/Cole.

3. Grant A. M., Cavanagh M. J., Kleitman S., Spence G. B., Lakota M. & Yu N, 2012. Development and validation of the solution-focused inventory[J]. *The Journal of Positive Psychology*, 7(4): 334—348.

4. Trepper T. S., McCollum E. E., De Jong P., Korman H., Gingerich W. & Franklin C. Solution-focused therapy treatment manual for working with individuals. Retrieved November 15, 2010, from http://www.sfbta.org/research.html.

5. 许维素（2019）. 焦点解决短期心理治疗的应用. 北京: 世界图书出版公司.

附录

焦点解决量表

指导语：请确定你同意或不同意下列句子的程度打分。1＝非常不同意；2＝不同意；3＝有点不同意；4＝有点同意；5＝同意；6＝非常同意

题　　目	非常不同意	不同意	有点不同意	有点同意	同意	非常同意
1. 我会想象我的目标，然后朝着它们努力。	1	2	3	4	5	6
2. 我会记录实现目标过程中取得的进步。	1	2	3	4	5	6
3. 我非常擅长制订有效的行动计划。	1	2	3	4	5	6
4. 我总是能达成我的目标。	1	2	3	4	5	6
5. 每个问题都有解决办法。	1	2	3	4	5	6
6. 如果知道问题的方向，总会有足够的资源去解决问题。	1	2	3	4	5	6
7. 大多数人的复原能力比他们以为的要强。	1	2	3	4	5	6
8. 挫折是失败转为成功的机会。	1	2	3	4	5	6
9. 我倾向于花更多的时间去分析我的问题而不是寻找解决方案上。	1	2	3	4	5	6
10. 我倾向于陷入思考问题本身。	1	2	3	4	5	6
11. 我倾向于关注事情的消极面。	1	2	3	4	5	6
12. 我并不擅长发现事情正在朝好的方面进行。	1	2	3	4	5	6

15. 焦点解决量表(SFI)[*]

段文杰[1] 关秋洁[2]

(1. 华东理工大学社会与公共管理学院,上海,200237;

2. 复旦大学社会发展与公共政策学院,上海,200433)

【摘要】 焦点解决量表(Solution-focused Inventory,SFI)由 Grant 等人(2012)编制,应用于评价个体焦点解决倾向的程度,以及从关注问题到关注解决方案的转变,是在心理咨询、社会工作、教育等众多领域都普遍适用的自评工具。国内已有针对大学生群体中的修订版本,符合心理测量学标准。

1. 理论背景

焦点解决方法是相对于传统心理咨询聚焦于问题而提出的,它强调把解决问题的关注点集中于个体的正向方面,并寻求最大化地挖掘个体的自身资源和复原力以达到期望的目标和积极的改变(Iveson et al., 2012)。焦点解决不仅是一种访谈方法和干预手段,也是一种思维方法,广泛应用于临床治疗(Olavi et al., 2012)、社会工作(Corcoran & Pillai, 2015)、学校教育(Franklin et al., 2001)等领域。已有研究表明,具有焦点解决积极倾向的个体通常具有更高的生活满意度、自我接纳、和谐的人际关系以及更多的个人成长(Grant et al., 2012),而消极倾向的个体则会表现出焦虑和抑郁等负面状态(Yang & Hai, 2015)。

Grant 等人(2012)提出的焦点解决理论包括三个维度,分别是问题脱离、目标定向和资源激活。问题脱离是指个体关注于脱离问题的程度,是一种以问题为

---

[*] 测评工具研发成果参见:

1. Grant A. M., Cavanagh M. J., Kleitman S., Spence G., Lakota M. & Yu N. (2012). Development and validation of the solution-focused inventory. *Journal of Positive Psychology*, 7(4): 334—348.

2. Grant A. M. (2011). The Solution-Focused Inventory: A tripartite taxonomy for teaching, measuring and conceptualising solution-focused approaches to coaching. *Coaching Psychologist*, 7(2): 98—105.

3. Yang H. & Hai T. (2015). Reliability and Validity of the Chinese Version of the Solution-Focused Inventory in College Students. *Journal of Multicultural Counseling & Development*, 43(4): 305—315.

中心的思维方式；目标定向是指个体对目标的设立，以及对目标实现的持续关注；资源激活是指个体关注于如何识别并利用优势和资源来解决问题（Grant，2011）。从问题脱离、目标定向到资源激活表示了个体焦点解决思维的变化。

对于焦点解决的测量，主要采用的是 Grant 等人（2012）编制的焦点解决量表，该量表用于测量个体倾向于焦点解决思维的程度，以及个体焦点解决思维的变化，目前已经在不同国家和文化中被验证和运用。

2. 内容简介

焦点解决量表由 Grant 等人（2012）编制，共 12 个项目，4 个项目测量问题脱离，4 个项目测量目标定向，4 个项目测量资源激活，Likert 6 级计分（1 代表"非常不同意"，6 代表"非常同意"）。

中文版的焦点解决量表由国内学者杨宏飞等在遵循科学的翻译程序的基础上对原量表进行了修订，验证了焦点解决量表在中国大学生群体中的适用性，中文版的焦点解决量表保留了原量表的全部项目，在中国文化背景下显示出较好的适用性（Yang & Hai, 2015）。

3. 实施或使用方法

按照经典心理测量学的使用规范来实施。

4. 计分方法与解释

第 1、2、4、5 项是反向计分，其他项目均为正向计分。问题脱离维度包括第 1、2、4、5 题；目标定向维度包括第 9、10、11、12 题；资源激活维度包括第 3、6、7、8 题。测量指标是各维度的总得分。各维度或总量表总得分越高，表明个体越多的倾向于用焦点解决的思维和方法去面对问题。

5. 信度与效度

以 Grant 等人（2012）的研究为例，在法律和健康专业人员中的探索性因子分析显示，量表所有项目的因子负荷范围为 0.27～0.94，各项目与所属维度的相关性为 0.33～0.64，三个因子的方差解释率为 47.2%。在大学生群体中的验证性因素分析的各项拟合指标都达到了建议值（CFI＝0.925，TLI＝0.900，RMSEA＝0.077），二阶的三因子焦点解决量表也得到了验证，拟合值与一阶三因子模型相同（CFI＝0.925，TLI＝0.900，RMSEA＝0.077）。三因子的焦点解决量表在法律和健康专业人员中的内部一致性系数α分别为0.78、0.78和0.68，在大学生群体中的内部一致性系数α分别为0.78、0.82和0.68。SFI在16周后的再测信度为0.84。此外，焦点解决量表与负面情绪负相关，与生活满意度、心理幸福感、复原力以及多角度思考正相关。研究结果表明焦点解决量表（SFI）具有良好的信效度，可以作为测量个体焦点解决倾向的有效工具。

Yang和Hai（2015）采用随机取样的方法，抽取922名大学生完成焦点解决量表、复原力量表（ERS）、生活满意度量（SWLS）以及大学生心理症状量表（MSSCS）。结果发现，验证性因素分析验证了原量表三因子结构的有效性，各项拟合指数均达到了要求（CFI＝0.95，RMSEA＝0.077，SRMR＝0.07）。此外，验证性因素分析也得到了一个二阶的三因子焦点解决量表，各项拟合指数与一阶三因子焦点解决量表相同（CFI＝0.95，RMSEA＝0.077，SRMR＝0.07）。三个因子的内部一致性系数α分别为0.62、0.72和0.61，间隔4周后的再测信度范围为0.61～0.72。相关分析结果表明焦点解决量表（SFI）具有较高的聚合效度，焦点解决量表（SFI）与复原力（$r＝0.42,P<0.001$）和生活满意度（$r＝0.44,P<0.001$）正相关，与自卑（$r＝-0.38,P<0.001$）、人际过敏（$r＝-0.43,P<0.001$）、网络成瘾（$r＝-0.28,P<0.001$）、抑郁（$r＝-0.39,P<0.001$）和敌对（$r＝-0.30,P<0.001$）等症状负相关。分层回归分析结果表明焦点解决量表（SFI）在解释生活满意度和心理症状这两个变量中显示出较好的增量效度。

6. 应用价值与简要评价

焦点解决量表可以被应用于测量个体倾向于焦点解决思维和方法的程度，以及焦点解决思维的变化。截至2019年1月，在Web of Science里被引7次，在百度学术里被引10次，在Google学术里被引38次。我们建议在中文情境中，面向不同的群体，选择合适的中文版工具。

参考文献

1. Corcoran J. & Pillai V, 2015. A Review of the Research on Solution-Focused Therapy[J]. *British Journal of Social Work*, 39(2): 234—242.
2. Franklin C., Biever J., Moore K., Clemons D. & Scamardo M, 2001. The effectiveness of solution-focused therapy with children in a school setting[J]. *Research on Social Work Practice*, 11(4): 411—434.
3. Grant A. M, 2011. The Solution-Focused Inventory: A tripartite taxonomy for teaching, measuring and conceptualising solutionfocused approaches to coaching [J]. *Coaching Psychologist*, 7(2): 98—105.
4. Grant A. M., Cavanagh M. J., Kleitman S., Spence G., Lakota M. & Yu N, 2012. Development and validation of the solution-focused inventory[J]. *Journal of Positive Psychology*, 7(4): 334—348.
5. Iveson C., George E. & Ratner H, 2012. *Brief coaching: A solution focused approach*[M]. New York, NY: Routledge.
6. Olavi L., Paul K., Esa V. & Laaksonen M. A, 2012. The effectiveness of solution-focused therapy and short-and long-term psychodynamic psychotherapy on self-concept during a 3-year follow-up[J]. *Journal of Nervous & Mental Disease*, 200(11): 946—953.
7. Yang H. & Hai T, 2015. Reliability and Validity of the Chinese Version of the Solution-Focused Inventory in College Students [J]. *Journal of Multicultural Counseling & Development*, 43(4): 305—315.

附录

焦点解决量表

指导语：请确定你同意或不同意下列句子的程度打分。1=非常不同意；2=不同意；3=有点不同意；4=有点同意；5=同意；6=非常同意

题 目	非常不同意	不同意	有点不同意	有点同意	同意	非常同意
*1. 我倾向于花更多的时间分析我的问题，而不是寻求可能的解决途径。	1	2	3	4	5	6

续表

题　　目	非常 不同意	不同意	有点 不同意	有点 同意	同意	非常 同意
*2. 我在思考问题时经常陷入困境。	1	2	3	4	5	6
3. 每一个问题都会有一个解决方案。	1	2	3	4	5	6
*4. 我倾向于关注消极的一面。	1	2	3	4	5	6
*5. 当事情进展顺利时,我不太能关注到它。	1	2	3	4	5	6
6. 每一个问题都有足够的资源来解决。	1	2	3	4	5	6
7. 大部分人的复原力比他们自己意识到的更强。	1	2	3	4	5	6
8. 失败乃成功之母。	1	2	3	4	5	6
9. 我设想我的目标,然后为之行动。	1	2	3	4	5	6
10. 我始终朝着目标努力。	1	2	3	4	5	6
11. 我非常擅长制订有效的行动方案。	1	2	3	4	5	6
12. 我总是能实现我的目标。	1	2	3	4	5	6

注：*表示反向计分的题目。

九、其他 Others

16. 时间洞察力量表（ZTPI）*

周凌霄　孙　沛

（清华大学社会科学学院，北京，100084）

【摘要】 时间洞察力量表（Zimbardo Time Perspective Inventory，ZTPI）由 Zimbardo 和 Boyd（1999）编制，广泛应用于个体时间观念的研究，是时间观念领域最具代表性的自评工具，有 56 个项目的完整版和 20 个项目的简版，在包括中国在内的不同国家和文化情境中分别做过测量和修订，具有良好信效度，符合心理测量学标准。

1. 理论背景

时间洞察力（Time Perspective，TP）的概念最早由 Frank（1939）提出（王晨，2016），国内曾有"时间透视""时间展望""时间观念"等不同译法，黄希庭（2004）将

---

* 测评工具研发成果参见：
1. 吕厚超, 黄希庭.（2007）. 大学生过去时间洞察力的理论构想. 西南大学学报：人文社会科学版, 33(3): 16—20.
2. 雷雳, 李宏利.（2004）. 青少年的时间透视、人际卷入与互联网使用的关系. 心理学报, 36(3): 335—339.
3. 罗婷婷, 吕厚超, 张进辅.（2011）. 青少年时间洞察力问卷编制. 西南农业大学学报（社会科学版）, 9(3): 150—155.
4. 吕厚超, 杜刚.（2017）. 津巴多时间洞察力类型划分：基于聚类分析的结果. 西南大学学报（社会科学版）, 43(5): 97—104.

其确译为"时间洞察力",并将其定义为个体对于时间的认知、体验和行动(或行动倾向)的一种人格特质。在积极心理学视野下,时间洞察力的积极作用越来越受重视。现有研究内容包括时间洞察力与主观幸福感(Desmyter & Raedt, 2012; Zhang & Howell, 2011)、健康行为(Gellert et al., 2012)、学业成绩(Shell & Husman, 2001)、人格特质(Zimbardo & Boyd, 1999)等之间的关系。

Zimbardo 和 Boyd(1999)将时间洞察力定义为,将个人和社会持续的经验流分配于时间框架,以确定事件的顺序、一致性和意义的无意识过程,并提出时间洞察力五维度,包括过去消极(Past Negative, PN)、过去积极(Past Positive, PP)、现在享乐(Present Hedonistic, PH)、现在宿命(Present Fatalistic, PF)、未来(Future, F)。过去消极维度反映了对于过去的一般性消极的、反感的观点;现在享乐维度反映了对时间和生命的享乐的、风险承担的、无所忌惮的态度;未来维度反映了一般未来取向;过去积极维度反映了与过去消极维度截然不同的对过去的态度;现在宿命维度反映了对未来和人生的宿命论的、无助的和无希望的态度。

时间洞察力研究方法包括目标测量法、投射法、问卷法和实验法(吕厚超,2005, 2007),用于评估与心理现象相关的心理时间。

2. 内容简介

时间洞察力量表由 Zimbardo 和 Boyd(1999) 编制,评估个体对过去、现在和未来的认知、情绪和行为方式,并且在不同国家和文化情境下做过验证(Wang et al., 2015;王晨,2016)。时间洞察力量表共 56 个项目,包括过去消极、过去积极、现在享乐、现在宿命、未来五个维度,Likert 5 级计分(1 代表"非常不符合",5 代表"非常符合")。

中文版已有大学生版。例如,王晨(2016)的修订版本,删除了原量表的一些条目,形成了包括过去消极、现在冲动、未来、过去积极以及现在宿命五个维度、25 题构成的时间洞察力量表中文版;罗婷婷、吕厚超、张进辅(2011)以 97 名青少年大学生为受测者,编制了"青少年时间洞察力问卷",包括过去、现在和未来三大维度,过去维度包括过去情感体验、过去经验教训、过去评价、过去时间观念;现在维度包含现在情感体验、把握现在、自我决策、自我监控、现在享乐;未来维度包含未来情感体验、计划未来、态度信念、未来宿命;还有吕厚超(2014)编制的包括未来消极、未来积极、未来迷茫、未来坚持、未来清晰和未来计划六个维度、28题未来时间洞察力问卷;吕厚超、黄希庭(2007)编制的53题大学生过去时间洞察力量表等。目前研究者也开发出了仅20个项目的简版(Wang et al.,2015),五个维度分别有4个测量项目,具有良好的信效度。

3. 实施或使用方法

按照经典心理测量学的使用规范来实施。

4. 计分方法与解释

第9、24、25、41、56题是反向计分,其他项目均为正向计分。过去消极分量表共10题,过去积极分量表共9题,现在享乐分量表共15题,现在宿命分量表共9题,未来分量表共13题。测量指标是维度平均分,得分越高,表明个体在该时间洞察力维度上的取向越明显。

5. 信度与效度

时间洞察力量表包括未来、现在宿命、过去积极、现在享乐以及过去消极五个维度,间隔4周的重测信度系数分别为0.80、0.76、0.76、0.72、0.70,$P<0.01$。

中文版以雷雳、李宏利(2004)的研究为例,采用Keough等(1999)编制的包括现在定向与未来定向两个维度共11个条目的简版时间洞察力量表,针对中学生对条目进行适当修改,并采用病理性互联网使用问卷、积极同伴卷入问卷、适度父母卷入问卷,对600名初、高中生进行测量,有效受测者589人。结果显示,现在定向与未来定向分量表的α系数分别为0.487和0.632,验证性因素分析表明时间洞察力量表具有较好的结构效度。

王晨(2016)采用中文版时间洞察力量表针对在校大学生,对908个数据进行了信效度检验。结果发现,量表具有较好的内部一致性和跨时间稳定性,过去消极、过去积极、现在冲动、未来、现在宿命的内部一致性α系数分别为0.748、0.766、0.702、0.672、0.568,间隔2周的重测相关系数分别为0.754、0.735、0.692、0.758、0.568,$P<0.01$;探索性因子分析结果表明,中文版时间洞察力问卷具有较好的结构效度,探索性因子分析的拟合指标也都显示拟合良好。

6. 应用价值与简要评价

时间洞察力量表广泛应用于评价个体的时间洞察力,是时间观念领域最具有代表性的自评工具。截至 2018 年 12 月,在 Web of Science 里被引高达 1 033 次。

参考文献

1. D'Alessio M., Guarino A., De Pascalis V. & Zimbardo, P. G, 2003. Testing Zimbardo's Stanford Time Perspective Inventory (STPI)-Short form-An Italian study. *Time & Society*, 12(2-3): 333—347.

2. Desmyter F. & De Raedt R, 2012. The relationship between time perspective and subjective well-being of older adults. *Psychologica Belgica*, 52(1): 19—38.

3. Keough K. A., Zimbardo P. G. & Boyd J. N. (1999). Who's smoking, drinking, and using drugs? Time perspective as a predictor of substance use. *Basic and Applied Social Psychology*, 21(2): 149—164.

4. Milfont T. L, 2008. Zimbardo time perspective inventory: Its Brazilian-Portuguese version and its use in environmental issues research. *International Journal of Psychology*, 43(3-4), 42—42.

5. Shell D. F. & Husman J, 2001. The multivariate dimensionality of personal control and future time perspective in achievement and studying. *Contemporary Educational Psychology*, 26: 481—506.

6. Wang Y., Chen X. J., Cui J. F. & Liu L. L. (2015). Testing the Zimbardo Time Perspective Inventory in the Chinese context. *Psychology Journal*, 4(3): 166—175.

7. Zimbardo P. G., Keough K. A. & Boyd J. N. (1997). Present time perspective as a predictor of risky driving. *Personality and Individual Differences*, 23(6): 1007—1023.

8. Zimbardo P. G. & Boyd J. N. (1999). Putting time in perspective: A valid, reliable individual-differences metric. *Journal of Personality and Social Psychology*, 77(6): 1271—1288.

9. Zhang J. W., Howell R. T. & Stolarski M. (2013). Comparing three methods to measure a balanced time perspective: The relationship between a balanced time perspective and subjective well-being. *Journal of Happiness Studies*, 14(1): 169—184.

10. 雷雳,李宏利.(2004). 青少年的时间透视、人际卷入与互联网使用的关系. *心理学报*, 36

(3):335—339.
11. 谈加林.(2004).*时间洞察力中时间认知与体验研究*.(博士学位论文,西南师范大学).
12. 黄希庭.(2004).论时间洞察力.*心理科学*,27(1):5—7.
13. 吕厚超,黄希庭.(2007).大学生过去时间洞察力的理论构想.*西南大学学报:人文社会科学版*,33(3):16—20.
14. 罗婷婷,吕厚超,张进辅.(2011).青少年时间洞察力问卷编制.*西南农业大学学报(社会科学版)*,9(3):150—155.
15. 吕厚超.(2014).*青少年时间洞察力研究*.北京:科学出版社.
16. 王晨.(2016).*时间洞察力:问卷修订及对风险驾驶行为的影响*.(硕士学位论文,西南大学).
17. 吕厚超,杜刚.(2017).津巴多时间洞察力类型划分:基于聚类分析的结果.*西南大学学报(社会科学版)*,43(5):97—104.

附录 1

时间洞察力量表

指导语:阅读每个题目,诚实地回答问题,在表右侧相应格画√。请答完表中所有问题。

题　目	非常不符合	比较不符合	中间状态	比较符合	非常符合
1.我相信:和朋友聚会是生活中很重要的乐趣。	1	2	3	4	5
2.童年熟悉的场景、声音、气味往往带来很多美好的回忆。	1	2	3	4	5
3.命运常常决定我的生活。	1	2	3	4	5
4.我常常想有些事我本不该那样做。	1	2	3	4	5
5.我的决定大多受到我周围人或事物的影响。	1	2	3	4	5
6.我相信:一天之计在于晨。	1	2	3	4	5
7.对我来说,回忆过去是件快乐的事情。	1	2	3	4	5
8.我做事情很冲动。	1	2	3	4	5
9.即使事情没有按时做完我也不会担心。	1	2	3	4	5
10.为达成梦想,我会设立目标,并会考虑具体的实现步骤。	1	2	3	4	5

续表

题 目	非常不符合	比较不符合	中间状态	比较符合	非常符合
11. 总的来说,在回忆过去时,好的内容比坏的内容要多得多。	1	2	3	4	5
12. 当听我最喜欢的音乐,我会沉浸其中并忘记时间。	1	2	3	4	5
13. 在今天晚上玩之前,我习惯完成明天必须结束的一些工作和其他的必要工作。	1	2	3	4	5
14. 既然以后要发生的事总归要发生,那么我做什么并不十分重要。	1	2	3	4	5
15. 我喜欢听那些关于"美好的旧时代"的生活故事。	1	2	3	4	5
16. 过去的痛苦经历时常重现在我的脑海中。	1	2	3	4	5
17. 每一天,我都试着让自己的生活尽可能充实。	1	2	3	4	5
18. 约会迟到会使我烦躁不安。	1	2	3	4	5
19. 理想地说,我想把每一天当作我生命的最后一天来过。	1	2	3	4	5
20. 美好时刻的快乐记忆很容易浮现在脑海。	1	2	3	4	5
21. 我按时兑现我对朋友和权威人士的承诺。	1	2	3	4	5
22. 我已经为自己在过去的胡作非为和自暴自弃自食苦果了。	1	2	3	4	5
23. 我经常在冲动之下作出决定。	1	2	3	4	5
24. 我的每一天都顺其自然而不是提前计划好。	1	2	3	4	5
25. 过去有着太多不好的记忆,我宁愿一辈子都不要再回忆。	1	2	3	4	5
26. 给自己的生活寻求刺激是重要的。	1	2	3	4	5
27. 但愿我能勾销我在过去做过的那些错事。	1	2	3	4	5
28. 我觉得更重要的是你喜欢你所做的事而不是要按时完成它。	1	2	3	4	5
29. 我很怀念我的童年。	1	2	3	4	5
30. 在作决定之前我会充分衡量成本和收益。	1	2	3	4	5
31. 冒险能使我的人生避免乏味无聊。	1	2	3	4	5
32. 对于我来说,生命重在享受过程而非结果。	1	2	3	4	5
33. 事情极少如我所期望的那样发生。	1	2	3	4	5
34. 我很难忘记青少年时期不开心的画面。	1	2	3	4	5

续表

题 目	非常不符合	比较不符合	中间状态	比较符合	非常符合
35. 如果我必须考虑目的和后果以及产出，那么我在行动过程中就失去了乐趣。	1	2	3	4	5
36. 即使我对现状很满意，我仍然忍不住将它与过去的相似经历作比较。	1	2	3	4	5
37. 未来的变数太大，我们无法真正为未来作出规划和打算。	1	2	3	4	5
38. 我的生活被我所不能改变的力量控制。	1	2	3	4	5
39. 既然无论如何我都不能改变什么，那么就无需为将来的事情担心。	1	2	3	4	5
40. 我会按部就班的规划时间进度，按时完成任务。	1	2	3	4	5
41. 当家人聊起往事的时候，我退出了谈话。	1	2	3	4	5
42. 我敢为了给自己的生活寻求刺激而冒险。	1	2	3	4	5
43. 我做事情习惯列出清单。	1	2	3	4	5
44. 我更常顺从我的情感而不是理智去做事。	1	2	3	4	5
45. 当我知道有工作等着做完时，我能抵挡得住其他诱惑。	1	2	3	4	5
46. 我发现自己一旦兴奋就顾不上其他了。	1	2	3	4	5
47. 现在的生活太复杂了，我更喜欢过去那种简单的生活。	1	2	3	4	5
48. 我更喜欢那些随意行事的朋友而不是那些有板有眼的朋友。	1	2	3	4	5
49. 我喜欢那些定期举办的家庭庆典和传统活动。	1	2	3	4	5
50. 我会想那些过去发生在我身上的不好的事情。	1	2	3	4	5
51. 如果那些艰难而乏味的工作有助我进步，我会坚持干好它。	1	2	3	4	5
52. 我喜欢及时行乐，明天的事明天再想。	1	2	3	4	5
53. 好运气比努力工作更重要。	1	2	3	4	5
54. 我会想那些在我生活中已错过的美好事物。	1	2	3	4	5
55. 在我与别人建立了亲密关系后，我喜欢让它充满激情。	1	2	3	4	5
56. 时间总会有的，能来得及做完自己的工作。	1	2	3	4	5

来源：邓旭芝.(2017).时间洞察力、拖延对认知控制的影响,陕西师范大学硕士学位论文.

附录 2

时间洞察力量表简版

阅读每个项目，诚实地回答问题：这是我的特征或这符合我的特征吗？请回答所有问题。

题　　目	极不符合	不符合	中间状态	符合	极为符合
1. 我相信和朋友聚会是生活中很重要的乐趣。	1	2	3	4	5
2. 童年熟悉的场景、声音、气味往往带回了很多美好的回忆。	1	2	3	4	5
3. 为达成梦想，我会设立目标，并会考虑具体的实现步骤。	1	2	3	4	5
4. 在今晚玩之前，完成明天必须结束的工作和其他必要工作。	1	2	3	4	5
5. 既然以后要发生的事总是要发生，那么我做什么并不十分重要。	1	2	3	4	5
6. 过去的痛苦经历时常重现在我的脑海中。	1	2	3	4	5
7. 对美好时刻的快乐记忆很容易浮现在脑海。	1	2	3	4	5
8. 我已经在为自己过去的胡作非为和自暴自弃自食苦果了。	1	2	3	4	5
9. 我很怀念我的童年。	1	2	3	4	5
10. 冒险能使我的人生避免乏味和无聊。	1	2	3	4	5
11. 我很难忘记青少年时期不开心的画面。	1	2	3	4	5
12. 未来的变数太大，我们无法真正为未来作出规划和打算。	1	2	3	4	5
13. 我的生活被我所不能改变的力量所控制。	1	2	3	4	5
14. 既然我无论如何都不能改变什么，那么就无须为将来的事情担心。	1	2	3	4	5
15. 我敢为了给自己的生活寻求刺激而冒险。	1	2	3	4	5
16. 当我知道有工作等着做时，我能抵挡得住其他诱惑。	1	2	3	4	5
17. 我喜欢那些定期举办的家庭庆典和传统活动。	1	2	3	4	5
18. 我会想那些过去发生在我身上的不好的事情。	1	2	3	4	5

续表

题　目	极不符合	不符合	中间状态	符合	极为符合
19. 如果那些艰难而乏味的工作有助于我进步,我会坚持干好它。	1	2	3	4	5
20. 在我与别人建立了亲密关系后,我喜欢让它充满激情。	1	2	3	4	5

计分方式：

维度(因子)	题　目
过去积极	2,7,9,17
过去消极	6,8,11,18
现在宿命	1,10,15,20
现在享乐	5,12,13,14
未来	3,4,16,19

各因子得分为所含题目的得分直接相加,没有反向计分题。

来源：Wang Y., Chen X. J., Cui J. F. & Liu L. L. (2015). Testing the Zimbardo Time Perspective Inventory in the Chinese context. *Psychology Journal*, 4(3): 166-175.

17. 创伤后成长量表(PTGI)*

安媛媛

(南京师范大学心理学院,南京,210097)

【摘要】 创伤后成长量表(Posttraumatic Growth Inventory,PTGI)由Tedeschi和Calhoun编制,能够有效地评估个体的创伤后成长水平,并在创伤后的青少年群体、教师群体以及重大疾病患者等群体中有良好的运用,也有较高的信效度。

1. 理论背景或依据

先前的研究大多认为,个体经历创伤事件后会产生一系列消极影响,造成个体的身心健康受到损伤。但也有研究发现创伤事件发生后,个体会产生积极变化,即创伤后成长(Tedeschi & Calhoun, 2004)。创伤后成长(Posttraumatic Growth,PTG)的概念最早由Tedeschi和Calhoun提出,他们将其定义为,在与具有创伤性质的事件或情境进行抗争后所体验到的心理方面的正性变化(Tedeschi & Calhoun,1996)。

Tedeschi和Calhoun于1998年提出创伤后成长的过程模型(Tedeschi & Calhoun,1998),并在2004年对其进行了修改(Tedeschi & Calhoun,2004)。目前,该模型已经得到了许多实证研究的支持(周宵、伍新春、安媛媛、陈杰灵,

---

* 测评工具研发成果参见:
1. 高隽,王觅,邓晶,钱铭怡,刘晓辉,何琴.(2010).创伤后成长量表在经历汶川地震初中生中的修订与初步应用. 中国心理卫生杂志, 24(2):126—130.
2. 汪际,陈瑶,王艳波,刘晓虹.(2011).创伤后成长评定量表的修订及信效度分析. 护理学杂志, 26(14):26—28.
3. 陈悦,甘怡群,黄淑慧,汤沛,蒂丝,邱熙,杨丹.(2012).创伤后成长量表在汶川地震灾民中的修订与初步应用. 中国临床心理学杂志, 20(3):336—339.
4. 董璐,胡雁,徐国会,黄嘉玲.(2013).中文版创伤后成长量表应用于乳腺癌患者的信效度分析. 护理学杂志,(23):21—23.
5. 陈秋燕,张晨光,程科.(2018).创伤后成长问卷在地震灾区教师中的修订. 心理与行为研究, 16(5):670—677.

2014)。该模型认为创伤后成长的发生是一个不断变化的过程;除了个人特点、获得的支持程度和自我暴露程度外,产生成长的关键是个体的认知结构因创伤性事件而受到了威胁,这些威胁使得认知结构在经历某些认知加工后出现了新的图式、目标和假设。

随着积极心理学研究的不断扩大,国内外学者成功研发了多种创伤后成长测量工具,包括创伤后成长量表、应激相关成长修订量表(Revised Stress Related Growth Scale,RSRGS)、益处感受评定量表(Perceived Benefit Scale,PBS)和成长评定量表(Thriving Scale,TS)等。其中,创伤后成长量表(PTGI)在国内使用最为广泛,已有诸多学者探寻了该量表在不同人群中的信效度,并得到了良好的结果。

2.内容简介

创伤后成长量表由 Tedeschi 和 Calhoun 于 1996 年开发,包括 21 个条目,分为 5 个维度:(1)人际关系,更加珍视与他人的关系,感到自己与他人变得更加亲密了;(2)新可能性,开始认识到自己生活中新的可能和机会;(3)个人力量,发现了个人的一些性格优点和内在力量,如自己能够坚强地应对生活中的困难和挫折;(4)灵性改变,个体在生活观念、精神信仰和价值观念等方面发生了积极的变化;(5)欣赏生活,更加感激和珍惜自己当前的生活,更加清楚地认识到生活中对自己最重要的事情。量表采用 Likert 6 级计分(0 代表"完全没变化",5 代表"变化非常大"),得分越高,则推断其具有越高的创伤后成长水平。

3. 实施或使用方法

按照经典心理测量学的使用规范来实施。

4. 计分方法与解释

该量表共 21 个条目,人际关系维度共 6 个条目,即第 2、5、11、14、15、20 题;新可能性维度共 3 个条目,包括第 10、12、19 题;个人力量维度共 4 个条目,包括第 9、14、16、17 题;灵性改变维度包括第 6、8、21 题;欣赏生活维度共 4 个条目,包括第 1、3、4、7 题。均为正向计分,得分越高,则代表创伤后成长水平越高。

5. 信度与效度

2010年高隽等人在经历汶川地震的初中生中修订与应用了该量表，在重庆市两个一般灾区的两所初中共抽取2个样本进行施测，结果发现创伤后成长量表修订版内部一致性系数为0.663～0.851。

汪际等人在2011年也对创伤后成长量表进行了翻译与回译、文化调适及语义分析，在对4所医院中的骨科或创伤科患者进行整群抽样，对抽取的215例意外创伤者进行调查，检验其信效度，结果发现维度及总量表一致性系数为0.611～0.874。

6. 应用价值与简要评价

创伤后成长量表是应用较为广泛的创伤后成长量表，并在创伤后的青少年群体、教师群体以及重大疾病患者等群体中有良好的运用，也有较高的信效度。

参考文献

1. Tedeschi R. G. & Calhoun L. G, 1996. The Posttraumatic Growth Inventory: Measuring the positive legacy of trauma[J]. *Journal of Traumatic Stress*, 9(3): 455—471.
2. Tedeschi R. G. & Calhoun L. G, 2004. Posttraumatic growth: Conceptual foundations and empirical evidence[J]. *Psychological Inquiry*, 15(1): 1—18.
3. Lindstrom C. M., Cann A., Calhoun L. G. & Tedeschi R. G, 2013. The relationship of core belief challenge, rumination, disclosure, and sociocultural elements to posttraumatic growth [J]. *Psychological Trauma: Theory, Research, Practice, and Policy*, 5(1): 50—55.
4. 周宵, 伍新春, 安媛媛, 陈杰灵, 2014. 青少年核心信念挑战对创伤后成长的影响: 反刍与社会支持的作用[J]. 心理学报, 46(10): 1509—1520.
5. 高隽, 王觅, 邓晶, 钱铭怡, 刘晓辉, 何琴, 2010. 创伤后成长量表在经历汶川地震初中生中的修订与初步应用[J]. 中国心理卫生杂志, 24(2): 126—130.
6. 汪际, 陈瑶, 王艳波, 刘晓虹, 2011. 创伤后成长评定量表的修订及信效度分析[J]. 护理学杂志, 26(14): 26—28.
7. 陈悦, 甘怡群, 黄淑慧, 汤沛, 蒂丝, 邱熙, 杨丹, 2012. 创伤后成长量表在汶川地震灾民中的修订与初步应用[J]. 中国临床心理学杂志, 20(3): 336—339.

8. 董璐,胡雁,徐国会,黄嘉玲,2013.中文版创伤后成长量表应用于乳腺癌患者的信效度分析[J].护理学杂志,(23):21—23.

9. 陈秋燕,张晨光,程科,2018.创伤后成长问卷在地震灾区教师中的修订[J].心理与行为研究,16(5):670—677.

附录

创伤后成长量表

指导语:阅读下面的问卷。对于每一个条目,请标注出应急事件以后,在你自己的生活中发生了类似改变的程度。其中,0代表"在应急事件以后,我完全没有感觉到这种改变";1代表"在应急事件以后,我感觉到一点点这种改变";2代表"在应急事件以后,我感觉到这种改变有一小部分";3代表"在应急事件以后,我感觉到这种改变是中等程度";4代表"在应急事件以后,我感觉到这种改变比较大";5代表"在应急事件以后,我感觉到这种改变非常大"。

题 目	完全没有	有一点点	一小部分	中等程度	比较大	非常大
1. 我的生命目标有了转变。	0	1	2	3	4	5
2. 我更加能够珍惜生命的价值。	0	1	2	3	4	5
3. 我发展出新的爱好。	0	1	2	3	4	5
4. 我拥有了更多的自信。	0	1	2	3	4	5
5. 我对于精神层面的事物有了更好的理解。	0	1	2	3	4	5
6. 我知道当我有困难时,我可以更多地依靠他人。	0	1	2	3	4	5
7. 我为自己的人生之路确立了新的方向。	0	1	2	3	4	5
8. 我觉得与别人更亲近了。	0	1	2	3	4	5
9. 我更愿意说出自己的感受了。	0	1	2	3	4	5
10. 我知道我现在能够把问题处理得更好。	0	1	2	3	4	5
11. 我能够把自己的生活变得更好。	0	1	2	3	4	5
12. 我更加能够接受事物的最终结果。	0	1	2	3	4	5
13. 我能够更加珍惜每一天。	0	1	2	3	4	5

续表

题　目	完全没有	有一点点	一小部分	中等程度	比较大	非常大
14. 我有了一些新的机遇，这些机遇是以前不可能有的。	0	1	2	3	4	5
15. 我对人们有更多的关爱。	0	1	2	3	4	5
16. 我尝试与他人发展出更好的关系。	0	1	2	3	4	5
17. 我会更努力地去改变那些需要改变的事物。	0	1	2	3	4	5
18. 我更加信神或者信佛。	0	1	2	3	4	5
19. 我发现我比过去自己所认为的要更加坚强。	0	1	2	3	4	5
20. 我强烈地意识到，人生是那么的美好。	0	1	2	3	4	5
21. 我比以前更能接受，自己也是需要他人的。	0	1	2	3	4	5

第 三 部 分

积极情绪状态和过程
Positive Emotional State and Outcomes

一、积极情绪 Positive Emotions

1. 生活满意度量表(SWLS)[*]

王　梓　倪士光

（清华大学深圳国际研究生院，深圳，518055）

【摘要】 生活满意度量表(Satisfaction with Life Scale，SWLS)由 Diener 和 Robert 等人(1985)编制,广泛应用于评价个体对自己生活质量的主观体验,是衡量个人生活质量的常用量表。国内已有青少年、城市居民等修订版本,均符合心理测量学标准。

1. 理论背景

生活满意度(satisfaction with life)是衡量主观幸福的重要认知指标,是指一个人依照自己选择的标准对自己大部分时间或持续一定时期的生活状况的总体性认知评估(1978),是在积极到消极连续体上对其生活质量的整体认识和评价,是某一社会中个人生活质量的重要参数(2002)。

生活满意度以客观的外界刺激为基础,以认知评价为中介,以主观体验为最

---

* 测评工具研发成果参见:
1. 池丽萍,辛自强.(2002).幸福感:认知与情感成分的不同影响因素.心理发展与教育,2:27—32.
2. 熊承清,许远理.(2009).生活满意度量表中文版在民众中使用的信度和效度.中国健康心理学杂志,17(8):948—949.

终的表现形式,所以它具有整体性和相对稳定性。这种对社会生活各个领域的主观评价又会影响个体的情绪体验,从而影响到个体生活目标的定位和行为追求的取向,对个体乃至社会都产生重要的影响。追求快乐、渴求快乐是人的天性,但快乐是人的一种主观体验,是个体对客观世界的情感反应,不是生命体的属性,生活满意度就是影响这种情感反应的重要指标之一。因此,对生活满意度的研究有利于加深对生活的认识、改善生活质量、促进身心健康、提高幸福水平。在人们日益关注生活质量的今天,对它的研究具有重要的理论意义和现实意义。

2. 内容简介

生活满意度量表由 Diener 和 Robert 等人(1985)编制,共 5 个项目,Likert 7 级计分(1 代表"完全不符合",7 代表"完全符合")。

3. 实施或使用方法

按照经典心理测量学的使用规范来实施。

4. 计分方法与解释

由 5 个条目组成,每个题目有 7 个判断等级,从"完全不符合"到"完全符合",分别用数字 1~7 表示。得分越高,表明生活满意度水平越高。

5. 信度与效度

熊承清等人(2009)采用了生活满意度量表、积极情感—消极情感量表(Positive and Negative Affect Scale)和总体幸福感单题量表(General Well-Bing Sale)对 509 名民众进行了调查,对该量表的信效度进行了检验。结果发现,生活满意度中文量表在一般民众中具有较高的内部一致性信度和分半信度。量表的 α 系数为 0.78,折半信度为 0.70。

对生活满意度量表的 5 个项目的分析表明,生活满意度量表的项目具有良好的一致性,所有项目与总分之间的相关性在 0.70~0.80($P<0.001$),各个题目之间的相关性在 0.29~0.53($P<0.001$);采用验证性因素分析生活满意度量表的结构效度,表明生活满意度量表有较好的结构效度,5 个项目的负荷在 0.59~0.80

($P<0.001$)之间,解释 42.2% 的生活满意度的方差,拟合指数为:$\chi^2=33.56$,$\chi^2/df=6.71$,$GFI=0.97$,$CFI=0.96$,$RMSEA=0.071$;生活满意度量表具有较好的效标关联效度,其与积极情感分量表和总体幸福感量表达到极其显著的正相关,与消极情感分量表达到极其显著的负相关。

总而言之,生活满意度量表能够有效测量民众生活满意度。

6. 应用价值与简要评价

生活满意度量表广泛应用于评价个体对生活满意度水平,是衡量个体对生活质量感知的常用量表,是生活满意度领域最具有代表性的自评工具。截至 2018 年 11 月,在 Web of Science 里被引高达 9 069 次。

参考文献

1. Diener E., Emmons R. A., Larsen R. J. & Griffin S, 1985. The Satisfaction With Life Scale [J]. *Journal of Personality Assessment*, 49(1): 71—75.
2. Shin D. C., Johnson D. M, 1978. Avowed happiness as an overall assessment of the quality of life[J]. *Social Indicators Research*, 5: 475—492.
3. 池丽萍, 辛自强, 2002. 幸福感:认知与情感成分的不同影响因素[J]. *心理发展与教育*, 18(2), 27—32.
4. 熊承清, 许远理, 2009. 生活满意度量表中文版在民众中使用的信度和效度[J]. *中国健康心理学杂志*, 17(8): 948—949.

附录

生活满意度量表

指导语:请花一些时间想想是什么让你的生活对你来说很重要。请如实、准确地回答下列问题,请记住这些是非常主观的问题,没有正确或错误的答案。请从以下选项中选出一个最符合你实际情况的选项来回答。

题　目	完全不符合	大部分不符合	有些不符合	说不清	有些符合	大部分符合	完全不符合
1. 我生活中的大多数方面接近我的理想。	1	2	3	4	5	6	7
2. 我的生活条件很好。	1	2	3	4	5	6	7
3. 我对自己的生活感到满意。	1	2	3	4	5	6	7
4. 迄今为止我在生活中得到了想得到的重要东西。	1	2	3	4	5	6	7
5. 如果我能回头重走人生路，我几乎不想改变任何东西。	1	2	3	4	5	6	7

2. 情绪状态画像（POMS）*

杨泽云

（清华大学,北京,100084）

【摘要】 情绪状态画像（Profile of Mood States,POMS）又称心理状态剖面图,最早由 McNair(1971)编制,1992 年 Grove 等人发展修订了简式 POMS 量表,是一种测量情绪状态的良好工具。祝蓓里(1995)翻译修订了简式 POMS 量表并建立中国常模,效度良好。

1. 理论背景

心境是指一种使人的所有情感体验都感染上某种色彩的较持久而又微弱的情绪状态,其特点是具有非定向的弥散性。因此良好的心境或不良的心境会使人在心理上形成一种淡泊的背景（祝蓓里,1995）。心境有积极和消极之分,影响着个体的各个方面。

情绪状态包含较复杂的变量概念,这也是测量一个人的情绪状态成为情绪科学研究领域最令人头疼的问题之一（谢晶、方平、姜媛,2011）的原因。目前有许多测量心境的工具,功能上涵盖了从简单单维的积极、消极情绪状态测量到 6～10 个情绪状态维度的多维测量（Gibson,1997）。为了测量方便,很多测量工具都是从单一维度进行测量,比如抑郁测量。在众多测量工具中,情绪状态画像是最受欢迎和使用最广泛的量表之一（Boyle,1987）。McNair(1971)将人的情绪状态确定成了 6 个因素：紧张、抑郁、愤怒、精力、疲劳和慌乱,后来的研究者（Prapavessis,H.,1992）又加入了"与自尊感相关的情绪"这一因素,更加丰富了

---

* 测评工具研发成果参见：
1. 蔡士凯.(2010).POMS 在评价体育专业毕业生情绪中的信效度研究.皖西学院学报,145—148.
2. 祝蓓里.(1995).POMS 量表及简式中国常模简介.天津体育学院学报,(1)：35—37.
3. 张力为,毛志雄.(2004).体育科学常用心理量表评定手册.北京体育大学出版社,52—55.
4. 张万勇.(2009).简式 POMS 量表对体育锻炼女大学生心境状态的适用性评价.西安体育学院学报,26：508—512.

测量的维度。

2. 内容简介

情绪状态画像又称心理状态剖面图,最早由 M. McNair 于1971年编制,后来在此基础上又修订了很多版本。McNair(1971)的版本包括6个分量表(紧张、抑郁、愤怒、精力、疲劳和慌乱),一共65个形容词。该量表最初是为了测量有心理疾病的人的情绪状态,后来发现对正常人也适用,因而建立了与此对应的两个常模。本文介绍1992年 R. Grove 等人发展修订的简式 POMS。该问卷增加了"与自尊感有关的情绪"这一分量表,总共包括7个分量表,包含40个形容词,Likert 5级计分(0代表"几乎没有",4代表"非常多")。

简式 POMS 中文版由祝蓓里(1995)修订并建立中国常模,通过验证发现,简式 POMS 量表的中文版效度较高,不但能测量正常人的情绪状态,还可用来有效研究情绪与运动效能之间的关系。

3. 实施或使用方法

按照经典心理测量学的使用规范来实施。

4. 计分方法与解释

计分:0代表"几乎没有",1代表"有一点",2代表"适中",3代表"相当多",4代表"非常多"。该量表包含7个分量表,无反向计分。"紧张"包括第1、8、15、21、28、35题;"愤怒"包括第2、9、16、22、29、36、37题;"疲劳"包括第3、10、17、23、30题;"抑郁"包括第3、11、18、24、31、38题;"精力"包括第5、12、19、25、32、39题;"慌乱"包括第6、13、20、26、33题;"与自尊感有关的情绪"包括第7、14、27、34、40题。各分量表的最高得分分别为24、28、20、24、24、20、20分,最低得分为0分。

查阅常模,将累计的各分量表的原始分数转换为 T 分数。用点线图将各分量表的 T 分数表示出来,即可得到心境状态剖面图。

TMD(情绪状态总估价分)=消极情绪状态("紧张"+"愤怒"+"疲劳"+"抑郁"+"慌乱")-积极情绪状态("精力"+"有关的情绪")+100。

5. 信度与效度

祝蓓里(1995)以大学生和中学生为测试对象,修订简式 POMS 中国版常模,之后从全体常模样本中随机抽取 85 名受测者,对他们回答的各分量表分与相应的有关题目得分进行相关分析,得到信度在 0.62~0.82,平均 $r=0.71$。此外,又以全体常模样本中的 100 名运动员为受测者,对中国版简式 POMS 常模效度进行了检验,得到了较好的结果。

张万勇(2009)将简式 POMS 中文版用于研究女大学生体育锻炼的心境状态,同时也验证了该量表在女大学生体育锻炼情绪测量方面有一定的使用价值。

6. 应用价值与简要评价

简式 POMS 量表由于使用方便被广泛用在情绪状态的测量上,尤其是被用在研究运动员的情绪与运动效能之间的关系上。

参考文献

1. 谢晶,方平,姜媛,2011. 情绪测量方法的研究进展[J]. 心理科学,34(2):488—493.
2. 祝蓓里,1995. POMS 量表及简式中国常模简介[J]. 天津体育学院学报,(1):35—37.
3. 张力为,毛志雄,2004. 体育科学常用心理量表评定手册[M]. 北京体育大学出版社,52—55.
4. 张万勇,2009. 简式 POMS 量表对体育锻炼女大学生心境状态的适用性评价[J]. 西安体育学院学报,26:508—512.
5. Boyle G. J, 1987. A cross-validation of the factor structure of the Profile of Mood States: Were the factors correctly identified in the first instance? [J]. *Psychological Reports*, 60(2), 343—354.
6. Gibson S. J, 1997. The measurement of mood states in older adults[J]. *Journals of Gerontology Series B-Psychological Sciences and Social Sciences*, 52(4):167—174.
7. Grove J. R. & Prapavessis H, 1992. Preliminary evidence for the reliability and validity of an abbreviated profile of mood states[M]. *International Journal of Sport Psychology*. (23):93—109.
8. McNair D.M., Lorr M. and Droppelman L.F, 1971. *EDITS Manual for the Profile of Mood States*[M]. San Diego, CA: Educational and Industrial Testing Service.

附录

简式情绪状态画像

请根据下列单词表达你在上一周(包括今天)的感受。对每一个形容词只能在 5 种选择中选出最符合你实际情况感受的一项,并在相应的小方块内画√。

题　　目	几乎没有	有一点	适中	相当多	非常多
1. 紧张的	1	2	3	4	5
2. 生气的	1	2	3	4	5
3. 无精打采的	1	2	3	4	5
4. 不快活的	1	2	3	4	5
5. 轻松愉快的	1	2	3	4	5
6. 慌乱的	1	2	3	4	5
7. 为难的	1	2	3	4	5
8. 心烦意乱的	1	2	3	4	5
9. 气坏的	1	2	3	4	5
10. 劳累的	1	2	3	4	5
11. 悲伤的	1	2	3	4	5
12. 精神饱满的	1	2	3	4	5
13. 集中不了注意力的	1	2	3	4	5
14. 自信的	1	2	3	4	5
15. 内心不安的	1	2	3	4	5
16. 气恼的	1	2	3	4	5
17. 筋疲力尽的	1	2	3	4	5
18. 沮丧的	1	2	3	4	5
19. 主动积极的	1	2	3	4	5
20 慌张的	1	2	3	4	5
21. 坐卧不宁的	1	2	3	4	5
22. 烦恼的	1	2	3	4	5
23. 倦怠的	1	2	3	4	5

续表

题　　目	几乎没有	有一点	适中	相当多	非常多
24. 忧郁的	1	2	3	4	5
24. 兴致勃勃的	1	2	3	4	5
26. 健忘的	1	2	3	4	5
27. 有能力感的	1	2	3	4	5
28. 易激动的	1	2	3	4	5
29. 愤怒的	1	2	3	4	5
30. 疲惫不堪的	1	2	3	4	5
31. 毫无价值的	1	2	3	4	5
32. 富有活动的	1	2	3	4	5
33. 有不确定感的	1	2	3	4	5
34. 满意的	1	2	3	4	5
35. 担忧的	1	2	3	4	5
36. 狂怒的	1	2	3	4	5
37. 抱怨的	1	2	3	4	5
38. 孤弱无助的	1	2	3	4	5
39. 劲头十足的	1	2	3	4	5
40. 自豪的	1	2	3	4	5

3. 积极消极情绪量表(PANAS)*

王晓静

(清华大学新雅书院,北京,100084)

【摘要】 积极消极情绪量表(Positive and Negative Affective Scale, PANAS)是由 Watson 等人(1988)编制的,主要用于对个体情绪状态的二维测量。国内外已有扩展版、成人版、大学生版、儿童版等修订版。有关研究表明,其均具有良好的信度和结构效度,符合心理学测量标准。本文详细介绍了黄丽等人(2003)修订的积极消极情绪量表中文成人版的实施与使用方法。

1. 理论背景

情绪作为心理学研究的主要内容,在心理学研究领域占有重要的地位(Ollendick TH,1994)。从临床角度,研究者经常把情绪作为检测人们心理健康的一个标准,消极情绪与各种疾病有关,而积极情绪则可以延长寿命,改善生活质量(石林,2000)。有研究发现,个体的正性情绪和负性情感会影响心理健康水平、应激水平和自杀倾向(朱坚、杨雪龙、陈海德,2013)。随着积极心理学的兴起和发展,研究者们将视角转向积极情绪,如对主观幸福感的研究中经常引入对情绪的测量。20 世纪 60 年代前的很长一段时期,人们普遍认为情绪是单一维度的,正性情绪与负性情绪有很大的负相关。60 年代后,经过进一步研究和分析,学者们提出了情绪具有正、负两个不同的、相互独立的维度特征的观点(Wessman&Ricks,1966;Braduburn,1969;Zevon&Tellege,1982)。Diener、

---

* 测评工具研发成果参见:

1. 黄丽,杨廷忠,季忠民.(2003).正性负性情绪量表的中国人群适用性研究.*中国心理卫生杂志*,17(1):54—56.

2. 潘婷婷,丁雪辰,桑标等.(2015).正负性情感量表儿童版(PANAS-C)的信效度初探.*中国临床心理学杂志*,23(3):397—398.

3. 邱林,郑雪,王雁飞.(2008).积极情感消极情感量表(PANAS)的修订.*应用心理学*,14(3):249—250.

Larsen、Levine(1985)根据自己对情绪二维结构的理解,编制和发表了一些正、负性情绪量表。Watson(1988)等对这些量表进行分析,重新编制了积极消极情绪量表。

2. 内容简介

积极消极情绪量表是由 Watson 等人(1988)编制,该量表包含了正性情绪和负性情绪两个维度,共 20 个项目,其中 10 个项目代表正性情绪,10 个项目代表负性情绪。量表采用 Likert 5 级计分(1 代表"几乎没有",5 代表"非常多")。

Waston 和 Clark(1999)在此量表的基础上发展了积极消极情绪量表—扩展版(PANAS-X),Laurent(1999)在积极消极情感量表和积极消极情感量表扩展版(PANAS-X)的基础上编制了包含 30 题的积极消极情感量表儿童版(PANAS-C);中文版已有积极消极情绪量表的成人修订版(黄丽、杨廷忠、季忠民,2003),积极消极情绪量表的大学生版(邱林、郑雪、王雁飞,2008)、积极消极情绪量表—扩展版(PANAS-X)的修订版(郭明珠、甘怡群,2010)、积极消极情感量表儿童版的修订版(潘婷婷、丁雪辰等,2015)。

3. 实施与使用方法

按照经典心理测量学的使用规范实施。

4. 计分方法与解释

黄丽等人(2003)修订的中文成人版积极消极情绪量表中的 1、3、5、9、10、12、14、16、17、19 为正性情绪项目,2、4、6、7、8、11、13、15、18、20 为负性情绪项目,需对正性情绪和负性情绪项目分别进行正向计分。正性情绪分数高表示个体精力旺盛,处于积极快乐的情绪状态,分数低表示个体比较淡漠,处于消极情绪状态。负性情绪分高表示个体主观感觉困惑、痛苦,而分数低则表示镇定。

5. 信度与效度

黄丽、杨廷忠、季忠民(2003)通过调查 372 名社区人群,以同置信度、重测信度检验量表信度,使用因素分析的方差极大旋转法检验结构效度,选择 SCL-90

为效标效度,对积极消极情绪量表的信效度进行检验,研究结果发现,积极消极情绪量表所有条目的内部一致性 α 系数为 0.82,正性、负性情绪的内部一致性 α 系数为分别为 0.85 和 0.83。正性、负性情绪的重测信度分别是 0.47 和 0.47。正性情绪各条目的负荷在 0.76~0.40,平均负荷 0.65;负性情绪各条目的负荷在 0.75~0.45,平均负荷为 0.62。负性情绪与 SCL-90 总症状指数的相关系数是 0.65。

6. 应用价值与评价

积极消极情绪量表已经广泛应用于个体的心理健康状态、主观幸福感的测量与研究,是情绪研究领域最具有代表性的自评工具之一。我们建议在中文情境中,面向不同的群体,选择合适的中文版工具。

参考文献

1. Diener E., Larsen R.J., Levine S., et al, 1985. Intensity and frequency: Dimensions underlying positive and negative affect[J]. *Journal of Personality and Social Psychology*, 48: 1253—1265.

2. Laurent J., Cantanzaro S., Rudolph K., et al, 1999. A measure of positive and negative affect for children: Scale development and preliminary validation [J]. *Psychological Assessment*, 11(3): 326—338.

3. Ollendick T. H., King N. J, 1994. Diagnosis, assessment, and treatment of internalizing problems in children: The role of longitudinal data[J]. *Journal of Consulting and Clinical Psychology*, 62: 918—927.

4. Watson D., Clark L.A, 1999. THE PANAS-X.Manual for the positive and negative affect schedule-expanded form [OL]. *(1999-8)[2009-10-02] http://www.Psychology.uiowa.edu/faculty/Clark/PANAS-X.pdf*.

5. 郭明珠,甘怡群,2010.中文正性负性情绪量表-扩展版在 660 名大学生中的信效度检验[J]. *心理卫生评估*, 24(2): 524—526.

6. 黄丽,杨廷忠,季忠民,2003.正性负性情绪量表的中国人群适用性研究[J]. *中国心理卫生杂志*, 17(1): 54—56.

7. 潘婷婷,丁雪辰,桑标等,2015.正负性情感量表儿童版(PANAS-C)的信效度初探[J]. *中国临床心理学杂志*, 23(3): 397—398.

8. 邱林,郑雪,王雁飞,2008.积极情感消极情感量表(PANAS)的修订[J].应用心理学,14(3):249—250.

9. 石林,2000.情绪研究中的若干问题综述[J].心理学动态,8(1):63—68.

10. 朱坚,杨雪龙,陈海德,2013.应激生活事件与大学生自杀意念的关系:冲动性人格与抑郁情绪的不同作用[J].中国临床心理学杂志,21(2):229—233.

附录

积极消极情绪量表(中文版)

指导语:下面是一份关于你当前情绪情感状态的量表。请你认真阅读每一条目,根据你现在的实际感受,回答在多大程度上体验到这些词汇描述的情绪状态。答案没有对错,只需根据你当前的感觉,选择最恰当的选项。

题 目	几乎没有	比较少	适中	比较多	非常多
1. 感兴趣的	1	2	3	4	5
2. 心烦的	1	2	3	4	5
3. 精神活力高的	1	2	3	4	5
4. 心神不宁的	1	2	3	4	5
5. 劲头足的	1	2	3	4	5
6. 内疚的	1	2	3	4	5
7. 恐惧的	1	2	3	4	5
8. 敌意的	1	2	3	4	5
9. 热情的	1	2	3	4	5
10. 自豪的	1	2	3	4	5
11. 易怒的	1	2	3	4	5
12. 警觉性高的	1	2	3	4	5
13. 害羞的	1	2	3	4	5
14. 备受鼓舞的	1	2	3	4	5
15. 紧张的	1	2	3	4	5
16. 意志坚定的	1	2	3	4	5
17. 注意力集中的	1	2	3	4	5

续表

题 目	几乎没有	比较少	适中	比较多	非常多
18. 坐立不安的	1	2	3	4	5
19. 有活力的	1	2	3	4	5
20. 害怕的	1	2	3	4	5

4. 情绪程度和时间量表（ITAS）

杨泽云

（清华大学，北京，100084）

【摘要】 情绪程度和时间量表（Intensity and Time Affect Survey，ITAS）由 Diener 等人（1991）开发，应用于了解个体情绪的频率和程度，是情绪测量领域信效度非常高的量表之一。

1. 理论背景

很多关于情绪和幸福量表的研究都表明，积极情绪和消极情绪有非常强的负相关关系。但是关于主观幸福感的研究又提出，积极情绪和消极情绪是跨个体相互独立的（Diener，Larsen，Levine & Emmons，1985）。为了解决这一矛盾，Diener 等人提出了情绪结构的两个维度：积极情绪对消极情绪的频率和情绪的程度。具体而言，前者是积极情绪的频率或者说积极情绪占主导的时间总量，后者是个体经历某一情绪的程度或者强度。Diener 在 1991 年编制了测量情绪程度和时间的问卷。

学界测量情绪强度的量表很多，如情绪强度测量 AIM（Affect Intensity Measure）、情绪程度和时间量表 ITAS（Intensity and Time Affect Survey）、情绪强度量表 EIS（Emotion Intensity Scale）等（Schimmack & Diener，1997）。Larsen 等人于 1987 年编制的 AIM 包含了 40 个题目，要求参与者通过 6 点对各项描述进行评分，来测量个体的正性和负性情绪体验，由于具有充分的信效度，因此在学界应用比较广泛（钟明天、蚁金瑶、凌宇、朱熊兆、姚树桥，2010；Schimmack & Diener，1997）。EIS 是 1994 年开发的一个测量情绪强度的工具，该工具中题目一般为一个简短的情境描述，要求参与者对该情境最可能引发自己的某种单一情绪进行强烈程度的评估（Schimmack & Diener，1997）。

2. 内容简介

情绪程度和时间量表是 Diener 等人于 1991 年开发,用来测量个体在情绪体验上的程度和时间,即频率和持续时间的量表;1995 年该量表中的 6 种离散的情绪范畴(恐惧、愤怒、悲伤、羞耻、高兴和喜爱)被更加细化为每个情绪范畴包含 4 个情绪形容词,共 24 个情绪形容词(Schimmack & Diener, 1997)。该量表为 Likert 7 级计分(1 代表"从来没有",7 代表"总是这样"),分数越高说明个体越频繁地或强烈地经历该情绪(Diener、Smith & Fujita, 1995)。

目前笔者没有查阅到情绪程度和时间量表的汉化版。

3. 实施或使用方法

按照经典心理测量学的使用规范来实施。

4. 计分方法与解释

该量表包含 6 种离散的基本情绪范畴:恐惧(fear *fear、worry、anxiety and nervous*)、愤怒(anger *anger、irritation、disgust and rage*)、悲伤(sadness *sadness、unhappiness、depression and loneliness*)、羞耻(shame *shame、guilt、regret and embarrassment*)、高兴(joy *joy、happiness、contentment and pride*)、喜爱(love *love、affection、caring and fondness*)(Diener et al., 1995)。每个维度单独计分,通过对该维度的情绪词的得分相加得到一个总分数。该量表采用 Likert 7 级计分,分数越高说明个体越频繁地经历该情绪(McMahan & Estes, 2012)。

5. 信度与效度

先前研究均证明了情绪程度和时间量表有很好的内部一致性和效度(Lucas et al. 2003,引自 McMahan & Estes, 2011)。Diener 等人用该量表让个体报告自己过去一个月的情绪频率,6 类情绪分别都得到了较高的 α 值($α_{Love}=0.85$,$α_{Joy}=0.79$,$α_{Fear}=0.84$,$α_{Anger}=0.82$,$α_{Shame}=0.78$,$α_{Sadness}=0.80$)(Diener et al., 1995)。McMahan & Estes 在验证他们开发的幸福信念量表时用到了情绪程度和时间量

表,用来测量个体幸福中的情感因素,发现该量表中积极情绪（α＝0.91）和消极情绪（α＝0.93）的内部一致性非常高（McMahan & Estes,2011）。在另一项研究中McMahan & Estes 用 ITAS 测量了青年人和老年人的情绪状态,发现积极情绪维度的内部一致性在青年组（α＝0.75）和老年组（α＝0.90）都是可以接受的,消极情绪的内部一致性在青年组（α＝0.90）和老年组（α＝0.90）也是可以接受的（McMahan & Estes,2012）。ITAS 被 Yong 用于测量韩国 40～60 岁的中年男子的心理健康,得到该量表的内部一致性系数 α 为 0.92。

6. 应用价值与简要评价

该量表目前国内外使用较少。以"Intensity and Time Affect Scale"为检索词在 ProQuest 和 Web of Science 上的检索结果分别为 11 条和 0 条,国内也几乎很少用到此量表。

虽然用到该量表的研究目前还较少,但是从现有相关的研究可以看出,该量表有很好的信度和效度,能够有效测量个体的情绪频率,以研究个体的情绪状态和幸福感等。

参考文献

1. 钟明天,蚁金瑶,凌宇,朱熊兆,姚树桥,2010. 简式情感强度量表中文版的信效度检验[J]. 中国临床心理学杂志,18(05):556—558-561.
2. Diener E.,Larsen R. J.,Levine S. & Emmons R. A,1985. Intensity and frequency: dimensions underlying positive and negative affect[J]. *Journal of Personality and Social Psychology*,48(5):1253—1265.
3. Diener E.,Smith H. & Fujita F,1995. The personality structure of affect[J]. *Journal of Personality and Social Psychology*,69(1):130—141.
4. Gibson S. J,1997. The measurement of mood states in older adults[J]. *Journals of Gerontology Series B-Psychological Sciences and Social Sciences*,52(4):167—174.
5. McMahan E. A. & Estes D,2011. Measuring Lay Conceptions of Well-Being: The Beliefs About Well-Being Scale[J]. *Journal of Happiness Studies*,12(2):267—287.
6. McMahan E. A. & Estes D,2012. Age-Related Differences in Lay Conceptions of Well-Being and Experienced Well-Being[J]. *Journal of Happiness Studies*,13(1):79—101.

7. Schimmack U. & Diener E, 1997. Affect intensity: separating intensity and frequency in repeatedly measured affect[J]. *Journal of Personality and Social Psychology*, 73(6): 1313—1329.

附录
情绪程度和时间量表

版本一：

频率：在过去的一个月里，您清醒时感到以下每种情绪的频率是多少？

题 目	从不	极少数时间	少数时间	大约一半时间	多数时间	极大多数时间	始终
1. 钟爱	1	2	3	4	5	6	7
2. 喜悦	1	2	3	4	5	6	7
3. 恐惧	1	2	3	4	5	6	7
4. 生气	1	2	3	4	5	6	7
5. 羞愧	1	2	3	4	5	6	7
6. 悲伤	1	2	3	4	5	6	7
7. 爱	1	2	3	4	5	6	7
8. 幸福	1	2	3	4	5	6	7
9. 担忧	1	2	3	4	5	6	7
10. 恼怒	1	2	3	4	5	6	7
11. 内疚	1	2	3	4	5	6	7
12. 孤独	1	2	3	4	5	6	7
13. 关怀	1	2	3	4	5	6	7
14. 知足	1	2	3	4	5	6	7
15. 焦虑	1	2	3	4	5	6	7
16. 厌恶	1	2	3	4	5	6	7
17. 后悔	1	2	3	4	5	6	7
18. 闷闷不乐	1	2	3	4	5	6	7
19. 喜爱	1	2	3	4	5	6	7

续表

题 目	从不	极少数时间	少数时间	大约一半时间	多数时间	极大多数时间	始终
20. 自豪	1	2	3	4	5	6	7
21. 紧张	1	2	3	4	5	6	7
22. 愤怒	1	2	3	4	5	6	7
23. 尴尬	1	2	3	4	5	6	7
24. 抑郁	1	2	3	4	5	6	7

强度：如果您体验到 X(X 是 24 种情绪之一)，那么您通常会多强烈地体验 X？1＝一点都不，2＝非常轻微，3＝轻微，4＝中等，5＝强烈，6＝非常强烈，7＝极其强烈

题 目	一点都不	非常轻微	轻微	中等	强烈	非常强烈	极其强烈
1. 钟爱	1	2	3	4	5	6	7
2. 喜悦	1	2	3	4	5	6	7
3. 恐惧	1	2	3	4	5	6	7
4. 生气	1	2	3	4	5	6	7
5. 羞愧	1	2	3	4	5	6	7
6. 悲伤	1	2	3	4	5	6	7
7. 爱	1	2	3	4	5	6	7
8. 幸福	1	2	3	4	5	6	7
9. 担忧	1	2	3	4	5	6	7
10. 恼怒	1	2	3	4	5	6	7
11. 内疚	1	2	3	4	5	6	7
12. 孤独	1	2	3	4	5	6	7
13. 关怀	1	2	3	4	5	6	7
14. 知足	1	2	3	4	5	6	7
15. 焦虑	1	2	3	4	5	6	7
16. 厌恶	1	2	3	4	5	6	7
17. 后悔	1	2	3	4	5	6	7

续表

题　目	一点都不	非常轻微	轻微	中等	强烈	非常强烈	极其强烈
18. 闷闷不乐	1	2	3	4	5	6	7
19. 喜爱	1	2	3	4	5	6	7
20. 自豪	1	2	3	4	5	6	7
21. 紧张	1	2	3	4	5	6	7
22. 愤怒	1	2	3	4	5	6	7
23. 尴尬	1	2	3	4	5	6	7
24. 抑郁	1	2	3	4	5	6	7

版本二：

强度和时间影响量表

您一般会在何种程度上感受到以下每种情绪？

题　目	非常轻微或完全没有	比较少	适中	比较多	非常多
1. 钟爱	1	2	3	4	5
2. 喜悦	1	2	3	4	5
3. 恐惧	1	2	3	4	5
4. 生气	1	2	3	4	5
5. 羞愧	1	2	3	4	5
6. 悲伤	1	2	3	4	5
7. 爱	1	2	3	4	5
8. 幸福	1	2	3	4	5
9. 担忧	1	2	3	4	5
10. 恼怒	1	2	3	4	5
11. 内疚	1	2	3	4	5
12. 孤独	1	2	3	4	5
13. 关怀	1	2	3	4	5
14. 知足	1	2	3	4	5

续表

题　　目	非常轻微或 完全没有	比较少	适中	比较多	非常多
15. 焦虑	1	2	3	4	5
16. 厌恶	1	2	3	4	5
17. 后悔	1	2	3	4	5
18. 闷闷不乐	1	2	3	4	5
19. 喜爱	1	2	3	4	5
20. 自豪	1	2	3	4	5
21. 紧张	1	2	3	4	5
22. 愤怒	1	2	3	4	5
23. 尴尬	1	2	3	4	5
24. 抑郁	1	2	3	4	5

二、自尊 Self-Esteem

5. 罗森伯格自尊量表（RSE）

李占宏

（清华大学心理学系，北京，100084）

【摘要】 罗森伯格自尊量表（Rosenberg Self-Esteem Scale，RSE）是由 Rosenberg（1965）编制，广泛应用于测量个体的自尊水平，修订后的中文版的罗森伯格自尊量表目前已被广泛应用于不同群体的自尊测量，均符合心理测量学标准。

1. 理论背景

自尊是对自我的一般性评价，是个体经验和生活质量的中心方面（杨烨、王登峰，2007）。许多西方学者认为自尊是心理健康的核心（李虹，2004）。测量自尊是心理学的一个长久话题，其最早测量甚至可以追溯到 James（1890）对于自我的讨论。历史上，人们曾采用或开发过许多测量自尊的方法和工具，如"经验取样法""Q 分类法""同伴评价法""反应时法"等。当然，大多数心理学家还是依赖传统的自我报告法。这其中，罗森伯格自尊量表是迄今应用最为广泛的自尊测量工具（Robins，Hendin & Trzesniewski，2001）。根据 Schmitt DP 等的统计，罗森伯格自尊量表已被翻译成 28 种语言，并在全球 53 个国家广为使用（申自力、蔡太生，2008）。由于它信效度高且简明方便，也是我国使用最广泛的自尊测量工具

(田录梅,2006)。

罗森伯格自尊量表中文版由季益富和于欣翻译、引进和推广(季益富、于欣,1999)。但是,一些研究者如王萍、申继亮、韩向前指出,该量表存在文化适应问题,即量表第8条目的中文表述是正向的、积极的,而记分却是按负性条目的标准(申自力、蔡太生,2008)。韩向前在总结这些人对第8题的处理意见时,将其归纳为三个方面:一是删去该题;二是对该题的中文表达加以修改,即按英文版原文译为"我希望能再多一点自尊就好了";三是建议改为正向计分(韩向前、江波、汤家彦、王益荣,2005)。2006年,田录梅在《罗森伯格(1965)自尊量表中文版的美中不足》一文中采纳了删去该条目和改为正向计分的建议,并对处理后的量表进行了信效度检验。

但申自力和蔡太生却认为,如果删去条目8或改为正向计分,可能会影响量表的总分以及量表的因子结构,并进而影响以该量表为工具的学术交流价值。至于按英文版原文翻译为"我希望能再多一点自尊就好了",他们认为也有不妥。因为,此种中文表述容易使人产生歧义,会导致该条目的区分度降低,进而可能影响量表的信度。为了维持原来的反向计分,他们将条目8与其他负性条目一样用直接的否定语气进行中文表述,并检验了这三种不同的表述的信效度。最后的结论是,条目8以否定语气表述要比其他两种表述的区分度更好;相比其他两种表述,条目8以否定表述能更好地解释测验分数的变异;将条目8用否定语气表述,相比用委婉语气表述和正向表述,量表的内部一致性信度更高。这说明罗森伯格自尊量表条目8用直接的否定语气进行中文表述要比委婉表述、正向表述更合理些(申自力、蔡太生,2008)。

2. 内容简介

罗森伯格自尊量表英文版由 Rosenberg(1965)编制,共10个条目,分非常符合、符合、不符合、很不符合4级评分,用于测量个体的整体自尊水平,高分代表高自尊。

目前较为常用的是申自力和蔡太生版罗森伯格自尊量表中文版。

3. 实施或使用方法

按照经典心理测量学的使用规范来实施。

4. 计分方法与解释

第 3、5、8、9、10 项为反向计分，其他项目为正向计分。共 10 个条目，采用 Likert 4 级计分，分别为非常符合、符合、不符合、很不符合 4 级。其中，测量指标可以采用条目平均分或总分，分数越高表明自尊水平越高。

5. 信度与效度

内部一致性系数：罗森伯格自尊量表中文版的内部一致性系数基本在 0.84～0.90。比如，李虹 2004 年对 788 名中国大学生的研究表明，其内部一致性系数为 0.84（李虹，2004）。申自力和蔡太生（2008）对 162 名大三学生的调查表明，申自力和蔡太生版罗森伯格自尊量表中文版的内部一致性系数为 0.88。李占宏和赵梦娇等（2018）对 513 名成年人的调查表明，该版自尊量表的内部一致性系数为 0.86（李占宏、赵梦娇、肖紫瑶、刘亚楠，2018）。这表明，这一量表的内部一致性是稳定的，并且较高。

重测信度：罗森伯格量表的 2 周重测信度在 0.85～0.88，表明这一工具具有较好的重测信度（Rosenberg，1965）。

效度：罗森伯格自尊量表与自我肯定量表、自我贬低量表及负性情感量表之间的相关关系总体达到了所期望的方向和水平（$0.30 < |r| < 0.70$）（李虹，2004），与生命意义问卷存现分量表（MLQ-P）之间的相关为 0.66（李占宏等，2018），也就是说它与其他心理健康或幸福测量工具具有良好的效标关联效度。

6. 应用价值与简要评价

罗森伯格的自尊量表的反应深刻而稳定，且简短好用，适合于对心理健康、生命意义和主观幸福感等的测量和研究。

参考文献

1. Robins R. W., Hendin H. M. & Trzesniewski K. H, 2001. Measuring global self-esteem: Construct validation of a single-item measure and the Rosenberg Self-Esteem Scale. *Personality and Social Psychology Bulletin*, 27(2): 151—161.

2. Rosenberg M, 1965. Self-esteem scale.

3. 韩向前, 江波, 汤家彦, 王益荣.(2005).自尊量表使用过程中的问题及建议[J].中国行为医学科学, 14(8): 763.

4. 季益富, 于欣, 1999. 自尊量表. 中国心理卫生杂志, 12: 318—320.

5. 李虹, 2004. 心理健康的测量: 自尊量表和情感量表的比较. 心理发展与教育, 20(2): 75—79.

6. 李占宏, 赵梦娇, 肖紫瑶, 刘亚楠.(2018).利他行为与生命意义感: 领悟到的社会支持与自尊的中介作用[J].中国特殊教育, 25(5): 92—96.

7. 申自力, 蔡太生, 2008. Rosenberg 自尊量表中文版条目 8 的处理. 中国心理卫生杂志, 22(9): 661—663.

8. 田录梅, 2006. Rosenberg(1965)自尊量表中文版的美中不足. 心理学探新, 26(2): 88—91.

9. 杨烨, 王登峰, 2007. Rosenberg 自尊量表因素结构的再验证. 中国心理卫生杂志, 21(9): 603—605.

附录

罗森伯格自尊量表

题　　目	极不同意	不同意	比较同意	完全同意
1. 我感到我是一个有价值的人,至少与其他人在同一水平上	1	2	3	4
2. 我感到我有许多好的品质	1	2	3	4
*3. 归根到底,我倾向于觉得自己是一个失败者	1	2	3	4
4. 我能像大多数人一样把事情做好	1	2	3	4
*5. 我感到自己值得自豪的地方不多	1	2	3	4
6. 我对自己持肯定的态度	1	2	3	4

续表

题　目	极不同意	不同意	比较同意	完全同意
7. 总的来说，我对自己是满意的	1	2	3	4
*8. 我希望能为自己赢得更多尊重	1	2	3	4
*9. 我确实时常感到毫无用处	1	2	3	4
*10. 我时常认为自己一无是处	1	2	3	4

*代表反向计分，也代表负性评价维度。

6. 状态自尊量表（SSES）*

张福雨　郭素然

（国际关系学院，北京，100091）

【摘要】 状态自尊量表（State Self-Esteem Scale，SSES）由 Heatherton 和 Polivy(1991)编制，广泛应用于测量个体自尊的变化，有助于厘清自尊与情绪之间的关系以及个体状态自尊状态波动，是状态自尊领域具有代表性的自评工具。中国香港和中国大陆已有中文修订版本，均符合心理测量学标准。

1. 理论背景

自尊是对自我概念的评价，从结构上可分为整体自尊（global self-esteem）和具体自尊（specific or differentiated self-esteem）。整体自尊是个体对自我整体的态度，包含有积极和消极态度，而具体自尊则是整体自尊的局部或部分表现，如学业自尊、容貌自尊、社交自尊等（黄凯杰、李丹、赵倩，2014）。Heatherton 和 Polivy(1991)在总结前人的理论和观点基础上发现有很多研究表明，自尊是一个长期稳定的状态。但是他们认为某些情境因素的出现会导致自尊暂时性的改变，而这种临时性的自尊就是个体的状态自尊，状态自尊与个人的自我价值感有关，会随着情境因素的变化而改变。

自尊研究领域常以自我报告法最为多见，其中又以 Rosenberg(1965)编制的自尊量表（Self-Esteem Scale，SES）使用最为广泛。但传统测量自尊的量表，如自尊量表大多评估的是整体自尊和特质自尊，很少有专门工具测量状态自尊的变化。Heatherton 曾经在 1988 年使用自尊量表测量状态自尊，结果发现该量表不能有效地评估状态自尊的水平。此外在一些自尊领域的研究里，有时很难分辨究竟是情绪、焦虑还是暂时性的自尊变化在影响实验结果。因此，为了能够准确预

---

* 测评工具研发成果参见：
Heatherton T.F. & J. Polivy. (1991). Development and Validation of a Scale for Measuring State Self-Esteem[J].*Journal of Personality and Social Psychology*，60(6)：895—910.

测状态自尊的真实水平以及有效地将情绪和状态自尊分离,Heatherton 和 Polivy (1991)在 Janis 和 Field 的缺陷感量表基础上编写 SSES,发现行为自尊、社会自尊、外表自尊能够很好地预测状态自尊波动情况,有效测量个体短时间内对自己的看法,既能反映个体自尊降低情况,也能反映自尊水平的升高。

2. 内容简介

状态自尊量表由 Heatherton 和 Polivy 等(1991)编制,共 20 个项目,其中 7 个项目测量行为自尊维度,反应受测者是否认为自己的行为有意义;7 个项目测量社会自尊维度,反映受测者自我感知的公众形象以及社会焦虑;6 个项目测量外表自尊维度,反映受测者对自我形象的感知。Likert 5 级计分(1 代表"从不",2 代表"偶尔",3 代表"有时",4 代表"经常",5 代表"总是")。

然而该量表在被其他研究采用时,计分方式并未统一。该量表首先由香港中文大学 Chang 教授翻译成中文版用于测量香港地区中风患者自尊水平,计分方式为 Likert 4 级计分(1 代表"非常不同意",2 代表"不同意",3 代表"同意",4 代表"非常同意")。之后由中山大学护理学院张俊娥教授首次将其引进内地,用于测量结肠造口患者自尊水平(张俊娥、郑美春、苏小茵、李津、叶新梅,2005)。在中国台湾地区,王丛桂和王靖惠(2011)在对补偿性消费研究中以状态自尊为中介变量,截取了中关于行为自尊部分的 7 个题目,并采用 Likert 7 级计分(1 代表"非常不同意",7 代表"非常同意"),分数越高代表越同意题目的叙述,状态自尊水平越高。

3. 施测或使用方法

按照经典心理测量学的使用规范来实施。

4. 计分方法与解释

第 2、4、5、7、8、10、13、15、16、17、18、19、20 为反向计分。行为自尊包含了 1、4、5、9、14、18、19 题;社会自尊包含了 2、8、10、13、15、17、20 题;表现自尊包含了 3、6、7、11、12、16 题。总分为 20~80 分,分数越高表明自尊水平越高,20~39 分表示低水平自尊,40~59 分表示中等水平自尊,60~80 分表示高水平自尊。

5. 信度与效度

以 Heatherton 和 Polivy(1991)的研究为例，其中实验 1 采用 SSES、缺陷感量表(JFS)对 428 名多伦多大学学生进行信效度检验。结果显示，状态自尊量表具有较好的信效度，内部一致性系数为 0.92，行为自尊因素系数为 0.87，社会自尊因素系数为 0.86，表现自尊因素系数为 0.78，各因素都呈现显著正相关，条目所属因子上的因素负荷为 0.37～0.83，三个因素变异贡献率占到 50.4%，因此 SSES 探索性和验证性因素分析结果表明具有较好的结构效度。在另外一个实验中，研究对象是 128 名参加过心理课程的多伦多大学学生。为了考查学生在教室环境中的自尊变化，让学生在第一次期中考试前一周填写 SSES 量表、JFS 量表和多种情绪形容词量表(MAACL)，并被告知要面临一个非常困难的考试。第二次填写在第一次期中考试结束之后进行，第三次在第二次期中考试结束之后填写，SSES 第一次重测信度为 0.71，第二次重测信度为 0.62，$P<0.05$，验证了量表具有较好的跨时间稳定性。

Chau、Thompson、Chang 和 Woo(2011)采用方便取样的方法，抽取中国香港地区 265 名中风患者(平均年龄 71.4，标准差 10.3 岁)对中文版状态自尊量表进行检验，让受测者填写 SSES 和老年抑郁量表(GDS)，结果发现，中国香港地区中文版状态自尊量表内部一致性系数为 0.83，行为自尊的系数为 0.81，社会自尊的系数为 0.81，外表自尊的系数为 0.73，并对量表因子贡献率分析得出：行为自尊因子贡献率为 26.7%，社会自尊因子贡献率为 10.45%，外表自尊因子贡献率为 12.32%，量表的各项目的因子负荷在 0.31～0.74。探索性因子分析和验证性因素分析发现量表的结构效度较好。行为自尊、社会自尊和表现自尊与抑郁呈现显著的负相关($r=-0.55, r=-0.31, r=-0.47, P<0.01$)。

张俊娥等(2005)使用状态自尊量表评估结肠造口患者自尊水平，对 16 例患者进行测试，2 周后的重测信度系数为 0.83，内部一致性系数为 0.86。

Kathy 和 Richard(1996)研究选取美国得克萨斯州东南部的某中学 59 名 6 年级学生(34 名男生，25 名女生)，年龄在 11～13 岁，42% 为非西班牙裔白人，57% 为美国黑人，不到 1% 为亚裔作为研究对象，结果发现 SSES 能够很好地对青少年群体的状态自尊进行有效测量。

我国学者申继亮、胡心怡和刘霞(2007)对北京市 3 所打工子弟学校和 1 所公立中学初一、初二的 490 名学生进行流动儿童的家庭环境及其对自尊的影响研究时,根据儿童的特点做了适当修订以符合受测者的阅读习惯,选取 SSES 中的行为自尊(该研究中称为成就自尊)和社会自尊,两个维度的内部一致性系数分别为 0.69 和 0.68。

6. 应用价值和简要评价

SSES 应用于评价个体的状态自尊,是自尊领域具有代表性的自评工具。截至 2018 年 12 月 29 日,Heatherton 和 Polivy 的文章(Development and validation of scale for measuring state self-esteem)在 Web of Science 里被引达 945 次。

参考文献

1. Heatherton T.F. & Polivy J, 1991. Development and validation of a scale for measuring state self-esteem[J]. *Journal of Personality and Social Psychology*, 60(6), 895—910.
2. Chau J.P, Thompson D.R., Chang A.M & Woo Jean, 2012. Psychometric properties of the Chinese version of State Self-Esteem Scale: An analysis of data from a cross-sectional survey of patients in the first four months after stroke[J]. *Journal of Clinical Nursing*, 21: 3268—3275.
3. Kathy E.L. & Richard G. M, 1996. Self-esteem in adolescents: Validation of the state self-esteem scale[J]. *Personality and Individual Differences*, 21(1): 85—90.
4. 申继亮,胡心怡,刘霞,2007. 流动儿童的家庭环境及对其自尊的影响[J]. *华南师范大学学报(社会科学版)*, 6: 113—118.160.
5. 王靖惠,王丛桂,2011. 外部环境资源短缺对员工薪酬奖励偏好的影响及机制研究[J]. *应用心理研究*, 52: 215—240.
6. 张俊娥,郑美春,苏小茵,李津,叶新梅,2005. 社会支持对结肠造口患者自尊变化的影响[J]. *中华护理杂志*, 7: 489—492.
7. 原静民,张俊娥,郑美春,卜秀青,2017. 结肠造口患者自尊的研究进展[J]. *广东医学*, 19: 3045—3048.
8. 黄凯杰,李丹,赵倩,2014. 自尊问题研究综述[J]. *社会心理科学*, 8: 832—387.
9. 黄敏英,黄燕梅,张婷婷,邱丽萍,2010. 永久性结肠造口患者的自尊状况调查[J]. *临床医学工程*, 17(11): 134—136.

附录

状态自尊量表

指导语：下面是一些描述你自己当前状态的句子，请阅读每一个陈述，然后在右边适当的数字上画圈来表示你现在最恰当的感觉，也就是你此时此刻最恰当的感觉。没有对或错的回答，不要对任何一个陈述花太多的时间去考虑，但所给的回答应该是你现在最恰当的感觉。

题 目	从不	偶尔	有时	经常	总是
1. 我此刻对自己的能力有自信。	1	2	3	4	5
2. 我此刻为自己在别人眼中是成功者或失败者而担忧。	1	2	3	4	5
3. 我此刻对自己在集体中的价值状况感到满意。	1	2	3	4	5
4. 我此刻觉得自己的表现很糟糕。	1	2	3	4	5
5. 我此刻难以理解自己所阅读的材料。	1	2	3	4	5
6. 我此刻能感到自己在集体中表现出众，受人尊重和赞美。	1	2	3	4	5
7. 我此刻对自己在集体中的身份不满意。	1	2	3	4	5
8. 我此刻有强烈的自我意识。	1	2	3	4	5
9. 我此刻觉得自己跟别人一样聪明。	1	2	3	4	5
10. 与他人相比，我此刻对自己感觉不满。	1	2	3	4	5
11. 我此刻对自己从属的集体感觉良好。	1	2	3	4	5
12. 我此刻对自己的集体成员身份作为自我形象的重要部分感到满意。	1	2	3	4	5
13. 我此刻担忧他人对我的看法。	1	2	3	4	5
14. 我此刻对自己的理解能力有自信。	1	2	3	4	5
15. 与他人相比，我此刻感觉自卑。	1	2	3	4	5
16. 我此刻觉得自己不引人注意。	1	2	3	4	5
17. 我此刻关注自己留给他人的印象。	1	2	3	4	5
18. 我此刻感觉自己的工作能力不及他人。	1	2	3	4	5

续表

题　目	从不	偶尔	有时	经常	总是
19. 我此刻觉得自己表现得不好。	1	2	3	4	5
20. 我此刻担心自己看上去愚蠢。	1	2	3	4	5

注：其中9个条目正向计分(1、3、6、8、9、11、12、14、17)，其余11个条目反向计分。

三、情绪智力与情绪调节 Emotional Intelligence and Emotion Regulation

7. 情绪智力量表(MSCEIT)*

郭素然　孟　颖

(国际关系学院心理研究所,北京,100091)

【摘要】　情绪智力量表(Mayer-Salovey-Caruso Emotional Intelligence Test Version 2.0,MSCEIT)由 Mayer,Salovey,Caruso 等人(2002)编制。该量表为能力测量模式量表,非自陈式量表,广泛应用于测量个体情绪智力"能力",是情绪智力领域比较具有代表性的自评工具。

1. 理论背景

早在20世纪70年代之前,情绪和智力一直是两个独立的概念。随着情绪与智力二者研究的深入以及智力测验在生活和工作场景中的广泛应用,研究发现智力等认知因素对个体适应性行为、工作成就的预测作用并未如期望的那么大,于是心理学家对智力的概念加以修正,逐渐重视非认知因素(如情绪)的影响。1983年 Gardner 提出的多元智力理论虽然没有提出情绪智力的概念,却直接推动了情

---

* 测评工具研发成果参见:
　　1. 王晓钧,刘薇.(2008).梅耶-沙洛维-库索情绪智力测验(MSCEIT)的信度、结构效度及应用评价研究. *心理学探新*,106(2):91—95.
　　2. 冯涛.(2008).MSCEIT 中文版适用性报告. *中国校外教育*,17(7):152—153.

绪智力的发展。

　　Salovey 和 Mayer(1990)首次提出情绪智力,将其定义为准确地觉察、评价和表达情绪的能力;接近并产生感情以促进思维的能力;理解情绪及情绪知识的能力以及调节情绪以助情绪和智力发展的能力。具体而言,情绪智力理论认为情绪智力分为四级能力和两大经验领域。情绪感知能力,即能从自己的生理状态、情感体验和思想中感知到各种情绪;能从他人的言语、身体姿势和表情中辨认和表达情绪的能力。情绪整合能力,也是情绪对思维的促进作用,即能够产生有利于思维的情绪,知道与情绪有关的刺激,如不同的颜色、味道等对情绪及判断和记忆的作用。情绪理解能力,即能够知道不同情绪的区别,了解某种情绪的真正含义,知道情绪间相互转换的可能性,能够理解复杂的心情。情绪管理能力,包括管理自己情绪的能力和管理他人情绪的能力,即能够快速地进入或离开某种情绪,可以根据情况调动自己的某种情绪而约束其他情绪,能够有效地调整和影响他人的情绪。

　　情绪感知和情绪整合能力维度构成了情绪智力的经验领域,指对情绪的鉴别以及在思维中情绪的促进性,表示个体感受情绪的能力,以及情绪对思维的积极作用的能力,此领域更多关注情绪基础水平的加工。情绪理解和情绪管理能力构成了情绪智力的策略领域,表明一个人能够理解情绪的意义、它们之间暗含的关系并且怎样管理自己和他人情绪的能力,此领域更为关注情绪较高水平、有意识的加工过程。

　　自情绪智力提出以来,实证研究主要采取两种测量模式,一种是类似于人格测验中的自陈量表的自我报告式,如由 Schutte(1998)编制的情绪智力量表(Emotional Intelligence Scale,EIS)。另一种是能力测量模式,如 Mayer 等(2002)编制的情绪智力量表(Mayer-Salovey-Caruso Emotional Intelligence Test,MSCEIT),并于2003年进行了修改发展为 MSCEIT V2.0,该量表在研究中表现出较好的信度和效度(Fan,Jackson,Yang,Tang & Zhang,2010;Rossen,Kranzler & Algina,2008)。有研究在我国大学生群体中将上述两种量表进行了测量学指标的比较,发现 MSCEIT V2.0 结构效度优于 EIS(耿亮,2009)。

2. 内容简介

MSCEIT V2.0 由 Mayer，Salovey 和 Caruso(2002)编制，MSCEIT V2.0 以能力测验为基础，要求受测者完成一系列测验任务，以考察受测者感知情绪、鉴别情绪、理解情绪和控制情绪的能力。该量表包含两大领域、四个维度和八个分测验，共 141 个项目。情绪智力经验领域包括情绪感知能力和情绪整合能力维度，情绪智力策略领域包括情绪理解能力和情绪管理能力维度。

情绪感知能力分量表包括 A、E 两个量表，共 34 题。它的两个任务为面部识别和图片识别。面部识别任务有 4 组图片，每组图片下面有 5 个选项，要求受测者分别对图片下面的 5 个选项进行判断和选择；图片识别任务有 6 组图片构成，每一组图片下面也有 5 个选项，具体要求和面部表情的识别相似，目标刺激由风景和抽象设计的图案组成，反应则由某一具体情绪的卡通的面部表情图片组成。

情绪整合能力分量表包括感觉任务和易化任务(包括 B、F 两个分测验)，共 20 题。感觉任务中，有 5 组情境，每一个情境下面有 3 种反应，要求受测者产生一种情绪并匹配他们对情绪的感觉能力；在易化任务中，有 5 个情境，每一个情境下面有 3 个反应，要求受测者判断最能有助于某一具体的认知任务和行为的情绪是什么，如是否快乐有助于策划聚会。

情绪理解能力分量表包括混合任务和转换任务(包括 C、G 两个分测验)，共 32 题。混合任务中有 12 个独立的题目，要求受测者确定可以合并的情绪，以形成另外的情绪，如怨恨是由嫉妒和侵犯性合成；转换任务中要求受测者选出一种由另一种激烈化的情绪所导致的情绪，如抑郁可能是激烈化的悲伤和疲倦所导致的。

情绪管理分量表包括情绪管理任务和情绪关系任务(包括 D、H 两个分测验)，共 29 题。情绪管理任务有 5 个情境，每一个情境下面有 4 个反应，要求受测者判断故事中的人物要获得某一具体的情绪结果的时候，采用哪种行为是最有效的，如为了减少愤怒或延长喜悦，一个人可能要做什么；情绪的关系任务包括 3 个情境，每一个情境下面有 3 个反应，要求受测者判断在对另一个人的情绪进行管理时，要使用的最有效的行为。

3. 实施或使用方法

原量表要求受测者年龄在 17 岁以上，施测时间为 30～45 分钟，既可以纸笔测试也可以在线作答。按照经典心理测量学的使用规范来实施。

4. 计分方法与解释

MSCEIT V2.0 量表采用两套评分系统，专家评分系统和公众评分系统。专家评分系统指 Mayer 等人从参加国际心理学大会的专家中选出 21 位情绪心理学专家对量表进行评估，以专家选择的百分比作为每个题目的正确答案；而公众评分指题目选项被受测者选择最多的即为正确答案，例如如果一个受测者认为当前呈现的表情是"吃惊"，在样本中选这一答案的为 45%，那么这个受测者的该题目的得分为 0.45。

Mayer 等人的研究表明公众评分系统的内部一致性信度系数普遍较高。王晓钧和刘薇(2008)也对两种评分系统作了对比研究，结果和 Mayer 等人一致，即公众评分系统的信度高于专家评分系统。

在 Mayer 等(2002)的评分手册中提到，MSCEIT V2.0 量表和传统的智力测验一样，平均分数为 100，标准差为 15。如果一个人的得分为 115 分，则他高于标准差一个单位，或者百分位数为 84%，即高于 84% 的人；如果一个人的得分为 85 分，则他的情绪智力低于平均值一个单位，或者是百分位数为 16%，仅高于群体中 16% 的人。然而该评分方法是以北美国家的群体为受测者制定，对于非西方国家或非英语国家的受测者得分，需要根据修订后的常模分数加以解释。

5. 信度与效度

我国使用 MSCEIT V2.0 量表的研究主要以大学生为受测者。如王晓钧和刘薇(2008)以 252 名大学生(男生 127 人，女生 125 人，年龄 18～24 岁)为预测受测者，以 406 名大学生(男生 203 人，女生 203 人，年龄 18～24 岁)为正式施测者，对 MSCEIT V2.0 进行修订。量表的内部一致性信度以及该研究报告的其他研究的信度系数见表 1。

表1 2个层级、4个维度、8个分量表公众评分系统内部一致性信度(α)系数对照值

层级、维度及分量表	Mayer 等人 ($n=2112$)			Roberts 等人 ($n=138$)				本研究 ($n=405$)			
	全量表	层级	维度	分量表	全量表	层级	维度	分量表	全量表	层级	维度	分量表
全量表	0.93								0.84			
经验层级		0.90								0.74		
情绪感知维度(AE)			0.91								0.85	
面部表情(A)				0.80				0.68				0.71
图片识别(E)				0.88				0.80				0.85
情绪运用维度(BF)			0.79								0.62	
情绪思维(B)				0.64				0.61				0.50
情绪感觉(F)				0.65				0.38				0.60
策略层级		0.88								0.58		
情绪理解维度(CG)			0.80								0.63	
情绪变化(C)				0.70				0.52				0.54
情绪混合(G)				0.66				0.50				0.35
情绪管理维度(DH)			0.83								0.50	
情绪管理(D)				0.69				0.52				0.41
情绪关系(H)				0.70				0.51				0.30
M	0.93	0.89	0.83	0.71				0.57	0.84	0.66	0.65	0.53

对两个层级、4个维度、8个分测验进行相关分析发现,各维度与其对应两个分测验存在较高相关,而与其他维度和分测验的相关较低,如情绪运用维度(BF)与情绪思维(B)的相关为0.85,与情绪感觉(F)的相关为0.79,而与其他分量表的相关在0.11~0.34,符合量表编制初衷。

探索性因素发现,提取出的4个公共因素经旋转后的特征根均大于1。公共因素的方差百分比贡献率占8个变量的67.26%,属于中等偏高水平;用Bartlett公式对其特征值进行无关意义检验,其数学意义明显。说明从MSCEIT V2.0测量结构能够提取出四个代表维度的有效公因素,结构效度较好。

冯涛(2008)随机抽取西南大学314名学生(年龄为均值20.35岁,标准差1.546)对MSCEIT V2.0中文版适用性进行检验。此研究还将内部一致性信度与MSCEIT V2.0使用手册以及Lopes等人的研究做了比较,认为与Lopes等人的研究结果相差不大,在情绪管理维度上内部一致性信度都较低,与使用手册(2 112名受测者)的分半信度还有一定差距。可能是与样本特征以及施测环境条件不同有关,具体信息见表2。情绪智力总分、两个层级和四个维度分数之间均呈显著性正相关($r=0.13~0.92$)。二阶探索性因子分析和验证性因素分析的结果均表明,符合原理论模型构想,即两个层级、四个维度的理论结构。

表2 各研究MSCEIT信度指数比较

类　别	本研究	Lopes等研究	使用手册
情绪智力总分	0.86	0.85	0.93
经验层级	0.88		0.90
策略层级	0.61		0.88
情绪感知能力	0.88	0.85	0.91
情绪整合能力	0.62	0.64	0.79
情绪理解能力	0.51	0.67	0.80
情绪管理能力	0.39	0.45	0.83

张玉群和王晓钧(2013)探讨大学生情绪、情绪智力和对风险决策的影响时,使用MSCEIT V2.0中文版全量表α系数为0.84,4个维度的α系数为0.50~0.85。

竺培梁和耿亮(2011)使用 MSCEIT V2.0、瑞文推理测验和大五量表,以 5 所学校的 639 名大学生为受测者,探讨了情绪智力与认知智力和人格之间的关系。结果发现,情绪智力与认知之间呈显著低相关,具体相关系数为,情绪智力量表总分($r=0.23$)、经验层级($r=0.13$)、策略层级($r=0.27$)、情绪感知($r=0.10$)、情绪整合($r=0.15$)、情绪理解($r=0.24$)和情绪管理($r=0.22$);除情绪感知维度外,情绪智力总分、两层级和四维度与神经质之间呈显著负相关,相关系数在-0.09~-0.13。

Ma(2010)以中国人群(平均年龄为 29.9 岁,标准差为 9.54 岁)为受测者,包含 53 名大学生、38 名患有情绪障碍和精神分裂症的个体、40 名保安和维修工人,检验了面部识别任务(A 测验)、情绪管理任务(D 测验)、情绪关系任务(H 测验)和情绪管理层级在三类群体中的信效度指标,结果发现在大学生群体中,三个分测验和情绪管理维度的内部一致性信度分别为 0.84、0.66、0.80 和 0.71;在维修工人和保安群体中,内部一致性信度分别为 0.57、0.65、0.64 和 0.73;在临床病人群体中,内部一致性信度分别为 0.75、0.63、0.79 和 0.81,信度较好。

6. 应用价值与简要评价

Mayer 等(2004)认为自陈式(自我判断)测验是个体对自己喜欢的和不喜欢的作出判断或者表示同意,这种方法只能判断出暂时的情绪,却很少用来测试心理能力。MSCEIT V2.0 是采用标准-报告测验[如同大家熟知的能力测验和(或)成就测验],可以测量出个体的情绪能力。该量表在我国大学生群体中表现出较好的信度和结构效度,除个别维度如情绪管理能力外,可能与较小的受测者数量有关,但情绪管理能力维度在中国成人群体的信度较好(Ma,2010)。

MSCEIT 广泛应用于评价个体情绪智力"能力",是情绪智力领域最具有代表性的自评工具,截至 2018 年 12 月 29 日,Mayer 等(2002)编制的使用手册 Mayer-Salovey-Caruso emotional intelligence test(MSCEIT) users manual 在 Google 学术搜索中显示被引 1 950 次。我们建议在中文情境中,面向不同的群体,加强情绪智力测验的本土化应用。

参考文献

1. Fan H.Y., Jackson T., Yang X.G., Tang W.P. & Zhang J.F, 2010. The factor structure of the Mayer-Salovey-Caruso Emotional Intelligence Test V 2.0 (MSCEIT): A meta-analytic structural equation modeling approach[J]. *Personality and Individual Differences*, 48: 781—785.
2. Ma W.F., Tsai G.C., Chang P.C. & Lane H.Y, 2010. Reliability and validity of three Chinese-version tasks of Mayer-Salovey-Caruso Emotional Intelligence Test[J]. *Journal of Clinical Nursing*, 19: 2656—2658.
3. Mayer J.D., Salovey P. & Caruso D.R, 2004. Emotional intelligence: Theory, findings, and implications[J]. *Psychological Inquiry*, 60: 197—215.
4. Mayer J.D., Salovey P. & Caruso D.R, 2002. Mayer-Salovey-Caruso emotional intelligence test (MSCEIT) users manual[J]. Toronto, ON: MHS.
5. Mayer J.D., Salovey P., Caruso D.R. & Sitarenios G, 2003. Measuring emotional intelligence with the MSCEIT V2.0[J]. *Emotion*, 3(1): 97—105.
6. Rossen E., Kranzler J.H. & Algina J, 2008. Confirmatory factor analysis of the Mayer-Salovey-Caruso Emotional Intelligence Test V 2.0 (MSCEIT)[J]. *Personality and Individual Differences*, 44(5): 1258—1269.
7. Salovey P. & Mayer J.D, 1990. Emotional intelligence[J]. *Imagination, Cognition and Personality*, 9(3): 185—212.
8. Schutte N.S., Malouff J.M., Hall L.E., Hagger D.J., Coope J.T. & Golden C.J., et al, 1998. Development and validation of a measure of emotional intelligence[J]. *Personality and Individual Differences*, 25: 167—177.
9. 冯涛, 2008. MSCEIT 中文版适用性报告[J]. 中国校外教育, 17(7): 152—153.
10. 耿亮, 2009. EIS 与 MSCEIT 的比较研究[J]. 外国中小学教育, 10: 59—62.
11. 竺培, 梁耿亮, 2011. 大学生情绪智力、认知智力、人格与决策的关系研究[J]. 外国中小学生教育, 8: 37—40.
12. 王晓钧, 刘薇, 2008. 梅耶-沙洛维-库索情绪智力测验(MSCEIT)的信度、结构效度及应用评价研究[J]. 心理学探新, 106(2): 91—95.
13. 张玉群, 王晓钧, 2013. 大学生情绪及情绪智力对风险决策的影响[J]. 中国健康心理学杂志, 21(6): 926—928.

附录

情绪智力测验

指导语：本测验包括8个不同的部分。各部分都有各自的指导语。请按照你自己的情况尽量回答每个问题。如果你对问题的答案不够确定，那就尽量去猜。

请将你的答案填在另外两张独立的答题卡上。请真实填写答题卡上的个人信息，以便于通知你最后的结果。填答时请注意，答题卡都是严格按照题号编制的，在填答时请看清题项和题号，将你认为正确的答案代码涂黑。请按顺序作答，尽量不要漏填或错填。

A 组

1.

指导语：这张脸在多大程度上表达了下面每一种情绪？

（请为每一个项目选择一个答案，从1~5表示该情绪的强烈程度不断增强，1表示很弱，5表示很强。）

1. 没有表现出快乐　1　2　3　4　5　非常快乐
2. 没有表现出恐惧　1　2　3　4　5　非常恐惧
3. 没有表现出惊讶　1　2　3　4　5　非常惊讶
4. 没有表现出厌恶　1　2　3　4　5　非常厌恶
5. 没有表现出激动　1　2　3　4　5　非常激动

2.

指导语：这张脸在多大程度上表达了下面每一种情绪？

（请为每一个项目选择一个答案，从 1～5 表示该情绪的强烈程度不断增强，1 表示很弱，5 表示很强。）

1. 没有表现出快乐　　1　2　3　4　5　非常快乐
2. 没有表现出悲伤　　1　2　3　4　5　非常悲伤
3. 没有表现出恐惧　　1　2　3　4　5　非常恐惧
4. 没有表现出惊讶　　1　2　3　4　5　非常惊讶
5. 没有表现出激动　　1　2　3　4　5　非常激动

3.

指导语：这张脸在多大程度上表达了下面每一种情绪？

（请为每一个项目选择一个答案，从 1～5 表示该情绪的强烈程度不断增强，1 表示很弱，5 表示很强。）

1. 没有表现出快乐　　1　2　3　4　5　非常快乐
2. 没有表现出悲伤　　1　2　3　4　5　非常悲伤
3. 没有表现出恐惧　　1　2　3　4　5　非常恐惧
4. 没有表现出惊讶　　1　2　3　4　5　非常惊讶
5. 没有表现出激动　　1　2　3　4　5　非常激动

4.

指导语：这张脸在多大程度上表达了下面每一种情绪？

（请为每一个项目选择一个答案，从 1～5 表示该情绪的强烈程度不断增强，1 表示很弱，5 表示很强。）

1. 没有表现出快乐　　1　2　3　4　5　非常快乐
2. 没有表现出悲伤　　1　2　3　4　5　非常悲伤
3. 没有表现出恐惧　　1　2　3　4　5　非常恐惧
4. 没有表现出愤怒　　1　2　3　4　5　非常愤怒
5. 没有表现出厌恶　　1　2　3　4　5　非常厌恶

B 组

指导语：请为每一个项目选择一个答案。

每一种情绪后所列的 1～5 表示该情绪对完成题目中所提到的事件的作用是逐渐增强，1 表示没有帮助，5 表示很有帮助。请你根据你自己的判断进行选择。

1. 当你为一个生日晚会准备全新的、令人兴奋的装饰品时,下列每种情绪体验对完成这件事可能会有什么样的作用?

情绪体验	没有帮助	有一点帮助	一定程度上有帮助	比较有帮助	很有帮助
烦恼	1	2	3	4	5
厌倦	1	2	3	4	5
喜悦	1	2	3	4	5

2. 当你在编写一首鼓舞人心的军队进行曲时,下列每种情绪体验对完成这件事可能会有什么样的作用?

情绪体验	没有帮助	有一点帮助	一定程度上有帮助	比较有帮助	很有帮助
愤怒	1	2	3	4	5
兴奋	1	2	3	4	5
挫折感	1	2	3	4	5

3. 当你按照一个工序复杂的、难度较大的菜谱烹饪时,下列每种情绪体验对完成这件事可能会有什么样的作用?

情绪体验	没有帮助	有一点帮助	一定程度上有帮助	比较有帮助	很有帮助
紧张	1	2	3	4	5
悲伤	1	2	3	4	5
中性情绪	1	2	3	4	5

4. 当你去了解3个小孩打架的原因时,他们的说法却各不相同,这就需要你能对细节和事实有一个准确的把握。那么,下列每种情绪体验对完成这件事可能会有什么样的作用?

情绪体验	没有帮助	有一点帮助	一定程度上有帮助	比较有帮助	很有帮助
快乐	1	2	3	4	5
惊奇	1	2	3	4	5
悲伤	1	2	3	4	5

5. 一个医生在为一位癌症患者制定治疗方案,而且必须将几个已知的但互相矛盾的治疗原则运用于此次治疗方案中。那么,在这种情形之下,下列每种情绪体验对完成这件事可能会有什么样的作用?

情绪体验	没有帮助	有一点帮助	一定程度上有帮助	比较有帮助	很有帮助
快乐	1	2	3	4	5
中性情绪	1	2	3	4	5
生气蔑视	1	2	3	4	5

C 组

指导语:为每一个问题选择一个最佳选项。

1. 李莉越来越觉得惭愧,并且开始觉得自己一无是处。她随后感到:(　　)

a. 受到了打击

b. 沮丧

c. 惭愧

d. 很难为情

e. 战战兢兢

2. 王宁在想到自己的生活时感到很满足,而且他想到越多那些他做过的好事以及因此而给别人带来的快乐时,他就越感到:(　　)

a. 惊奇

b. 沮丧

c. 得到了接纳

d. 幸福

e. 惊愕

3. 王燕从未经历过如此的挫折,但是当她渐渐从这次打击中恢复过来,并且意识到如果她好好计划一下的话,她是有可能从中获得一些益处的。她变得:(　　)

a. 惊愕

b. 困惑

c. 拒绝面对当前的现实

d. 充满希望

e. 沉思起来

4. 得知家里的坏消息后，江文既悲伤又懊悔。但，当他得知自己并没有被立刻通知到这件事，而且事情远比他想象的要糟糕得多。这时，他感到：（　　）

a. 气愤而又惊讶

b. 悲伤而又期望

c. 震惊而又遗憾

d. 害怕而又厌恶

e. 气愤而又难过

5. 李建国一直都乐于工作并且有一个美满的家庭。他对公司给他和他的同事们的薪水和待遇都很满意。今天，作为公司范围内工资调整的一部分，他们小组每个人都涨了工资。李建国会感到：（　　）

a. 惊讶和震惊

b. 平静而安静

c. 满意而兴高采烈

d. 自卑和觉得愧疚

e. 自豪和受到了重视，觉得自己很重要，很有优势

6. 朱鸿爱上了李明，她觉得李明只属于她。她开始觉得他对她来说是完美的，而且他的确在各方面都很优秀。她会：（　　）

a. 尊敬他

b. 钦慕他

c. 嫉妒他

d. 爱慕他

e. 怨恨他

7. 在姜凡得知自己的同事因为一个项目而得到好评后，她感到烦恼。而且当类似的事情再次发生时，她感到：（　　）

a. 生气

b. 烦恼

c. 受挫

d. 震惊

e. 沮丧

8. 韩磊的车被偷了以后,他给自己的新车装了一个报警器。但当他的新车不久又被偷了以后,他首先感到很受打击和惊讶,随后他感到:(　　)

    a. 惊愕和惊异

    b. 无助、绝望和愤怒

    c. 生气和厌恶

    d. 嫉妒和妒忌

    e. 沮丧和蔑视所发生的事情

9. 当吴浩发现有几个学生在考试中作弊时,他觉得这是有悖于道德的。于是,他将这件事告诉了老师,而那个老师表示他对此也无能为力。吴浩决定将这件事上报学校的管理人员,因为这件事让他:(　　)

    a. 充满了活力

    b. 很愤怒

    c. 厌恶

    d. 沮丧

    e. 悲伤

10. 瞿帆曾经被他最要好的一个朋友伤害过,他当时很生气。瞿帆将他的感受告诉了他的朋友,而这个朋友又一次伤害了他。这时,瞿帆会感到:(　　)

    a. 生气

    b. 害怕

    c. 非常烦恼

    d. 闷闷不乐

    e. 很愤怒

11. 孙敏通过观看电视来了解一场飓风的情况,因为这场飓风就发生在临近她父母住所的海岸。当飓风移向她父母的住所时,她感到焦虑、无助。但是,到了最后一刻,飓风又改变了方向,没有给那块海岸造成损失。她感到:(　　)

    a. 安慰和感激

    b. 惊奇和震惊

c. 紧张和放心

d. 期待和焦虑

e. 期待和宽慰

12. 一位妇女一开始感到安全和被接纳但后来觉得沮丧，在这之间发生了什么？（   ）

　　a. 她受到了表扬，但这个表扬本来是给别人的

　　b. 她发现她的丈夫对她不忠

　　c. 一位朋友病了

　　d. 她寄给一位朋友的包裹被送错了人

　　e. 她因为自己在一个项目中的糟糕表现而感到灰心

13. 一个小孩满心喜悦地期待着自己的生日最终却感到很伤心。在这之间最有可能发生了什么？（   ）

　　a. 一个恶棍向他挑衅，他给以回击

　　b. 他原本以为会参加生日聚会的两位朋友结果没有来

　　c. 他吃了太多蛋糕

　　d. 他的妈妈使他在其他孩子面前很丢面子

　　e. 他的爸爸指责他做了某件事，但是事实上他并没有做

14. 一位中年妇女一开始很高兴的，但随后很快又感到不高兴。在这之间最有可能发生了什么？（   ）

　　a. 她的儿子在工作中受了轻伤

　　b. 她觉察到自己伤害了一位好友的感情

　　c. 她的儿媳妇参加一个家庭聚餐时来晚了

　　d. 她的丈夫批评了她

　　e. 她丢失了一本对她来说很重要的书

15. 如果一个人一开始觉得平静而后产生了一种钦佩感，那么在这之间最有可能发生了什么？（   ）

　　a. 他在休息时解决了一个工作中的重要问题

　　b. 他听了一个故事，讲的是有关一位刷新世界纪录的运动健将的故事

　　c. 他的朋友打电话说他刚刚以一个好价钱买了一辆新跑车

d. 他收到了妈妈寄来的礼物包裹

e. 他的医生打电话说他的体检证明他的身体很健康

16. 一位女士一开始充满期待,随后她感受到了爱。在这之间发生了什么?（   ）

a. 她捐献了自己的一些财物随后想到了那些可能得到她帮助的人们

b. 她买了一件很讨人喜欢的衣服

c. 她看了一本影迷杂志,里面讲到了一位自己非常喜欢的明星

d. 她的妈妈打电话说将给她寄一份生日礼物,而且这件礼物会给她一个惊喜

e. 她参加了一个约会,发现自己和一位迷人的男士有很多共同之处

17. 公司里的一位管理人员先感到不高兴,随后感到怨恨。在这之间发生了什么?（   ）

a. 一位下属没有完成他这一阶段的销售目标

b. 公司里另一位他认为能力一般的管理员,工资增长得比自己还要多

c. 他看到一则新闻,讲到居住在世界某一地区的人们生活很贫困,而援助他们的一个主要的慈善机构却遇到了一些困难

d. 他的妻子正在帮助孩子们完成家庭作业

e. 似乎没有一个人喜欢他

18. 一位女士一开始感到很生气,随后有一种负疚感。在这之间发生了什么?（   ）

a. 她把一位好朋友的电话号码弄丢了

b. 由于她没有足够的时间所以她的工作完成得并不像她所期望的那么好

c. 她向她的朋友发脾气,后来她发现这个朋友并没有做任何伤害她的事情

d. 她失去了一位密友

e. 她很生气有个人在背地里说她的闲话,随后她发现其他人也在说

19. 某人一开始喜欢自己的朋友,但后来却讨厌这个朋友。在这之间发生了什么?（   ）

a. 朋友把他的一本十分贵重的书弄丢了

b. 朋友背叛了他的妻子

c. 他的朋友得到了升迁,但是实际上这并不是他该得的

d. 他的朋友说自己要搬走了

e. 他感到他伤害了自己的朋友,但这其中也有他这位朋友的一部分责任

20. 一位女士爱上了一个人,然后感到安全。在这之间发生了什么?(　　)

a. 她发现那个人也爱她

b. 她决定不表达自己的感情

c. 她又不爱他了

d. 她告诉那个人她爱他

e. 她的爱本身给她带来安全感

D 组

指导语:请为每一种行动方案选择一个答案。

1. 刘佳醒来之后感觉很好。她睡得不错,觉得休息得很好,而且没有什么特别的担心和顾虑。那么请你判断下面各种行动能在多大程度上帮助她保持这种情绪?

行动方案	非常无效	有一点无效	无法判断	有一点有效	非常有效
1. 刘佳马上起床,然后愉快地度过剩下的时光。	1	2	3	4	5
2. 刘佳继续享受这种感觉,并回忆过去那些美好快乐的时光。	1	2	3	4	5
3. 刘佳觉得最好不要对这种感觉太在意,因为这种感觉往往很难持久。	1	2	3	4	5
4. 刘佳趁着好心情给她妈妈打电话,试图使最近很消沉的妈妈振作起来。	1	2	3	4	5

2. 胡伟在工作上一点都不比他的一位同事差。事实上,他的许多想法往往更有助于公司的发展。他的同事在工作上表现一般但是为了升迁而精于人事。于是,当胡伟的老板宣布将年终奖授予这位同事的时候,胡伟非常生气。那么请你判断下面每种行动能在多大程度上帮助胡伟感觉好一些?

行动方案	非常无效	有一点无效	无法判断	有一点有效	非常有效
1. 胡伟坐下来,想想那些发生在生活中和工作中的好事。	1	2	3	4	5
2. 胡伟列了一个表,将他的同事的优点和缺点都列出来了。	1	2	3	4	5

续表

行动方案	非常无效	有一点无效	无法判断	有一点有效	非常有效
3. 胡伟觉得自己这样想很不好,他告诉自己:为了这样一个自己无法控制的事情而心烦意乱是不对的。	1	2	3	4	5
4. 胡伟决定告诉大家,他的同事工作非常糟,不配获得那个奖。胡伟做了许多的备忘和笔记来证明他的观点是有据可依的而不仅仅是他个人的看法。	1	2	3	4	5

3. 周华不知道她的账单什么时候到期,还会收到多少账单,也不知道她能否支付它们。这时,她的汽车开始发出奇怪的声音,修理工告诉她要修好的话花费将很高,而这车根本不值得修。周华难以入睡,夜里醒来好几次,一直处在焦虑中。那么请你判断下面每种行动能在多大程度上有助于减轻她的焦虑?

行动方案	非常无效	有一点无效	无法判断	有一点有效	非常有效
1. 周华试着计算她都欠哪些账,有多少到期了,什么时候到期。	1	2	3	4	5
2. 周华学习了深度放松技术以使自己平静下来。	1	2	3	4	5
3. 周华请一位财务助理来帮助她制订合理的收支计划。	1	2	3	4	5
4. 周华决定找一个薪水更高的工作。	1	2	3	4	5

4. 对李强来说,似乎没有一件事情是顺心的。生活中没有很多让他觉得舒服或者是带给他快乐的事情。在接下来的一年中,那么请你判断下面每种行动能在多大程度上帮助李强,使他感觉好一些?

行动方案	非常无效	有一点无效	无法判断	有一点有效	非常有效
1. 李强开始给那些有一段时间没有联系的朋友们打电话,并计划去看望几个朋友。	1	2	3	4	5
2. 李强开始注意营养,尽早休息,并且多锻炼。	1	2	3	4	5

续表

行动方案	非常无效	有一点无效	无法判断	有一点有效	非常有效
3. 李强发现自己的情绪也使得别人不开心,于是决定给自己更多独处的时间直到弄明白是什么让自己烦恼。他发现他需要更多的时间独处。	1	2	3	4	5
4. 李强发现晚上待在电视前,喝上一两瓶啤酒,的确能使他感觉好些。	1	2	3	4	5

5. 张明在下班驱车回家的路上,一辆拖车突然挡住了他,以至于他都来不及按喇叭,只好迅速地转到右边才没被撞着,这让他异常恼火。那么请你判断下面每种行动能在多大程度上帮助他发泄自己的愤怒?

行动方案	非常无效	有一点无效	无法判断	有一点有效	非常有效
1. 张明以同样的方式教训了那个拖车司机。	1	2	3	4	5
2. 张明接受了发生的一切,然后驱车回家。	1	2	3	4	5
3. 张明对着那个司机大吼,并且诅咒他。	1	2	3	4	5
4. 张明发誓以后再也不在高速路上开车了。	1	2	3	4	5

E 组

1.

指导语：这张图片在多大程度上表达了下面每一种情绪？（请为每一个项目选择一个答案，从1～5表示该情绪的强烈程度不断增强，1表示很弱，5表示很强。）

2.

指导语：这张图片在多大程度上表达了下面每一种情绪？（请为每一个项目选择一个答案，从1～5表示该情绪的强烈程度不断增强，1表示很弱，5表示很强。）

3.

指导语：这张图片在多大程度上表达了下面每一种情绪？（请为每一个项目选择一个答案，从 1～5 表示该情绪的强烈程度不断增强，1 表示很弱，5 表示很强。）

	1	2	3	4	5
1. 快乐	☺	☺	☺	☺	☺
2. 恐惧	☺	☺	☺	☺	☺
3. 生气	☺	☺	☺	☺	☺
4. 惊奇	☺	☺	☺	☺	☺
5. 厌恶	☺	☺	☺	☺	☺

4.

指导语：这张图片在多大程度上表达了下面每一种情绪？（请为每一个项目选择一个答案，从 1～5 表示该情绪的强烈程度不断增强，1 表示很弱，5 表示很强。）

    1 2 3 4 5

1. 悲伤
2. 恐惧
3. 生气
4. 惊奇
5. 厌恶

5.

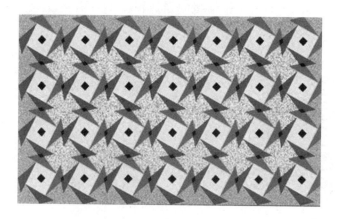

指导语：这张图片在多大程度上表达了下面每一种情绪？（请为每一个项目选择一个答案，从 1～5 表示该情绪的强烈程度不断增强，1 表示很弱，5 表示很强。）

    1 2 3 4 5

1. 快乐
2. 悲伤
3. 恐惧
4. 生气
5. 厌恶

6.

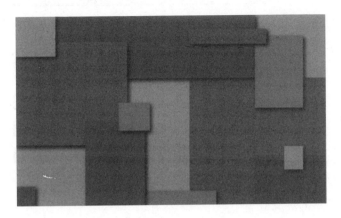

指导语：这张图片在多大程度上表达了下面每一种情绪？（请为每一个项目选择一个答案，从 1～5 表示该情绪的强烈程度不断增强，1 表示很弱，5 表示很强。）

	1	2	3	4	5
1. 快乐	☺	☺	☺	☺	☺
2. 悲伤	☺	☺	☺	☺	☺
3. 生气	☺	☺	☺	☺	☺
4. 惊奇	☺	☺	☺	☺	☺
5. 厌恶	☺	☺	☺	☺	☺

F 组

指导语：请你按照下面每一个题目的描述来想象你可能会有的感受。即使你很难想象那种情绪也请尽量回答。（请你务必对每一个选项都作答，其中的 1～5 表示相似程度不断增强，1 表示不像，5 表示非常像。）

1. 假想你因为忘记去看望一位重病在身的密友时而感到有负疚感。那么，你的负疚感在多大程度上类似于你看到下面的各个选项所产生的感受？

	不像				非常像
a. 冷	1	2	3	4	5
b. 蓝色	1	2	3	4	5

c. 甜的

2. 假想你因为关于你的家庭和工作都有好消息传来而感觉很满意。那么，你这种满意的感觉在多大程度上类似于你看到下面的各个选项所产生的感受？

　　　　　　　　　不像　　　　　　　　　　非常像

a. 温暖

b. 紫色

c. 咸味

3. 假想你感觉到冷、缓慢和敏感。那么你的感觉在多大程度上类似于下面的各个选项所产生的感受？

　　　　　　　　　不像　　　　　　　　　　非常像

a. 受到挑战

b. 孤立

c. 惊奇

4. 假想你感觉到响亮、庞大、精致和鲜亮的绿色。你的这种感觉在多大程度上类似于下面的各个选项所产生的感受？

　　　　　　　　　不像　　　　　　　　　　非常像

a. 兴奋

b. 妒忌

c. 担心

5. 假想你感到封闭、黑暗和麻木，那么你的这种感觉在多大程度上类似于下面各个选项？

　　　　　　　　　不像　　　　　　　　　　非常像

a. 悲伤

b. 满意

c. 平静

G 组

指导语：为每一道题选择一个最佳的答案。如果有些题目让你很难判断，也请你选择一个你认为最有可能的答案。

1. 关心的感觉跟哪些情绪结合得最紧密：(　　)

　a. 爱、焦虑、惊奇、生气

　b. 惊奇、骄傲、生气、害怕

　c. 接纳感、焦虑、害怕、期待

　d. 害怕、喜悦、惊奇、尴尬

　e. 焦虑、同情、期待

2. "始终保持对快乐的期待"的代名词是：(　　)

　a. 乐观　　　　　　b. 幸福　　　　　　c. 满足

　d. 喜悦　　　　　　e. 惊奇

3. 喜悦、温暖和被接纳的感觉，经常交织在一起形成：(　　)

　a. 爱　　　　　　　b. 惊愕　　　　　　c. 期待

　d. 满足　　　　　　e. 被接纳的感觉

4. 厌恶和生气联系在一起时，常常会导致：(　　)

　a. 负疚感　　　　　b. 愤怒　　　　　　c. 羞耻

　d. 憎恨　　　　　　e. 蔑视

5. 悲伤和惊奇联系在一起时，常常会导致：(　　)

　a. 失望　　　　　　b. 惊愕　　　　　　c. 生气

　d. 害怕　　　　　　e. 后悔

6. 悲伤、负疚感和后悔交织在一起形成：(　　)

　a. 悲痛　　　　　　b. 烦恼　　　　　　c. 沮丧

　d. 懊悔　　　　　　e. 悲惨

7. 轻松、安全和平静都是＿＿＿＿的组成部分：(　　)

　a. 爱　　　　　　　b. 疲惫　　　　　　c. 期待

　d. 平静　　　　　　e. 期盼

8. 害怕、喜悦、惊奇和局促不安都是＿＿＿＿的组成部分：(　　)

　a. 尊敬　　　　　　b. 敬畏　　　　　　c. 困惑

　d. 尊重　　　　　　e. 同情

9. 羞愧、惊奇和局促不安都是下面哪种感情的组成部分：(　　)

　a. 妒忌　　　　　　b. 悲伤　　　　　　c. 负疚感

d. 嫉妒 e. 羞辱感

10. 钦佩、爱和焦虑都是下面哪种感情的组成部分：（　　）

a. 妒忌 b. 悲伤 c. 怨恨

d. 骄傲 e. 担心

11. 喜悦、兴奋和不确定都是下面哪种感情的组成部分：（　　）

a. 快活 b. 期盼 c. 焦虑

d. 冷静 e. 平静

12. 悲伤和满足的感觉有时都是下面哪种感情的组成部分：（　　）

a. 思乡 b. 焦虑 c. 期待

d. 沮丧 e. 轻蔑

H 组

指导语：请为每一种反应选择一个答案。

1. 赵勇去年在工作中结识了一个好朋友。今天，这位朋友告诉他一个十分意外的消息：他已经在另一家公司谋到一份工作而且要从这里离开。这位朋友以前从没向赵勇提起过自己找工作的事情。赵勇可能会有以下几种反应，那么每种反应对维持他们良好关系的有效程度如何？

反　　应	完全无效	比较无效	无法判断	比较有效	非常有效
1. 赵勇觉得换份工作对这位朋友很好，他告诉这位朋友很高兴对方找到了新工作。在随后的几周里，赵勇一直与这位朋友保持联系。	1	2	3	4	5
2. 赵勇因为这位朋友要离开而难过，但是他认为这件事情表明他的朋友并不太在乎他。毕竟，他的朋友根本没跟他提起找工作的事。既然他的朋友就要走了，赵勇也就没说什么，而是转而寻找工作中的新朋友。	1	2	3	4	5

续表

反 应	完全无效	比较无效	无法判断	比较有效	非常有效
3. 赵勇非常生气这位朋友以前竟然跟他只字未提找工作的事。他决定在朋友向自己作出解释之前不再理睬对方。因为他认为,如果朋友什么都不跟自己解释,那就证明了自己的想法——这个朋友不值得珍惜。	1	2	3	4	5

2. 老师给小明的父母打电话说小明在学校表现不好,学习不用心,爱捣乱,坐不住。因为这位老师不善于和活跃的男孩相处,因此小明的父母并不完全相信老师的话。当这位老师说小明再不长进就要被留级时,小明的父母很生气。小明的父母可能会有下面几种反应,每种反应在多大程度上对小明是有帮助的?

反 应	完全无效	比较无效	无法判断	比较有效	非常有效
1. 该父母告诉那位老师对此他们感到很震惊,因为这是他们第一次得知自己的孩子有这样的问题。他们要求与老师见面,并且要求校长也参加这次会谈。	1	2	3	4	5
2. 父母告诉那位老师如果她继续以留级相威胁,他们就要闹到校长那里去。他们说:"如果我们的儿子留级了,我们会认为这是你个人的责任。你是老师,你的工作是教导学生而不是指责学生。"	1	2	3	4	5
3. 小明的父母因此感到不悦,于是给校长打了电话。他们向校长表达了对那位老师的不满,并要求将小明转到另外一个班。	1	2	3	4	5

3. 李敏的生活可谓事事顺心。别人还在为工作苦恼,李敏却得到了升迁还涨了工资。她的孩子活泼可爱,在学校的表现也不错,她的婚姻幸福、美满。于是,李敏感

觉有点飘飘然,经常有意无意地向朋友夸耀自己的生活。如果,李敏会有如下列出的几种反应,那么下面的每种反应对于维持她的人际关系在多大程度上是有效的?

反　　应	完全无效	比较无效	无法判断	比较有效	非常有效
1. 因为一切的确很顺利,所以感到骄傲也是情理之中的。但李敏也意识到一些人会认为这是吹嘘,或者会产生嫉妒心理。所以,她只与很要好的朋友谈自己的感受。	1	2	3	4	5
2. 李敏开始意识到现在所有的一切都有可能变糟,而这让她对自己的生活有了一个清醒的认识,并使她明白现在的感觉有可能只是暂时的。	1	2	3	4	5
3. 李敏当晚和丈夫谈了自己的感受,然后,决定与家人共度周末分享这种幸福的感觉。	1	2	3	4	5

8. 情绪调节问卷(ERQ)*

陈树铨

(哥伦比亚大学临床与咨询心理学系,纽约市,10027)

【摘要】 情绪调节对个体身心健康的重要性越来越受到临床领域的研究者和实践者的重视。根据情绪调节的过程模型(Gross & John, 2003),研究者们对两种常用的情绪调节策略认知重评(cognitive reappraisal)和表达抑制(expressive suppression)进行了深入的研究。情绪调节问卷(Emotion Regulation Questionnaire, ERQ)广泛应用于测评个体使用认知重评和表达抑制的习惯程度。

1. 理论背景

认知重评是通过对情绪事件的重新思考和评价来改变情绪反应,它是认知层面的情绪调节策略;表达抑制是在情绪唤起时减少情绪表达行为,它是行为层面的情绪调节策略(Gross & John, 2003)。研究表明,从情绪、认知和社交三方面都可以看出认知重评是相对适应性的策略,而表达抑制是相对非适应性的策略。

从情绪方面来看,使用表达抑制的人会感受更少的积极情绪和更多的消极情绪,会感到痛苦,且有更多抑郁症状;使用认知重评的人会感受和表达更多的积极情绪和更少的消极情绪,且有更少抑郁症状(Moore, Zoellner & Mollenholt, 2008; Nezlek & Kuppens, 2008)。

从认知方面来看,实验室研究发现,表达抑制会导致更差的记忆表现(Richards, Bulter & Gross, 2003)。相关研究发现,经常使用表达抑制的人情绪性记忆更差(Richards & Gross, 2000)。相反地,实验室研究发现,认知重评的使用对记忆表现没有影响或有提高作用(Hayes et al., 2011),可以提高标准化测验

---

* 测评工具研发成果参见:
1. 王力,柳恒超,李中权,杜卫. (2007). 情绪调节问卷中文版的信效度研究. *中国健康心理学杂志*, 15(6): 503—505.

GRE 的表现（Jamieson，Mendes，Backstock & Schmader，2010）。相关研究也证实了这些发现（Richards & Gross，2000）。

从社交方面来看，实验室研究发现，表达抑制让人更不受喜爱，有更少的积极人际关系（Butler et al.，2003）。相反地，实验室研究发现，认知重评的使用对社会关系没有不利影响（Bulter et al.，2003）。相关研究发现，经常使用认知重评的人更可能和他们的朋友分享积极与消极情绪，有更亲密的人际关系，更受同伴喜爱（Mauss et al.，2011）。

已有文献使用实验室研究和相关研究的方法，从情绪、认知和社交三个方面探讨情绪调节策略的效果。其中，相关研究建立了策略使用频率和心理健康的关系，实验室研究建立了策略使用和其调节效果的关系。这两方面证据表明，认知重评是相对适应性的策略，而表达抑制是相对非适应性的策略。因此，研究认知重评和表达抑制的个体差异对于我们了解人们的情绪、认知、社交等表现有重要意义。

2. 内容简介

情绪调节问卷由 Gross 和 John（2003）开发，王力、柳桓超、李中权和杜卫（2007）翻译并验证中文版信效度。此量表是包括 10 个条目的 7 级量表，其中 6 个条目测量认知重评使用倾向，4 个条目测量表达抑制的使用倾向。参与者需要根据自己的实际情况，对每一项表述表明赞同或者不赞同的水平，其中 1 代表"完全不同意"，7 代表"完全同意"。

3. 实施或使用方法

本测评工具为纸笔测验或通过计算机填写，参与者自我报告两种策略的使用倾向。时间上无要求，可与其他量表一起使用。不要改变项目的顺序。

4. 计分方法与解释

每个维度中所有项目的得分累加，可获得该维度分数。其中认知重评对应的题号是：1、3、5、7、8、10，表达抑制对应的题号是：2、4、6、9。

5. 信度与效度

本量表的英文原版具有较高的信效度(Gross & John,2003)。探索性和验证性因素分析支持了认知重评和表达抑制的两因素模型。认知重评和表达抑制的重评信度均为 0.69,这表明情绪调节问卷具有良好的重测信度。采用 α 系数来评估问卷的内部一致性信度,结果显示认知重评维度 α 系数为 0.79,表达抑制维度 α 系数为 0.73,这表明情绪调节问卷具有良好的内部一致性信度。

本量表的中文版具备较高的信效度(王力等,2007)。验证性因素分析支持了英文版问卷的两因素模型。认知重评的重测信度为 0.82,表达抑制的重评信度为 0.79,这表明情绪调节问卷中文版具有良好的重测信度。采用 α 系数来评估问卷的内部一致性信度,结果显示认知重评维度 α 系数为 0.85,表达抑制维度 α 系数为 0.77,这表明情绪调节问卷中文版具有良好的内部一致性信度。

6. 应用价值与简要评价

情绪调节问卷自开发以来受到广泛使用。截至 2018 年 12 月 30 日,Google 学术检索显示,Gross 和 John(2003)被引已达 6 442 次。情绪调节对个体的心理健康具有重要意义。对情绪调节使用的个体差异的测量是情绪调节领域的重要内容。

参考文献

1. 王力,柳恒超,李中权,杜卫,2007. 情绪调节问卷中文版的信效度研究[J].*中国健康心理学杂志*,15(6):503—505.
2. Gross J. J. & John,O. P,2003. Individual differences in two emotion regulation processes:Implications for affect, relationships, and well-being[J].*Journal of Personality and Social Psychology*,85:348—362.
3. Hayes J. P.,Morey R. A.,Petty C. M.,Seth S.,Smoski M. J.,McCarthy G. & LaBar K. S,2011. Staying cool when things get hot:Emotion regulation modulates neural mechanisms of

memory encoding[J]. *Frontiers in Human Neuroscience*, 4: 1—10.

4. Jamieson J. P., Mendes W. B., Blackstock E. & Schmader T, 2010. Turning the knots in your stomach into bows: Reappraising arousal improves performance on the GRE[J]. *Journal of Experimental Social Psychology*, 46: 208—212.

5. Mauss I. B., Shallcross A. J., Troy A. S., John O. P., Ferrer E., Wilhelm F. H., ... & Gross J. J, 2011. Don't hide your happiness!: Positive emotion dissociation, social connectedness, and psychological functioning[J]. *Journal of Personality and Social Psychology*, 100: 738—748.

6. Moore S. A., Zoellner L. A. & Mollenholt N, 2008. Are expressive suppression and cognitive reappraisal associated with stress-related symptoms?[J]. *Behaviour Research and Therapy*, 46: 993—1000.

7. Nezlek J. B. & Kuppens P, 2008. Regulating positive and negative emotions in daily life[J]. *Journal of Personality*, 76: 561—579.

8. Richards J. M., Butler E. & Gross J. J, 2003. Emotion regulation in romantic relationships: The cognitive consequences of concealing feelings[J]. *Journal of Personal and Social Relationships*, 20: 599—620.

9. Richards J. M. & Gross J. J, 2000. Emotion regulation and memory: The cognitive costs of keeping one's cool[J]. *Journal of Personality and Social Psychology*, 79: 410—424.

附录

情绪调节问卷

指导语：在这一部分，我们将有一些关于你的情绪生活的问题问你，尤其是你如何控制(这里指的是调节与管理)你的情绪。我们感兴趣的是你的情绪生活的两部分内容：一部分是你的情绪体验，或者说是你内心的感受是什么；另一部分是你的情绪表达，或者说你如何用言语、姿势或者行为等方式来表达情绪。虽然一些问题看起来和其他问题类似，但它们却有相当程度的不同。对下面的每一项表述，请用画圈的方式在每一个表述对应的等级上表明你赞同或者不赞同的程度，1代表"完全不同意"，7代表"完全同意"。

题 目	完全不同意	很不同意	有点不同意	中性	有点同意	很同意	完全同意
1. 当我想感受一些积极的情绪（如快乐或高兴）时，我会改变自己思考问题的角度。	1	2	3	4	5	6	7
2. 我不会表露自己的情绪。	1	2	3	4	5	6	7
3. 当我想少感受一些消极的情绪（如悲伤或愤怒）时，我会改变自己思考问题的角度。	1	2	3	4	5	6	7
4. 当感受到积极情绪时，我会很小心地不让它们表露出来。	1	2	3	4	5	6	7
5. 在面对压力情境时，我会使自己以一种有助于保持平静的方式来考虑它。	1	2	3	4	5	6	7
6. 我控制自己情绪的方式是不表达它们。	1	2	3	4	5	6	7
7. 当我想多感受一些积极的情绪时，我会改变自己对情境的考虑方式。	1	2	3	4	5	6	7
8. 我会通过改变对情境的考虑方式来控制自己的情绪。	1	2	3	4	5	6	7
9. 当感受到消极的情绪时，我确定不会表露它们。	1	2	3	4	5	6	7
10. 当我想少感受一些消极的情绪时，我会改变自己对情境的考虑方式。	1	2	3	4	5	6	7

9. 灵活调节情绪表达量表（FREE）*

陈树铨

（哥伦比亚大学临床与咨询心理学系，纽约市，10027）

【摘要】 情绪调节策略的使用和心理健康、精神障碍息息相关。但越来越多的研究表明，根据情境需要灵活地使用不同策略的能力更为重要。Burton 和 Bonanno(2016)开发了灵活调节情绪表达量表（Flexible Regulation of Emotion Expression，FREE），用于评估个体根据假定的社会情境需要提升或压抑自己的情绪表达能力。

1. 理论背景或依据

情绪调节策略使用倾向的个体差异是精神障碍的跨诊断风险因素（Aldao、Nolen-Hoeksema & Schweizer，2010）。大量研究确定了特定策略使用和心理健康的关系。在这些研究里，认知重评通常被认为是适应性的策略，而表达抑制和反刍被认为是非适应性的策略。最新的研究表明，情绪调节的灵活性可能更为重要。这种灵活性不只考虑到了策略的使用，还考虑到了使用策略的情境（Bonanno & Burton，2013）。

表达灵活性是情绪调节灵活性中的重要内容，指的是根据情境需要来提升和压抑一个人情绪表达的能力（Bonanno，Papa，Lalande，Westphal & Coifman，2004；Westphal，Seivert & Bonanno，2010）。在这个理论框架下，有两种调节能力，分别是提升能力（enhancement ability）和压抑能力（suppression ability）。提升能力指的是根据情境需要表现出更明显的情绪信号，比如，当朋友分享他们喜悦或悲伤时，表现得更加喜悦或悲伤；压抑能力指的是根据情境需要降低情绪表达，比如，当同事在重要会议上犯了一个好笑但不合时宜的错误时，压抑自己的喜

---

* Burton 和 Bonanno(2016)开发了本套量具，量具英文版取自该论文的补充材料，由 Chen 等(2018)进行中文版验证。

悦表情。表达灵活性指的是提升和压抑情绪的能力,只有两种能力都高时表达灵活性才强。已有研究证明,高的表达灵活性可以预测未来低的精神障碍症状和更好的社会心理适应(Bonanno et al., 2004; Westphal et al., 2010)。

Bonanno 等(2004)设计了一个实验范式来测量这种能力,但实验室实验测量耗时,较难快速节省地获得大量数据。考虑到这些不足,Burton 和 Bonanno(2016)设计了自评工具来方便未来的研究。

2. 内容简介

灵活调节情绪表达量表由 Burton 和 Bonanno(2016)开发,Chen 和 Bonanno(2018)翻译并验证中文版信效度。此量表是包括 16 个条目的 6 级量表,其中 8 个条目测量提升能力,8 个条目测量抑制能力。参与者需要根据自己的实际情况,对每一项表述表明自己在特定情况下提升或抑制情绪表达的能力,其中 1 代表"完全不能",6 代表"完全能"。在抑制和提升子量表中,有四道题反映积极情绪,四道题反映消极情绪。但研究表明,情绪效价并不影响抑制或提升的能力,所以研究者一般计算提升能力、抑制能力和表达灵活性三个指标。

3. 实施或使用方法

本测评工具为纸笔测验或通过计算机填写,参与者自我报告两种策略的使用倾向。时间上无要求,可与其他量表一起使用。不要改变项目顺序。

4. 计分方法与解释

每个维度中 8 个项目的得分累加,可获得该维度分数。其中提升能力对应的题号是 1~8。抑制能力对应的题号是 9~16。表达灵活性=(提升能力+抑制能力)-|表达能力-抑制能力|。这样的计算确保了只有两种能力同时高时,表达灵活性才高。

5. 信度与效度

本量表英文原版具有较高的信效度(Burton & Bonanno, 2016)。探索性和验证性因素分析支持了"两因素—四因素"的双阶模型。四因素为提升积极能力，提升消极能力，抑制积极能力，抑制消极能力。两因素为提升能力和抑制能力。实验室研究表明两种能力三年追踪的重评信度均达 0.60 以上（Westphal et al., 2010），但本研究并未提供量表的重评信度。采用 α 系数来评估问卷的内部一致性信度，结果显示提升能力维度 α 系数为 0.81，抑制能力维度 α 系数为 0.70，这表明灵活调节情绪表达量表具有良好的内部一致性信度。另外，提升能力和抑制能力和抑郁与焦虑症状呈负相关。

本量表的中文版具备较高的信效度（Chen et al., 2018）。验证性因素分析支持了英文版量表的模型。采用 α 系数来评估问卷的内部一致性信度，结果显示提升能力维度 α 系数为 0.82，抑制能力维度 α 系数为 0.78，这表明量表中文版具有良好的内部一致性信度。另外，提升能力与生活满意度呈正相关，抑制能力和抑郁与焦虑症状呈负相关。此外，表达灵活性和情绪调节策略使用倾向可以独立地预测抑郁与焦虑症状和生活满意度，说明表达灵活性和情绪调节策略的使用倾向有着不同的作用机制，是不同的构念。

6. 应用价值与简要评价

灵活调节情绪表达量表自开发以来两年间受到广泛使用，已被翻译为德文、意大利文、中文等多种语言。表达灵活性自提出以来，其原始文献被引用 866 次（2018 年 12 月 30 日检索）。表达灵活性对个体的心理健康具有重要意义，补充了情绪调节领域的既有文献，值得未来研究者继续探索。

参考文献

1. Aldao A., Nolen-Hoeksema S. & Schweizer S, 2010. Emotion-regulation strategies across psychopathology: A meta-analytic review [J]. *Clinical Psychology Review*, 30(2): 217—237.

2. Bonanno G. A. & Burton C. L, 2013. Regulatory flexibility: An individual differences perspective on coping and emotion regulation[J]. *Perspectives on Psychological Science*, 8: 591—612.

3. Bonanno G. A., Papa A., Lalande K., Westphal M. & Coifman K, 2004. The importance of

being flexible: The ability to both enhance and suppress emotional expression predicts long-term adjustment[J]. *Psychological Science*, 15: 482—487.

4. Burton C. E. & Bonanno G. A, 2016. Measuring ability to enhance and suppress emotional expression: The flexible regulation of emotional expression (FREE) scale[J]. *Psychological Assessment*, 28(8): 929—941.

5. Chen S., Chen T. & Bonanno G. A, 2018. Expressive flexibility: Enhancement and suppression abilities differentially predict life satisfaction and psychopathology symptoms[J]. *Personality and Individual Differences*, 126(1): 78—84.

6. Westphal M., Seivert N. H. & Bonanno G. A, 2010. Expressive flexibility[J]. *Emotion*, 10: 92—100.

附录

灵活调节情绪表达量表

指导语：情绪表达是我们日常生活的一部分。出于某些社会原因，我们有时需要更强烈地表达情绪，有时需要隐藏部分情绪。这种能力被称为情绪表达的灵活调节能力。在接下来的每一个情境中，选择最能反映你这种能力的数字，1代表"完全不能"，6代表"完全能"。

（一）以下情境涉及积极情绪的表达。在每一个情境中，你能在多大程度上表达出比真实感受更积极的情绪？

题 目	完全不能					完全能
1. 朋友赢得体育比赛的奖项，但你对此毫无兴趣。	1	2	3	4	5	6
2. 同事获得升职并想跟你谈谈这件事情。	1	2	3	4	5	6
3. 朋友讲述他/她几天前经历的一次很棒的约会。	1	2	3	4	5	6
4. 亲戚送你一件衬衫作为礼物，但你不喜欢。	1	2	3	4	5	6

（二）以下情境涉及消极情绪的表达。在每一个情境中，你能在多大程度上表达出比真实感受更消极的情绪？

题　　目	完全不能					完全能
5. 朋友告诉你他度过了糟糕的一天。	1	2	3	4	5	6
6. 你老板在抱怨一个你既没有参加又不了解的项目。	1	2	3	4	5	6
7. 朋友说起他/她分手的经历,但你背地里认为这是件好事。	1	2	3	4	5	6
8. 你正在参加一个陌生人的葬礼。	1	2	3	4	5	6

（三）以下情境涉及积极情绪的表达。在每一个情境中,你能在多大程度上隐藏自己的真实感受?

题　　目	完全不能					完全能
9. 和刚丢了工作的朋友一起吃晚饭时,你接到老板的电话,得知自己加薪了。	1	2	3	4	5	6
10. 在一个培训课程上,你看见幻灯片上有一个好笑的错误。	1	2	3	4	5	6
11. 在进行庄严的宗教仪式时,挨着你坐的人在你耳边说了一个滑稽的笑话。	1	2	3	4	5	6
12. 在和上级见面的会议上,上级的手机出人意料地响起了令人尴尬的铃声。	1	2	3	4	5	6

（四）以下情境涉及消极情绪的表达。在每一个情境中,你能在多大程度上隐藏自己的真实感受?

题　　目	完全不能					完全能
13. 在一个社交活动中,和你对话的人在讲话时频繁地喷唾沫。	1	2	3	4	5	6
14. 在一个重要的工作会议前,你得知了亲人去世的消息。	1	2	3	4	5	6
15. 你正在饭店跟对象进行第一次约会,一个陌生人把饮料洒在你身上。	1	2	3	4	5	6
16. 在你度过烦恼紧张的一天后,一个平时有些惹人厌的邻居走过来和你唠家常。	1	2	3	4	5	6

四、主观幸福感 Subjective Well-Being

10. 心理幸福感量表(RPWS)*

徐媛媛

(陆军军医大学医学心理系,重庆,400038)

【摘要】 Ryff 的心理幸福感量表(Ryff's Psychological Well-being Scales, RPWS)广泛应用于评价个体的心理幸福感水平,是积极心理学领域最具有代表性的幸福感自评工具。国内已有成年人、大学生等修订版本,符合心理测量学标准。

1. 理论背景

从哲学传统上讲,有关幸福的概念和理论可归结为两种:快乐论(hedonic)和实现论(eudemonia)(邢占军、黄立清,2004)。快乐论认为幸福就是一种快乐的体验;而实现论则认为幸福不仅仅是快乐,更是人类潜能的实现。基于不同的哲学传统,现代幸福感主要存在两种取向:主观幸福感(subjective well-being)和心

---

* 测评工具研发成果参见:
1. Ryff C. D. & Keyes C. L. (1995). The structure of psychological well-being revisited. *Journal of Personality & Social Psychology*, 69(4): 719—727.
2. Ryff C. D. (2013). Psychological well-being revisited: advances in the science and practice of eudaimonia. *Psychotherapy & Psychosomatics*, 83(1): 10—28.
3. Li R. H. (2014). Reliability and validity of a shorter Chinese version for Ryff's psychological well-being scale. *Health Education Journal*, 73(4): 446—452.

理幸福感(psychological well-being)。主观幸福感基于快乐论,认为人的幸福是情感所表达,幸福就是拥有更多的积极情绪、更少的消极情绪(情感方面)并对生活满意(认知方面)(邢占军、黄立清,2004)。心理幸福感基于实现论,认为快乐虽属于幸福,但幸福却不能全归结为快乐,完整的幸福还应该包括不以自己主观意志为转移的自我完善、自我实现、自我成就,是一种自我潜能的完美实现(张陆、佐斌,2007)。

Ryff基于此理论,通过实证研究提出心理幸福感六维模型:生活目标(purpose in life)、自主性(autonomy)、个人成长(personal growth)、环境控制(environment master)、良好人际关系(positive relation with others)和自我接纳(self-acceptance)。生活目标指个体对日常生活的意义感、目标感和方向感;自主性旨在评估个体目前的生活是否与个人信念相符;个人成长是指个体对自我才能与潜能的培养与发挥;环境控制是指个体对自身所处环境的掌控性;良好人际关系指个体与重要他人的人际交往情况;自我接纳是指个体对自我优势与局限性的认识与接纳程度(Ryff,2013)。

2. 内容简介

Ryff的心理幸福感量表包含上述6个维度,早期版本共120题,内部一致性α系数、6周重测信度、聚合与区分效度均良好,但数据缺乏验证性因素分析结果。后续研究中,Ryff等人开发了更为简洁的84题版RPWS、54题版RPWS和18题版RPWS,其中,18题版RPWS呈现出可接受的六因素模型拟合度,但各因子内部一致性α系数较低(0.33~0.52)。

不同国家或地区的研究人员大多根据本国文化在84题版RPWS的基础上进行本土化,形成了不同版本的心理幸福感量表。台湾学者Li Ren-Hau对84题版RPWS进行汉化后,形成了18个项目的中文版RPWS(Li,2014)。

3. 实施或使用方法

按照经典心理测量学的使用规范来实施。

4. 计分方法与解释

采用 Likert 6 级计分法,1~6 分别表示完全不符合、相当不符合、有点不符合、有点符合、相当符合、完全符合。量表无反向计分题,总分越高,表明个体心理幸福感越高。

5. 信度与效度

该量表基于 820 名成人的施测结果显示,量表总体内部一致性 α 系数为 0.92,各因子内部一致性 α 系数为 0.60~0.75,信度良好。探索性和验证性因素分析的结果均表明,中文版 RPWS 具有良好的结构效度,各题项在所属因子上的因素负荷在 0.55~0.80,验证性因素分析的 χ^2/df 值为 4.59,各拟合指数均超过 0.90,RMSEA 值为 0.06,小于 0.08(Li,2014)。

我们采用正负性情绪量表(PANAS)、生活满意度量表(SWLS)、流调中心用抑郁量表(CES-D)和中文版 RPWS 对 565 名大学生进行测试,对问卷的信效度进行了检验。结果显示,量表各因子内部一致性 α 系数在 0.53~0.80,信度良好。RPWS 与 CES-D、负性情绪显著负相关($r=-0.530, r=-0.474, P<0.001$),与正性情绪和 SWLS 显著正相关($r=0.660, r=0.592, P<0.001$)(Xu et al.,2015)。

6. 应用价值与简要评价

RPWS 广泛应用于评价个体的心理幸福感水平,是积极心理学领域最具有代表性的幸福感自评工具。截至 2018 年 12 月,在 Web of Science 里被引高达 2 819 次。

参考文献

1. Li R. H, 2014. Reliability and validity of a shorter Chinese version for Ryff's psychological well-being scale[J]. *Health Education Journal*, 73(4): 446—452.
2. Ryff C. D, 2013. Psychological well-being revisited: advances in the science and practice of eudaimonia[J]. *Psychotherapy & Psychosomatics*, 83(1): 10—28.

3. Ryff C. D. & Keyes C. L, 1995. The structure of psychological well-being revisited[J]. *Journal of Personality & Social Psychology*, 69(4): 719—727.

4. Xu Y., Yu Y., Xie Y., Peng L., Liu B. & Xie J., et al, 2015. Positive affect promotes well-being and alleviates depression: The mediating effect of attentional bias[J]. *Psychiatry Research*, 228(3): 482—487.

5. 邢占军,黄立清,2004.西方哲学史上的两种主要幸福观与当代主观幸福感研究[J]. *理论探讨*,(1): 32-35.

6. 张陆,佐斌,2007.自我实现的幸福——心理幸福感研究述评[J]. *心理科学进展*,15(1): 134—139.

附录

心理幸福感量表

指导语:请你根据自身经验与以下陈述相符合的情形来勾选,各题由完全不符合到非常符合共6种程度,在最符合你情况的一项上画√。

题 目	完全不符合	相当不符合	有点不符合	有点符合	相当符合	完全符合
1. 我喜欢和家人或朋友聊天和分享个人话题。	1	2	3	4	5	6
2. 人们形容我是个肯付出的人,愿意花时间在别人身上。	1	2	3	4	5	6
3. 我知道我可以信任我的朋友,而他们也知道可以信任我。	1	2	3	4	5	6
4. 我对自己的主张很有信心,即使与多数人的共识不同。	1	2	3	4	5	6
5. 我不是那种会屈服于社会压力而表现出某些行为或思考方式的人。	1	2	3	4	5	6
6. 我以自己认为重要的价值来评论自己,而非依照别人的标准。	1	2	3	4	5	6
7. 整体而言,我觉得自己能掌管生活情境。	1	2	3	4	5	6
8. 我能管理好日常生活中该做的事情。	1	2	3	4	5	6
9. 我通常能管理好个人财务与事物。	1	2	3	4	5	6
10. 我认为有新的体验来激发自己如何看待自我及世界很重要。	1	2	3	4	5	6

续表

题 目	完全不符合	相当不符合	有点不符合	有点符合	相当符合	完全符合
11. 对我而言，人生是持续学习、改变和成长的过程。	1	2	3	4	5	6
12. 我欣喜自己看事情的观点逐年改变且成熟。	1	2	3	4	5	6
13. 我喜欢为未来制订计划，并努力实践它。	1	2	3	4	5	6
14. 我会积极完成已制订的计划。	1	2	3	4	5	6
15. 我不是那种对人生毫无目标的人。	1	2	3	4	5	6
16. 当我回顾过往，对于大多数事情的结果我感到满意。	1	2	3	4	5	6
17. 整体来说，我认为自己有自信而且积极。	1	2	3	4	5	6
18. 当我和身边朋友相比时，我觉得自己还不错。	1	2	3	4	5	6

注：良好人际关系(Positive relation with others, PR)：1～3；自主性(Autonomy, AU)：4～6；环境控制(Environment master, EM)：7～9；个人成长(Personal growth, PG)：10～12；生活目标(Purpose in life, PL)：13～15；自我接纳(Self-acceptance, SA)：16～18。

11. 殷盛感量表(FS)*

段文杰¹ 关秋洁²

(1. 华东理工大学社会与公共管理学院,上海,200237;
2. 复旦大学社会发展与公共政策学院,上海,200433)

【摘要】 殷盛感量表(Flourishing Scale,FS)由 Diener 等人(2010)编制,用于测量与参与、关系、能力和生活目的等心理幸福感相关的指标。中文版殷盛感量表在青少年、大学生、社区居民群体中的运用均符合心理测量学标准。

1. 理论背景

幸福是人类社会追求的终极目标。已有的文献主要从享乐主义和实现主义两个方面来定义幸福,享乐主义的幸福通常是指积极的情绪(比如享乐、愉悦和舒适),是个人当前的体验,而实现主义的幸福指的是人类潜在的状态,包括个人积极功能的发挥(Richard M Ryan & Deci, 2001;Waterman, 2008)。作为实现主义幸福的表现形式,殷盛感是对个体当前和未来各个方面社会心理功能的全方位评价,不同于关注当前情绪和感受的主观幸福感。已有研究表明,拥有较高的殷盛感水平不仅有利于个体的身体健康,还有助于减少负面情绪,促进功能的发挥,提高生活满意度和心理幸福感(Duan & Xie, 2016;Tang et al., 2016)。

Diener 等人(2010)通过总结已有的幸福感理论研究,在自我实现理论的基础上提出了殷盛感理论。自我实现理论是指个体的各种潜能在社会环境中得以充分发挥,从而实现个人的需要,包括归属感、胜任感和自我接受等的过程(Ryan &

---

* 测评工具研发成果参见:
1. Tang X., Duan W., Wang Z. & Liu T. (2016). Psychometric Evaluation of the Simplified Chinese Version of Flourishing Scale. *Research on Social Work Practice*, 26(5): 591—599.
2. Duan W. & Xie D. (2019). Measuring adolescent flourishing: psychometric properties of flourishing scale in a sample of Chinese adolescents. *Journal of Psychoeducational Assessment*, 37(1): 131—135.
3. Tong K. K. & Wang Y. Y. (2017). Validation of the flourishing scale and scale of positive and negative experience in a Chinese community sample. *PLoS ONE*, 12(8): 1—10.

Deci，2000）。殷盛感理论涉及社会关系、有目的和意义的生活、对重要活动的参与等内容，旨在全面描述个体的心理幸福感水平。

在殷盛感的测量方面，主要采用的是 Diener 等人（2010）的殷盛感量表，该量表用于衡量个体的生活、参与、社会关系和未来等方面的幸福感水平，目前已经在很多国家和文化中被验证和运用。

2. 内容简介

殷盛感量表是由 Diener 等人（2010）编制的单因子量表，共 8 个项目，分别从能力、投入、意义和目的、乐观、自我接受、支持性的人际关系、他人的幸福、被尊重 8 个方面来描述人类的功能。殷盛感量表采用 Likert 7 级计分（1 代表"非常不同意"，7 代表"非常同意"）。

中文版的殷盛感量表已应用于青少年、大学生、社区居民群体中。其中，有代表性的是段文杰等的修订版，保留了原量表的全部项目，在社区居民群体中验证了中文版量表的信度和效度（Tang et al.，2016），随后又在青少年群体中对量表的信效度做进一步的检验（Duan & Xie，2016），结果都表明中文版的殷盛感量表适用于中国文化背景。此外，Tong 和 Wang（2017）在澳门地区居民群体中的修订，同样保留了原量表的所有项目。

3. 实施或使用方法

按照经典心理测量学的使用规范来实施。

4. 计分方法与解释

所有项目均为正向计分，总分范围为 8～56 分，平均分范围为 1～7 分。采用总分或平均分两种计分方式，得分越高，表明个体的殷盛感水平越高。

5. 信度与效度

以 Diener 等人（2010）的研究为例，单因子的殷盛感量表的内部一致性系数 α 为 0.87，重测信度为 0.71。探索性因子分析显示，所有题目的因子负荷范围在 0.61～0.77，条目的相关性在 0.57～0.71，初始特征值为 4.24，所有题目的方差解释率为53%。此外,FS与其他同类型的量表(心理幸福感量表和基本需求满意度量表)的相关性分别为0.78和0.83,研究结果表明FS具有良好的信效度,可以作为测量个体心理幸福感的有效工具。

Tang等人(2016)在中国文化背景下对FS进行了验证,采用殷盛感量表、中文长处问卷(CVQ-96)、简短症状问卷(BSI-18)对433名社区居民进行测试,对殷盛感量表的信效度进行了检验。探索性因子分析的结果显示,所有项目的因子负荷均超过0.63,方差解释率为53.24%,量表具有良好的内部一致性系数($\alpha > 0.90$)。验证性因素分析的各项拟合指标都达到了建议值(CFI=0.97,TLI=0.96,RMSEA=0.52)。殷盛感与美德(生命力、亲和力、意志力)正相关($r=0.38 - 0.55, P < 0.01$),与心理症状负相关($r=-0.28, P < 0.01$),表明殷盛感量表具有较好的聚合和区分效度。在预测心理症状方面,殷盛感比美德增加了8%的预测效度。此外,结构方程模型的中介作用分析还表明,殷盛感在美德对心理症状的影响中起中介作用。

在Tang等人(2016)对FS验证的基础上,Duan和Xie(2016)将该量表的运用推广到中国青少年群体中,验证性因素分析的各项拟合指标都达到了建议值(CFI=0.940,TLI=0.916,RMSEA=0.68),标准化后的因子负荷均高于0.56。男性样本(CFI=0.952,TLI=0.925,RMSEA=0.75)和女性样本(CFI=0.981,TLI=0.973,RMSEA=0.35)的验证性因素分析的结果都达到了理想值。相关分析的结果表明,FS与生活满意度量表(SWLS)显著正相关($r=0.36, P < 0.001$),与抑郁情绪($r=-0.41, P < 0.001$)、焦虑情绪($R=-0.42, P < 0.001$)负相关。FS在与SWLS比较中,FS对抑郁、焦虑的负面情绪具有更高的预测和增量效度。

Tong和Wang(2017)通过电话访谈的方式选取1 008名社区居民填写了殷盛感量表、积极和消极体验量表(SPANE)、生活满意度量表(SWLS)以及知觉到的身体健康状况、社会阶层和婚姻状况。结果显示殷盛感量表的内部一致性系数为0.88,验证性因素分析的结果都达到了理想值(CFI=0.95,TLI=0.90,RMSEA=0.08,$P < 0.01$),各项目的因子负荷均高于0.56,这表明单维度殷盛感量表因子结构的有效性。殷盛感与生活满意度($r=0.494, P < 0.01$)、身体健康状况($r=0.200, P < 0.01$)、SPANE-P($r=0.426, P < 0.01$)、SPANE-B($r=0.458, P < 0.01$)正相关,与SPANE-P($r=-0.308, P < 0.01$)负相关。研究结果还显示了女性参

与者的殷盛感要显著高于男性参与者,知觉到的社会阶层状况显著影响到殷盛感,而婚姻状况对殷盛感的影响不显著。

殷盛感量表在其他国家和文化的应用中也显示出了较好的信效度。Sumi(2014)在日本大学生群体中对 FS 进行了验证,结果表明 FS 的内部一致性系数为 0.95,方差解释率为 73.1%,特征值为 5.85,8 个题目的因子负荷范围为 0.77~0.88。Silva 和 Caetano(2013)在葡萄牙全职员工和大学生群体中对 FS 进行了验证,结果表明在两个样本中 FS 的内部一致性系数分别为 0.83 和 0.78,在全部参与者的验证性因素分析中,FS 的方差解释率为 47%,特征值为 3.77,8 个题目的因子负荷范围为 0.60~0.76。

6. 应用价值与简要评价

殷盛感量表应用于评价个体的心理幸福感,已经被广泛应用于中国、美国、日本、德国、葡萄牙、加拿大等众多国家。截至 2018 年 12 月,在 Web of Science 里被引高达 421 次;在百度学术里被引高达 602 次;在 Google 学术里被引高达 1 287 次。

参考文献

1. Diener E., Wirtz D., Tov W., Kim-Prieto C., Choi D.-w., Oishi S. & Biswas-Diener R, 2010. New Well-being Measures: Short Scales to Assess Flourishing and Positive and Negative Feelings[J]. *Social Indicators Research*, 97(2): 143—156.

2. Duan W. & Xie D, 2019. Measuring adolescent flourishing: psychometric properties of flourishing scale in a sample of Chinese adolescents[J]. *Journal of Psychoeducational Assessment*, 37(1): 131—135.

3. Ryan R. M. & Deci E. L, 2000. Self-determination theory and the facilitation of intrinsic motivation, social development, and well-being[J]. *American Psychologist*, 55(1): 68—78.

4. Ryan R. M. & Deci E. L, 2001. On Happiness and Human Potentials: A Review of Research on Hedonic and Eudaimonic Well-Being[J]. *Annual Review of Psychology*, 52(1): 141—166.

5. Silva A. J. & Caetano A, 2013. Validation of the Flourishing Scale and Scale of Positive and Negative Experience in Portugal[J]. *Social Indicators Research*, 110(2): 469—478.

6. Sumi K, 2014. Reliability and Validity of Japanese Versions of the Flourishing Scale and the Scale of Positive and Negative Experience[J]. *Social Indicators Research*, 118(2): 601—615.

7. Tang X., Duan W., Wang Z. & Liu, T, 2016. Psychometric Evaluation of the Simplified Chinese Version of Flourishing Scale[J]. *Research on Social Work Practice*, 26(5): 591—599.

8. Tong K. K. & Wang Y. Y, 2017. Validation of the flourishing scale and scale of positive and negative experience in a Chinese community sample[J]. *PLoS ONE*, 12(8): 1—10.

9. Waterman A. S, 2008. Reconsidering happiness: A eudaimonist's perspective[J]. *The Journal of Positive Psychology*, 3(4): 234—252.

附录

殷盛感量表

指导语：请仔细阅读以下8个句子，选择适当的数字以代表你对各个表述同意的程度。

题　　目	非常不同意	不同意	有点不同意	中立	有点同意	同意	非常同意
1. 我的生活有目标、有意义。	1	2	3	4	5	6	7
2. 我的社会关系富有支持性且我能从中受益。	1	2	3	4	5	6	7
3. 我对日常生活既投入又感兴趣。	1	2	3	4	5	6	7
4. 我积极为其他人的快乐和幸福作贡献。	1	2	3	4	5	6	7
5. 我有能力做到那些对我重要的事情。	1	2	3	4	5	6	7
6. 我是一个好人并过着好的生活。	1	2	3	4	5	6	7
7. 我对我的未来感到乐观。	1	2	3	4	5	6	7
8. 别人尊重我。	1	2	3	4	5	6	7

12. 旺盛感量表(BIT)*

段文杰[1]　关秋洁[2]

(1. 华东理工大学社会与公共管理学院,上海,200237;

2. 复旦大学社会发展与公共政策学院,上海,200433)

【摘要】　旺盛感量表由 Su 等人(2014)编制,应用于评价个体的综合幸福感,是有效的测量幸福感的自评工具。国内目前已被运用于学生和社区居民群体中,均符合心理测量学标准。

1. 理论背景

享乐主义和实现主义一直以来代表着幸福的两个方面,综合幸福感(comprehensive wellbeing),即旺盛感(thriving),是享乐主义的幸福和实现主义的幸福的结合,既包括个体的主观幸福感,又包括个体的心理幸福感(Su et al., 2014)。已有研究表明,旺盛感有利于个体保持身体和精神健康,有助于发展健康行为(Duan et al., 2018; Duan et al., 2016; Su et al., 2014)。

Su 等人(2014)提出的旺盛感理论具有广泛代表性。他将旺盛感定义为个体的综合幸福感,在此基础上形成了综合旺盛感理论和简短旺盛感理论。具体来说,综合旺盛感理论包括了支持、团结、尊重、自我价值、信任、孤独、归属、参与、技能、学习、成就、自我效能、控制、意义目的、积极、生活满意度、积极情绪、消极情绪 18 个方面。旺盛感包括了生活满意度、积极情绪、支持感、归属感、意义感、投入、自我价值、自我效能、成就、积极 10 个方面,旨在全面描述个体的幸福感水平。

幸福感测量的工具有很多种,主观幸福感的测量工具主要有生活满意度量表

---

* 测评工具研发成果参见:

1. Duan W., Fei Y., Zhao J. & Guo X. (2018). Incremental validity of the comprehensive inventory of thriving in predicting self-reporting mental and physical health among community populations. *Journal of Health Psychology*.

2. Duan W., Guan Y. & Gan F. (2016). Brief Inventory of Thriving: A comprehensive measurement of wellbeing. *Chinese Sociological Dialogue*, 1(4): 15.

(SWLS)、积极和消极体验量表(SPANE)等,用于评估个体当前的幸福体验。心理幸福感的测量工具主要是殷盛感量表,用于衡量个体的能力、参与、意义和目的、社会关系等方面的幸福感水平。综合幸福感的测量工具主要是旺盛感量表,用于综合评估个体的幸福感水平。

2. 内容简介

旺盛感量表有综合版和简短版两个版本,是由 Su 等人(2014)编制。其中,综合版旺盛感量表(Comprehensive Inventory of Thriving,CIT)共 18 个维度,分别是支持、团结、尊重、自我价值、信任、孤独、归属、参与、技能、学习、成就、自我效能、控制、意义目的、积极、生活满意度、积极情绪、消极情绪,每个维度有 3 个项目;简短版旺盛感量表(Brief Inventory of Thriving,BIT)共描述了幸福感的 10 个方面,分别是:生活满意度、积极情绪、支持感、归属感、意义感、投入、自我价值、自我效能、成就和积极。采用 Likert 5 级计分(1 代表"完全不同意",5 代表"完全同意")。

国内已有学者对旺盛版感量表进行了中国文化下的验证修订。Duan 等人(2018)对综合旺盛版感量表的修订版本保留了原量表的全部项目,并将其运用于中国社区居民群体中。Duan 等人(2016)对简短版旺盛感量表的修订同样也是保留了全部项目,并将其运用于中国大学生和社区居民群体中。

3. 实施或使用方法

按照经典心理测量学的使用规范来实施。

4. 计分方法与解释

综合版旺盛感量表中有 6 个反向计分项目,简短版旺盛感量表全部项目均为正向计分。测量指标是维度总分或平均分。总得分或平均得分越高,表明个体的综合幸福感水平越高。

5. 信度与效度

以 Duan 等人(2018)的研究为例,抽取 556 名社区居民完成了综合版旺盛感量表,另抽取了533名社区居民完成了综合版旺盛感量表、殷盛感量表、生活满意度量表,并调查了一年后的身体和精神健康状况,对问卷的信效度进行了检验。结果发现,综合版旺盛感量表的18个因子的内部一致性系数均高于0.61,相关系数范围为0.15~0.74,$P<0.001$。验证性因素分析的结果表明,中文版的综合旺盛感量表具有较好的结构效度,条目在所属因子上的因素负荷范围为0.41~0.79,各项拟合指标($CFI=0.902$,$SRMR=0.046$,$RMSEA=0.040$)也都达到了建议值。

Duan等人(2016)通过抽取705名社区居民完成简短版旺盛感量表,以及251名大学生完成简短版旺盛感量表、殷盛感量表、总体生活满意度量、生命意义量表、积极和消极体验量表、焦虑压力抑郁量表。结果表明单因子的旺盛感量表在社区居民的两个分样本中的内部一致性系数为0.87和0.85,条目相关性分别为0.43~0.74、0.44~0.67,在大学生样本中的内部一致性α系数为0.89。探索性因子分析显示所有题目的因子负荷范围在0.51~0.82,验证性因素分析也验证了单因子量表的结构有效性,各项拟合指标都达到了建议值($CFI=0.96$,$TLI=0.95$,$RMSEA=0.05$)。此外,研究还发现综合生活满意度、殷盛感、旺盛感之间正相关($r=0.31$~0.60,$P<0.01$),并且与生命意义、积极体验正相关($r=0.34$~0.65,$P<0.01$),与消极体验、焦虑抑郁压力等负相关($r=-0.23$~-0.48,$P<0.01$)。回归分析的结果还表明旺盛感可以显著地预测焦虑、压力、抑郁等负面症状。

6. 应用价值与简要评价

旺盛感量表应用于评估个体的综合幸福感,是测量幸福感的代表性的自评工具。截至2018年12月,在Web of Science里被引29次,在百度学术里被引26次,在Google学术里被引74次。

参考文献

1. Delle Fave A., Massimini F. & Bassi M, 2011. *Psychological Selection and Optimal Experience Across Cultures. Social Empowerment through Personal Growth* (Vol. 2)[M]. New York: Springer.

2. Duan W., Fei Y., Zhao J. & Guo X, 2018. Incremental validity of the comprehensive inventory of thriving in predicting self-reporting mental and physical health among community populations[J]. *Journal Of Health Psychology*.

3. Duan W., Guan Y. & Gan F, 2016. Brief Inventory of Thriving: A comprehensive measurement of wellbeing[J]. *Chinese Sociological Dialogue*, 1(1): 15—31.

4. Ryan R. M. & Deci E. L, 2001. On Happiness and Human Potentials: A Review of Research on Hedonic and Eudaimonic Well-Being[J]. *Annual Review of Psychology*, 52(1): 141—166.

5. Su R., Tay L. & Diener E, 2014. The development and validation of the Comprehensive Inventory of Thriving (CIT) and the Brief Inventory of Thriving (BIT)[J]. *Applied Psychology Health & Well-being*, 6(3): 251—279.

6. Waterman A. S, 2008. Reconsidering happiness: A eudaimonist's perspective[J]. *The Journal of Positive Psychology*, 3(4): 234—252.

附录

简短版旺盛感量表

指导语：请仔细阅读每句陈述并用右侧的标度(1～5)来表示你的同意程度。

题 目	完全不同意	不同意	中立	同意	完全同意
1. 我的生活有清晰的目标。	1	2	3	4	5
2. 我对我的未来感到乐观。	1	2	3	4	5
3. 我的生活进展顺利。	1	2	3	4	5
4. 多数时候我感觉良好。	1	2	3	4	5
5. 我所做的事是值得并有价值的。	1	2	3	4	5
6. 我正在实现我的多数目标。	1	2	3	4	5
7. 只要我用心我就能成功。	1	2	3	4	5
8. 我对我的社区有归属感。	1	2	3	4	5
9. 我从事大多数活动时感到精力充沛。	1	2	3	4	5
10. 这世界上有欣赏我的人。	1	2	3	4	5

13. 安静自我量表(QES)

吕艺芝　倪士光

(清华大学深圳国际研究生院,深圳,518055)

【摘要】 安静自我量表(the Quiet Ego Scale,QES)是由 Wayment 和 Bauer 等(2015)编制,是一种应用于测量安静自我特征的代表性工具。国内已有中文版及大学生修改版等,均符合心理测量学标准。

1. 理论背景

西方社会提倡和重视以自我为中心的个人主义,强调自我利益,认为利己主义是人类发展的动力。Wayment 和 Bauer(2008)将这种利己主义称为"嘈杂自我",其特点是过度追求自我利益,并在《超越利己主义》一书引入"安静自我"的概念。他们认为,安静自我是一种自我认同,不过分地以自我为中心,也不过分地以他人为中心——一种融合他人而不丧失自我的认同。2015年,他们对安静自我的概念进行了增补,认为安静的自我是一种对自我和他人更少防御的立场,更多富有同情心的自我认同,强调平衡和成长。平衡是指安静的自我考虑或权衡自己和他人的需要、欲望和观点;成长是指安静的自我随着时间的推移对自己和他人的关心(Wayment & Bauer,2015)。近年,Wayment 和 Bauer(2018)进一步完善了安静自我的概念,认为安静自我超越自我主义,重视自身和他人利益的平衡,从长远的角度考虑自己及他人的发展。

Wayment 和 Bauer(2008)建立了安静自我模型,该模型包含四个维度:独立意识、包容认同、换位思考和成长。Wayment、Bauer 和 Sylaska(2015)通过正念、认同、三维智力量表、总体幸福感、谦逊、同情、成就、自尊、自主、个人发展、生存意义等一系列配套测量,采用因素分析的方法,建立了符合此理论构想的安静自我量表(刘国华,2018)。Wayment,Bauer 和 Sylaska(2015)认为安静自我量表能够帮助测量人类幸福感。

2. 内容简介

安静自我量表是由 Wayment 和 Bauer 等(2015)编制,共 14 个项目,3 个项目测量成长,4 个项目测量独立意识,3 个项目测量包容性认同,4 个项目测量换位思考,采用 Likert 5 级计分(1 代表"非常不同意",5 代表"非常同意")。

中文版已有 2 个大学生版本。一个是张舒(2017)在大学生群体中的修订版本,一个是刘国华(2018)版本。前者用宽恕他人替代了包容性认同,形成了换位思考 4 项(作者把 perspective taking 译为观点采择),宽恕他人 3 项,正念 3 项(作者认为独立意识与正念的概念相同),成长 4 项,共 14 项的安静自我量表中文版。后者保留了原问卷的全部项目。

3. 实施或使用方法

按照经典心理测量学的使用规范来实施。

4. 计分方法与解释

刘国华版本(Likert 5 级计分)第 2、6、10、11、14 题是反向计分,其他项目均为正向计分。成长包含 1、5、9 题,独立意识包含 2、6、10、14 题,包容性认同包含 3、7、12 题,换位思考包含 4、8、11、13 题。测量指标是维度总分或平均分。得分越高,表明安静自我的特征越明显。

张舒版本(Likert 7 级计分)第 5、6、7、8、9、10 项是反向计分,其他项目均为正向计分。换位思考包含 1~4 项,宽恕他人包含 5~7 项,正念包含 8~10 项,成长包含 11~14 项。测量指标是维度总分或平均分。得分越高,表明越符合安静自我概念。

5. 信度和效度

刘国华(2018)采用中文版安静自我量表对大学生进行测试,回收了 492 份有效问卷,对问卷的信度和效度进行了检验。结果发现,量表具有较好的内部一致性和跨时间稳定性。安静自我量表内部一致性系数为 0.65,其中 4 个分量表的内部一致性系数分别是独立意识 0.72,包容性认同 0.51,换位思考 0.59,成长

0.62。间隔1个月的重测相关系数为0.73。因素分析的结果表明4因子结构累计贡献率为58.31%,具有良好的结构效度。

张舒(2017)采用修改的安静自我量表中文版对大学生进行测试,收集了503份有效问卷,问卷内部一致性系数为0.78,其中正念为0.68,换位思考为0.79,宽容他人为0.72,成长为0.78。间隔4周的重测信度为0.90;探索性因子分析显示 KMO=0.77,Bartlett 球形检验达到显著性水平($\chi^2=1\,288.19$, $df=120$, $P<0.001$),成长、宽恕他人、正念及观点采择的特征根分别为 3.89、1.90、1.64、1.36,可解释的方差分别为 27.76%、13.60%、11.69%、9.71%,累计方差贡献率62.76%,各条目的负荷在 0.72~0.86。结构性因素分析显示 $\chi^2=142.35$, $df=73$, $\chi^2/df=1.95$, CFI=0.93, TFI=0.93, TLI=0.91, PNFI=0.69, PCFI=0.74, RMSEA=0.063,模型拟合良好。

6. 应用价值与简要评价

安静自我量表应用于评价个体安静自我特征,是安静自我领域最具有代表性的自评工具。截至 2018 年 12 月份,在 Web of Science 里被引 15 次。

参考文献

1. Bauer J. J. & Wayment H. A, 2008. *The psychology of quieting the ego*. In H. A. Wayment & J. J. Bauer (Eds.), Transcending self-interest: Psychological explorations of the quiet ego (pp. 7—19)[M]. Washington, D.C.: American Psychological Association.
2. Heidi A. Wayment, Jack J. Bauer, Kateryna Sylaska, 2015. The Quiet Ego Scale: Measuring the Compassionate Self-Identity[J]. *Journal of Happiness Studies*, 16(4): 999—1033.
3. Heidi A. Wayment, Jack J. Bauer, 2018. The Quiet Ego: Motives for Self-Other Balance and Growth in Relation to Well-Being[J]. *Journal of Happiness Studies*, 19(3): 881—896.
4. 刘国华, 2018. 安静自我量表(QES)中文版适用性初探[J]. *中国健康心理学杂志*. 26(7): 1091—1093.
5. 张舒, 2017. 安静自我量表的信效度检验及初步应用[D]. (硕士学位论文.郑州大学).

附录

安静自我量表中文版

指导语:请仔细阅读每句陈述并用右侧的标度(1~5)来表示你的同意程度。

题　目	非常不同意	不同意	不确定	同意	非常同意
1. 我认为拥有新的经历很重要,可以挑战我们对自己、对世界的看法。	1	2	3	4	5
2. 我发现自己做事情时心不在焉。	1	2	3	4	5
3. 我感觉与所有生物之间有一种联结。	1	2	3	4	5
4. 在批评某人之前,我会努力想象一下如果我是他的话会有什么样的感觉。	1	2	3	4	5
5. 对于我来说,生活是一个不断学习、改变和成长的连续过程。	1	2	3	4	5
6. 我机械地做工作或任务,根本没有意识到自己在做什么。	1	2	3	4	5
7. 我感觉到和陌生人之间有一种联结。	1	2	3	4	5
8. 当我对某人感到心烦时,我通常会站在他(她)的立场上,设身处地地想一想。	1	2	3	4	5
9. 随着时间的流逝,我感觉到自己成长了许多。	1	2	3	4	5
10. 我匆忙完成活动而不用心。	1	2	3	4	5
11. 我发现我有时很难从另一个人的立场看待事物。	1	2	3	4	5
12. 我感觉到和其他种族的人之间有一种联结。	1	2	3	4	5
13. 在做决定前,我会尽量考虑每个人的不同意见。	1	2	3	4	5
14. 想一想,这么多年来,我其实没有真正改善多少。	1	2	3	4	5

安静自我量表中文修改版

指导语:你在多大程度上同意或不同意下列说法?数字越小表示越不同意,数字越大表示越同意,如 1 表示非常不同意,4 表示无法确定,7 表示非常同意,在相应位置画√即可。

题　　目	非常 不同意	不同意		无法 确定			非常 同意
1. 批评某人时，我会想一想如果我是他感觉会怎样。	1	2	3	4	5	6	7
2. 当某人让我心烦时，我通常会试着站在他的立场上考虑一下。	1	2	3	4	5	6	7
3. 有时候我想象从我的朋友的观点来看事情的样子，以便更了解他们。	1	2	3	4	5	6	7
4. 我相信每个问题都有两面观点，所以我常试着从不同的观点来看问题。	1	2	3	4	5	6	7
5. 我希望伤害过我的人得到报应。	1	2	3	4	5	6	7
6. 我对那些曾经伤害过我的人始终心怀怨恨。	1	2	3	4	5	6	7
7. 我总想着要报复曾经伤害过我的人。	1	2	3	4	5	6	7
8. 我机械地完成任务，但实际上并不知道自己正在做什么。	1	2	3	4	5	6	7
9. 我仓促地完成各项活动，但实际上并未花什么心思。	1	2	3	4	5	6	7
10. 我发现自己做事情注意力不集中。	1	2	3	4	5	6	7
11. 对我来说，生活就是一个不断学习、变化和成长的过程。	1	2	3	4	5	6	7
12. 我认为获得新经验十分重要，这些经验可以挑战我们对自己和世界的既定看法。	1	2	3	4	5	6	7
13. 我认为任何年龄的人都能继续成长和发展。	1	2	3	4	5	6	7
14. 随着时间的流逝，我认为自己成长了很多。	1	2	3	4	5	6	7

14. 内心平静量表（POM）

吕艺芝　倪士光

（清华大学深圳国际研究生院，深圳，518055）

【摘要】 内心平静量表（Peace of Mind，POM）由 Yi Chen Lee 等（2013）编制，广泛应用于评价中国文化价值观下个体幸福感和积极情绪，是内心平静领域最具有代表性的自评工具。国内已有大学生的修订版本，均符合心理测量学标准。

1. 理论背景

对于积极情绪与幸福感，西方研究更注重中唤醒程度和高唤醒程度的积极情绪。但是不同文化背景下对幸福的定义不同，比如亚裔美国人或华人比欧洲裔美国人更看重低唤醒程度的积极情绪和幸福的和谐状态（Yi Chen Lee et al.，2013）。Yi Chen Lee 等（2013）用内心平静的概念来描述中国文化背景下的幸福感。

目前对于内心平静的定义尚不统一。徐慰（2013）认为内心平静代表心灵上的一种平和、安宁，内心平静的人一般拥有较好的情绪稳定性，较少出现极端情绪。Yi Chen Lee 等（2013）认为，将主观幸福感定义为积极情绪的存在和消极情绪的缺失过于强调享乐的重要性，而没能体现中国文化的价值观。他们将内心平静定义为一种内心的平静与和谐的情感状态，认为内心的平静是独立于认知的情绪，包含了低唤醒程度的积极情绪的影响，而内心的和谐是认知依赖的反映，二者相辅相成。Desbordes 等（2015）则从佛教和现代心理学的角度出发，将平静定义为对所有经历或物体的一种心平气和的精神状态或性格倾向。

内心平静的测量方法有很多，比如自我报告和通过生理指标进行测量（Desbordes et al.，2015）。自我报告的测量工具中对于内心平静的测量多为量表中的一个维度，比如 Mack 等人（2008）针对癌症体验开发的 PEACE 量表。由于中西文化差异以及发展独立测量内心平静的量表的重要性，Yi Chen Lee 等

(2013)在儒家、道家和佛教的文化背景下发展了内心平静量表。王诗茗等(2016)基于中国文化以及情绪激励量表(GEM)、日常精神体验量表(DSES)、内心平静量表(POM)中的一维度理论架构,以词语为条目的形式编制了平静心境量表,用于探索中国文化价值观下的幸福感和积极情绪。

2. 内容简介

内心平静量表由 Yi Chen Lee 和 Yi Cheng Lin 等(2013)根据中国文化特点编制,共 7 个项目,采用 Likert 5 级计分(1 代表"从不",5 代表"总是")。

中文版有大学生版本,即平静心境量表(Inner Peace State Scale,IPSS),由王诗茗等(2016)编制,该量表直接以词语为条目测量个体当下的心境状态,共 7 个条目,采用 Likert 5 级计分(0 代表"一点也不",4 代表"非常地")。

3. 实施或使用方法

按照经典心理测量学的使用规范来实施。

4. 计分方法与解释

POM 量表第 5、7 项是反向计分,其他项目均为正向计分。POM 量表为单一维度量表,测量指标是各项平均分,分数越高,内心越平静。

IPSS 第 2、5 项是反向计分,其他各项均为正向计分。IPSS 也是单一维度量表,测量指标为总分或平均分,得分越高表示平静值越高。

5. 信度与效度

Yi Chen Lee 等(2013)对 239 名大学生进行测试,对问卷的信度和效度进行检验。结果表明,POM 量表具有较好的内部一致性和跨时间的稳定性,其内部一致性 α 系数是 0.90,间隔 2 周重测相关系数是 0.75,$P<0.05$。探索性因子分析的结果表明 POM 具有较好的结构效度,条目因素负荷均大于 0.30,平均负荷为 0.78,总相关性在 0.76~0.85,平均项目总相关性为 0.81。验证性因素分析的拟合指标表明,单因素模型与样本协方差矩阵的对应关系良好(RMSEA=0.00;CFI=1;IFI=1.00,SRMR=0.03;SB-X2 (14)=11.68,$P>0.05$)。

王诗茗等(2016)采用方便取样的方法,抽取367名本科生和研究生完成简式简明心境量表(POMS-SF)、安适幸福感量表(POM)、幸福感指数量表(IWB)、五因素正念度量表(FFMQ)、简式生存质量测定量表(WHOQOL-BREF)、修订后的平静心境量表(IPSS)。结果发现,IPSS的内部一致性系数为0.89,间隔1个月后重测信度为0.71。探索性因子分析结果$C2=1419.81, df=21, P<0.001$, $KMO=0.88$,可解释总体变异的62.621%,表明结构的有效性。验证性因素分析表明模型拟合较好($C2=16.097, df=12, C2/df=1.341, IFI=0.997, CFI=0.997, TLI=0.994, NFI=0.988, RMSEA=0.032$)。IPSS得分与POMS-SF总分及抑郁—沮丧、愤怒—敌意、疲乏—迟钝、紧张—焦虑、迷惑—混乱维度得分均呈负相关($r=-0.62 \sim -0.22$,均$P<0.001$);而与POM、IWB、FFMQ和WHOQOL-BREF的生理领域、心理领域、社会关系领域、环境领域得分呈正相关($r=0.29 \sim 0.59$,均$P<0.001$)。

6. 应用价值与简要评价

内心平静量表广泛应用于评价中国文化价值观下个体幸福感和积极情绪,是内心平静领域最具有代表性的自评工具。截至2019年2月,在Web of Science里被引30次。针对大学生的有IPSS版本,因此我们建议面向不同的群体,选择合适的版本。

参考文献

1. Desbordes G, Gard T, Hoge EA, et al, 2015. Moving beyond mindfulness: defining equanimity as an outcome measure in meditation and contemplative research. *Mindfulness*, 6(2): 356—372.

2. Lee YC, Lin YC, Huang CL, et al, 2013. The construct and measurement of peace of mind. *Journal Happiness Studies*, 14(2): 571—590.

3. Mack JW, Nilsson M, Balboni T, et al, 2008. Peace, equanimity, and acceptance in the cancer experience (PEACE): Validation of a scale to assess acceptance and struggle with terminal illness. *Cancer*, 112(11): 2509—2517.

4. 王诗茗,张振铎,刘兴华, 2016. 平静心境量表在大学生中的测试[J]. *中国心理卫生杂志*,

30(7): 543—547.

5. 徐慰, 2013. 正念训练提升内心平静的效果[D]. (硕士学位论文, 首都师范大学).

附录

内心平静量表

指导语：您在日常生活中是否经常感到内心平静和安逸？请按照"1＝从不,2＝很少,3＝有时,4＝常常,5＝总是"来回答。

题 目	从不	很少	有时	常常	总是
1. 我的内心是轻松自在的	1	2	3	4	5
2. 在生活中我觉得怡然自得	1	2	3	4	5
3. 我的生活给我一种平静安稳的感觉	1	2	3	4	5
4. 我拥有内心的平静与和谐	1	2	3	4	5
5. 对我来说,让自己内心安定是很困难的	1	2	3	4	5
6. 我的生活方式带给我一种安适的感觉	1	2	3	4	5
7. 我的内心感到焦躁不安	1	2	3	4	5

平静心境量表

指导语：请将最能代表您近一周感觉程度的评分填写在每个条目前。请按照"1＝从不,2＝很少,3＝有时,4＝常常,5＝总是"来回答。

题 目	从不	很少	有时	常常	总是
1. 平静	1	2	3	4	5
2. 烦躁	1	2	3	4	5
3. 安宁	1	2	3	4	5
4. 心平气和	1	2	3	4	5
5. 心烦意乱	1	2	3	4	5
6. 平和	1	2	3	4	5
7. 怡然自得	1	2	3	4	5

第 四 部 分
积极关系
Positive Relationships

一、感恩 Gratitude

1. 感恩愤怒感激测验（GRAT）

张 迪

（中国海洋大学心理健康教育与咨询中心，青岛，266100）

【摘要】 感恩愤怒感激测验（Gratitude Resentment and Appreciation Test，GRAT）由 Watkins，Woodward，Stone 和 Kolts 等（2003）编制，广泛用于评价个体的特质感恩水平，是特质感恩研究领域中应用最广的多维特质感恩自评工具。目前，华人地区有可应用于大学生、青少年群体的修订版本，均符合心理测量学标准。

1. 理论背景

开展感恩研究的首要任务是对感恩进行概念的界定和测量工具的编制。在学界，对感恩的理论结构和测量仍存在争论：部分学者认为，应该将感恩定义为一个单一的结构，测量时将其操作为一维的结构；另外一些学者则认为，感恩本身并不是一种单一的结构，而是由各种独立但又与感恩相关的成分组成（Watkins、

---

* 测评工具研发成果参见：

1. 孙文刚，汪金，韩仁生.（2010）.大学生感戴量表（GRAT）的修订. 中国临床心理学杂志，（1）：28—30.

2. Lin S.，Huang Y.（2016）. Psychometric properties and factorial structure of the Chinese version of the Gratitude Resentment and Appreciation Test. *British Journal of Guidance & Counselling*，44(3)：347—361.

Woodward、Stone & Kolts，2003）。虽然关于感恩理论结构的争论目前尚未有结果，持第二种观点的学者（Watkins et al.）根据他们对感恩的理论界定，编制出了三维结构的感恩愤怒感激测验。该量表是多维特质感恩测验中最具代表性的一个，具有较广的应用。

Watkins等人（2003）认为一个拥有感恩特质的人应该具有四种特质：充实感、对简单事物的感激、对他人的感激和感恩的表达。他们通过对大学生群体问卷的与修订，将对他人的感激和感恩表达维度合并成为对他人的感激维度，编制出一套包含44个项目、3个维度的感恩愤怒测验。目前该量表还有维度相同、项目数减少为16个的简版修订版（Gratitude Resentment and Appreciation Test-Revised Short form，GRAT-RS，Hammer & Brenner，2017），但由于其在华人范围内应用有限，以下主要介绍应用更广的GRAT。

2. 内容简介

感恩愤怒感激测验是由Watkins等人（2003）编制。这个自评量表包括3个维度，共44个项目。采用Likert 5级计分（1代表"强烈同意"，5代表"强烈不同意"）。

中文版已有中国大陆和中国台湾的两个大学生版。大陆大学生版是孙文刚、汪金和韩仁生等2010年编制的修订版本。他们对原测验中明显不符合中国文化背景的项目进行了修改，最终形成了包含34个项目，3个维度的大陆大学生GRAT量表，剥夺感的缺失维度共15个项目，对社会的感激维度共11个项目，对自然事物的感激维度共包含8个项目。值得注意的是修订版的大学生GRAT量表中，除了在剥夺感缺失（同原问卷的充实感）维度中具体项目与原问卷大体一致，另外两个维度中所包含的项目数与具体项目与原问卷均有较大区别，研究者将对简单快乐事物的感激维度修改为对自然事物的感激。台湾大学生版是由学者Lin和Huang等人在2016年修订完成的，他们的工作也是在44个项目的GRAT版本基础上进行的，最终形成了包含18个项目、3个维度的台湾大学生GRAT量表。对他人的感激维度包含7个项目，充实感维度包含6个项目，对简单事物的感激维度包含5个项目。

3. 实施或使用方法

按照经典心理测量学的使用规范来实施。

4. 计分方法与解释

大学生感恩愤怒感激测验(GRAT)共有 34 个项目,其中剥夺感的缺失维度中有 13 项需反向计分。量表包含 3 个维度。剥夺感的缺失,评估个体在生活中没有被剥夺感的情况,共有 15 个项目(附录 1~15 项);对社会的感激,评估对他人和社会的感激程度,共有 11 个项目(附录 16~26 项);对自然事物的感激,这个维度与原问卷不同,指对自然美景的感激,共有 8 个项目(附录 27~34 项)。量表采用 Likert 5 级计分(1=非常不同意,5=非常同意)。对反向计分项目反转处理后,计算所有项目的总分,分数越高表示感恩倾向越强。

5. 信度与效度

以孙文刚等人(2010)的研究为例,采用中文版感恩愤怒感激测验对 1 000 名大学生进行施测,探索性因子分析结果表明,大学生感恩愤怒感激测验(GRAT)主要包括剥夺感的缺失(充实感)、对自然事物的感激和对社会的感激三个方面,这与 Watkins 等人的研究大致一致,说明 GRAT 具有良好的跨文化的一致性。验证性因素分析结果表明,所提取的 3 个因素与构想模型拟合较好。量表的内部一致性信度 α 系数为 0.910,分半信度为 0.902,重测信度为 0.813。修订后的量表具有良好的信效度。

Lin & Huang(2016)针对台湾大学生群体修订感恩愤怒感激测验,并采用修订的中文版 GRAT、抑郁量表(KDI)、主观幸福感对 1 260 名台湾大学生的感恩、抑郁和主观幸福感进行测查。结果发现,在台湾大学生群体中,包含 18 个项目,3 个维度的 GRAT 量表有着良好的结构效度($x^2/df=5.54, P<0.00$;GFI=0.96;SRMR=0.043;RMSEA=0.048;NNFI=0.97;CFI=0.97)。感恩与大学生主观幸福感有显著的正相关($r=0.65, P<0.00$);在低和中抑郁水平大学生群体的感恩水平显著高于高水平抑郁大学生群体的感恩水平[$F(2, 1 257)=95.91, P<0.01$]。

6. 应用价值与简要评价

感恩愤怒感激测验从多维视角评价个体的特质感恩水平,是感恩研究领域中应用较为广泛的自评工具。截至 2018 年 12 月,感恩愤怒感激测验编制的最初文献(Watkins,Woodward,Stone & Kolts,2003)在 Web of Science 里被引高达 223 次;在 Google 学术被引高达 803 次。考虑到不同中文版的修订结果,我们建议在中文情境中应用时,应根据研究群体的不同特点和研究的目的,选择合适的中文版工具。

参考文献

1. Hammer J. H., Brenner R. E, 2017. Disentangling Gratitude: A Theoretical and Psychometric Examination of the Gratitude Resentment and Appreciation Test-Revised Short (GRAT-RS)[J].*Journal of Personality Assessment*,1—10.
2. Lin S., Huang Y, 2016. Psychometric properties and factorial structure of the Chinese version of the Gratitude Resentment and Appreciation Test[J].*British Journal of Guidance & Counselling*,44(3): 347—361.
3. Watkins P. C., Woodward K., Stone T., Kolts R. L, 2003. gratitude and happiness: development of a measure of gratitude, and relationships with subjective well-being[J].*Social Behavior and Personality: an International Journal*,31(5): 431—451.
4. 孙文刚,汪金,韩仁生,2010. 大学生感戴量表(GRAT)的修订[J].*中国临床心理学杂志*,(1): 28—30.

附录

感恩愤怒感激测验

指导语:以下句子描述有关你对自己生活的总体感觉。请在每一句后边的合适选项上画√。

题 目	非常不同意	不同意	中立	同意	非常同意
*1. 我觉得生活对我不公平。	1	2	3	4	5
*2. 看起来其他人从生活中得到的益处确实比我多。	1	2	3	4	5
*3. 我好像从来没有得到过像别人那样的机会。	1	2	3	4	5
4. 生活对我来说就已经够美好了。	1	2	3	4	5
*5. 似乎从来都是"僧多粥少",我也从来没得到过我的那一份。	1	2	3	4	5
*6. 仿佛人们常常试图阻碍我进步。	1	2	3	4	5
*7. 我觉得生活中有许多美好的事物是我应该得到的,但我并没有得到。	1	2	3	4	5
*8. 过生日的时候,我收到的礼物都不如别人的好也不如别人的多。	1	2	3	4	5
9. 我相信我是一个非常幸运的人。	1	2	3	4	5
*10. 由于我生活中经历的一些事情,我真的感觉这个世界是欠我的。	1	2	3	4	5
*11. 我觉得我人生道路上遇到的坏事已经超过了我应承受的。	1	2	3	4	5
*12. 虽然我认为我比大多数人道德高尚,但在生活中我并没有得到应得的回报。	1	2	3	4	5
*13. 我觉得生活使我体无完肤。	1	2	3	4	5
*14. 我感觉上天、荣誉、命运都不青睐于我。	1	2	3	4	5
*15. 由于某些原因,我似乎从来不具有别人所拥有的优势。	1	2	3	4	5
16. 如果没有许多人的帮助,我就不会取得今天的成就。	1	2	3	4	5
17. 我常常想,活着是多大的恩惠啊。	1	2	3	4	5
18. 在生活中,曾经有很多人给了我宝贵的智慧,这对我的成功来说是至关重要的。	1	2	3	4	5
19. 虽然基本上我能够掌握自己的人生,但我还是禁不住想起那些在我人生道路上一直支持我和帮助我的人。	1	2	3	4	5
20. 我由衷的感激父母对我的养育之恩。	1	2	3	4	5
21. 有时我想,为什么我如此之幸运降生在我现在所处的家庭和文化中。	1	2	3	4	5

续表

题　目	非常不同意	不同意	中立	同意	非常同意
22. 我认为常常停下来,列举所受的恩惠,这是非常重要的。	1	2	3	4	5
23. 在生活中,我深深感激他人为我所做的一切。	1	2	3	4	5
24. 生活中简单的幸福就是最大的幸福。	1	2	3	4	5
25. 我认为对活着的每一天都心存感激是很重要的。	1	2	3	4	5
26. 我真的很感激我的朋友和家人。	1	2	3	4	5
27. 我常常会惊叹于落日的美丽。	1	2	3	4	5
28. 我时常会为自然美景所折服。	1	2	3	4	5
29. 我真正喜欢一些美好的事物,部分是因为对它们心存感激。	1	2	3	4	5
30. 我认为"驻足闻花香"是很有必要的。	1	2	3	4	5
31. 我喜欢坐着观看雪花飘落。	1	2	3	4	5
32. 每年春天,我真的很喜欢看花朵绽放。	1	2	3	4	5
33. 我认为享受生活中的点点滴滴是非常重要的。	1	2	3	4	5
34. 我喜欢春天的郁郁葱葱。	1	2	3	4	5

注：*为反向计分的项目。

2. 感恩问卷（GQ-6）*

张 迪

（中国海洋大学心理健康教育与咨询中心，青岛，266100）

【摘要】 感恩问卷（Gratitude Questionnaire-6，GQ-6）由 McCullough，Emmons 和 Tsang（2002）编制，广泛用于评价个体的特质感恩水平，是感恩研究领域中应用最广泛的自评工具。华人地区有多个可应用于成人、大学生、青少年等群体的修订版本，均符合心理测量学标准。

1. 理论背景

在众多的文化和宗教传统中，感恩都被尊奉为一种珍贵的人类品质。但感恩的科学研究是随着积极心理学的兴起才逐渐成为心理学研究的热点（喻承甫，张卫，李董平，肖婕婷，2010）。Wood，Froh 和 Geraghty（2010）认为感恩常常产生于人际环境和非人际环境（如自然、动物、上帝等）中。Algoe，Fredrickson 和 Gable（2013）将积极情绪的拓展建构理论引入感恩研究中，指出感恩作为个体积极情感可以拓展思考行动的广度，消除由负面情绪带来的生理影响，并建构终生受用的个体资源。众多研究表明，感恩是对个体幸福感影响最大的人格特质之一（喻承甫等，2010），高感恩水平的个体更容易做出利他等亲社会行为（何慧，王影，李伟强，袁博，2018）；临床干预研究也指出，干预增加状态感恩也可有效减少个体适应不良，同时促进个体认知能力、积极关系、心身健康、幸福感等积极发展（Wood et al.，2010）。

McCullough 等（2002）将特质感恩定义为个体用感激情绪了解或回应因他人

---

* 测评工具研发成果参见：
1. Leong J.（2009）. Chinese GQ-6. 2018-12-21 取自 http://www.psy.miami.edu/faculty/mmccullough/Gratitude_Page.htm.
2. 魏昶，吴慧婷，孔祥娜，王海涛.（2011）. 感恩问卷 GQ-6 的修订及信效度检验. *中国学校卫生*（10）：1201—1202.
3. 马云献，扈岩.（2004）. 大学生感戴量表的初步编制. *中国健康心理学杂志*，（5）：387—389.

的恩惠或帮助，而使自己获得积极经验或结果的一种人格特质。他们参考Rosenberg对情感特质的定义，设计了特质感恩的单维量表，从强度、频率、广度和密度四个方面对特质感恩进行测量。强度是指在经历同样的正性事件后，感恩倾向较高的人被预期比感恩倾向较低的人体验到更强烈的感恩情绪。频率是指感恩倾向较高的人可能在一天中多次体验到感恩，而且感恩可能是由最简单的善意行为或礼貌行为所引发。广度是指在特定时间内使个体体验到感恩的生活事件数量。密度是指当个体面对某个结果时会对多少人感到感恩。感恩倾向较高的人会列举出更多的感恩对象。

2. 内容简介

感恩问卷由McCullough等等(2002)编制，共6个项目(2个反向计分项目)，该问卷通过评估个体感恩体验的频度和强度，以及激发感恩情绪事件的密度和广度来评定个体感恩情绪特质的个体差异。

中文版已有青少年版和成人版，其中成人版也可应用于大学生群体。代表性的成人版有两个：一个是香港学者Leong的博士论文中GQ-6的中文版，也是在McCullough个人主页上可以下载到的唯一中文版(Leong, 2009)；另一个是台湾学者Chen, Kee和Tsai(2009)修订的GQ问卷，他们认为去掉原问卷第6项的GQ版本比GQ-6版本更适合台湾地区的大学生。马云献和扈岩(2004)也基于英文版GQ-6编制的理论基础，在大学生群体中进行问卷的修编，形成了14个项目的大学生感戴问卷。青少年版是由魏昶、吴慧婷、孔祥娜和海涛(2011)等在青少年群体中对GQ-6进行的修订。

3. 实施或使用方法

按照经典心理测量学的使用规范来实施。

4. 计分方法与解释

GQ-6为单维量表，共6个项目，其中项目3和6需反向计分。采用Likert 7级计分(1代表"非常不符合"，7代表"非常符合")。对反向计分项目反转处理后，计算所有项目的总分，分数越高，表示感恩倾向越强。

5. 信度与效度

以魏昶等人(2011)的研究为例,采用感恩问卷、青少年外化问题行为调查表、青少年自评量表中的焦虑抑郁分量表、学业成就问卷对511名中学生进行初测,对1 396名中学生进行正式施测,并随机抽取其中205名进行4周后的重测。结果发现,其内部一致性信度、分半信度和4周后的重测信度分别为0.81、0.82和0.70。探索性和验证性因素分析表明,修订后的感恩问卷与原问卷具有相同的单因素结构,且模型拟合良好;效标效度良好($\beta_1=-0.40$, $\beta_2=-0.41$, $\beta_3=0.30$, $P<0.01$),效标分别为外化问题行为、焦虑抑郁和学业成就。修订后的感恩问卷具有较好的心理测量学属性,可作为评定我国青少年感恩的有效工具。

台湾学者Chen等(2009)以Leong的GQ-6的中文版为基础,对GQ-6进行修订,并在台湾大学生群体中进行问卷的测量学检验。他们采用台湾社会变化量表(TSCS)中关于幸福感的一项问题,生活目标测试修订版(LOT-R)和中文版大五人格测验对608名台湾大学生的主观幸福感、乐观主义和大五人格进行测查。结果发现,在台湾大学生群体中,删去原问卷第6项的中文版感恩问卷[$\chi^2(5)=15.26$, $P<0.001$, RMSEA=0.08, NNFI=0.97, CFI=0.99, SRMR=0.03]结构优于保留全部项目的中文版感恩问卷[$\chi^2(9)=49.46$, $P<0.001$, RMSEA=0.12, NNFI=0.90, CFI=0.94, SRMR=0.07]。5个项目的因子负荷在0.34~0.85。中文版感恩问卷具有较好的效标效度($r_1=0.31$, $r_2=0.28$, $r_3=0.42$, $P<0.001$, $r_4=0.11$, $P<0.01$),效标分别为主观幸福感、乐观主义、宜人性和外倾性。中文版感恩问卷与神经质的相关不显著($r_5=0.04$)。

6. 应用价值与简要评价

GQ-6广泛应用于评价个体的特质感恩水平,是感恩研究领域中应用最广泛、最具有代表性的自评工具。截至2018年12月,GQ-6编制的最初文献(McCullough et al., 2002)在Web of Science里被引高达788次,在Google学术被引高达2 268次。考虑到不同中文版的修订结果,我们建议在中文情境中应用时,应根据研究群体的不同特点,选择合适的中文版工具。

参考文献

1. Algoe S. B., Fredrickson B. L., Gable S. L, 2013. The social functions of the emotion of gratitude via expression[J]. *Emotion*, 13(4): 605—609.

2. Chen L. H., Chen M., Kee Y. H., Tsai Y, 2009. Validation of the Gratitude Questionnaire (GQ) in Taiwanese Undergraduate Students[J]. *Journal of Happiness Studies*, 10(6): 655—664.

3. Leong J, 2009. Chinese GQ-6[N]. 2018-12-21 取自 *http://www.psy.miami.edu/faculty/mmccullough/Gratitude_Page.htm*.

4. McCullough M. E., Emmons R. A., Tsang J, 2002. The grateful disposition: A conceptual and empirical topography[J]. *Journal of Personality and Social Psychology*, 82(1): 112—127.

5. Wood A. M., Froh J. J., Geraghty A. W, 2010. Gratitude and well-being: A review and theoretical integration[J]. *Clinical Psychology Review*, 30(7): 890—905.

6. 何慧,王影,李伟强,袁博,2018. 感恩与亲社会行为的关系：来自元分析的证据[J]. 心理技术与应用,(7): 385—405.

7. 马云献,扈岩,2004. 大学生感戴量表的初步编制[J]. 中国健康心理学杂志,(5): 387—389.

8. 魏昶,吴慧婷,孔祥娜,王海涛,2011. 感恩问卷 GQ-6 的修订及信效度检验[J]. 中国学校卫生,(10): 1201—1202.

9. 喻承甫,张卫,李董平,肖婕婷,2010. 感恩及其与幸福感的关系[J]. 心理科学进展,(7): 1110—1121.

附录

感 恩 问 卷

指导语：以下句子描述有关你对自己生活的总体感觉。请在适当的选项上画√。

题 目	完全不同意	不同意	有点不同意	中立	有点同意	同意	非常同意
1. 我生活里实在有太多值得我感激的。	1	2	3	4	5	6	7
2. 如果要把所有我想感激的都记下来，这个单子将会很长。	1	2	3	4	5	6	7
3. 环顾这个世界，我没有找到什么是值得我多谢的。	1	2	3	4	5	6	7
4. 对于很多不同的人我都心存感激。	1	2	3	4	5	6	7
5. 我发觉我年纪越大，越懂得欣赏我生命中的人、事情和处境。	1	2	3	4	5	6	7
6. 我可以经过一段很长时间，都没有感觉要向任何人或事致谢。	1	2	3	4	5	6	7

GQ-6 中译版取自 http://www.psy.miami.edu/faculty/mmccullough/Gratitude_Page.htm。

3. 感恩形容词评定量表（GAC）

张　迪

（中国海洋大学心理健康教育与咨询中心，青岛，266100）

【摘要】　感恩形容词评定量表（Gratitude Adjective Checklist，GAC）由 McCullough，Emmons 和 Tsang（2002）编制，用于评价个体的状态感恩水平，也被认为比感恩问卷更适于评价儿童青少年的特质感恩水平（Froh，Sefick & Emmons，2008）。由于量表项目仅有3项，目前尚无华人地区的修订版本。

1. 理论背景

根据 Rosenberg 对情感特质的定义，McCullough，Emmons 和 Tsang（2002）认为感恩心境与感恩情绪状态可以统称为状态感恩，与特质感恩相对。状态感恩与特质感恩均能促进个体的积极发展（Wood，Joseph & Maltby，2008）。Froh 等（2011）做了一系列的研究，特别关注了在青少年群体中对感恩的测量，认为与 GQ-6 相比，GAC 更适用于青少年群体的特质感恩的测量。他们的研究还表明，感恩与青少年主观幸福感、同伴和家庭支持、生活满意度和学业成就呈正相关，并且表达感恩还是青少年用于应对同伴交往困难的一种有效策略。

2. 内容简介

感恩形容词评定量表由 McCullough 等（2002）编制，测查的是个体即时的感恩情绪体验。该问卷要求个体根据自己当下即刻的情绪体验，评定"心怀感谢的"（thankful）、"感激的"（grateful）、"欣赏的"（appreciative）3 个情绪形容词与自己的匹配程度（丁凤琴，赵虎英，2018）。

3. 实施或使用方法

按照经典心理测量学的使用规范来实施。

研究者认为采用不同的指导语，可以用 GAC 在青少年群体中测量特质感恩和状态感恩。例如,研究者通过询问学生总体上对 3 种情感的感受程度来测量特质感恩;还可以通过询问学生从昨天到现在体会到的情绪程度来测量状态感恩(Froh,Miller & Snyder,2007)。

4. 计分方法与解释

GAC 为单维量表,共 3 个项目。原始量表采用 Likert 9 级计分(1 代表"非常不符合",9 代表"非常符合")。Froh,Miller 和 Snyder(2007)后来将其计分方法改为 Likert 5 级计分(1 代表"非常微弱或完全没有",5 代表"极其强烈")。计算所有项目的总分,分数越高,表示感恩倾向越强。

5. 信度与效度

由于该工具的项目仅有 3 项,因此并未有专门的文章对问卷进行中文版的修订。研究者认为,GAC 是测量成年人的状态感恩和青少年的特质与状态感恩的信效度指标俱优的工具(Froh,Miller & Snyder,2007)。在英文版的使用过程中,GAC 均表现出较好的信效度指标。在成人群体中,多项研究表明 GAC 的内部一致性信度介于 0.86～0.92,同时还有较高的区分效度和聚合效度。GAC 在青少年群体中也同样具有较好的信效度指标。内部一致性信度水平介于 0.82～0.91,重测信度在 0.78～0.88,区分效度和聚合效度指标良好(Froh,Miller & Snyder,2007)。

6. 应用价值与简要评价

GAC 广泛应用于评价个体的状态感恩水平,也被用来对儿童和青少年的特质感恩进行测量。截至 2018 年 12 月,GQ-6 编制的最初文献(McCullough et al.,2002)在 Web of Science 里被引高达 788 次,在 Google 学术被引高达 2 268 次。考虑到目前尚无中文版的修订工具,我们建议在中文情境中应用时,应进行修订。

参考文献

1. Froh J. J., Fan J., Emmons R. A., Bono G., Huebner E. S., Watkins P, 2011. Measuring gratitude in youth: Assessing the psychometric properties of adult gratitude scales in children

and adolescents[J]. *Psychological Assessment*, 23(2): 311—324.

2. Froh J. J., Miller D. N., Snyder S, 2007. Gratitude in children and adolescents: development, assessment, and school-based intervention[J]. *School Psychology Forum*, 2(1): 1—13.

3. Froh J. J., Sefick W. J., Emmons R. A, 2008. Counting blessings in early adolescents: An experimental study of gratitude and subjective well-being[J]. *Journal of School Psychology*, 46(2): 213—233.

4. McCullough M. E., Emmons R. A., Tsang J, 2002. The grateful disposition: A conceptual and empirical topography[J]. *Journal of Personality and Social Psychology*, 82(1): 112—127.

5. Wood A. M., Joseph S., Maltby J, 2008. Gratitude uniquely predicts satisfaction with life: Incremental validity above the domains and facets of the five factor model[J]. *Personality and Individual Differences*, 45(1): 49—54.

6. 丁凤琴, 赵虎英, 2018. 感恩的个体主观幸福感更强？——一项元分析[J]. *心理科学进展*, 26(10): 1749—1764.

附录

感恩形容词评定量表

指导语：请根据你一般情况下的感受，选择对以下 3 个情绪形容词的感受程度。（该指导语可用于青少年特质感恩的测量）

请根据你从昨天到现在的情绪体验，选择对以下 3 个情绪形容词的感受程度（该指导语可用于感恩情绪的测量）。

请根据你最近几周的心情，选择对以下 3 个情绪形容词的感受程度。（该指导语可用于感恩心境的测量）

题目	完全没有	有一些	中等程度	比较强烈	极其强烈
1. 心怀感激的	1	2	3	4	5
2. 感激的	1	2	3	4	5
3. 欣赏的	1	2	3	4	5

二、同理心 Empathy

4. 基本同理心量表中文版 (BES-C) *

吴卫国

(清华大学心理学系,北京,100084)

【摘要】 基本同理心量表(Basic Empathy Scale,BES)是 Darrick Jolliffe 和 David P. Farrington 于 2006 年在总结先前主要同理心量表不足的基础上编制的,也得到了较为理想的心理学测量指标的支持。目前国内已有大学生和青少年等修订版本,符合心理测量学标准。

1. 理论背景

虽然至今都没有关于同理心的统一公认的定义,研究的重点也一直在变化,但这丝毫不影响同理心(empathy)一词在心理学领域中出现后,逐渐成了当代文化和心理现象中的一个重要概念(Barnes,2014)。随着研究的深入,同理心的概念内涵经过了从认知同理向情感同理,进而再向多维度同理的衍变(李晨枫等人,2011),代表性的测评工具也随之产生了变化。至今,有代表性的同

---

* 测评工具研发成果参见:
1. 李晨枫,吕锐,刘洁,钟杰.(2011).基本共情表在中国青少年群体中的初步修订.*中国临床心理学杂志*,19(2):163—166.
2. 夏丹.(2011).基于移情量表 (BES) 中文版的信效度及初步应用研究.(硕士学位论文,郑州大学).
3. 黄续,杨爽,周萍.(2014).基本共情量表在中国大学生群体中的信效度检验.*教育观察(上旬)*,3(34):30—32.

理心测评工具主要包括：Hogan 同理心量表（Hogan Empathy Scale，HES，1969）；Mehrabian 和 Epstein 的情感同理心量表（Questionnaire Measure of Emotional Empathy，QMEE，1972）；Davis 的人际反应指数量表（Interpersonal Reactivity Index，IRI，1980）以及 Jolliffe 和 Farrington 的基本同理心量表（Basic Empathy Scale，BES，2006）等自评问卷（李晨枫等，2011；夏丹，2011）。

原先较为一致地认为，同理心理表是测量认知同理心，情感同理心量表是测量情感同理心，人际反应指数量表是测量认知同理心和情感同理心（Jolliffe & Farrington，2006）。但在 Jolliffe 和 Farrington（2004）对这 3 个主要量表进行系统回顾和元分析时发现，同理心理表并没有看似能衡量同理心能力的有效项目。甚至有研究认为，在 HES 所包括的 4 个因素中，只有敏感性因素与同理心相关；同理心理表不是一个纯粹的同理心量表而更像一个社会技能量表（Johnson、Cheek & Smither，1983；李晨枫等人，2011）。情感同理心量表和 IRI 的缺陷也很突出——首先，两者似乎都将同情等同于同理心；其次，这两个量表其实都没有测量认知同理心；最后，这两个量表都使用大学生作为常模来评估罪犯和类似人群的同理心水平（Jolliffe & Farrington，2006）。更有研究者指出，情感同理心量表并非特别针对人类的情绪，而与整体环境的情感唤起能力相关（Mehrabian，Young & Sato，1988）。同样，IRI 被认为测量了与同理心相关的其他非同理心变量，如其中的幻想和个人苦恼维度，更类似于评估想象力和自我情绪控制（Baron-Cohen & Wheelwright，2004；李晨枫等，2011）。

为避免先前问卷和量表的缺点或不足，英国学者 Jolliffe 和 Farrington 在 2006 年基于 Cohen 和 Strayer 引用了 Eisenberg 和 Strayer（1987）所提出的同理心定义——同理心被认为是理解和分享他人的情感状态或体验（Cohen & Strayer，1996；Jolliffe & Farrington，2006），开发了一个新的同理心量表。之所以选用该定义，是因为他们认为该定义全面概括了同理心，既关注了影响情绪情感的一致性（情感同理心），也考查了对他人情绪情感的觉察和理解（认知同理心）（Jolliffe & Farrington，2006）。

2. 内容简介

基本同理心量表是由 Jolliffe 和 Farrington 于 2006 年编制的，是用以测量情绪和认知同理心的自评问卷。在编制具体条目时,选取了五种"基本情绪"中的四种情绪(恐惧、悲伤、愤怒、开心),并且为了更为单纯地测量同理心,编制条目时力图避免同情、社会交往能力、社会赞许性的影响,最后根据情绪同理心与认知同理心的定义生成了40个条目的量表初稿。经过实际施测并进行探索性和验证性因素分析,提取出由20个条目组成的包括情绪同理心(affective empahty)和认知同理心(cognitive empathy)两个因子成分的量表(见下图);一年后的研究支持了之前的结果(Jolliffe & Farrington,2006)。

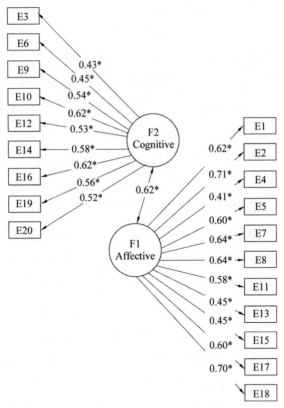

整个样本的双因子验证性因素分析模型

在基本同理心量表的20个条目中,认知维度的题有9个(3、6、9、10、12、14、16、19、20),其内部一致性信度系数在0.79;情绪维度的题有11个(1、2、4、5、7、8、11、13、15、17、18),其内部一致性信度系数在0.85;其中的1、6、7、8、13、18、19、20为反向计分题。尽管如图1显示,认知维度的负荷只在0.43~0.62,情感维度的负荷只在 0.41～0.71，但评估拟合优度发现：GFI、AGFI、RMS 值分别为 0.89、0.86 和 0.06，各项指标达到了可接受的水平；并且单一维度的值低于双因子的数值，因而量表具有较好的结构效度。

目前，基本同理心量表已在许多国家和地区（如法国、意大利等）的青少年和大学生群体中做了检验和修订，发现均具有较好的信效度。我国的李晨枫等人（2011）和夏丹（2011）分别在青少年群体中修订了该量表，黄续等人（2014）在大学生群体中修订了该量表，同样发现信效度良好。

3. 使用方法

基本同理心量表是自陈式量表，按照心理测量的标准化要求进行施测。

4. 计分方法与解释

Jolliffe 和 Farrington 编制的基本同理心量表包括两个因子：情绪同理心（AE）和认知同理心（CE），用以考查同理心的情绪与认知两个方面的水平。所有修订的量表均包括这两个因子项，采用 Likert 5 级计分，每个条目要求参与者根据条目描述的程度回答，用 1 表示"完全不同意"，2 表示"不同意"，3 表示"不确定"，4 表示"同意"，5 表示"完全同意"进行评分；反向题目计分相反。量表采用 Likert 5 级计分（1 表示"完全不同意"，5 表示"完全同意"）。计算各因子分和总分，分数越高表示有更好的同理心。

5. 信度与效度

基本同理心量表分别在多个国家和地区得以修订和验证，发现均具有较好的信效度。国内也已有多位学者对其进行了修订，这里介绍一个针对青少年群体进行的修订结果（李晨枫等，2011）和一个针对大学生群体进行的修订结果（黄续等，2014）。

5.1 李晨枫等人(2011)基于青少年群体修订的基本共情量表(BES-C)

李晨枫等人（2011）的研究采用基本同理心量表、米氏边缘性人格障碍检测表（McLean Screening Instrument for Borderline Personality Disorder，MSI-BPD）、

多伦多述情障碍量表（Toronto Alexithymia Scale-20，TAS-20）、人际反应指数量表（Interpersonal Reactivity Index，IRI）和由吴燕自编的社会赞许性问卷对北京、深圳两地的三所中学的1 140位中学生进行测试（后删除含缺失数据及不认真作答问卷，回收有效问卷为986份）。

5.1.1 验证性因素分析

对有关条目反向计分后，对原始数据进行两因子模型验证性因素分析。根据问卷最初设计理论设定情绪同理心和认知同理心二因子模型；但二因子拟合指数显示，两因子模型并不能很好地拟合数据，一些反向叙述条目残差之间具有较强的相关性（验证性因素分析各项指标见表1，各条目在相应维度上的负荷见表2）。而在进行带有方法效应的二因子模型拟合时：即在认知同理心与情感同理心维度的基础上，增加一方法效应维度，其负荷来自所有反向叙述条目（同样，验证性因素分析各项指标见表1，各条目在相应维度上的负荷见表2），结果表明，带有方法效应的二因子模型的验证性因素分析拟合优度指数均达到或接近理想值，可以被接受。结果该模型 GFI、AGFI、NFI、TLI、CFI 均大于或接近0.90，RMSEA 小于0.08，显示带有方法效应的二因子拟合指数在可接受范围内。

表1 BES两模型的验证性因素分析各项拟合指标

拟合指数	CMIN	df	CMIN/df	GFI	AGFI	NFI	TLI	CFI	RMSEA（90%置信区间）
二因子模型	1 452.675	169	8.596	0.835	0.795	0.644	0.629	0.670	0.088(0.084~0.092)
带有方法效应的二因子模型	778.608	161	4.836	0.922	0.898	0.809	0.813	0.841	0.062(0.058~0.067)

注：CMIN 为卡方值；df 为自由度；GFI 为拟合优度指数；AGFI 为拟合优度指数；NFI 为规范拟合指数；TLI 为 Tucker-Lewis 指数；CFI 为比较拟合指数；RMSEA 为近似误差的均方根。

表2 BES 条目-总分相关及两个模型下的各条目因子的负荷

条目	条目-总分相关	平均数±标准差	二因子模型因子负荷		带方法效应的二因子模型因子负荷		
			认知	情绪	认知	情绪	方法效应
1*	0.352	2.28±0.986		0.376		0.280	0.336
2	0.362	1.93±1.091		0.362		0.421	

续表

条目	条目-总分相关	平均数±标准差	二因子模型因子负荷		带方法效应的二因子模型因子负荷		
			认知	情绪	认知	情绪	方法效应
3	0.480	3.19±0.836	0.609		0.610		
4	0.369	2.51±1.210		0.310		0.421	
5	0.507	2.21±1.071		0.552		0.658	
6*	0.286	2.21±1.050	0.214		0.117		0.393
7*	0.469	2.51±1.219		0.436		0.291	0.425
8*	0.562	2.63±1.017		0.569		0.396	0.568
9	0.478	2.66±0.910	0.597		0.616		
10	0.498	2.77±0.875	0.629		0.642		
11	0.559	2.50±1.117		0.530		0.580	
12	0.474	2.43±0.872	0.509		0.525		
13*	0.339	2.11±1.020		0.369		0.263	0.325
14	0.415	2.86±0.871			0.571		
15	0.269	1.78±1.065		0.267		0.389	
16	0.387	2.96±0.905		0.457	0.477		
17	0.485	2.08±0.996	0.510			0.582	
18*	0.568	2.80±1.007		0.492		0.327	0.548
19*	0.517	2.75±0.997		0.555		0.466	0.495
20*	0.437	2.92±1.025		0.417	0.321		0.454

注：*为反向计分条目。

5.1.2 信度检验

对北京和深圳收集的数据样本（N＝986），检测其内部一致性，结果显示：整个问卷 α＝0.777，认知维度 α＝0.746，情绪维度 α＝0.718。这说明问卷的内部一致性系数在可接受范围。

5.1.3 效度检验

首先，在控制社会赞许性的基础上，分别对男生和女生进行偏相关分析，测查 BES 和 IRI 总分以及各分量表得分之间的相关来测量结构效度（结果见表 3）。

BES 的认知维度和情绪维度分别与 IRI 的认知维度和情绪维度相关较强,说明 BES 两分维度也具有一定的关联效度。

其次,在控制社会赞许性的基础上,分别对男生和女生进行偏相关分析,测查 BES 和 TAS 总分以及各分量表得分之间的相关(结果见表3)。BES 认知同理心与 TAS 的外向性思维显著负相关,外向性思维代表较多的关注事物外在表面,而避免内省、感觉,这可能与个体较少的进行观点采择相关,导致与认知同理心负相关。

最后,检查了 BES 与社会赞许性之间的关系:BES 和社会赞许性的相关不显著($P=0.106$),说明基本同理心量表受社会赞许性的影响不大,与原作者初衷一致。

表3 BES 与 IRI、TAS、社会赞许性的相关分析

测量		男性(N=303)			女性(N=287)		
		BES 情绪	BES 认知	BES 总分	BES 情绪	BES 认知	BES 总分
人际反应指数(IRI)	观点采择	0.225**	0.355**	0.342**	0.209**	0.415**	0.357**
	同理关注	0.403**	0.308**	0.436**	0.346**	0.318**	0.402**
	幻想	0.297**	0.274**	0.346**	0.311**	0.342**	0.390**
	个人苦恼	0.322**	−0.070	0.178*	0.352**	0.124*	0.305**
	总分	0.480**	0.374**	0.508**	0.440**	0.441**	0.530**
述情障碍(TAS)	描述感情	0.134*	−0.196**	−0.016	−0.013	−0.230**	−0.128*
	识别感情	0.083	−0.224**	−0.066	0.044	−0.099	−0.021
	外向思维	−0.059	−0.410**	−0.261**	−0.146*	−0.286**	−0.248**
	总分	0.080	−0.356**	−0.139*	−0.058	−0.302**	−0.196**
社会赞许	印象管理	−0.066	0.133*	0.030	−0.091*	0.215**	0.056
	自欺拔高	−0.171*	0.320**	0.063	−0.172*	−0.411**	0.108
	总分	−0.138*	0.261**	0.053	−0.155	0.367**	0.096

注:* 表示 $P \leqslant 0.05$,** 表示 $P \leqslant 0.01$

5.1.4 总体评价

从总体上来说,基本同理心量表信度检验结果说明该量表较为稳定可靠:其内部一致性高于0.70,两因素间中等程度相关。而 BES 与 IRI、TAS 之间有

显著相关,说明其具有一定的关联效度。BES 和社会赞许性的相关不显著,说明基本同理心量表受社会赞许性的影响不大。但作者在对 BES 进行验证性因素分析时发现,其二因子结构模型拟合指数并不被接受,反向叙述条目残差之间存在较大相关;之所以在本次修订中没有进行删减题目的操作,是因为作者出于对东西方文化差异的考虑,以及为以后进一步验证提供可能。然而,美中不足的是本次修订没有进行重复验证。

夏丹(2011)在对该量表进行修订时,通过验证性因素分析也发现,原量表的结构与实际数据的拟合不佳。在删除了 1 个认知同理心题项(第 3 题)和 3 个情绪同理心题项(第 2、4、15 题)后,研究者得到了认知同理心(6、9、10、12、14、16、19、20)和情绪同理心(1、5、7、8、11、13、17、18)共 16 题的两因子结构,且发现模型拟合指数良好($\chi^2 = 186.03, df = 89, \chi^2/df = 2.09, GFI = 0.97, CFI = 0.95, AGFI = 0.95, NFI = 0.91, NNFI = 0.93, RMSEA = 0.038$)。

5.2 黄续等人(2014)基于大学生群体修订的基本共情量表(BES-C)

BES 是基于青少年群体编制的同理心量表,已在许多国家和地区的青少年群体中获得了检验或修订。我国的李晨枫等人将其引入在中国青少年群体中检验,发现具有很好的信效度。法国学者进一步将其用在成年人身上,同样发现信效度良好。黄续等人(2014)于是将其用来检验是否适用于中国大学生群体。

黄续等人(2014)的研究采用基本同理心量表、由张凤凤等修订的中文版人际反应指标量表(IRI-C)和由吴燕自编的一般社会赞许性量表对某大学的 110 名大学生进行施测(其中男生 45 名,女生 65 名,年龄均在 19~22 岁)。

5.2.1 项目区分度分析

该研究采用题总相关法(即分析条目反应与测验总分之间的关联性)和 T 检验法分析基本同理心量表各条目的区分度,选取得分前 27% 为高分组,后 27% 为低分组,对高、低组之间的得分进行 T 检验(结果见表 4)。由表 4 可知,每一个条目得分与量表总得分的相关性均达到了极显著的水平,且相关系数都在 0.3 以上,表示每一个条目的题总相关性良好。T 检验的结果也显示,除了第 6 题与总分的相关性未能达到显著差异以外,其余项目均呈现显著差异,这说明除了该题还需进一步商榷以外,其他题目编制合理。

表 4 对 BES 各条目进行区分度分析

条目编号	题总相关系数	高分组	低分组	T
1	0.319**	3.50±0.731	2.97±0.809	2.680**
2	0.424**	3.67±0.606	3.13±0.900	2.693**
3	0.437**	4.33±0.479	4.00±0.643	2.276*
4	0.416**	4.07±0.907	3.27±0.980	3.281**
5	0.459**	3.43±0.858	2.73±0.740	3.384**
6	0.458**	3.60±0.855	3.20±0.714	1.966
7	0.573**	4.03±0.414	3.27±1.015	3.831**
8	0.611**	4.40±0.563	3.50±0.938	4.506**
9	0.358**	4.00±0.525	3.33±0.802	3.808**
10	0.427**	3.60±0.814	3.03±0.809	2.705**
11	0.578**	4.30±0.484	3.10±1.062	5.162**
12	0.464**	3.70±0.596	3.10±0.712	3.539**
13	0.441**	3.93±0.828	3.43±0.774	2.417*
14	0.425**	3.87±0.776	3.37±0.718	2.590**
15	0.535**	3.47±0.776	2.43±0.935	4.657**
16	0.424**	4.10±0.403	3.50±0.820	3.598**
17	0.462**	3.13±0.819	2.53±0.776	2.912**
18	0.680**	4.00±0.525	3.07±0.740	5.635**
19	0.405**	4.00±0.587	3.60±0.724	2.350*
20	0.566**	4.07±0.691	3.33±0.959	3.397**

注：* 表示 $P \leqslant 0.05$，** 表示 $P \leqslant 0.01$

5.2.2 信度分析

该研究考察了 BES 的重测信度和同质性信度。

关于重测信度，该研究第一次施测与第二次施测均采用相同的 110 名受测者，两次测试间隔了 4 周（结果见表 5）。结果显示，两次测试的相关系数介于 0.540～0.693，且均达到了 0.01 的显著水平，说明该量表的重测信度良好。

表 5 BES 各维度及总分的重测信度分析

BES	第一次测试	第二次测试	相关系数
情绪同理心	37.72±5.33	37.13±5.16	0.693**
认知同理心	32.87±3.78	33.16±3.72	0.540**
总分	70.59±7.87	70.29±6.69	0.656**

注：**表示 $P \leqslant 0.01$。

关于同质性信度，该研究也采用了最常用的 Cronbach α 系数来考查 BES 的同质性信度(结果见表 6)。结果显示，各系数介于 0.728～0.821，说明 BES 所有题目得分都呈较高度的正相关，且各题目测的都是非常近似的内容。

表 6 BES 各维度及总分的 Cronbach α 系数分析

BES	题目数	α 系数
情绪同理心	11	0.768
认知同理心	9	0.728
总分	20	0.821

5.2.3 效度分析

该研究采用的效标工具是 IRI-C 和社会期望量表。

首先，对 BES 与 IRI 进行相关分析。对 BES 各维度及总分与 IRI-C 各维度及总分之间进行相关分析的结果见表 7。由表 7 可知，BES 的情绪同理心维度与 IRI-C 中的情绪同理心维度(同理关注和个人苦恼)，以及 IRI-C 总分和幻想维度之间有着显著相关；BES 的认知同理心维度与 IRI-C 中的认知同理心(观点采择和幻想)，以及 IRI-C 总分和同理关注维度之间有着显著相关；并且 BES 总分与 IRI-C 各维度及其总分都显著相关，说明 BES 的效度良好。

表 7 BES 各维度及总分与 IRI-C 各维度及总分之间的相关分析

BES	IRI-C				
	观点采择(PT)	幻想(FS)	同理关注(EC)	个人苦恼(PD)	总分
情绪同理心	0.166	0.636**	0.484**	0.321**	0.625**
认知同理心	0.366**	0.452**	0.478**	−0.083	0.440**
总分	0.274**	0.649**	0.558**	0.178	0.635**

注：**表示 $P \leqslant 0.01$。

其次，对 BES 与社会期望量表进行相关分析。该研究采用社会期望量表作为考察 BES 受社会期望效应影响程度的效标，结果见表 8。根据结果显示，BES 除了认知同理心维度与社会期望量表自欺性拔高维度和社会期望总分有着显著相关之外，其他项目的相关性均不显著；而且认知同理心与自欺性拔高及社会期望总分的相关系数分别为 0.245 和 0.197，都属于相关程度较低。这说明，BES 的测量结果几乎不会受到社会期望效应的影响。

表 8 BES 各维度及总分与社会期望量表各维度及总分之间的相关分析

BES	社会期望量表		
	操纵印象	自欺性拔高	总分
情绪同理心	0.063	−0.088	−0.015
认知同理心	0.089	0.245*	0.197*
总分	0.085	0.058	0.085

注：* 表示 $P \leqslant 0.05$。

6. 应用价值与简要评价

基本同理心量表具有以下优点（夏丹，2011）：首先，它是一个题量不大但简单有效的测评工具，量表共有 20 个题，包括认知同理心和情绪同理心两部分，计分也简洁明了；其次，修订量表的施测对象既有儿童青少年，又有大学生，且发现信效度良好；再次，由于该量表是新近编制的（Jolliffe & Farrington, 2006），是最新开发的量表，内容符合时宜，不存在过时滞后的题项；最后，该量表经多个国家和地区修订，信效度均良好，虽然在我国修订过程中，发现尚存在一定的问题，但不影响其使用或者经过检验后使用。

参考文献

1. Barnes M, 2014. Empathy[M]. In T. Teo (Ed.), *Encyclopedia of critical psychology* (pp. 560—571). New York, NY: Springer.
2. Baron-Cohen S. & Wheelwright S, 2004. The empathy quotient: An investigation of adults with Asperger Syndrome or high functioning autism, and normal sex differences[J]. *Journal*

of *Autism and Developmental Disorder*, 34(2): 164—175.

3. Cohen D. & Strayer J, 1996. Empathy in conduct-disordered and comparison youth[J]. *Developmental Psychology*, 32(6): 988—998.

4. Jolliffe D. & Farrington D. P, 2004. Empathy and offending: A systematic review and meta-analysis[J].*Aggression and Violent Behavior*, 9(5): 441—476.

5. Jolliffe D. & Farrington D. P, 2006. Development and validation of the Basic Empathy Scale [J].*Journal of Adolescence*, 29 (4): 589—611.

6. Johnson A.J., Cheek J. M. & Smither R, 1983. The structure of empathy[J]. *Journal of Personality and Social Psychology*, 45 (6): 1300—1312.

7. Mehrabian A., Young A.L., Sato S, 1988. Emotional empathy and associated individual differences[J].*Current psychology: Research and Reviews*, 7(3): 221—240.

8. 黄续,杨爽,周萍,2014.基本共情量表在中国大学生群体中的信效度检验[J].教育观察(上旬),3(34):30—32.

9. 李晨枫,吕锐,刘洁,钟杰,2011.基本共情量表在中国青少年群体中的初步修订[J].中国临床心理学杂志,19(2):163—166.

10. 夏丹,2011.基于移情量表(BES)中文版的信效度及初步应用研究[D].(硕士学位论文,郑州大学).

附录

基本同理心量表

指导语:下面的情况可能适合或不适合你,请根据实际情况,表明你的赞同或反对程度。

题 目	完全不同意	基本不同意	不确定	基本同意	完全同意
1. 朋友的情绪对我影响不大。	1	2	3	4	5
2. 和情绪忧伤的朋友相处后,自己也经常感到忧伤。	1	2	3	4	5
3. 当朋友表现优异,取得成绩时,我能体会他/她的喜悦。	1	2	3	4	5
4. 看到恐怖片中的一些镜头时,我会感到害怕。	1	2	3	4	5
5. 我很容易受别人情绪的感染。	1	2	3	4	5

续表

题　目	完全不同意	基本不同意	不确定	基本同意	完全同意
6. 朋友受到惊吓时,我很难觉察到。	1	2	3	4	5
7. 看到有人哭泣时,我不会难过。	1	2	3	4	5
8. 他人的情绪根本不会对我造成任何干扰。	1	2	3	4	5
9. 当某人情绪低落时,我一般能够觉察到。	1	2	3	4	5
10. 当朋友受到惊吓时,我一般能够觉察到。	1	2	3	4	5
11. 在看到电视或电影中的悲伤情境时,我常常会随之感伤。	1	2	3	4	5
12. 一般在人们诉说自己的心情之前,我便能觉察到他们的情绪。	1	2	3	4	5
13. 看到他人被激怒时,我的情绪不会受到影响。	1	2	3	4	5
14. 当他人高兴时,我一般能觉察到。	1	2	3	4	5
15. 和我一起的朋友感到害怕时,我也会感到害怕。	1	2	3	4	5
16. 我能很快意识到朋友生气了。	1	2	3	4	5
17. 我常常会卷入朋友的情绪中去。	1	2	3	4	5
18. 朋友的低落情绪对我没什么影响。	1	2	3	4	5
19. 我常常觉察不到朋友的情绪感受。	1	2	3	4	5
20. 当朋友高兴时,我很难察觉到。	1	2	3	4	5

5. 中文版人际反应指数量表（C-IRI）

吴卫国

(清华大学心理学系，北京，100084)

【摘要】 Davis 于 1980 年编制了人际反应指数量表（Interpersonal Reactivity Index，IRI）用来评估同理心水平，主要包含四个相对独立的维度：幻想（Fantasy，FS）、同理关注（Empathic Concern，EC）、观点采择（Perspective-Taking，PT）和个人苦恼（Personal Distress，PD）。该量表是目前使用较为便捷、比较具有代表性的同理心自评问卷，广泛应用于临床心理学和教育心理学等领域。国内已有大学生和青少年等修订版本，符合心理测量学标准。

1. 理论背景

同理心 empathy 也被翻译为"共情""通情""共感""神入"或"移情"等，是我们设身处地地识别他人的情绪情感状态，表征我们理解和分享他人感受的一种能力，对我们在社会环境中的日常交流和生存至关重要（Eisenberg & Strayer，1987；Fan, et al.，2011）。通俗来说，它就是一种将心比心、感同身受、体察他人内心世界的心理品质。尽管同理心的定义至今尚未达成共识，但不影响它的存在，因为它作为一种社会认知能力，对于人类个体适应社会和人际交往活动都具有重要的现实意义，尤其是对个体在不同年龄阶段社会化过程中的道德发展、情感沟通和人际关系发展等方面都起了极为重要的作用（魏源，2007；张凤凤等，2010）。

关于同理心的心理成分，早在几个世纪前史密斯（1759）和斯宾塞（1870）的著作中，就已经有了不同理解：一类是对他人经历认知性的、智力的反应（一种简单理解他人观点的能力）；另一类是对他人经历发自内心的、情感的反应，并且至今仍保留着这样的基本区分（Davis，1983）。而到了 20 世纪，关于同理心的心理学研究却开始偏向"认知取向"或"情感取向"的单一维度。有些研究者认为同理心是一种"认知现象"，集中研究诸如对他人的准确感知等"智力"过程方面（Dymond，1949；Kerr & Speroff，1954；Davis，1983），产生的代表性测评工具为 Hogan 同理心量表（Hogan Empathy Scale，HES，1969）。有些研究人员则强调同理心的"情感层面"，并就情绪情感反应起了重要作用的亲社会行为等方面展开研究（Mehrabian & Epstein，1972；Stotland，et al.，1978；Davis，1983），产生的代表性测评工具为 Mehrabian 和 Epstein 的情感同理心量表（Questionnaire Measure of Emotional Empathy，QMEE，1972）。但这两个量表都存在一定的问题——测量认知同理心的量表中含有测量情感同理心的题项，而测量情感同理心的量表中含有测量认知同理心的题项（戎幸等人，2010）。到了20世纪70年代，随着将同理心理解为多维度共识的稳步增长，越来越多的研究者倾向于认为同理心是"情感和认知"这两种成分相互作用的结果（Deutsch & Madle，1975；Hoffman，1977；Feshbach，1976；Davis，1983），情感成分在于以相同的方式感受他人的体验，认知成分在于采择他人观点（Eisenberg，et al.，1991；Gladstein，1983）。为了弥补先前的同理心测评工具的不足，Davis 开发了人际反应指针量表（Interpersonal Reactivity Index，IRI）（Davis，1980）。

2. 内容简介

人际反应指针量表是由 Davis（1980，1983）开发用以测量同理心差异的方法。原量表共有28道题，分别包含在四个相对独立的维度中——幻想（认同虚构人物的倾向）、同理关注（能体验他人温情、关怀他人负面情绪的倾向）、观点采择（采纳他人观点的倾向）和个人苦恼（感同身受他人的焦虑和不适的倾向），每个维度有7道题。该量表采用 Likert 5级计分，范围从0（不恰当/符合）到4（非常恰当/符合）；反向题目计分相反。在 IRI 的四个分量表中，幻想和观点采择两个分量表测量了个体的认知反应；同理关注和个人苦恼两个分量表测量了个体的典型情绪反应。而其中三个分量表（PT、EC 和 PD）的内容是早已被先前的理论和研究确定为同理心的潜在重要方面（Davis，1983）；幻想虚构情境的倾向随后也被证明会影响对他人的情感反应以及之后的帮助行为（Stotland et al.，1978）。在 Davis 最初编制量表时，IRI 四个维度的内部一致性信度系数在 0.71～0.77，两个月后的重测信度在 0.61～0.81，并且四个因子之间的相关系数都在 0.33 以下；三年后的研究同样支持之前的结果（Davis，1980，1983）。

由于该量表具有良好的信度和效度，并且被广泛用于测量不同正常人群和精神疾病患者的同理心水平,因此被多个国家(地区)的研究者翻译和修订使用(张凤凤等,2010;韩文超,叶明、冷玥,2013)。目前,根据 Davis 编制的人际反应指数量表修订的中文版已有大学生版和中学生版。该修订工作早先是由台湾学者吴静吉教授指导研究生詹志禹在台湾进行的,修订后台湾版 IRI-C 量表保留了原量表的四维度结构,但删除了 6 个题项(詹志禹,1986)。2005 年,香港学者 Siu 和 Shek 在修订时也同样删除了 6 个题项,并把原来四维度结构中的观点采择和同理关注分量表合并成了一个同理心分量表(Empathy Scale,ES),得到了适用于香港地区人群的 C-IRI 量表(Siu & Shek,2005)。据此,有研究者提出,作为一种社会认知能力,同理心的研究离不开社会文化背景(Fernández, Dufey & Kramp,2011),中国台湾和中国香港两地在修订时所产生的显著差异已充分说明了这一点。而中国大陆和非中国大陆人群所处的社会、经济、文化背景的差异比较大,因而适用于非中国大陆人群的人际反应指数量表并不一定适用于中国大陆人群(韩文超、叶明和冷玥,2013)。因此,本文选取代表性的 C-IRI 量表进行介绍,就不再介绍在台湾版 IRI-C 量表基础上修订的量表,如由许海露、黄华丽和顾晨龙(2018)修订的中学生版"中文版青少年人际反应指数量表"。

中文修订版均保留了原量表的四维度结构。其中融合中学生和大学生的 IRI 中文修订版有 1 个,是由詹志禹和吴静吉(1986)在台湾地区的高中生和大学生群体中修订的,删除 6 个题项,形成了 22 个条目的人际反应指数量表中文版。有代表性的大学生 IRI 中文修订版有 3 个,一个是由戎幸、孙炳海、黄小忠、蔡旻颖和李伟健(2010)在普通大学生群体中的修订版本,一个是由韩文超、叶明和冷玥(2013)在普通大学生群体中的修订版本,一个是由官锐园和钱铭怡(2014)在护理专业大学生群体中的修订版本。前两者保留了原问卷的全部条目,后者删除了原量表中的 3 题,形成了 25 个条目的人际反应指数量表中文版。

3. 使用方法

C-IRI 量表是自陈式量表,按照心理测量的一般化要求进行施测。

4. 计分方法与解释

Davis 所编制的人际反应指数量表共 28 题,包括四个因子:观点采择、幻想、同理关注、个人苦恼,用以考查同理心的认知与情感两个方面的水平。所有修订的量表均包括这四个因子项,采用 Likert 5 级计分,范围从 0（不恰当/符合）、1（有一点恰当/符合）、2（还算恰当/符合）、3（恰当/符合）到 4（非常恰当/符合）；反向题目计分相反（其中的 3、4、7、12、13、14、15、18 题为反向计分题）。量表总分在 0~112 分（台湾版的共 22 题,其中 2、5、10、11、14 题为反向计分,总分在 0~88 分）,评估指标是各维度的平均分,分数越高,表明所在项反应越强烈。

5. 信度与效度

5.1 詹志禹和吴静吉(1986)修订的人际反应指数量表(IRI-C)

以詹志禹和吴静吉（1986）的研究为例,采用人际反应指数量表、情绪同理心量表(QMEE)、Rokeach 武断量表简版(Short-form Dogmatism Scale)、高登人格测验的情绪稳定分量表和 Jackson 人格测验(Personality Research Form)的攻击性(aggression)、无助性(nurturance)、社会赞许性(social desirability)三个分量表对 400 名大学生和 430 名中学生进行测试。

对测试结果进行探索性因子分析发现,IRI 确实包含四个主要因素,及少数不重要的残余因素。将抽取因素限定为四个并进行验证性因素分析发现,有 6 题的因素载荷太低（0.25 以下）或者归属因素与原始结构不符；删去后再对剩下的 22 题进行同样的验证性因素分析,显示问卷具有较好的结构效度,并且结果显示,观点采择、幻想、同理关注、个人痛苦/苦恼这四个因子间的相关 r 在 -0.04~0.43,说明四个因素之间有其关系存在,但又具有相对独立性（见表 1）。

表 1 中文版人际反应指数分量表之间的相关系数

类别	个人痛苦/苦恼	观点采择	幻想	同理关注
个人痛苦/苦恼		−0.04（−0.08）	0.32（0.21）	0.23（0.05）
观点采择	−0.06（−0.06）		0.19（0.23）	0.18（0.23）
幻想	0.39（0.28）	0.17（0.26）		0.43（0.25）
同理关注	0.18（0.19）	0.28（0.30）	0.20（0.24）	

注：括号外为女生,括号内为男生,左下角为高中样本,右上角为大学样本。高中部分,系数超过 0.17 即达到 0.01 显著水平；大学部分,女生系数超过 0.22 即达到 0.01 显著水平,男生系数超过 0.20 即达到 0.001 显著水平。

完成因素分析后,对 IRI 量表的四个因子分别予以内部一致性分析发现,其内部一致性 α 系数介于 0.53～0.82;间隔 5 周后的高中生重测相关系数分别为 0.56～0.82(见表 2)。针对同理关注的内部一致性系数偏低的现象,研究者解释认为:第一,内部一致性 α 系数对信度常有低估现象;第二,IRI 四个分量表中每个量表的题量偏少也会有影响。而从整体来看,虽然幻想和同理关注两因子的内部一致性偏低,但重测信度较好;尽管观点采择和个人痛苦/苦恼两因子的重测信度稍低,但内部一致性较佳。

表 2　中文版人际反应指数各分量表的内部一致性及重测信度

类别	个人痛苦/苦恼		观点采择		幻想		同理关注	
	女	男	女	男	女	男	女	男
α 系数(高中)	0.78	0.77	0.74	0.75	0.68	0.71	0.54	0.53
α 系数(高中)	0.70	0.73	0.67	0.77	0.73	0.67	0.65	0.55
重测信度(高中)	0.67	0.63	0.67	0.56	0.82	0.74	0.71	0.72

5.2　戎幸等人(2010)修订的人际反应指数量表

以戎幸等人(2010)的研究为例,采用人际反应指数量表、亲密关系经历量表(Experiences in Close Relationships Inventory,ECR)、社交焦虑量表(Social Anxiety Subscale of the Self-Consciousness Scale)、羞怯量表(Shyness Scale)和自尊量表(the Self-Esteem Scale,SES)对 375 名大学生进行集体施测,间隔 2 周后对其中 57 名大学生进行重测,同时采集了 62 份成年男性犯人的数据。

对结果进行验证性因素分析,各项拟合指数为 $\chi^2/df=2.33$,说明构想模型与实际模型拟合度较好;同时,CFI=0.90,IFI=0.90,均超过 0.80;而 RMSEA=0.054,接近 0.05,意味着各项指标达到了可接受水平,从而证实问卷具有较好的结构效度。将经过年龄匹配的男性犯人组与男性大学生对照组的 C-IRI 量表总分进行独立样本 t 检验,实证效度的结果显示,男性大学生对照组得分显著高于犯人组得分($t=-2.59,P<0.05$)。将 C-IRI 量表的四个分量表得分分别与亲密关系经历量表、社交焦虑量表、羞怯量表和自尊量表的得分进行相关性检验,显示有较好的效标关联效度(结果见表 3)。

表 3　C-IRI 量表得分与各校标量表得分的相关分析

类　　别	依恋回避	依恋焦虑	社交焦虑	羞怯	自尊
幻想	−0.23**	0.14**	0.07	0.09	0.01
同理关注	−0.16**	−0.04	0.09	0.04	0.11
观点采择	−0.03	0.07	−0.19**	−0.16**	0.16**
个人苦恼	−0.06	0.20**	0.23**	0.27**	−0.20**

对 C-IRI 量表的四个因子分别予以内部一致性分析发现，FS、EC、PT 和 PD 四个分量表的结构信度依次为 0.75、0.60、0.59 和 0.69。间隔 2 周后的重测信度显示，FS、EC、PT 和 PD 四个分量表的依次为 0.75、0.59、0.64 和 0.78。这说明量表具有较好的内部一致性和跨时间的稳定性。

6. 应用价值与简要评价

该量表是目前世界上使用率较高的，且较为便捷地评估同理心能力的自我报告问卷，被不同国家（地区）的研究者翻译成多种不同的语言并进行了修订，并被广泛应用于发展与教育心理学、临床心理学等领域的正常人群和精神疾病患者。

参考文献

1. Davis M. H，1980. A Multidimensional Approach to Individual Differences in Empathy[J]. *Journal of Personality and Social Psychology*，10(85)：1—19.

2. Davis M. H，1983. Measuring individual differences in empathy：Evidence for a multidimensional approach[J]. *Journal of Personality and Social Psychology*，44(1)：113—126.

3. Eisenberg N.，Shea C. L.，Carlo G. & Knight G. P，1991. Empathy-related responding and cognition：A "chicken and the egg" dilemma[M]. In W. M. Kurtines & J. L. Gewirtz (Eds.)，*Handbook of moral behavior and development*，Vol. 1. Theory；Vol. 2. Research；Vol. 3. Application (pp. 63—88). Hillsdale, NJ, US：Lawrence Erlbaum Associates, Inc.

4. Fan Y.，Duncan N. W.，de Greck M.，Northoff G，2011. Is there a core neural network in empathy? An fMRI based quantitative meta-analysis[J]. *Neuroscience and Biobehavioral Reviews*，35(3)：903—911.

5. Fernández A. M.，Dufey M.，Kramp U，2011. Testing the psychometric properties of the

Interpersonal Reactivity Index (IRI) in Chile: Empathy in a different cultural context[J]. *European Journal of Psychological Assessment*, 27(3): 179—185.

6. Gladstein G. A, 1983. Understanding empathy: Integrating counseling, developmental, and social psychology perspectives. *Journal of Counseling Psychology*, 30(4): 467—482.

7. Mehrabian A, Epstein N, 1972. A measure of emotional empathy[J]. *Journal of Personality*, 40(4): 525—543.

8. Siu A. M. H. & Shek D. T. L, 2005. Validation of the interpersonal reactivity index in a Chinese context[J]. *Research on Social Work Practice*, 15(2): 118—126.

9. 韩文超, 叶明, 冷玥, 2013. 中国大陆版人际反应指针量表的修订与检验[J]. 东南大学学报(哲学社会科学版), 15(S1): 47—52.

10. 戎幸, 孙炳海, 黄小忠, 蔡旻颖, 李伟健, 2010. 人际反应指数量表的信度和效度研究[J]. 中国临床心理学杂志, 18(2): 150—152.

11. 魏源, 2007. 浙江某高校大学生共情特点分析[J]. *中国学校卫生*, 28(2): 135—137.

12. 詹志禹, 1986. 年级、性别角色、人情取向与同理心的关系[D]. (硕士学位论文, 台湾政治大学教育研究所).

13. 张凤凤, 董毅, 汪凯, 詹志禹, 张志军, 季芳等人, 2010. 精神分裂症患者共情能力及其与执行功能的关系[J]. *中华行为医学与脑科学杂志*, 19(5): 408—411.

附录

人际反应指数量表(IRI-C)詹志禹(1986)修订版

指导语：下面共有 22 个题目，每个题目用来描述你是否恰当，或说每个题目内容符合你的程度如何。1 代表"不恰当"，5 代表另一个极端"很恰当"，针对每一个题目，1~5 当中哪个数字适合你，就在那个数字上画√。

题 目	不恰当	很不恰当	中立	比较恰当	很恰当
1. 对那些比我不幸的人，我经常有心软和关怀的感觉。	1	2	3	4	5
2. 有时候当其他人有困难或问题时，我并不为他们感到很难过。	1	2	3	4	5
3. 我的确会投入小说人物中的感情世界。	1	2	3	4	5
4. 在紧急状况中，我感到担忧、害怕而难以平静。	1	2	3	4	5

题　　目	不恰当	很不恰当	中立	比较恰当	很恰当
5. 看电影或看戏时,我通常是旁观的,而且不经常全心投入。	1	2	3	4	5
6. 在作决定前,我试着从争论中去看每个人的立场。	1	2	3	4	5
7. 当我看到有人被别人利用时,我有点感到想要保护他们。	1	2	3	4	5
8. 当我处在一个情绪非常激动的情况时,我往往会感到无依无靠,不知如何是好。	1	2	3	4	5
9. 有时候我想象从我的朋友的观点来看事情的样子,以便更了解他们。	1	2	3	4	5
10. 对我来说,全心地投入一本好书或一部好电影中,是很少有的事。	1	2	3	4	5
11. 其他人的不幸通常不会带给我很大的烦忧。	1	2	3	4	5
12. 看完戏或电影之后,我会觉得自己好像是剧中的某一个角色。	1	2	3	4	5
13. 处在紧张情绪的状况中,我会惊慌、害怕。	1	2	3	4	5
14. 当我看到有人受到不公平的对待时,我有时并不感到非常同情他们。	1	2	3	4	5
15. 我相信每个问题都有两面观点,所以我常试着从这不同的观点来看问题。	1	2	3	4	5
16. 我认为自己是一个相当软心肠的人。	1	2	3	4	5
17. 当我观赏一部好电影时,我很容易站在某个主角的立场去感受他的心情。	1	2	3	4	5
18. 在紧急状况中,我紧张得几乎无法控制自己。	1	2	3	4	5
19. 当我对一个人生气时,我通常会试着去想一下他的立场。	1	2	3	4	5
20. 当我阅读一篇吸引人的故事或小说时,我想象着:如果故事中的事件发生在我身上,我会感觉怎么样?	1	2	3	4	5
21. 当我看到有人发生意外而急需帮助的时候,我紧张得几乎精神崩溃。	1	2	3	4	5
22. 在批评别人前,我会试着想象:假如我处在他的情况,我的感受如何?	1	2	3	4	5

*量表评分方法说明:
其中 2、5、10、11、14 题为反向计分题;
观点采择:包括 6、9、15、19、22 题;
幻想:包括 3、5、10、12、17、20 题;
同理关注:包括 1、2、7、11、14、16 题;
个人苦恼:包括 4、8、13、18、21 题。

三、依恋与爱情 Adult Attachment Theory and Romantic Love

6. 成人依恋量表（AAS）*

张 平

（北京邮电大学，北京，100876）

【摘要】 成人依恋量表（Adult Attachment Scale，AAS），是用于测量成人依恋的量表，特别是用于对成人亲密关系、伴侣关系进行评定。1996年，Collins对1990年的AAS加以修订，使其成为重要的成人依恋的测量工具。国内学者吴薇莉等人于2004年，取病例组样本与正常对照样本进行量表评定，结果支持AAS量表将成人依恋分为亲近、焦虑、依赖三因子的理论构想。该量表在中国样本中也具有良好的信度和效度。

1. 理论背景或依据

依恋是儿童早期生活中重要的社会关系，是个体社会性发展的重要开始。20

---

* 测评工具研发成果参见：
1. Collins N. & Read S. J. (1990). Adult attachment, working models, and relationship quality in dating couples. *Journal of Personality and Social Psychology*, 58：644—663.
2. 吴薇莉，张伟，刘协和. (2004). 成人依恋量表（AAS-1996修订版）在中国的信度和效度. *四川大学学报（医学版）*, 35(4)：536—538.
3. 杜江红，王华昕，李永鑫. (2015). 在中国大学生样本中的修订成人依恋量表AAS. *湖州师范学院学报*, (1)：63—69.

世纪 60 年代,以 Bowlby 为代表的学者最早提出依恋的概念,认为儿童对其照看者的依恋具有基于生物基础的进化需求,是面对可能的威胁和危险时,对照看者产生亲近以获得安全感的本能反应;60 年代末至 80 年代中期,Ainsworth 通过陌生情境实验来评估母婴依恋的类型,将其分为安全型、回避型和矛盾型。Ainsworth 认为,婴儿身上发现的不同依恋类型也适用于成人。20 世纪 80 年代以来,依恋的研究对象从儿童扩展到青少年和成人群体。成人依恋已逐步成为跨越心理学各领域的热门研究课题。

Bowlby 的依恋理论(1969/1982)认为,早期亲子关系的经验形成了人的"内部工作模式",这种模式是人的一种对他人的预期,决定了人的处世方式,会在以后的其他关系,特别是成年以后亲密关系和婚恋关系中起作用。Hazan 和 Shaver(1987)发现安全依恋类型的人有浪漫的热情的爱,而较少有极端的无我的、完全奉献式的爱;回避依恋类型对应于游戏式的爱;矛盾依恋类型对应于占有、依赖式的爱。成人依恋与成年后亲密关系、人际表达以及人格健康有密切的关系(吴薇莉、简渝嘉、方莉,2004)。

成人依恋研究在很大程度上取决于测量工具的开发和研究,成人依恋的测量工具主要有访谈、Q 分类评估和量表测量(吴薇莉、方莉,2004)。研究者将成人依恋的研究归纳为发展临床取向和社会人格取向两大类,认为发展临床学取向的研究一般通过访谈、投射测验等需要深加工的测量方式,社会人格取向的研究倾向采用简便的自我报告式的量表测量法(侯珂、邹泓、蒋索,2005)。成人依恋量表是较为简便的、适合大范围施测的测量工具,对该测量工具的发展可以为依恋领域的研究提供便利。

2. 内容简介

对成人依恋的测量,目前主要集中在两个方面:维度测量和类型测量。由于类型测量存在局限,许多人认为应该采用维度测量来研究成人依恋问题。

成人依恋量表由 Collins 和 Read 于 1990 年开发修订得出,是目前成人依恋的重要测量工具之一,尤其是对成人亲密关系、伴侣关系的评定。1996 年,Collins 对 AAS 加以修订,2004 年吴薇莉、张伟和刘协和在临床受测者和正常受测者中进行了量表的中国化验证,保留了全部的 18 个题目,支持了三因子的量表结构。三个分量表分别是亲近、依赖和焦虑量表,每个分量表6个题目。亲近量表测量一个人对接近和亲密感到舒适的程度;依赖量表测量一个人感到当需要帮助时能有效依赖他人的程度;焦虑量表测量一个人担心被抛弃或不被喜爱的程度。AAS主要测的是成人依恋维度,然后可以把依恋维度转成依恋类型:安全型、先占型、拒绝型和恐惧型。

2015年杜江红、王华昕和李永鑫针对大学生受测者进行量表的修订,最终保留了13个题目,分为依恋回避和依恋焦虑两个维度。依恋回避指害怕亲密关系,对他人亲密和依赖感到不适;依恋焦虑指害怕被别人拒绝和遗弃。

3. 实施或使用方法

按照经典心理测量学的使用规范来实施。

4. 计分方法与解释

量表为Likert 7级计分,选项从"完全不符合"到"完全符合"。AAS包括三个分量表,共18个题目,亲近包括了1、6、8、12、13、17题;依赖包括了2、5、7、14、16、18题;焦虑包括了3、4、9、10、11、15题。其中,2、7、8、13、16、17、18题为反向计分题目,其余题目正向计分,在评分时需对反向计分题目进行转换。先计算3个分量表的平均分数,再将亲近和依赖维度合并,产生1个亲近依赖均分。根据两个维度均分,将依恋类型划分为四类,分别为安全型(亲近依赖均分＞3且焦虑均分＜3)、先占型(亲近依赖均分＞3且焦虑均分＞3)、拒绝型(亲近依赖均分＜3且焦虑均分＜3)和恐惧型(亲近依赖均分＜3且焦虑均分＞3)。

在杜江红等人的修订版本中,删去了1、7、14、16、18题,保留了13个题目,其中2、5、6、8、12、13、17题归属于依恋回避维度,3、4、9、10、11、15题归属于依恋焦虑维度。

5. 信度与效度

对AAS的内部一致性信度的检验采用同质性信度考查,结果显示亲近、焦虑两个分量表内部一致性α系数均在0.7以上,依赖分量表为0.620 2,信度良好(见表1)。

表 1 各分量表的内部一致性信度（内部一致性 α 系数）

维度	n	项目数	α
亲近	110	6	0.718
依赖	110	6	0.620
焦虑	110	6	0.784

在吴薇莉等人的研究中，对 AAS 效度的估计主要采用区分效度为指标，正常组样本与病例组样本的比较结果显示，病例组在亲近—依赖、亲近、焦虑三个指标的均数与正常组相比其差异均有统计学意义，依赖量表在两组间没有差异(见表 2)。

表 2 病例组样本与正常组样本的均数比较（$M \pm s$）

类　别	正常组	病例组	t	p
亲近	3.63± 0.704	3.31± 0.650	−3.255	0.001
依赖	3.15± 0.698	3.09± 0.534	−0.678	4.99
焦虑	2.48± 0.817	2.98± 0.805	4.315	0.000
亲近—依赖	3.39± 0.559	3.20± 0.460	−2.55	0.011

因素分析表明：主成分因素分析提取三个因子，解释总方差的 48.3%，结构效度较好，各条目在各自分量表上的负荷均较高，结果支持 AAS 原量表将成人依恋分为三因子的理论构想。

三个因子各有一个条目负荷不足 0.3，这三个条目内容分别是 15、16 和 17，负荷不理想，可能与文化差异有关，研究者建议在量表本土化中予以替换或修改。

杜江红等人(2015)以国内 799 名大学生为受测者，修订的 AAS 分为依恋回避和依恋焦虑两个维度，依恋回避维度包括 7 个项目，依恋焦虑维度包括 6 个项目；探索性因子分析显示项目因子负荷在 0.42～0.75，两个因素共可解释总体变异的 45.23%；验证性因素分析的各项拟合指数均较为理想；依恋回避和依恋焦虑两个维度的会聚效度、区分效度、效标效度、α 系数、组合信度均达到了心理测量学的要求。

6. 应用价值与简要评价

AAS 广泛用于测量成人依恋，特别是用于对成人亲密关系、伴侣关系进行评定。截至 2018 年 10 月,在 Web of Science 里被引 1 656 次。我们建议在中文情境中,研究者可以根据需要选择合适的中文版工具。

参考文献

1. Ainsworth M. D. S., Blehar M. C., Waters E. & Wall S. N, 1978. Patterns of attachment: a psychological study of the strange situation[M].*Lawrence Erlbaum Associates*, 23.
2. Bowlby J, 1969/1982.*Attachment and loss*: Attachment (Vol. 1.)[M]. New York: Basic Books.
3. Collins N. & Read S. J, 1990. Adult attachment, working models, and relationship quality in dating couples[J].*Journal of Personality and Social Psychology*, 58: 644—663.
4. Collins N. L, 1996. Working models of attachment: implications for explanation, emotion and behavior[J].*Journal of Personality Social Psychology*, 71(4): 810—832.
5. Shaver P. & Hazan C, 1987. Being lonely, Falling in Love: Perspectives from Attachment Theory[J].*Journal of Social Behavior and Personality*, 105—124.
6. 吴薇莉,张伟,刘协和,2004. 成人依恋量表(AAS-1996 修订版)在中国的信度和效度[J]. 四川大学学报(医学版),35(4):536—538.
7. 吴薇莉,方莉,2004. 成人依恋测量研究[J].*中国临床心理学杂志*,12(2):217—220.
8. 杜江红,王华昕,李永鑫,2015. 在中国大学生样本中的修订成人依恋量表 AAS[J].*湖州师范学院学报*,(1):63—69.
9. 吴薇莉,简渝嘉,方莉,2004. 成人依恋研究[J]. 四川大学学报(哲学社会科学版),(3):131—134.
10. 侯珂,邹泓,蒋索,2005. 社会人格取向的成人依恋研究[J].*心理科学进展*,13(5):640—650.

附录

修订版成人依恋量表

指导语:请阅读下列语句,并衡量你对情感关系的感受程度。请考虑你的所有关系(过去的和现在的),并回答有关你在这些关系中通常的感受。如果你从来没有卷入情感关系中,请按你认为的情感会是怎样的来回答。请在量表的每题之后的方格里勾选与你的感受一致的数字。

题　目	完全不符合	大部分不符合	有些不符合	不确定	有些符合	大部分符合	完全符合
1. 我发现与人亲近比较容易。	1	2	3	4	5	6	7
2. 我发现要我去依赖别人很困难。	1	2	3	4	5	6	7
3. 我时常担心恋人并不真心爱我。	1	2	3	4	5	6	7
4. 我发现别人并不愿像我希望的那样亲近我。	1	2	3	4	5	6	7
5. 能依赖别人让我感到很舒服。	1	2	3	4	5	6	7
6. 我不在乎别人太亲近我。	1	2	3	4	5	6	7
7. 我发现当我需要别人帮助时,没人会帮我。	1	2	3	4	5	6	7
8. 和别人亲近使我感到有些不舒服。	1	2	3	4	5	6	7
9. 我时常担心恋人不想和我在一起。	1	2	3	4	5	6	7
10. 当我对别人表达我的情感时,我害怕他们与我的感觉会不一样。	1	2	3	4	5	6	7
11. 我时常怀疑恋人是否真正关心我。	1	2	3	4	5	6	7
12. 我对与别人建立亲密的关系感到很舒服。	1	2	3	4	5	6	7
13. 当有人在情感上太亲近我时,我感到不舒服。	1	2	3	4	5	6	7
14. 我知道当我需要别人帮助时,总有人会帮我。	1	2	3	4	5	6	7
15. 我想与人亲近,但担心自己会受到伤害。	1	2	3	4	5	6	7
16. 我发现我很难完全信赖别人。	1	2	3	4	5	6	7
17. 恋人想要我在情感上更亲近一些,这常使我感到不舒服。	1	2	3	4	5	6	7
18. 我不能肯定,在我需要时,总找得到可以依赖的人。	1	2	3	4	5	6	7

7. 关系问卷（RQ）*

徐继红

（国家卫生健康委员会科学技术研究所，北京，100081）

【摘要】 关系问卷（Relationship Questionnaire，RQ）由 Bartholomew 和 Horowitz(1991)编制，用来测量亲密关系中四种成人依恋类型。RQ 还能对一般的亲密关系、情侣关系、特殊关系（上述各种关系的复合情况）进行定位，它也能被人重述并用于评估其他依恋同伴。国内采用的是北大李同归译的中文版本。

1. 理论背景

依恋的研究最早起源于弗洛伊德提出的一个假设，他认为个体在童年期所形成的亲子关系会成为其此后一生所成长和发展出的各种人际关系的原型。早期的依恋研究主要针对婴幼儿和母亲的关系展开。随后 Bowlby 后期的研究提出"导致个体对他人产生一定程度亲密感的任何行为模式都具有个体差异性，这种个体差异性可能会持续一个人的一生，在个体依恋关系的形成、保持、去除及更新的过程中，都会产生强烈的情感"。由此，依恋研究开始扩展至青少年和成人。1987 年，Hazan 和 Shaver 发表的一篇题为《浪漫的爱可以看成是依恋过程》的论文标志着成人依恋研究的开始。他们认为 Ainsworth 等人提出的三种依恋类型（安全型、回避型、焦虑型）同样也能应用到成人的恋爱过程中。因此，他们在 Ainsworth 等人对婴儿依恋模式描述的基础上，构建了一个简单的自我报告量表。该量表中受测者要求从三个有关依恋类型的描述中挑选一个最能反映自己在恋爱中经常有的感觉和想法。例如，安全型以"信任对方、喜欢保持亲近"的描述为特征，回避型的描述是"缺乏信任、喜欢跟对方保持情感上的距离"，焦虑型的典型特征是"对恋人的情感效用性缺乏信息，有一种强烈的而又不太满意的与对

---

* 测评工具研发成果参见：

1. 李同归，加藤和生.(2006).成人依恋的测量：亲密关系经历量表(ECR)中文版.*心理学报*, 37(3): 399—406.

方亲近的愿望"。此后,有关成人依恋的量表不断涌现,并极大地推动了这个领域的研究进展。

Bowlby 认为依恋的活动模型可能是不同的,依赖于自身的自我模型和他人模型。Bartholomew 和同事们基于 Bowlby 的依恋理论,对这两种模型进行整合,从理论上产生了 4 种成人依恋的"原型"。具体而言,自我模型可以有积极的("我自己是值得爱的")和消极的("我自己是不值得爱的"),他人模型也有积极的("他人是值得信赖的")和消极的("他人是不可靠的")。两类自我模型和两类他人模型可以组合起来,构成 4 种成人依恋类型:安全型、倾注型、轻视型、害怕型。正是建立在这种理论分析上,Bartholomew 和 Horowitz 编制了一个自我报告的成人依恋量表,即关系问卷。

2. 内容简介

此量表是由 Bartholomew 和 Horowitz 于 1991 年编制的自陈式量表,后由我国学者李同归将其翻译成中文。关系问卷是由 4 个短的段落组成的单项量表,每一段落分别描述了依恋过程中的 4 种成人同伴关系的依恋原型(依恋内部工作模式),要求受测者对每个短文在 7 级量表上进行评价,并在最后,要求在 4 种依恋类型中确定哪一种最符合受测者的依恋情况。受测者最终选择的这个"最符合的类型"就作为 RQ 测得的依恋类型。其中,安全型依恋的人认为自己是有价值的,并且期望他人是有情感效用性和反应性的;倾注型依恋觉得自己是没有多大价值的,但对他人有积极的评价;轻视型依恋的人认为自己是有价值的,而他人是不值得信赖的;害怕型依恋的人则觉得自己是无价值的,而且他人也不值得信赖。

3. 实施或使用方法

按照经典心理测量学的使用规范来实施。

4. 计分方法与解释

该量表要求受测者在 7 级量表上(1 代表"一点也不适合",7 代表"完全适合")判断每段描述在多大程度上符合自己的亲密人际关系,最后再从四种类型中挑选出最适合的一种作为自己的依恋类型。受测者最终选择的那个"最符合的类型"就作为用 RQ 测得的依恋类型。

在 RQ 的测量中,通过受测者在 4 种依恋原型各自的得分,可以计算出两个有关"自我模型"和"他人模型"的得分。计算的方法是:

自我模型＝(安全型＋轻视型)－(倾注型＋害怕型)

他人模型＝(安全型＋倾注型)－(轻视型＋害怕型)

分值越高,表明对自我或者他人的看法越是正性的。

5. 信度与效度

Bartholomew 和 Horowitz 编制的 RQ 量表的内部一致性 α 系数为 0.72,8 个月重测信度为 0.49～0.71。李同归翻译成中文后,进行测试获得了较好的效度和信度。

6. 应用价值与简要评价

RQ 不仅能对成人依恋关系进行评价,还能对一般的亲密关系、情侣关系和特殊关系(即上述各种关系的复合情况)进行定位。同时也能被人重述并用于评估其他依恋同伴,比如让亲密的同性朋友和情侣评定他们自己和他们的朋友或同伴。RQ 的优点在于测验方便,耗时短,并且提出了与依恋密切相关的两个理论维度——焦虑和回避,还增加了一个回避的分类,能够发现依恋类型的性别差异,大大丰富了成人依恋测量工具的研究方法。截至 2018 年 10 月,RQ 在 Web of Science 里被引 3 125 次。

参考文献

1. Bartholomew K., Horowitz L. M, 1991. Attachment styles among young adults: a test of a four-category model.*Journal of Personality and Social Psychology*, (61): 226—244.

2. Hazan C., Shaver P, 1987. Romantic love conceptualized as an attachment process. *Journal of Personality and Social Psychology*, 52(3): 511.

3. Hazan C., Shaver P. R, 1990. Love and work: An attachment-theoretical perspective. *Journal of Personality and Social Psychology*, 59(2): 270.

4. Xue W., Zhao S, 2011. The analysis of attachment styles through interpersonal circumplex

description. *Psychology*, 2(7): 665—668.
5. 李同归, 加藤和生, 2006. 成人依恋的测量: 亲密关系经历量表(ECR)中文版. *心理学报*, (3): 399—406.
6. 罗湘莲, 刘梨梨, 2015. AAS, ECR, RQ 量表使用比较与研究. *教师*, (11): 7—9.
7. 吴薇莉, 方莉, 2004. 成人依恋测量研究. *中国临床心理学杂志*, (2): 217—220.
8. 许丽华, 2008. 大学生依恋内部工作模式、人际关系与孤独感的关系研究. 河北师范大学.
9. 朱天慧, 2012. 成人依恋测量工具述评. *大众科技*, 14(2): 200—202.

附录

关 系 问 卷

问卷 1-1：

在你现在或者过去所经历过的人际关系中,下列四种类型,每种在多大程度上能够描述你对他人(如朋友、亲戚等)的一般感觉和想法。请运用下面的 7 级量表进行评定,在评价值一栏(1 到 7)的相应数值上画√。

一点也不适合	比较不适合	有点不适合	不好说	有点适合	比较适合	完全适合
1	2	3	4	5	6	7

一、类型 1

题 目	自 我 评 价
1. 对我来说,在感情上和他人变得亲近是一件比较容易的事情。	1 2 3 4 5 6 7
2. 我信赖他人,让他人也信赖我,我觉得这是很自在的事。	1 2 3 4 5 6 7
3. 我不担心自己独处,或者不被他人所接受。	1 2 3 4 5 6 7

二、类型 2

题 目	自 我 评 价
1. 即使在感情上和他人没有建立亲密的关系,我也会觉得很自在的。	1 2 3 4 5 6 7
2. 对我来说最重要的是要自立,什么都自己干。	1 2 3 4 5 6 7
3. 我倾向于不依赖他人,也不喜欢让他人依赖我。	1 2 3 4 5 6 7

三、类型 3

题　　目	自　我　评　价						
1. 我想和他人在感情上非常亲密,他人也会像我想的那样和我亲近,但我常常发现他人这样做很勉强。	1	2	3	4	5	6	7
2. 如果关系不亲密,我会觉得不自在,但我有时担心他人并不像我重视他(她)那样地重视我。	1	2	3	4	5	6	7

四、类型 4

题　　目	自　我　评　价						
1. 跟他人亲近,我会觉得有点不自在。	1	2	3	4	5	6	7
2. 我需要感情上的亲密关系,但是我发现我很难完全信任他人,或者很难依赖他人。	1	2	3	4	5	6	7
3. 有时,我担心如果与他人过于亲近的话,会对我构成伤害。	1	2	3	4	5	6	7

问卷 1-2:

上面提到的 4 种类型中,哪一种和你对他人的感情最匹配?请选择一种最适合你的类型,在右边的相应的(　　)里画√:

a. 类型 1　(　)

b. 类型 2　(　)

c. 类型 3　(　)

d. 类型 4　(　)

8. 成人依恋问卷（AAQ）*

张 平

（北京邮电大学，北京，100876）

【摘要】 成人依恋问卷（Adult Attachment Questionnaire，AAQ），是常用于测量成人依恋的量表。Simpson、Rholes 和 Phillips 于 1996 年开发了 AAQ，分为依恋回避和依恋焦虑两个维度。国内学者杜江红、黄迎春和李永鑫于 2015 年在中国大学生样本中检验了该量表，最终得到了两维度 10 个题目的成人依恋问卷中文修订版，该量表在中国样本中也具有良好的信度和效度，可以作为测量成人依恋的简便工具。

1. 内容简介

Simpson 最早将 Hazan 等关于成人依恋类型的语言陈述转换成以 Likert 计分的 13 个题目。为了提高依恋焦虑分量表的内部一致性信度，1996 年 Simpson 等将题目增加至 17 个，形成了 AAQ，分为依恋回避（8 个题目）和依恋焦虑（9 个题目）两个维度。依恋回避以害怕亲密关系与对他人亲密和依赖感到不适为主要特征，依恋焦虑以害怕被别人拒绝和遗弃为主要特征，如"依赖恋人，让我感觉不舒服""我发现恋人并不愿意像我所想要的那样跟我亲密"。

国内学者杜江红、黄迎春、李永鑫（2015）选择两个大学生样本对成人依恋问卷进行检验，经过项目分析、探索性因子分析、验证性因素分析和信效度检验，最后得到了 10 个题目的成人依恋问卷中文修订版，依然包括依恋回避（5 个题目）和依恋焦虑（5 个题目）两个维度。

---

* 测评工具研发成果参见：

1. Simpson J. A., Rholes W. S. & Phillips D. (1996). Conflict in close relationships: An attachment perspective. *Journal of Personality and Social Psychology*, 71: 899—914.

2. 杜江红，黄迎春，李永鑫. (2015). 成人依恋问卷的修订及在中国大学生中的使用报告. 保定学院学报, (1): 114—119.

3. 杜江红，李永鑫. (2017). 成人依恋风格的结构探索. 心理学探新, (6): 52—57.

杜江红和李永鑫(2017)运用成人依恋问卷中文修订版对203名大一新生进行测量,通过因子分析、潜在剖面分析以及潜类别因子分析,分别对数据进行分析得出了以下结论:二因子模型优于四类别模型,四类别模型优于三类别二因子模型。

2. 实施或使用方法
按照经典心理测量学的使用规范来实施。

3. 计分方法与解释
问卷采用 Likert 7 级计分,选项从"完全不符合"到"完全符合"。在其中一个维度或两个维度得分高的人被视为有不安全的成人依恋倾向,在两个维度上均得分低的人被视为有安全的成人依恋倾向。

4. 信度与效度
对 AAQ 的信度采用组合信度检验,在两个样本中,依恋回避维度的组合信度分别为 0.86 和 0.85,依恋焦虑维度组合信度分别为 0.77 和 0.80。总体上看,该问卷在两个样本中的信度系数良好,具体见表 1。

表 1 大学生成人依恋问卷的信度($n_1=610, n_2=183$)

类　　别	依恋回避	依恋焦虑
α 信度	0.85(0.84)	0.76(0.80)
组合信度	0.86(0.85)	0.77(0.80)

注:括号外为样本 1 中的信度结果,括号里为样本 2 的信度结果。

对 AAQ 的效度采用效标效度来检验,结果显示依恋回避、依恋焦虑与抑郁、社交回避和社交苦恼的相关均达到统计显著性水平,说明 AAQ 的效标效度较为理想,具体见表 2。

表 2 大学生成人依恋问卷的效标效度（$r, n=610$）

量表	依恋回避	依恋焦虑
社交回避	0.22***	0.16***
抑郁	0.11**	0.34***
社交苦恼	0.18***	0.21***

注：**$P<0.01$，***$P<0.001$。

对 AAQ 的效度还采用会聚效度和区分效度来检验。AQ-回避与 ECR-回避的相关系数为 0.34(0.33)，AAQ-焦虑与 ECR-焦虑的相关系数为 0.32(0.41)，表明会聚效度良好；AAQ 的回避与焦虑维度之间的相关系数在两个样本中分别为 0.10(−0.11)，与 ECR-焦虑的相关系数为 0.11(0.04)，AAQ-焦虑与 ECR-回避的相关系数为 0.12(0.14)，均属于低度相关的范围，表明区分效度良好；用于表征会聚效度的相关系数明显高于用于表征区分效度的相关系数，说明 AAQ 修订版具有良好的会聚效度和区分效度，具体见表 3。

表 3 成人依恋问卷的会聚效度与区分效度（$n_1=600, n_2=183$）

量表 A	AAQ-回避	AAQ-焦虑	ECR-回避	ECR-焦虑
AQ-回避	1			
AAQ-焦虑	0.10*（−0.11）	1		
ECR-回避	0.34**（0.33**）		0.12**（0.14）	1
ECR-焦虑	0.11**（0.04）		0.32**（0.41**）	0.07(0.10)

注：*$P<0.05$，**$P<0.01$。括号外为样本 1 中变量的相关系数，括号内为样本 2 中变量的相关系数。

5. 应用价值与简要评价

Simpson 等人开发的 AAQ 是测量成人依恋的简便工具，具有良好的信效度。截至 2018 年 10 月，在 Web of Science 里被引 434 次。我们建议研究者可以根据需要选择合适的中文版工具。

参考文献

1. Ainsworth M. D. S., Blehar M. C., Waters E. & Wall S. N, 1978. Patterns of attachment: a

psychological study of the strange situation[M].*Lawrence Erlbaum Associates*,23.

2. Bowlby J,1969/1982. Attachment and loss：Attachment（Vol. 1.）[J].*New York：Basic Books*.

3. Shaver P. & Hazan C,1987. Being lonely,Falling in Love：Perspectives from Attachment Theory[J].*Journal of Social Behavior and Personality*,105—124.

4. Simpson J. A., Rholes W. S. & Phillips D,1996. Conflict in close relationships：An attachment perspective[J].*Journal of Personality and Social Psychology*,71：899—914.

5. 杜江红,黄迎春,李永鑫,2015. 成人依恋问卷的修订及在中国大学生中的使用报告[J].*保定学院学报*,(1)：114—119.

6. 杜江红,李永鑫,2017. 成人依恋风格的结构探索[J].*心理学探新*,(6)：52—57.

7. 吴薇莉,方莉,2004. 成人依恋测量研究[J].*中国临床心理学杂志*,12(2)：217—220.

8. 吴薇莉,简渝嘉,方莉,2004. 成人依恋研究[J].*四川大学学报(哲学社会科学版)*,(3)：131—134.

9. 侯珂,邹泓,蒋索,2005. 社会人格取向的成人依恋研究[J].*心理科学进展*,13(5)：640—650.

附录

修订版成人依恋量表

指导语：请阅读下列语句,并衡量你对情感关系的感受程度。请考虑你的所有关系(过去的和现在的),并回答有关你在这些关系中通常的感受。如果你从来没有卷入情感关系中,请按你认为的情感会是怎样的来回答。请在量表的每题之后的方格里勾选与你的感受一致的数字。

题 目	完全不符合	大部分不符合	有些不符合	不确定	有些符合	大部分符合	完全符合
1. 依赖恋人,让我感觉不舒服。	1	2	3	4	5	6	7
2. 我不喜欢恋人与我太亲密。	1	2	3	4	5	6	7
3. 与恋人关系太亲密会让我感到有点不舒服。	1	2	3	4	5	6	7
4. 当恋人跟我非常亲密时,我会觉得不自在。	1	2	3	4	5	6	7

续表

题　目	完全 不符合	大部分 不符合	有些 不符合	不确定	有些 符合	大部分 符合	完全 符合
5. 恋人想要我在情感上更亲密一些，这经常使我感到不舒服。	1	2	3	4	5	6	7
6. 我很少担心会被恋人抛弃。	1	2	3	4	5	6	7
7. 我时常担心恋人并不真心爱我。	1	2	3	4	5	6	7
8. 我很少担心恋人会离开我。	1	2	3	4	5	6	7
9. 我确信恋人从来不会用突然分手来伤害我。	1	2	3	4	5	6	7
10. 我很少想过恋人会离开我。	1	2	3	4	5	6	7

9. 亲密关系经历量表（ECR）[*]

徐继红

（国家卫生健康委科学技术研究所，北京，100081）

【摘要】 亲密关系经历量表（Experiences in Close Relationships，ECR）由 Brennan、Clark 和 Shaver 等人编制，是目前国外在成人依恋研究中广泛采用的一种自我报告式的成人依恋量表。国内已有针对儿童、青少年、大学生、社会职工等的修订版本。其中，李同归、加藤和生修订的亲密关系经历量表中文版是国内成人依恋研究使用最为广泛的量表。

1. 理论背景

英国精神病学家 Bowlby 于 1969 年第一次提出了依恋的概念，他把依恋定义为"依恋是抚养者与孩子之间一种特殊的情感联结，表达了个体寻求亲近或接触特定对象的倾向，是一套本能反应的结果。依恋无须学习，它可以被环境中所存在的合适的刺激所激起"。加拿大发展心理学家 Ainsworth（1989）继承并发展了依恋理论，他认为依恋是"一个人与另一个人跨越时间和空间的持久的情感联结"。此后，Goldberg 等人以信任保护来反映依恋的原始倾向，另有学者以"感到安全"来指出依恋的内心状态（Sroufe，Waters，1977）。依恋理论发展至今，现代依恋理论的核心概念主要包括三个方面：依恋行为、依恋行为系统、依恋情结。

依恋研究自 20 世纪 60 年代兴起，一直为研究者所关注。依恋研究最初以婴儿期为架构建立，并在相当长的时期内只关注早期的亲子依恋及其功能。直到 1987 年，人格和社会心理学家们的加入，才使得依恋的研究拓展到了成人阶段。Hazan 和 Shaver 发表的一篇题为《浪漫的爱可以看成是依恋过程》的论文，是依恋研究对象由儿童拓展到成人的重要标志。Main 将成人依恋定义为成人关于童

---

[*] 测评工具研发成果参见：
1. 李同归，加藤和生.(2006).成人依恋的测量：亲密关系经历量表（ECR）中文版.*心理学报*,37(3):399—406.

年期与父母关系的记忆和心理表征。

国外学者依照依恋理论，开发了许多成人依恋测量工具。亲密关系经历量表是 Brennan 等人为解决成人依恋的测量问题进行深入研究，尝试编制的一个标准的成人依恋量表。此量表具有较好的信度以及良好的效度，并被广泛使用，成为测量成人依恋的标准量表，此后再没有新的成人依恋量表出现。

2. 内容简介

亲密关系经历量表由 Brennan、Clark 和 Shaver 等人编制。他们搜集了 60 份当时已发表和未发表的成人依恋问卷，建立了一个有 323 个题项的题项池，通过主成分分析法，得到了依恋焦虑和依恋回避两个因子。他们从 323 个题项中选取与两因子相关最高的题项组成 36 个题项的亲密关系经历量表，其中焦虑和回避因子各包含 18 个题项，构成了依恋焦虑和依恋回避分量表。焦虑分量表由偶数题项组成，反应个体对拒绝与抛弃的恐惧程度；回避分量表由奇数题项组成，评定个体对于亲密感的害怕以及对靠近和依赖他人感到不适的程度。该量表回避维度的 α 系数为 0.94，奇数题与总量表的相关系数为 0.06～0.073，焦虑维度的 α 系数为 0.91，偶数题与总量表的相关系数为 0.05～0.067。关于该量表的效度，自陈式的支持者以访谈、投射（TAT 主观统觉测验）、语词决策任务、颜色命名任务、日记研究和人际交往情景模拟等方法来证明自陈式问卷具有良好的效度。ECR 主要针对恋人之间的依恋关系，也可以适用于同伴之间的依恋关系。在对大学生样本进行大规模研究时，该量表也普遍运用于没有恋爱经历的学生。

中文修订版（Experiences in Close Relation-ship-Revised，ECR-R）由李同归和日本九州大学加藤和生于 2006 年在亲密关系经历量表基础上共同修订而成。量表由 36 个题目构成，Likert 7 级评分。量表分为依恋回避和依恋焦虑两个维度，每个维度各有 18 个题目，计算其平均分作为维度得分。目前，该修订版是国内成人依恋研究使用最广泛的量表。

3. 实施或使用方法

按照经典心理测量学的使用规范来实施。

4. 计分方法与解释

量表采用 Likert 7 级计分方法（1 代表"完全不同意"，7 代表"非常同意"）。反向计分题为 3、15、19、22、25、27、29、31、33、35，分量表得分越高表示个体依恋焦虑和依恋回避程度越深，依恋质量越差。其中，回避维度的得分（avoidance）即量表奇数项的平均得分；焦虑维度的得分（anxiety）即量表偶数项的平均得分。

计算依恋风格类型：

SEC2（安全维度）= avoidance × 3.289 329 6 + anxiety × 5.472 531 8 − 11.530 783 3

FEAR2（惧怕维度）= avoidance × 7.237 107 5 + anxiety × 8.177 644 6 − 32.355 326 6

PRE2（专注维度）= avoidance × 3.924 675 4 + anxiety × 9.710 244 6 − 28.457 322 0

DIS2（冷淡维度）= avoidance × 7.365 462 1 + anxiety × 4.939 203 9 − 22.228 108 8

哪一维度得分最高，依恋类型就属于哪一维度。

5. 信度与效度

李同归等人（2006）以 371 名中国大学生为受测者，对其中 59 人进行了 4 周的重测，对 231 个正处于恋爱中的受测者的评测结果进行了项目分析和信效度检验，并使用自尊量表、他人观量表等作为检验效度的依据。结果表明，该量表的中文版具有较好的内部一致性信度（依恋回避分量表和依恋焦虑分量表的内部一致性 α 系数分别为 0.82 和 0.77）和重测信度（依恋回避分量表和依恋焦虑分量表的重测信度分别为 0.71 和 0.72）。对构想效度的验证，采用与依恋有关的相应量表作为参照对比，结果表明该量表具有良好的构想效度。用状态—特质焦虑量表和社交苦恼量表的得分作为效标，进行效度检验的结果表明 ECR 中文版的两个维度与人格特质中相应的焦虑和回避成分有较强的联系，量表具有良好的效标效度。

田瑞琪等人（2004）采用内部一致性信度和重测信度检验量表信度指标，经计算，回避维度 α 系数为 0.805 5，焦虑维度 α 系数为 0.802 6。对部分学生的 6 周重测（$n=114$）回避维度的重测系数为 0.805，焦虑维度的重测系数为 0.820。表明修订后的 ECR 量表具有良好的同质性信度和重测信度。采用维度相关性作为结构效度的指标，以及采用专家评定的方式检验内容效度，结果表明该量表具有较好的结构效度和内容效度。

6. 应用价值与简要评价

ECR 量表区分了依恋回避和依恋焦虑，能从认知角度对依恋进行深层次理解。该量表不仅符合目前依恋测量中的维度取向，且经实践证明，该量表在中国大学生的应用中具有较好的信效度，适合中国受测者的成人依恋心理研究，是目前为止最全面的成人依恋量表，也是国内成人依恋研究使用最广泛的量表。截至 2018 年 10 月，在 Web of Science 里被引 2 032 次。

参考文献

1. Bartholomew K, 1990. Avoidance of intimacy: An attachment perspective[J]. *Journal of Social and Personal Relationships*, 7(2): 147—178.
2. Bartholomew K., Horowitz L. M, 1991. Attachment styles among young adults: a test of a four-category model[J]. *Journal of Personality and Social Psychology*, (61): 226—244.
3. Brennan K A, Clark C L, Shaver P R, 1998.*Self-report measurement of adult attachment: An integrative overview*[M]. In J. A. Simpson & W. S. Rholes (Eds), Attachment theory and close relationships (pp. 46—76). New York: Guilford Press.
4. Hazan C., Shaver P, 1987. Romantic love conceptualized as an attachment process[J]. *Journal of Personality and Social Psychology*, 52(3): 511.
5. Sibley C. G., Fischer R., Liu J. H, 2005. Reliability and validity of the revised experiences in close relationships (ECR-R) self-report measure of adult romantic attachmen [J]. *Personality and Social Psychology Bulletin*, 31(11): 1524—1536.
6. 李同归, 加藤和生, 2006. 成人依恋的测量: 亲密关系经历量表(ECR)中文版[J]. *心理学报*, (3): 399—406.
7. 邱莎莎, 2010. 成人依恋、亲密关系动机与大学生亲密关系质量的相关研究[D]. 陕西师范大学.
8. 田瑞琪, 2004. 大学生成人依恋的测量及相关人格研究[D]. 上海师范大学.
9. 吴薇莉, 方莉, 2004. 成人依恋测量研究[J]. *中国临床心理学杂志*, (2): 217—220.
10. 张鹏, 张艺缤, 韩瑞雪, 刘翔平, 2017. 亲密关系经历量表在我国青少年中的信、效度检验[J]. *中国临床心理学杂志*, 25(5): 873-876.

附录
亲密关系经历量表

指导语：下面给出了许多句子，都是描述恋爱关系中每个人可能会有的感觉，在你的恋爱关系中，你自己的一般的体验，与每个句子描述的情况有多大相似的地方？请在下面的每个句子右边评价值一栏，在最适合的数值上画√（1 表示"完全不同意"，7 表示"非常同意"）。

记住，这里并不仅仅是指现在的恋爱经历，而是指在你所有的恋爱经历中常常体验到的感觉。

题　目	完全 不同意	比较 不同意	有点 不同意	不确定	有点 同意	比较 同意	非常 同意
1. 总的来说，我不喜欢让恋人知道自己内心深处的感觉。	1	2	3	4	5	6	7
2. 我担心我会被抛弃。	1	2	3	4	5	6	7
3. 我觉得跟恋人亲近是一件惬意的事情。	1	2	3	4	5	6	7
4. 我很担心我的恋爱关系。	1	2	3	4	5	6	7
5. 当恋人开始要跟我亲近时，我发现我自己在退缩。	1	2	3	4	5	6	7
6. 我担心恋人不会像我关心他/她那样地关心我。	1	2	3	4	5	6	7
7. 当恋人希望跟我非常亲近时，我会觉得不自在。	1	2	3	4	5	6	7
8. 我有点担心会失去恋人。	1	2	3	4	5	6	7
9. 我觉得对恋人开诚布公，不是一件很舒服的事情。	1	2	3	4	5	6	7
10. 我常常希望恋人对我的感情和我对恋人的感情一样强烈。	1	2	3	4	5	6	7
11. 我想与恋人亲近，但我又总是会退缩不前。	1	2	3	4	5	6	7
12. 我常常想与恋人形影不离，但有时这样会把恋人吓跑。	1	2	3	4	5	6	7
13. 恋人跟我过分亲密的时候，我会感到内心紧张。	1	2	3	4	5	6	7

续表

题 目	完全不同意	比较不同意	有点不同意	不确定	有点同意	比较同意	非常同意
14. 我担心一个人独处。	1	2	3	4	5	6	7
15. 我愿意把我内心的想法和感觉告诉恋人,我觉得这是一件自在的事情。	1	2	3	4	5	6	7
16. 我想跟恋人非常亲密的愿望,有时会把恋人吓跑。	1	2	3	4	5	6	7
17. 我试图避免与恋人变得太亲近。	1	2	3	4	5	6	7
18. 我需要我的恋人一再地保证他/她是爱我的。	1	2	3	4	5	6	7
19. 我觉得我比较容易与恋人亲近。	1	2	3	4	5	6	7
20. 我觉得自己在要求恋人把更多的感觉,以及对爱关系的投入程度表现出来。	1	2	3	4	5	6	7
21. 我发现让我依赖恋人,是一件困难的事情。	1	2	3	4	5	6	7
22. 我并不是常常担心被恋人抛弃。	1	2	3	4	5	6	7
23. 我倾向于不跟恋人过分亲密。	1	2	3	4	5	6	7
24. 如果我无法得到恋人的注意和关心,我会心烦意乱或者生气。	1	2	3	4	5	6	7
25. 我跟恋人什么事情都讲。	1	2	3	4	5	6	7
26. 我发现恋人并不愿意像我所想的那样跟我亲近。	1	2	3	4	5	6	7
27. 我经常与恋人讨论我所遇到的问题以及我关心的事情。	1	2	3	4	5	6	7
28. 如果我还没有恋人的话,我会感到有点焦虑和不安。	1	2	3	4	5	6	7
29. 我觉得依赖恋人是很自在的事情。	1	2	3	4	5	6	7
30. 如果恋人不能像我所希望的那样在我身边时,我会感到灰心丧气。	1	2	3	4	5	6	7
31. 我并不意从恋人那里寻找安慰,听取劝告,得到帮助。	1	2	3	4	5	6	7
32. 如果在我需要的时候,恋人却不在我身边,我会感到沮丧。	1	2	3	4	5	6	7

续表

题 目	完全不同意	比较不同意	有点不同意	不确定	有点同意	比较同意	非常同意
33. 在需要的时候,我向恋人求助是很有用的。	1	2	3	4	5	6	7
34. 当恋人不赞同我时,我觉得确实是我不好。	1	2	3	4	5	6	7
35. 我会在很多事情上向恋人求助,包括寻求安慰和得到承诺。	1	2	3	4	5	6	7
36. 当恋人不花时间和我在一起时,我会感到怨恨。	1	2	3	4	5	6	7

10. 爱情态度量表(LAS)*

安媛媛

(南京师范大学心理学院,南京,210097)

【摘要】 爱情态度量表(Love Attitude Scale,LAS)由 Hendrick 夫妇(1986)编制,适合作为对大学生及中学生恋爱观评价的研究工具,是爱情态度测量使用频率较高的量表,并且经过适用性分析,具有良好的信效度。

1. 理论背景或依据

爱情是个体对待特定他人持有的一种态度,包括更加思念对方,希望和对方身体接触,以及特定的行为举止(Rubin,1970)。爱情态度也称为爱情观、恋爱风格、恋爱态度,是一个人对情侣和恋爱关系所有的多面性态度(Rubin,1970),对一个人爱情的建立和发展十分重要。

John Alan Lee(1973)提出了"爱情颜色理论",将爱情态度分为 6 种类型:浪漫型,建立在理想化的外在吸引上,强调一见钟情;游戏型,将爱情视为是游戏,并不真正投入自己的感情,时常更换恋爱对象或是同时游走于不同的情人之间;友谊型,爱情建立在友情基础之上;现实型,择偶标准是能满足自己的实际需要;占有型,这种爱情以占有、依恋对方为主要标志;利他型,以牺牲、奉献、不求回报的方式追求爱情。每个人在这 6 个维度上都有一个定位,只是在不同的维度上看重的程度有所不同。在 John Alan Lee "爱情颜色理论"的基础上,Hendrick 夫妇编制了爱情态度量表,以考察大学生的恋爱观,还通过因素分析的方法验证了 John Alan Lee 的爱情风格理论。

---

* 测评工具研发成果参见:

1. 曹慧,史占彪,张建新.(2007).爱情观量表在中国学生群体中的修订.*中国临床心理学杂志*,15(5),459—462.

2. 杨洋,白艳晶,徐清刚.(2008).爱情态度量表(LAS)中文版在中国内地大学生中适用结果分析.*齐齐哈尔医学院学报*,29(23):2824—2826.

目前国外有很多测量个体爱情态度的问卷,虽适用性较好,但在引入国内使用时,文化和社会制度等问题成了影响其推广的重要因素。目前国内使用的爱情态度量表包括42个题项的完整版(LAS)和24个题项的简版(LAS-S),中国学者曹慧等人于2007年修订了爱情态度量表的中文版(LAS-R),适用于大学生和中学生群体。

2. 内容简介

爱情态度量表由Hendrick夫妇编制,分为42个题项,共6个维度,分别为浪漫爱、游戏爱、同伴爱、现实爱、占有爱和奉献爱,每个维度各7题,量表采用Likert 5级计分(1代表"完全不符合",5代表"完全符合")。

该量表包括42个题目的完整版(LAS)和24个题目的简版(LAS-S)。台湾学者吴昭仪等对该量表进行了翻译,得到了台译中文版。史占彪(2007)等人对该量表进行修订,得到爱情态度量表中文修订版(LAS-R),并在大学生和中学生群体中进行验证。大陆学者杨洋(2008)采用验证性因素分析分别对完整版和简版进行检验,发现42题项量表的拟合指标比24题项模型要差,通过修正指数对模型进一步修改,得到了22题项的量表。

3. 实施或使用方法

按照经典心理测量学的使用规范来实施。

4. 计分方法与解释

量表由6个分量表组成,每个分量表7个题项,共42个题项,均为正向计分,各维度得分为题项分之和,维度分越高,受测者越倾向该恋爱观类型。各维度包含题目分别为:

(1) 浪漫型:包括1、7、13、19、25、31、37题,该类型最注重的是对方的外表和身体的接触,只要是好看的,就容易与对方坠入情网。

(2) 游戏型:包括2、8、14、20、26、32、38题,持该类爱情态度的个体视爱情为游戏,爱情的关系短暂,经常更换对象,承诺在这种类型的人身上几乎看不到。

(3) 同伴型:包括3、9、15、21、27、33、39题,持该类爱情态度的个体感情发展细水长流,平静而祥和,通常刚开始时都只是好朋友的关系,后来才慢慢从相知友谊发展成爱情。

(4) 现实型:包括 4、10、16、22、28、34、40 题,这种类型的人选择对象以理性条件的考虑为主,诸如教育背景、经济能力、社会地位、共同兴趣等。

(5) 占有型:包括 5、11、17、23、29、35、41 题,这种类型的人占有欲和嫉妒心强烈,关系也犹如风暴,起伏不定,对方一点爱意的表示就会让他狂喜,一点点降温或关系出现点小问题就痛苦不已。

(6) 奉献型:包括 6、12、18、24、30、36、42 题,与占有型相反,这种类型的人为爱人完全付出自己,关心对方而不求回报。这种人极有耐心、不要求对方,甚至不嫉妒。

5. 信度与效度

史占彪等人修订完成了爱情观量表中文修订版(LAS-R),在中学生群体中进行验证,并且用爱情观量表分别对 712 名大学生和 243 名高中生进行问卷调查。结果表明 42 个题项的版本在大学生群体中拟合较差,根据项目反应理论修订而成的 LAS-R 和原来的简版(LAS-S)相比,整体拟合结果都能接受,各量表在大学生群体中的信度介于 0.56~0.89 之间,在高中生样本中的信度为 0.42~0.77。

杨洋选取 1 009 名本科生和研究生进行 42 个题项的爱情态度量表测验,并对其恋爱经历进行调查,通过结构方程模型进行验证性因素分析。采用验证性因素分析表明,修订后的 LAS 简版具有良好的结构效度,6 个分量表共 22 个项目,各分量表的信度为 0.706~0.818。

6. 应用价值与简要评价

LAS 台译中文版广泛应用于测评个体的爱情态度类型,是使用较多的爱情态度自评工具,同时面向不同的受测者群体,需要选择合适的中文版工具。截至 2018 年 10 月,在 Web of Science 里被引 34 次。

参考文献

1. Rubin Z, 1970. Measurement of romantic love[J]. *Journal of Personality and Social Psychology*, 16(2): 265—273.
2. Lee J. A, 1973. *The colors of love: An exploration of the ways of loving*[M]. Don Mills, Ontario: New Press. (Popular Edition, 1976), 214: 760—762.
3. Hendrick C. & Hendrick S, 1986. A theory and method of love[J]. *Journal of Personality and Social Psychology*, 50(2): 392—402.
4. 杨洋, 白艳晶, 徐清刚, 2008. 爱情态度量表(LAS)中文版在中国内地大学生中适用结果分析[J]. 齐齐哈尔医学院学报, 29(23): 2824—2826.
5. 曹慧, 史占彪, 张建新, 2007. 爱情观量表在中国学生群体中的修订[J]. 中国临床心理学杂志, 15(5): 459—462.

附录

爱情态度量表

指导语：这个量表主要是想了解你对爱情所持的态度。题目中的"他/她"，是指目前与你密切交往的男/女朋友(请以你目前的恋人为回答依据；若目前没有恋人，请就上任对象作答；若没有谈过恋爱，也请你想象一下再作答)。请针对每一题目所叙述的情形，选出你认为最能反映你实际状况的数字。

题 目	完全不符合	不符合	没意见	符合	完全符合
1. 我和他/她属于一见钟情型。	1	2	3	4	5
2. 我很难明确地说我和他/她是何时从友情变成爱情的。	1	2	3	4	5
3. 对他/她作出承诺之前，我会考虑他/她将来可能变成的样子。	1	2	3	4	5
4. 我总是试着帮他/她渡过难关。	1	2	3	4	5
5. 和他/她的关系不太对劲时，我的身体就会不舒服。	1	2	3	4	5
6. 我试着不给他/她明确的承诺。	1	2	3	4	5
7. 在选择他/她之前，我会先试着仔细规划我的人生。	1	2	3	4	5

续表

题 目	完全不符合	不符合	没意见	符合	完全符合
8. 我宁愿自己痛苦,也不愿意让他/她受苦。	1	2	3	4	5
9. 失恋时,我会十分沮丧,甚至会有自杀的念头。	1	2	3	4	5
10. 我相信他/她不知道我的一些事,也不会受到伤害。	1	2	3	4	5
11. 我和他/她很投缘。	1	2	3	4	5
12. 我需要先经过一阵子的关心和照顾,才有可能产生爱情。	1	2	3	4	5
13. 我和他/她最好有相似的背景。	1	2	3	4	5
14. 有时候,我得防范他/她发现我还有其他情人。	1	2	3	4	5
15. 我和他/她的亲密行为是很热情且很令我满意的。	1	2	3	4	5
16. 我有时会因为想到自己正在谈恋爱而兴奋得睡不着觉。	1	2	3	4	5
17. 我可以很容易、很快地忘掉过往的恋情。	1	2	3	4	5
18. 他/她如何看待我的家人是我选择他/她的主要考量。	1	2	3	4	5
19. 我希望和曾经相爱的他/她是永远的朋友。	1	2	3	4	5
20. 当他/她不注意我时,我会全身不舒服。	1	2	3	4	5
21. 我和他/她的爱情关系很理想,因为是由长久的友谊发展而成的。	1	2	3	4	5
22. 我觉得我和他/她是天生一对。	1	2	3	4	5
23. 自从和他/她谈恋爱后,我很难专心在其他任何事情上。	1	2	3	4	5
24. 他/她将来会不会是一个好父亲/母亲是我选择他/她的一个重要因素。	1	2	3	4	5
25. 除非我先让他/她快乐,否则我不会感到快乐。	1	2	3	4	5
26. 如果他/她知道我和其他人做了某些事,他/她会不高兴。	1	2	3	4	5
27. 我和他/她的感情、亲密行为进展得很快。	1	2	3	4	5
28. 我和他/她的友情随着时间逐渐转变为爱情。	1	2	3	4	5
29. 当他/她太依赖我时,我会想和他/她疏远一些。	1	2	3	4	5
30. 我通常愿意牺牲自己的愿望,达成他/她的愿望。	1	2	3	4	5

续表

题　目	完全不符合	不符合	没意见	符合	完全符合
31. 我和他/她的爱情是一种深厚的友情,而不是一种很神秘的情感。	1	2	3	4	5
32. 他/她可以任意使用我的东西。	1	2	3	4	5
33. 我和他/她非常了解彼此。	1	2	3	4	5
34. 当我怀疑他/她和其他人在一起时,我就无法放松。	1	2	3	4	5
35. 他/她如何看待我的职业会是我选择他/她的一个考量。	1	2	3	4	5
36. 他/她的外貌符合我的理想标准。	1	2	3	4	5
37. 我享受和他/她一些不同的情人玩爱情游戏。	1	2	3	4	5
38. 当他/她对我发脾气时,我仍然全心全意、无条件地爱他/她。	1	2	3	4	5
39. 在和他/她深入交往之前,我会试着了解他/她是否有良好的遗传基因。	1	2	3	4	5
40. 为了他/她,我愿意忍受任何事情。	1	2	3	4	5
41. 如果他/她忽略我一阵子,我会做出一些傻事来吸引他/她的注意力。	1	2	3	4	5
42. 我和他/她的爱情关系令人满意,因为是由良好友情发展成的。	1	2	3	4	5

四、宽恕 Forgiveness

11. 宽恕可能性量表（FLS）*

周 希

（清华大学心理学系，北京，100084）

【摘要】 宽恕可能性量表（Forgiveness Likelihood Scale，FLS）由 Rye、Loiacono、Folck、Olszewski、Heim 和 Madia（2001）编制，应用于在受到冒犯之后被冒犯者评价对冒犯者的宽恕程度，是测量情境性宽恕的具有代表性的自评工具。国内已有基于大学生群体的修订版本，均符合心理测量学标准。

1. 理论背景

当面对他人在日常社会交往中带来的冒犯或伤害时，有些人会选择宽恕。学界目前关于宽恕的定义尚无统一说法，目前多数学者认同宽恕是一个复杂的心理过程，是发生在两个或两个以上个体之间的、在冒犯行为产生之后被冒犯者对冒犯者的情感、亲社会动机、认知、生理反应、行为意图和行为等发生转变的过程（Fernández-Capo、Fernández、Sanfeliu、Benito & Worthington Jr，2017）。宽恕

---

* 测评工具研发成果参见：

1. Rye M. S., Loiacono D. M., Folck C. D., Olszewski B. T., Heim T. A. &Madia B. P. (2001). Evaluation of the psychometric properties of two forgiveness scales.*Current Psychology*，20(3)：260—277.

2. 刘瑶，陆丽青．（2007）．大学生情景宽恕量表的修订及信效度检验．金华职业技术学院学报，7(1)：68—71.

的影响因素被大致分为 6 类：社会认知、共情、人格、人际关系、侵犯事件有关的因素、文化因素及人口学变量等（张海霞，顾传华，2009）。大量研究证实，宽恕能够直接或间接提高个人的心理健康水平，还可以降低反刍、提高个人控制能力、增加社会支持、提高人际交往功能以及培养健康的行为等，这些都对心理健康有着积极作用（Toussaint，Webb，2005）。

在宽恕的理论中，较有代表性的是 Worthington（2006）提出的人际宽恕压力应对模型。该理论认为，冒犯行为会导致个体产生不公平差距感（injustice gap），这种不公平差距感的大小影响个体将当前事件判断为"威胁"或"挑战"，随后个体会对应经历反刍、不可述情感、报复或回避动机，或者主动寻找问题解决方案、调整自我情绪、产生和解及助人的动机，最终选择宽恕或者不宽恕，且这一决定会对宽恕加工过程重新产生影响。

宽恕的测量主要有两种形式，分别是自我报告和行为测量。行为测量的范式主要改编于已有的人际互动任务，如囚徒困境任务、独裁者任务等。宽恕相关的自我报告的量表则多达 33 种（Fernandez_Capo et al.，2017），包括测量情境中的宽恕、宽恕的特质、对宽恕的寻求或宽恕二元论等多个角度来测量宽恕。

2. 内容简介

宽恕可能性量表由 Rye、Loiacono、Folck、Olszewski、Heim 和 Madia（2001）编制，共 10 个条目。FLS 中文版（刘瑶，陆丽青，2007）有两个维度，分别是重度伤害事件的宽恕倾向（1、2、3、5、6 项目）和轻度伤害事件的宽恕倾向（4、7、8、9 项目）。Likert 5 级计分（1 代表"非常不可能"，5 代表"非常可能"）。

3. 实施或使用方法

按照经典心理测量学的使用规范来实施。

4. 计分方法与解释

所有题目均为正向计分。测量指标是量表总分，得分越高表明宽恕意愿更强。

5. 信度与效度

Rye(2001)收集了287名大学生的自评数据,分析该量表内部一致性系数为0.85。约2周后,量表重测信度均为0.81。探索性因子分析的结果表明其结构效度良好,各条目在所属因子上的因素负荷为0.520~0.71。通过计算宽恕量表与其他宽恕的测量手段(如单项目宽恕问卷)的相关发现,该量表的效标效度良好。

刘人瑞和陈艺心(2013)收集了来自243名幼儿园园长的数据,对问卷的信效度进行了检验。发现总量表的内部一致性系数为0.85。探索性因子分析表明该量表具有良好的结构效度,符合问卷理论层面的单一维度。

6. 应用价值与简要评价

FLS是测量情境性宽恕的主要自评工具之一。截至2018年12月,在Web of Science中被引117次。

参考文献

1. Fernández-Capo M., Fernández S. R., Sanfeliu M. G., Benito J. G. & Worthington Jr E. L, 2017.Measuring Forgiveness[J]. *European Psychologist*, 22: 247—262.
2. Toussaint L. & Webb J. R, 2005. Theoretical and empirical connections between forgiveness, mental health, and well-being[M]. *Handbook of Forgiveness*, 349—362.
3. Rye M. S., Loiacono D. M., Folck C. D., Olszewski B. T., Heim T. A. & Madia B. P, 2001. Evaluation of the psychometric properties of two forgiveness scales[J]. *Current Psychology*, 20(3): 260—277.
4. Worthington E. L. Jr, 2006.*Forgiveness and reconciliation: Theory and application*[M]. New York, N.Y.: Brunner-Routledge.
5. 李海江,卢家楣,2018. 宽恕心理的行为测量及认知神经机制[J]. 心理科学, 41(3): 700-705.
6. 刘人瑞,陈艺心,2013. 宽恕可能性量表(FLS)的最小空间分析——以贵州省国培民营幼儿园园长为例[J]. 遵义师范学院学报, 15(6): 61-65.
7. 马洁,郑全全,2010. 由三个宽恕模型看宽恕研究新进展[J]. 心理科学进展, 18(5): 734—740.

附录

宽恕可能性量表

指导语：假设下面情景发生在你身上，基于所提供的信息，请考虑你会原谅这个人的可能性，然后在所列出的选项中找出最适合你的一项，在下面的数字上画√。

题　　目	非常可能	很可能	有点可能	不太可能	根本不可能
1. 你经历了一件令你非常尴尬的事，你的朋友答应你为你保密。然而，这位朋友却违背了诺言，先后把你的这个秘密告诉了好几个人。你原谅这个朋友的可能性有多大？	1	2	3	4	5
2. 你的一个朋友在你的背后造谣，说你的坏话。结果人们不再像以前那样对你好了。你可能原谅他/她吗？	1	2	3	4	5
3. 你的恋人和你分手了，让你很受伤并很困惑。你知道分手的原因是他跟你的一个好朋友好上了。你可能原谅你的恋人吗？	1	2	3	4	5
4. 你的一个家人当众说起一个你不想让他人知道的事，这使你很丢脸。你会原谅你的这个家人吗？	1	2	3	4	5
5. 恋人有了"一夜情"，并且和他人关系暧昧。你原谅他/她的可能性有多大？	1	2	3	4	5
6. 你的朋友在背后说你的坏话。但当面对质时，他/她否认了，你知道他/她在说谎。你可能原谅这个朋友吗？	1	2	3	4	5
7. 一个朋友借了你最值钱的东西并把它弄丢了，但是他/她拒绝赔偿，你有可能原谅他/她吗？	1	2	3	4	5
8. 你告诉一个熟人你想申请的一份工作，这个熟人却背着你自己去申请并获得了这份工作。你可能原谅这个人吗？	1	2	3	4	5
9. 一个陌生人闯入你的房子并盗走了巨款。你可能原谅这个人吗？	1	2	3	4	5
10. 你接受了某人的邀请参加一个正式的舞会，舞会那天这人却违背了带你去的诺言，带着一个比你更有魅力的人去参加舞会了。你可能原谅这个人吗？	1	2	3	4	5

12. 决定宽恕与情感宽恕量表（DFS，EFS）*

池培莲

（澳门大学社会科学学院心理学系，中国澳门）

【摘要】 决定宽恕与情感宽恕量表由Worthington和Hook等（2007）编制，广泛应用于在对人际伤害宽恕的评估中。在中国人群中，量表曾用于测量对配偶婚外恋及伴侣人际伤害的宽恕过程，有较好的信效度。

1. 理论背景

当人际伤害发生时，宽恕为修复关系提供可能，并帮助个体通过宽恕脱离苦楚、悲痛、复仇和逃避（Fincham，2009）。长久以来，不论是集体主义还是个人主义的文化当中，宽恕都被当作处理人际关系中矛盾的一种对个体及关系有益的应对方式。受到孔子和佛教的深刻影响，集体主义文化中的中国人，相信在人际关系遭遇矛盾的时候，宽恕既是一种美德也是一种原则（Fu，Watkins，Hui，2004）。与此同时，在西方文化里，宽恕也长期是宗教和哲学中一种不可缺少的理念（Dorff，1992；Murphy，2003）。什么是宽恕？尽管关于宽恕的定义还没有达成一致，大多数学者认为宽恕并不等于关系复合，而是个体内在的动机转化过程。在这个过程中，个体慢慢放下伤害，不再寻求报复或躲避，同时，消极情绪（如愤怒、抑郁）逐渐被中性或积极的情绪所取代。

Worthington和Scherer（2004）区分了宽恕中理性与感性、认知与情感的成分，进而提出宽恕应包括两个不同但相关的过程：决定宽恕和情感宽恕。决定宽恕是一种行为意图，决定宽恕的个体会将伤害者视为有价值的人，放弃评判和敌

---

* 测评工具研发成果参见：

1. 池培莲，杜洪飞，林爱冰. (2011). 对配偶婚外情的决定宽恕和情感宽恕与心理健康的关系. 中国临床心理学杂志, 19(3)：331—334.

2. Worthington E. L., Hook J. N., Utsey S. O., Williams J. K. & Neil R. L. (2007). *Decisional and emotional forgiveness*. Paper presented at the International Positive Psychology Summit, Washington, D.C.

意。情绪宽恕则涉及减少对伤害者的负面情绪，如愤怒、怨恨等。人们可能会真诚地决定宽恕并表现出宽恕的行为，但仍然在情感上无法宽恕，感到愤怒、焦虑或沮丧。健康心理学研究表明，情绪宽恕与减少应激和压力反应以及身体、心理健康相关。然而，决定宽恕本身可能不一定会导致积极的健康结果（Worthington，Witvliet，Pietrini & Miller，2007）。但是，决定宽恕有可能促进情感宽恕。决定宽恕是对宽恕过程作出的"承诺"，意味着宽恕的内在过程的开始（Enright，Human Development Study Group，1991）。即使缺乏情感宽恕，决定宽恕也可以帮助个体摆脱不堪重负的负面情绪，使个体冷静下来，促进对伤害事件的积极应对（池培莲，杜洪飞，林爱冰，2011）。

2. 内容简介

决定宽恕量表与情感宽恕量表由 Worthington 和 Hook 等（2007）编制，并由池培莲对其在中国人群中进行了修订（Chi，2011）。决定宽恕量表共8个题目，测量两个维度：亲社会意图与伤害意图抑制。情感宽恕量表也是8个题目，测量两个维度：积极情感呈现与消极情感降低。量表发展于大学生样本，中文修订版针对的人群是经历配偶婚外情的临床样本。

3. 实施或使用方法

按照经典心理测量学的使用规范来实施。在测量前，请受测者回忆并描述具体伤害事件。

4. 计分方法与解释

DFS包括8个题目，2、3、5、7题测量亲社会意图，1、4、6、8题测量伤害意图抑制，其中1、2、4、6、7题为反向计分题。EFS包括8个题目，1、4、6、8题测量积极情感呈现，2、3、5、7题测量消极情感降低，其中3、5、7题为反向计分题。测量指标为维度平均分或量表平均分。得分越高，表明决定宽恕或情感宽恕水平越高。

5. 信度与效度

池培莲(2011)对 DFS 及 EFS 在经历配偶婚外情的个体($n=256$)中进行了修订。受测者平均年龄为 40.40 岁($SD=9.63$)，其中 82.6% 为女性、35.5% 拥有本科学历、78% 有全职工作、41.9% 受测者年收入在 5 万元人民币以上。研究结果表明，DFS 具有较好的内部一致性信度，总量表及两个分量表的 α 系数分别为 0.82、0.86、0.77。验证性因素分析结果表明 DFS 具有较好的结构效度。条目在所属因子上的负荷为 0.60~0.85，两分量表相关系数为 0.48。验证性因素分析的拟合指标也都达到了建议值。以一个题目的宽恕为效标，DFS 的效标效度为 0.48。EFS 亦具有较好的内部一致性信度，总量表及两个分量表的 α 系数分别为 0.69、0.70、0.74。验证性因素分析结果表明决定宽恕具有较好的结构效度，条目在所属因子上的负荷为 0.41~0.92，两分量表不相关。验证性因素分析的拟合指标也都达到了建议值。以一个题目的宽恕为效标，EFS 的效标效度为 0.53。

研究中还采用了 Rosenberg 自尊量表(SES)、主观幸福感量表(SWLS)以及流调用抑郁量表(CES-D)测量受测者的心理健康状态。结果表明，决定宽恕与主观幸福感正相关($r=0.17, P<0.01$)，与抑郁负相关($r=-0.17, P<0.01$)、与自尊相关不显著($r=0.12$)。情感宽恕与自尊正相关($r=0.16, P<0.01$)，与主观幸福感正相关($r=0.21, P<0.01$)，与抑郁负相关($r=-0.18, P<0.01$)。

6. 应用价值与简要评价

DFS 与 EFS 广泛应用于评价个体对具体伤害事件的理性与感性的宽恕过程。截至 2019 年 3 月，在 Google Scholar 搜索使用决定宽恕及情感宽恕量表的研究约有 53 个。应用人群包括大学生、酗酒者的家庭成员、婚姻中或恋爱中的伴侣、接受治疗的人格障碍患者、难民、制造业全职工人等。

参考文献

1. Chi P, 2011. *Forgiveness following spousal infidelity: a process exploration in the Chinese community*[M]. (Doctoral dissertation), University of Hong Kong, Hong Kong.
2. Dorff E. N, 1992. Individual and communal forgiveness[M]. In D. H. Frank (Ed.),

Autonomy and Judaism: the individual and the community in Jewish philosophical thought (pp. 193—218)[M]. Albany: State University of New York Press.

3. Enright R. D. & the Human Development Study Group, 1991. The moral development of forgiveness. In W. Kurtines & J. Gerwitz (Eds.), Moral behavior and development (pp. 123—152)[M]. Hillsdale, NJ: Erlbaum.

4. Fincham F. D, 2009. Forgiveness. *In Encyclopedia of Human Relationships* (Vol. 2, pp. 695—699)[M]. Thousand Oaks, CA: Sage.

5. Fu H., Watkins D. & Hui E. K. P, 2004. Personality correlates of the disposition towards interpersonal forgiveness: A Chinese perspective[J]. *International Journal of Psychology*, 39(4): 305—316.

6. Hook J. N, 2007. *Forgiveness, Individualism, and Collectivism* [D]. (Doctoral Dissertation), Virginia Commonwealth University, Richmond, Virginia, US.

7. Murphy J. G, 2003. *Getting Even: Forgiveness and Its Limits* [M]. Oxford: Oxford University.

8. Worthington E. L., Hook J. N., Utsey S. O., Williams J. K. & Neil R. L, 2007. *Decisional and emotional forgiveness* [R]. Paper presented at the International Positive Psychology Summit, Washington, D.C.

9. Worthington E. L. & Scherer M, 2004. Forgiveness is an emotion-focused coping strategy that can reduce health risks and promote health resilience: Theory, review, and hypotheses [J]. *Psychology and Health*, 19(3): 385—405.

10. Worthington E. L., Witvliet C. V. O., Pietrini P. & Miller A. J, 2007. Forgiveness, health, and well-being: A review of evidence for emotional versus decisional forgiveness, dispositional forgivingness, and reduced unforgiveness [J]. *Journal of Behavioral Medicine*, 30(4): 291—302.

11. 池培莲, 杜洪飞, 林爱冰, 2011. 对配偶婚外情的决定宽恕和情感宽恕与心理健康的关系 [J]. 中国临床心理学杂志, 19(3): 331—334.

附录

决定宽恕量表

指导语：请回想最近一次你受到伤害的经历，并写在下面。

经历：_____。

下面描述了你目前对这次伤害经历或对伤害你的人的想法和行为，请选择最符合你情况的描述画√。

题 目	非常不同意	不同意	中立	同意	非常同意
1. 我打算以其人之道还治其人之身。	1	2	3	4	5
2. 如果他/她有什么需要,我不会去帮助他/她。	1	2	3	4	5
3. 当看到他/她时,我会对他/她表现的友好。	1	2	3	4	5
4. 我会试图报复他/她。	1	2	3	4	5
5. 我将努力像以前一样对他/她。	1	2	3	4	5
6. 如果有报复他/她的机会,我会抓住。	1	2	3	4	5
7. 我不想见到他/她。	1	2	3	4	5
8. 我不会去报复他/她。	1	2	3	4	5

情感宽恕量表

指导语：请回想最近一次你受到伤害的经历,并写在下面。

经历：_____。

下面描述了你目前对这次伤害经历或对伤害你的人的想法和行为,请选择最符合你情况的描述画√。

题 目	非常不同意	不同意	中立	同意	非常同意
1. 我在乎他/她。	1	2	3	4	5
2. 想到他/她,我不再感到不舒服。	1	2	3	4	5
3. 他/她对我的所作所为,我仍感到痛苦。	1	2	3	4	5
4. 我对他/她感到同情。	1	2	3	4	5
5. 我仍对发生的事情极为愤怒。	1	2	3	4	5
6. 我仍然喜欢他/她。	1	2	3	4	5
7. 我仍憎恨他/她曾经对我的所作所为。	1	2	3	4	5
8. 我对他/她存有爱意。	1	2	3	4	5

13. 人际侵犯动机量表（TRIM-12）

张逸梅

（清华大学深圳研究生院，深圳，518055）

【摘要】 人际侵犯动机量表（Transgression-Related Interpersonal Motivations Scale-12，TRIM-12）由 McCullough 等（1998）编制，广泛应用于评价个体的情境性宽恕，是宽恕和人际关系研究领域最具有代表性的自评工具之一。国内已有中文修订版本，且符合心理测量学标准。

1. 理论背景

积极心理学领域的研究已经证明，宽恕是个体的 24 项重要的积极品质之一，与谦虚、谨慎和自律一同构成了自制的美德（Park & Peterson，2006）。宽恕是指个体在体验到不公或者受到伤害后，对侵犯者的亲社会的动机转变：报复、回避等破坏性动机降低，建设性动机增强（McCullough，2001）的过程。在积极心理学视野下，宽恕这一特质开始获得越来越多的关注。诸多研究表明，宽恕与个体的身体和心理健康、主观幸福感间均存在显著的正相关关系（Lawler-Row，Karremans，Scott，Edlis-Matityahou，Edwards，2008；李忠臣，王康，刘晓敏，李贵成，翟渊涛，2018）。

研究者们把宽恕分为情境性宽恕（state forgiveness）和特质性宽恕（dispositional forgiveness）两种，前者是指相对某一特定的情境或者侵犯事件个体的动机和行为，而后者则是指不同情境下，个体所持有的稳定的宽恕倾向（Eaton，Strurhers & Santelli，2006）。

此外，依照宽恕对象的不同，宽恕又可以分为人际宽恕（interpersonal forgiveness）和自我宽恕（intrapersonal forgiveness）。人际宽恕是指假定自己为受害者，他人为侵犯者时，由自我施予他人的宽恕的过程；而自我宽恕则是指当我们侵犯了别人，即自我是侵犯者时，发生于自我内部的，对待自我的动机由报复转向善待的变化（喻丰，郭永玉，2009）。

常用的宽恕的自评量表共有 9 种(朱婷婷,2012),分别用于在成年人和儿童群体中评估受测者的情境性和特质性宽恕水平。其中,人际侵犯动机量表作为 Wade 宽恕量表的简版,是关于情境性、人际宽恕最具代表性的测量工具,用于评估个体在遭受他人的侵犯后的宽恕的动机水平。

2. 内容简介

Wade 于 1989 年编制了 Wade 宽恕量表(Wade's Forgiveness Scale,WFS),用于测量宽恕的认知、情感和行为成分,共包含 83 个项目,9 个维度:报复、解脱、肯定、受伤、情感、回避、求神、和解和怀恨。McCullough 等(1998)提出,人际侵犯主要引发两种动机:(1) 由于受到伤害而引发回避接触的动机,即回避分量表所测量的内容;(2)由于义愤而引发希望伤害或者报复对方的动机,即报复分量表所测量的内容。回避和报复的动机的下降即构成了宽恕。因此 McCullough 等抽取 WFS 的回避和报复分量表,组成测量情境性宽恕的简版量表——人际侵犯动机量表,其中回避分量表 7 个题目,报复分量表 5 个题目。Likert 5 级计分(0 代表"非常不同意",4 代表"非常同意")。

我国的陈祉妍等学者(2006)对人际侵犯动机量表进行了修订,TRIM-12 中文修订版保留了原问卷的维度和全部项目。

3. 实施或使用方法

按照经典心理测量学的使用规范来实施。

4. 计分方法与解释

全部项目均为反向计分,其中第 1～7 个项目为回避分量表,第 8～12 个项目为报复分量表。得分越高,代表受测者的回避和报复动机越强烈,宽恕动机越低。

5. 信度与效度

陈祉妍等(2006)在网络上对 1 015 位 18～60 岁的中国成年人受测者进行施测,结果显示,中文版 TRIM-12 的内部一致性 α 系数值为 0.87,回避和报复分量表的内部一致性 α 系数分别为 0.85 和 0.85。间隔 3 周后重测信度为 0.79($P<$

0.01),回避和报复分量表的重测信度分别为 0.68($P<0.01$)和 0.77($P<0.01$)。

因素分析可得回避和报复两个因子,共解释 57.33%的方差,各项目的因子负荷均高于 0.50。中文版 TRIM-12 与原 WFS 的总分相关系数为－0.84。同时以受测者对宽恕程度的单项自评为效标,发现 TRIM-12 的所有项目与之均呈负相关($P<0.01$),相关系数为－0.26～－0.38。TRIM-12 与之相关系数为－0.49。证明 TRIM-12 具有良好的效度。

6. 应用价值与简要评价

TRIM-12 广泛应用于评价个体的情境性宽恕水平,是宽恕研究领域最具代表性和最为广泛使用的自评工具。截至 2018 年 11 月,在 Web of Science 里被引高达 734 次,在中国知网被引 42 次。

参考文献

1. Eaton J., Struthers C. W. & Santelli A. G, 2006. Dispositional and state forgiveness: The role of self-esteem, need for structure, and narcissism[J]. *Personality and Individual Differences*, 41(2): 371—380.

2. Lawler-Row K. A., Karremans J. C., Scott C., Edlis-Matityahou, M., & Edwards, L, 2008. Forgiveness, physiological reactivity and health: The role of anger[J]. *International Journal of Psychophysiology*, 68(1): 51—58.

3. McCullough M. E., Rachal K. C., Sandage S. J., Worthington Jr E. L., Brown S. W. & Hight T. L, 1998. Interpersonal forgiving in close relationships: Ⅱ. Theoretical elaboration and measurement[J]. *Journal of Personality and Social Psychology*, 75(6): 1586.

4. McCullough M. E, 2001. Forgiveness: Who does it and how do they do it? [J]. *Current Directions in Psychological Science*, 10(6): 194—197.

5. Park N. & Peterson C, 2006. Moral competence and character strengths among adolescents: The development and validation of the Values in Action Inventory of Strengths for Youth[J]. *Journal of Adolescence*, 29(6): 891—909.

6. Wade S. H, 1989. The development of a scale to measure forgiveness[D]. (Doctoral dissertation, Fuller Theological Seminary).

7. 陈祉妍,朱宁宁,刘海燕,2006. Wade 宽恕量表与人际侵犯动机量表中文版的试用[J]. *中*

国心理卫生杂志,20(9),617—620.
8. 朱婷婷,2012.青少年早期宽恕:特质观干预与宽恕干预比较[D].博士学位论文,南京师范大学.

附录

人际侵犯动机量表

我们有时会被周围人所伤害,他们可能是家人、朋友或者其他人,他们有时候可能会让我们感觉很难过。对于某个伤害过你的人,你有什么想法或感受,或者打算怎样做?请在1~5分区间内评价这些叙述与你的情况相符的程度,并填写相应的数字代号。

题 目	非常不同意	不同意	中立的	同意	非常同意
1. 我回避他们	1	2	3	4	5
2. 我要想办法远离他们	1	2	3	4	5
3. 我尽量和他们保持距离	1	2	3	4	5
4. 我假装他们不存在,不在我周围	1	2	3	4	5
5. 我觉得难以热情对待他们	1	2	3	4	5
6. 我和他们断绝关系	1	2	3	4	5
7. 我不信任他们	1	2	3	4	5
8. 我希望他们受到应有的惩罚	1	2	3	4	5
9. 我要他们为此付出代价	1	2	3	4	5
10. 我要对他们以牙还牙	1	2	3	4	5
11. 我希望他们碰上倒霉的事	1	2	3	4	5
12. 我希望看到他们受伤和痛苦的样子	1	2	3	4	5

五、其他 Others

14. 持续联结量表（CBS）*

李 梅

（中国科协创新战略研究院，北京，100036）

【摘要】 持续联结量表（Continuing Bonds Scale，CBS）由 Field 等（2010）编制，用于评价丧亲个体与逝者之间心理内在关系的持续存在情况，是哀伤领域研究中具有重要意义的自评工具。国内已有中文修订版本，符合心理测量学标准。

1. 理论背景

亲人的离世是几乎每个人一生中都会经历的事件。大部分人在丧亲之后都会经历悲痛、渴望与思念等反应过程，甚至有少部分丧亲者会经历强烈而持续的痛苦，出现复杂哀伤（complicated grief）的反应，对其身心健康和正常生活造成严重损害（Stroebe，Schut & Stroebe，2007）。对于丧亲者来说，丧失的整合与哀伤适应是他们面临的重要任务。持续联结，即"丧亲者与逝者之间心理内在关系的持续存在"（Stroebe & Schut，2005），是对哀伤适应过程产生影响的重要因素

---

* 测评工具研发成果参见：

1. 李梅，李洁，时勘.(2015). 持续联结量表中文版的修订与初步应用. *中国临床心理学杂志*，23(2)：251—255.

2. Ho SMY, Chan ISF, Ma EPW, et al.(2013) Continuing bonds, attachment style, and adjustment in the conjugal bereavement among Hong Kong Chinese. *Death Studies*，37(3)：248—268.

之一。

早期的观点认为,丧亲者应该切断与已逝亲人的联结,在心理上逐步与之分离,完成悲伤过程(grief work)。但是,从依恋理论的角度来看,丧亲者与已逝亲人之间的关系不会随着现实关系的断开而完全断开,丧亲者会保持与逝者心理层面的持续联结。

Field 等从依恋理论的角度,将持续联结区分为两种不同的类型:外化联结与内化联结(Field & Filanosky,2010)。外化联结是物理的、僵化的联结形式,无法承认亲人丧失的现实,包括个体有关于逝者以某种感觉形式(视觉、听觉、触觉等)出现的错觉和幻觉,例如,误将他人认为是逝者,或者将某种声音误认为是逝者的声音。而内化联结是心理的、象征的、弹性的联结形式,能够承认亲人丧失的现实,比如当遇到压力时,个体会在内心激活逝者的形象表征以作为安全基地或是提供抚慰和指导的来源。外化联结可能与未解决的丧失有关,而内化联结则可能更有利于对丧失的成功整合与哀伤的适应。

基于对内外化联结的定义和区分,Field 等将其早期编制的持续联结量表(Field,Gal-Oz,Bonanno,2003),从一维结构的 11 个项目扩展到二维结构的 16 个项目。持续联结量表的开发对哀伤领域的研究有重要意义。Stroebe(2010)认为 Field 编制的持续联结量表在一定程度上反映出个体的心理表征,而其他测量工具几乎都无法直接评估个体心理表征。

2. 内容简介

持续联结量表由 Field 和 Filanosky(2010)编制,共 16 个项目,其中 10 个项目测量内化联结,6 个项目测量外化联结,Likert 4 级计分(0 代表"完全没有",3 代表"几乎每天")。

中文版有两个版本。一个是李梅等(2015)对 Field 和 Filanosky(2010)16 个项目版本的 CBS 问卷在中国大陆丧亲者中进行的修订,保留了原问卷的全部项目。为了增加估计的相对准确性以及相关统计方法对数据是连续变量的要求,该中文版的 CBS 将其由原来的 Likert 4 级计分改为 5 级计分,1 表示"完全不符合",5 表示"完全符合"。另一个是香港学者 Ho 等(2013)将未经过信效度检验的 CBS 初始问卷(47 题)在香港丧亲人群中修订,修订后的问卷共 19 题,其中内化联结 14 题,外化联结 5 题。

3. 实施或使用方法

按照经典心理测量学的使用规范来实施。

4. 计分方法与解释

全部项目均为正向计分。内化联结包括了 1、2、3、4、5、6、7、8、9、10 题;外化联结包括了 11、12、13、14、15、16 题。测量指标是维度平均分。得分越高,表明内化联结或外化联结水平越高。

5. 信度与效度

李梅等(2015)采用中文版持续联结量表(CBS)、复杂性哀伤量表(ICG)、丧亲者个人成长量表(RPGS)等对 1 359 名丧亲个体进行测试,对问卷的信效度进行了检验。结果发现,探索性因子分析提取了内化联结和外化联结 2 个因子,因子解释率分别为 49.58% 与 17.14%。验证性因素分析也验证了原量表 2 因子结构的有效性。总量表及内化联结、外化联结的内部一致性 α 系数分别为 0.930、0.938 与 0.913。外化联结与复杂哀伤症状显著正相关($r=0.40, P<0.001$),与个人成长适应显著负相关($r=-0.13, P<0.001$)。内化联结与个人成长适应显著正相关($r=0.44, P<0.001$)。

6. 应用价值与简要评价

CBS 在哀伤领域中的应用广泛,是评价丧亲者与逝者之间心理内在关系延续程度的有效自评工具。截至 2019 年 3 月,在 Web of Science 里被引达 49 次。

参考文献

1. Field N. P. & Filanosky C, 2009. Continuing bonds, risk factors for complicated grief, and adjustment to bereavement[J]. *Death Studies*, 34(1): 1—29.

2. Field N. P., Gal-Oz E. & Bonanno G. A, 2003. Continuing bonds and adjustment at 5 years after the death of a spouse[J]. *Journal of Consulting and Clinical Psychology*, 71(1):

110—117.

3. Ho SMY, Chan ISF, Ma EPW, et al, 2013. Continuing bonds, attachment style, and adjustment in the conjugal bereavement among Hong Kong Chinese[J]. *Death Studies*, 37(3): 248—268.

4. Stroebe M. S. & Schut H, 2005. To continue or relinquish bonds: A review of consquences for the bereaved[J]. *Death studies*, 29(6): 477—494.

5. Stroebe M. S., Schut H. & Stroebe W, 2007. Health outcomes of bereavement[J]. *The Lancet*, 370: 1960—1973.

6. Stroebe MS, Schut H, Boerner K, 2010. Continuing bonds in adaptation to bereavement: Toward theoretical integration[J]. *Clinical Psychology Review*, 30(2): 259—268.

7. 李梅,李洁,时勘,2015. 持续联结量表中文版的修订与初步应用[J]. 中国临床心理学杂志,23(2).

附录

持续联结量表

指导语：请回想你在过去两个月的情况,圈出每句话的描述与你的实际情况的符合程度。句中的括号代表你去世的亲人(如妈妈)。

题 目	完全不符合	比较不符合	基本符合	比较符合	完全符合
1. 我会想起(　　)对我的正面影响,是如何让我成为今天的我。	1	2	3	4	5
2. 我发现自己正试着按照(　　)对我的期望去生活。	1	2	3	4	5
3. 我把(　　)当成我的榜样,想变成像她/他那样。	1	2	3	4	5
4. 虽然看不见(　　),但我想象她/他好像在指引着我或保佑着我。	1	2	3	4	5
5. 当我作重要的决定的时候,我会回想(　　)会怎么做,从而帮助我做决定。	1	2	3	4	5
6. 我留意到自己试着去实现(　　)的愿望。	1	2	3	4	5
7. 我觉得(　　)还活着,因为他/她对我的影响让我成了今天的我。	1	2	3	4	5
8. 我觉得(　　)也会欣赏我所看到和我所做的一些事物。	1	2	3	4	5

续表

题　目	完全不符合	比较不符合	基本符合	比较符合	完全符合
9. 我会想象和（　）分享发生在我身上的一些特别的事。	1	2	3	4	5
10. 我会想象（　）的声音在鼓励我继续前进。	1	2	3	4	5
11. 我确实听到（　）在和我说话的声音。	1	2	3	4	5
12. 我有时会做一些事情就像（　）并没有去世一样，比如大声叫他/她的名字或者准备他/她吃饭的餐具。	1	2	3	4	5
13. 即使仅仅是一瞬间，我也曾把别人错认成（　）。	1	2	3	4	5
14. 我确实感觉到（　）的抚摸。	1	2	3	4	5
15. 我想象也许（　）会突然出现在我面前，就像他/她还活着一样。	1	2	3	4	5
16. 我实际上会看见（　）就站在我面前。	1	2	3	4	5

15. 身体欣赏量表（BAS）*

高 阳

（西北大学公共管理学院，西安，710127）

【摘要】 身体欣赏量表（Body Appreciation Scale，BAS）由 Avalo 等（2005）编制，是目前使用最广泛的积极体象量表，应用于评价个体的积极身体意象和身体欣赏体验。国内已有大学生群体的修订版本，均符合心理测量学标准。

1. 理论背景

身体意象（body image），是指个体如何看待（认知维度）、感受（情感维度）和应对（投入和行为维度）自己的体重、体型和外貌等身体属性（Cash，2002，2011）。以往的研究主要集中在体象的消极方面，称为消极身体意象（negative body image）或身体不满意（body dissatisfaction，BD），指个体对身体消极的认知、情感和相应的行为调控（陈红，2003）。如今，女性身体不满意已成为一种普遍现象。当女性面对崇尚以瘦为美的社会文化（如来自同伴、家庭和媒体）压力时，容易导致女性对自己体型的负面评价。对自己身体的不满意已经成为影响女性身心健康的严峻问题（Thompson & Heinberg，1999）。目前，少有研究对女性身体不满意的预防因素进行探讨。随着积极心理学研究的兴起，国外学者对身体意象的研究由消极转向积极，开始关注女性身体的积极方面，并倡导采取措施以促进个体的积极身体意象（Diedrichs & Lee，2010）。临床中也发现，对饮食障碍患者的干预，建立积极身体意象比探究其消极身体意象的治疗效果更显著。可见，积极身体意象的测量及培养对预防身体不满意的产生，维护女性的身心健康，以及消

---

* 测评工具研发成果参见：

1. Swami V. (2016). Illustrating the body: Cross-sectional and prospective investigations of the mpact of life drawing sessions on body image. *Psychiatry Research*, 235(3): 12.

2. 李奕慧, 胡雯, 廖慧云, 唐宏. (2017). 身体欣赏量表中文修订版在大学生样本中的验证性因素分析. *中国健康心理学杂志*, (10).

极体象的干预研究具有重要的理论意义和实践意义。

近年来,随着积极身体意象研究的深入,研究者把积极身体意象量化,将积极身体意象定义为身体欣赏(Avalos,Tylka & Wood-Barcalow,2005)。身体欣赏对女性的心理与生理健康发展具有重要的意义(Wiseman,Hendrickson,Phillips & Hayden,2012;Tylka & Kroon,2013;Wasylkiw,Mackinnon & Maclellan,2012)。实证研究发现,身体欣赏能够缓解女性因媒体曝光引发的身体不满意(Andrew,Tiggemann & Clark,2015;Halliwell,2013)。目前在国外使用最广泛的积极体象量表是由Avalo等编制的身体欣赏量表(Body Appreciation Scale,BAS),主要强调体象的适应性和健康等方面,目前已有包括中文版在内的多种语言的修订版。

2. 内容简介

原版的身体欣赏量表共包含13个自评项目,从对身体的喜爱程度、对身体的接纳程度、关注身体需求的程度以及处理外貌相关信息的认知风格四个方面考察个体的身体欣赏水平。该量表在不同的文化群体中得到运用(Swami,Hadji-Michael & Furnham,2008;Tylka & Homan,2015),并在男性群体和女性群体中反复验证(Swami,Stieger,Haubner & Voracek,2008),这些研究有效证明该量表较好地考察个体的身体欣赏水平。然而,也有研究得出了不一样的结果,因西方文化与非西方文化的不同,人们对身体欣赏的理解存在一定的差异。在非西方文化群体中,该量表出现双维度,如马来西亚人群(Swami & Chamorropremuzic,2008)、印尼人群(Swami & Jaafar,2012)以及韩国人(Swami,Kannan & Furnham,2012;Swami,Mada & Tovée,2012)等。近年,Tylka和Wood-Barcalow(2015)为了完善身体欣赏量表,对原版身体欣赏量表进行了修订,该量表保留了原版量表的5个项目并新增了5个项目,就身体的欣赏程度、广泛定义美丽的程度、对身体的接纳程度以及内部积度性对外部行为的影响程度等几个方面进行了改进,最终形成身体欣赏量表-2(BAS-2)。Swami和Ng等人2016年修订的身体欣赏量表-2中文版本中,研究者对在香港居住的191名女性和154名男性中国大陆居民进行施测。验证性因素分析表明,身体欣赏量表-2(BAS-2)是单一维度的,且具有良好的内部一致性,能够较好地考查中国个体的身体欣赏水平。李奕慧等人(2017)年对原版的 BAS 重新进行了修订并对 984 名大学生实施测量,发现剔除两个项目后,11 个项目的二维结构模型更为理想,且在大学男生和女生之间具有测量等值性,这与 Swami 对于马来西亚群体的研究一致,也与其他非西方样本测试的结果一致。考虑到中国内地与中国香港的文化差异,为了便于在大陆的使用,在本书中我们主要介绍李奕慧等人(2017)修订的中文版。

3. 实施或使用方法

按照经典心理测量学的使用规范来实施自评。

4. 计分方法与解释

中文版身体欣赏量表共包含 11 个自评项,其中 1、2、3、4、5、6、10、13 项为身体欣赏因素(General Body Appreciation,GBA),8、9、12 项为身体意象投入因素(Body Image Investment,BII),1、2、6、7 项为一般社会交往维度,4、16 项为偶然交流/谈话维度。采用从 1 非常不符合到 5 非常符合的 Likert 5 级计分。其中有一个题项要求针对不同性别区别表述。全部正向计分,测量指标是平均分。得分越高,表明身体欣赏水平越高。

5. 信度与效度

李奕慧等人对原版 BAS 进行了中文翻译,在 983 名大学生中进行测试(男性 412 人,女性 571 人),对量表的信效度进行了检验。在理论基础和前人研究结果的基础上建立 3 个假设模型:模型 1,将所有项目合并为一个单因素结构模型;模型 2,将所有项目纳入为两个维度,其中 8 个项目(1、2、3、4、5、6、7、10、11、13)归为身体欣赏因素(General Body Appreciation,GBA),另外 3 个项目为体象投入因素(Body Image Investment,BII),这个模型被运用于许多非西方国家情境;模型 3,剔除 GBA 维度中的两个项目(7、11)之后的二维模型。验证性因子分析结果发现,模型 3 拟合最佳($\chi^2/df = 6.43$,CFI $= 0.97$,GFI $= 0.95$,AIC $= 322.31$,RMSEA $= 0.074$,RMR $= 0.046$)。为检验身体欣赏量表对男女大学生是否都适用,即检验量表各组的因子结构是否相同,进行多组验证性因素分析,结果发现,

BAS 中文修订版的因素负荷、截距、误差方差和协方差都在男女性别间等同,表明该量表的因素结构在不同性别之间具有恒等性。量表具有较好的内部一致性,全量表的内部一致性 α 系数为 0.742,一般身体欣赏和身体意象投入维度的内部一致性 α 系数分别为 0.845 和 0.669。

6. 应用价值与简要评价

身体欣赏量表是目前使用最为广泛的积极身体意象量表,截至 2019 年 1 月,英文版在 Web of Science 里被引高达 224 次。Tylka 和 Wood-Barcalow(2015)修订的 BAS-2 在英文语境下亦有较为广泛的使用,在 Web of Science 里被引达 99 次。李奕慧等人(2017)修订的 11 项二维 BAS 可以作为中文情境下适当的心理测量工具,我们建议在中文情境中选择该版本,今后的研究中也需要开发针对非大学生人群的中文修订工具。

参考文献

1. Avalos L.,Tylka T. L. & Wood-Barcalow N.(2005). The body appreciation scale: development and psychometric evaluation. *Body Image*, 2(3): 285—297.
2. Tylka T. L., & Wood-Barcalow N. L.(2015). The body appreciation scale-2: item refinement and psychometric evaluation. *Body Image*, 12: 53—67.
3. 李奕慧,胡雯,廖慧云,唐宏.(2017). 身体欣赏量表中文修订版在大学生样本中的验证性因素分析. 中国健康心理学杂志,(10).

附录

身体欣赏量表

指导语:请花一些时间想想你如何看待自己的身体。请如实、准确地回答下列问题,请记住这些是非常主观的问题,没有正确或错误的答案。

题　目	完全不符合	大部分不符合	有些不符合	说不清	有些符合	大部分符合	完全符合
1. 我尊重自己的身体	1	2	3	4	5	6	7
2. 我觉得我的身材还不错	1	2	3	4	5	6	7
3. 我觉得我的身材有些地方还不错	1	2	3	4	5	6	7
4. 我对我的身体抱有正面的态度	1	2	3	4	5	6	7
5. 我关注我的身体需要	1	2	3	4	5	6	7
6. 我喜欢我的身体	1	2	3	4	5	6	7
7. 我欣赏自己所拥有的独一无二的身体	1	2	3	4	5	6	7
8. 我用积极的姿态来展示自己的身体，如抬头挺胸和对人微笑	1	2	3	4	5	6	7
9. 我安逸于自己的体型	1	2	3	4	5	6	7
10. 虽然我不像媒体中的人物那么吸引人，但我仍然觉得自己美丽	1	2	3	4	5	6	7

第五部分
积极教育与幸福结果
Positive Education and Well-being Outcomes

1. 全人健康量表（HWBS）*

倪士光

（清华大学深圳研究生院，深圳，518055）

【摘要】 全人健康量表（Holistic Well-being Scale，HWBS）由 Chan 等（2014）基于东方的整体平衡思维与文化传统编制而成，广泛应用于评价个体的痛苦（affliction）与平静（equanimity）两个维度及其 7 个因子。已有香港市民、癌症患者等修订版本，均符合心理测量学标准。

1. 理论背景

东西方文化的差异，体现在心理辅导的理念与工具应用上需要具有真实自然的文化契合性。华人社会一贯重视"全人"概念，认为身、心、灵互为关联，同时与社会、大自然不断地交互联系和影响。香港大学陈丽云教授发展的身、心、灵全人健康模式（Integrative Body-Mind-Spirit Well-being，I-BMS）是基于中国文化的本土化心理辅导模式，是华人社会致力于探索符合中国文化特征的有效心理辅导的理论与方法（Fung et al., 2019）。

全人健康（也称整体幸福感）的概念发展在心理学、社会学和医学等人类服务领域受到了越来越多的关注（Ng, Yau, Chan, Chan & Ho, 2005；王茹婧，樊富珉，李虹，倪士光，2017）。从中国文化的整体思维的视角来看，"正反相生""合实生物，同则不继""中庸思维"等传统文化智慧，强调了"两极相关"（ploarism），即一种"共生性"，是两个有机过程的统一。基于此，痛苦（affliction）与平静（equanimity）是全人健康概念的核心，其中痛苦是指扰乱身心令其不寂静的各种心理作用，而平静是指人的理想功能状态。基于痛苦与平静概念的全人健康量表

---

* 测评工具研发成果参见：

1. Chan C. H., Chan T. H., Leung P. P., Brenner M. J., Wong V. P., Leung E. K., Chan C. L. (2014). Rethinking well-being in terms of affliction and equanimity: development of a holistic well-being scale. *Journal of Ethnic and Cultural Diversity in Social Work*, 23(3—4): 289—308.

用于评估个体的总体幸福感(Chan et al., 2014)。

2. 内容简介

HWBS 共 30 个项目,14 个项目测量痛苦,16 个项目测量平静,采用 Likert 10 级计分(1 代表"完全不符合",10 代表"完全符合")。

痛苦维度包括了三个因子:第一个因子是情感脆弱(emotional vulnerability),指容易沮丧的痛苦状态;第二个因子是身体烦躁(bodily irritability),指与焦虑和不安有关的心身疾病症状体验;第三个因子是精神迷失(spiritual disorientation),描述意义失去和绝望的感受。

平静维度包含了四个因子:第一个因子是无执(non-attachment),指顺其自然,接受生活变化的能力;第二个因子是觉醒(mindful awareness),指对自我和他人情感需求的意识;第三个因子是活力(general vitality),用来测量个体的精力和热情水平;第四个因子是自爱(spiritual self-care),是指关注内心的平静和寻求精神关怀的意愿。

3. 实施或使用方法

按照经典心理测量学的使用规范来实施。

4. 计分方法与解释

第 4 项是反向计分,其他项目均为正向计分。在痛苦维度中,情感脆弱因子包含了 1、3、6、21、28 等 5 项,身体烦躁因子包含了 7、8、17、29、30 等 5 项,精神迷失因子包含了 2、4、20、26 等 4 项。在平静维度中,无执因子包含了 5、12、18、24、25 等 5 项,觉醒因子包含了 11、13、19、22 等 4 项,活力因子包含了 10、14、15、23 等 4 项,自爱因子包含了 9、16、27 等 3 项。测量指标是各维度或因子的平均分。得分越高,表明该维度或因子的效价越高。

5. 信度与效度

以 Chan 等(2014)的研究为例,第一阶段是建立了 90 个项目的问卷,经过预实验($n=165$),删除了 22 个质量较低的项目(标准是项目分析度低于 0.30 或者双重负荷);第二阶段是在正式测验中($n=2\,423$),采用简版健康调查(SFHS)、医院焦虑与抑郁量表(HADS)、一致性量表(SCS)、多伦多正念量表(TMS)和希望量表(HS)作为效标。结果发现,量表具有较好的内部一致性和跨时间的稳定性,内部一致性 α 系数范围为 0.63~0.87;探索性和验证性因素分析的结果均表明 HWBS 的两维度及 7 因子的结构效度良好。

6. 应用价值与简要评价

HWBS 与第一版的身心灵全人健康量表相比较(Ng et al., 2005),无论是理论基础,还是工具的经济质量性都得到了一定程度的提升。HWBS 广泛应用于全人健康领域的学术研究、个体辅导、团体辅导等领域(Rentala, Lau & Chan, 2017)。

参考文献

1. Chan C. H., Chan T. H., Leung P. P., Brenner M. J., Wong V. P., Leung E. K., et al, 2014. Rethinking well-being in terms of affliction and equanimity: development of a holistic well-being scale[J]. *Journal of Ethnic and Cultural Diversity in Social Work*, 23(3—4): 289—308.

2. Fung Y. L., Lau B. H. P., Tam M. Y. J., Xie Q., Chan C. L. W., Chan C. H. Y, 2019. Protocol for Psychosocial Interventions Based on Integrative Body-Mind-Spirit (IBMS) Model for Children with Eczema and Their Parent Caregivers[J]. *Journal of Evidence-Informed Social Work*, 16(1): 36—53.

3. Ng S. M., Yau J., Chan, C., Ho D, 2005. The measurement of Body-Mind-Spirit well-being: Toward multidimensionality and transcultural applicability[J]. *Social Work in Health Care*, 41(1): 33—52.

4. Rentala S., Lau B. H. P., Chan C. L. W, 2017. Association Between Spirituality and Depression Among Depressive Disorder Patients in India[J]. *Journal of Spirituality in Mental Health*, 19(4): 318—330.

5. 王茹婧,樊富珉,李虹,倪士光,2017. 2001—2016 年国内团体心理咨询效果评估:现状、问题与提升策略[J]. *中国临床心理学杂志*, 25(3): 577—583.

附录

全人健康量表

指导语：请根据你目前的实际情况，评价下列描述与你目前情况的符合程度。

总体来说……	完全不符合									完全符合
1. 对于别人的批评，我十分介意。	1	2	3	4	5	6	7	8	9	10
2. 我感到没有希望。	1	2	3	4	5	6	7	8	9	10
3. 我容易觉得受到伤害。	1	2	3	4	5	6	7	8	9	10
4. 我是有价值的人。	1	2	3	4	5	6	7	8	9	10
5. 我能够随遇而安。	1	2	3	4	5	6	7	8	9	10
6. 对于别人给我造成的伤害，我倾向于耿耿于怀。	1	2	3	4	5	6	7	8	9	10
7. 我起床时心情很差。	1	2	3	4	5	6	7	8	9	10
8. 我感到心跳不安。	1	2	3	4	5	6	7	8	9	10
9. 我常常祈求心灵平安。	1	2	3	4	5	6	7	8	9	10
10. 我的生命充满活力。	1	2	3	4	5	6	7	8	9	10
11. 我能留意到别人的需要。	1	2	3	4	5	6	7	8	9	10
12. 我可以坦然接受生命中的变化。	1	2	3	4	5	6	7	8	9	10
13. 我能够留意到自己身体的状态和感觉。	1	2	3	4	5	6	7	8	9	10
14. 我专注力强。	1	2	3	4	5	6	7	8	9	10
15. 我感到精力充沛。	1	2	3	4	5	6	7	8	9	10
16. 我有充实的宗教/精神生活。	1	2	3	4	5	6	7	8	9	10
17. 我感到头昏脑涨。	1	2	3	4	5	6	7	8	9	10
18. 我能以平常心去面对人生。	1	2	3	4	5	6	7	8	9	10
19. 我能留意到别人的情绪变化。	1	2	3	4	5	6	7	8	9	10
20. 我的人生似乎是无意义的。	1	2	3	4	5	6	7	8	9	10
21. 对于别人无理对待，我久久不能释怀。	1	2	3	4	5	6	7	8	9	10

续表

总体来说……	完全不符合 ← → 完全符合
22. 我能够留意到自己的心情变化(情绪状态)。	1 2 3 4 5 6 7 8 9 10
23. 我的睡眠质量好。	1 2 3 4 5 6 7 8 9 10
24. 我拿得起、放得下。	1 2 3 4 5 6 7 8 9 10
25. 我能够接纳人生的许多遗憾。	1 2 3 4 5 6 7 8 9 10
26. 我的生命失去方向。	1 2 3 4 5 6 7 8 9 10
27. 我可以兼顾自己身体与心灵的需要。	1 2 3 4 5 6 7 8 9 10
28. 我对很多事情都放不下。	1 2 3 4 5 6 7 8 9 10
29. 我感到烦躁。	1 2 3 4 5 6 7 8 9 10
30. 我的身体是绷紧的。	1 2 3 4 5 6 7 8 9 10

2. 简版心理健康连续体量表（青少年版）（MHC-SF）[*]

李海垒

（山东师范大学商学院，济南，250014）

【摘要】 简版心理健康连续体量表（Mental Health Continuum-short Form，MHC-SF）由 Keyes（2002）编制，广泛应用于评价个体的幸福感和心理健康状况。国内已有成年人和青少年修订版本，均符合心理测量学标准。

1. 理论背景

长期以来，心理健康一直被认为就是没有精神病理学意义上的问题或障碍。然而，世界卫生组织（WHO，2005）认为，心理健康是一种幸福状态，在这种状态下，个人认识到自己的能力，能够应付生活中的正常压力，能够富有成效地工作，并能够为自己的社区作出贡献。这个定义包含三个关键的要素，分别是幸福、在个人生活中有效运作、在社区生活中有效发挥作用。这个定义建立在两个长期存在的关于幸福生活的研究传统上：快乐（hedonic）取向和实现（eudaimonic）取向（Deci & Ryan，2008）。快乐取向认为，幸福由快乐和愉快情绪体验构成，积极、愉快情感越多，同时消极、不快情感越少，心理越健康。关于情绪幸福感的研究就是这种取向的体现。除了积极和消极情感的平衡外，情绪幸福感还包括对生活满意度的认知评价（Diener，Suh，Lucas & Smith，1999）。实现取向考查的是生活中的最佳心理机能，一般用两个多维度模型进行测量——心理幸福感和社会幸福感。这两个模型反映了个体对自己在生活中的表现程度的评价（Keyes，2002）。

Keyes（2002）将快乐取向和实现取向融合在一起，把积极的心理健康界定为情绪、心理和社会幸福感，这与世界卫生组织（WHO，2005）的界定是一致的。简版心理健康连续体量表就是 Keyes（2002）基于快乐取向和实现取向相融合的观

---

[*] 测评工具研发成果参见：
1. 余冰.（2016）.*青少年简版心理健康连续体量表的修订*. 硕士学位论文，云南师范大学.

点开发的,用于测量情绪幸福感、心理幸福感和社会幸福感。

2. 内容简介

简版心理健康连续体量表由 Keyes(2002)编制,共 14 个项目,3 个项目测量情绪幸福感,5 个项目测量社会幸福感,6 个项目测量心理幸福感。采用 Likert 6 级计分(1 代表"从来没有",6 代表"每天")。

中文版已有成人版和青少年版。成人版由尹可丽、何嘉梅(2012)修订,与原量表相比,两个条目在表述上进行了修改,其他 12 个条目未作改动。青少年版由余冰(2016)修订,与原量表相比,仅有一个条目进行了改动。

3. 实施或使用方法

按照经典心理测量学的使用规范来实施。

4. 计分方法与解释

题目均为正向计分。情绪幸福感包括了 1、2、3 题;社会幸福感包括了 4、5、6、7、8 题;心理幸福感包括了 9、10、11、12、13、14 题。得分越高,表明幸福感或心理健康水平越高。通过这三个维度的结合,可以进一步分析出个体心理健康的征状,具体表现为三种有连续性但不同的征状:振作向上(flourishing)、颓废萎靡(languishing)、中等程度心理健康(moderately mentally healthy)。

被诊断为颓废萎靡或振作向上的个体必须在 7 个或更多的题目上表现出低分或高分(Cheng et al.,2015)。具体而言,在过去一个月里,如果个体在情绪幸福感的三个题目中有一个表现为"每天"或"几乎每天",并且在其他 11 个题目中有 6 个表现为"每天"或"几乎每天",那么就可被确定为"振作向上者"。在过去一个月里,如果个体在情绪幸福感的三个题目中有一个表现为"从来没有"或"一月一两次",并且在其他 11 个题目中有 6 个表现为"从来没有"或"一月一两次",那么就可被确定为"颓废萎靡者"。没有归入以上两类的个体被确定为"中等程度心理健康者"。

5. 信度与效度

尹可丽和何嘉梅(2012)采取方便抽样方法，调查了1 981名成年人，研究发现，简版心理健康连续体量表(成人版)总量表的内部一致性α系数为0.94，3个分量表的α系数为0.92、0.83和0.91。量表的三因子结构与实际数据相契合，其拟合指数分别为$\chi^2=975.62$、$df=74$、RM SEA=0.08、GFI=0.93、AGFI=0.90、NFI=0.95、CFI=0.95。量表的总分及3个因子分与幸福感脸形评尺得分正相关($r=0.37\sim0.46$，$P<0.01$)，而与流调中心用抑郁量表(CES-D)得分负相关($r=-0.36\sim-0.48$，$P<0.01$)。因此，量表的内部一致性信度、结构效度和效标关联效度均达到了心理测量学的要求。

余冰(2016)采用方便抽样方法，调查了4 500名青少年，研究发现，简版心理健康连续体量表(青少年版)总量表的内部一致性α系数为0.89，3个分量表的α系数为0.81、0.73、0.84。量表的三因子结构与实际数据相契合，其拟合指数分别为$\chi^2=570.96$、$df=74$、RM SEA=0.05、GFI=0.97、NFI=0.95、CFI=0.96。采用方便抽样对1 123名青少年调查发现，简版心理健康连续体量表(青少年版)总表及分量表与自尊量表(SES)正相关($r=0.48\sim0.51$，$P<0.01$)，与幸福感脸型评尺正相关($r=0.26\sim0.38$，$P<0.01$)，而与欺负/受欺负行为问卷(BVQ)得分负相关($r=-0.10\sim-0.14$，$P<0.01$)。所以，量表的内部一致性信度、结构效度和效标关联效度均达到了心理测量学的要求。

6. 应用价值与简要评价

简版心理健康连续体量表广泛应用于评价个体的幸福感和心理健康状况，国内已有成年人和青少年修订版本，均符合心理测量学标准。截至2018年12月，在Web of Science里以MHC-SF为主题的论文被引总频次达到1 387次。

参考文献

1. Cheng G., Göran T., Jizhi G., Xiangyun L., Christina K. & Fredrik S, 2015. Psychometric evaluation of the mental health continuum-short form (MHC-SF) in Chinese adolescents-a methodological study. *Health & Quality of Life Outcomes*, 13(198): 1—9.

2. Deci E. L. & Ryan R. M，2008. Hedonia，eudaimonia，and well-being：An introduction. *Journal of Happiness Studies*，9(1)：1—11.

3. Diener E.，Suh E. M.，Lucas R. & Smith H. L，1999. Subjective well-being：Three decades of progress. *Psychological Bulletin*，125(2)：276—302.

4. Herrman H.，Saxena S. & Moodie R，2005.*Promoting mental health*：*concepts*，*emerging evidence*，*practice*. Geneva World Health Organization.

5. Keyes C. L. M，2002. The mental health continuum：From languishing to flourishing in life. *Journal of Health and Behavior Research*，43：207—222.

6. 尹可丽，何嘉梅，2012. 简版心理健康连续体量表（成人版）的信效度. 中国心理卫生杂志，26(5)：388—392.

7. 余冰，2016. 青少年简版心理健康连续体量表的修订.硕士研究生论文，云南师范大学.

附录

简版心理健康连续体量表（青少年版）

指导语：请回答在过去的这1个月内，你感觉到以下问题的次数。

题 目	从未	1次或2次	每周1次	每周2次或3次	几乎每天	每天
1. 愉快	1	2	3	4	5	6
2. 生活有乐趣	1	2	3	4	5	6
3. 满意	1	2	3	4	5	6
4. 对社会有某种重要贡献	1	2	3	4	5	6
5. 属于一个团体（比如班集体）	1	2	3	4	5	6
6. 对我这样的人来说，社会正在变得越来越好	1	2	3	4	5	6
7. 人的本性是善良的	1	2	3	4	5	6
8. 我认为这个社会运行的模式是合理的	1	2	3	4	5	6
9. 我喜欢自己个性的大部分	1	2	3	4	5	6
10. 我善于处理日常生活中的责任	1	2	3	4	5	6
11. 我和他人有着温暖而值得信赖的关系	1	2	3	4	5	6

续表

题　目	从未	1次或2次	每周1次	每周2次或3次	几乎每天	每天
12. 我有挑战自己并获得成长的体验	1	2	3	4	5	6
13. 我有信心去思考或者表达自己的意见我的生活有目标或有意义	1	2	3	4	5	6
14. 我的生活有目标或有意义	1	2	3	4	5	6

3. 成长型思维量表（GMS）

周凌霄　郭双双　孙　沛

（清华大学社会科学学院，北京，100084）

【摘要】 成长型思维（growth mindset）属于自我理论（self-theories）中对于能力的信念。成长型思维量表（Growth Mindset Scale，GMS）由 Dweck（2006）编制，广泛应用于评价个体对自身智力可变性的评价，是成长型思维领域最具有代表性的自评工具之一。该量表有成人、儿童版本，均符合心理测量学标准。

1. 理论背景

长期以来，人们认为智力水平是影响个体成就的重要因素之一。在积极心理学视野下，众多研究发现，不仅是智力水平本身，人们对于智力水平是否可变（尤其是可以提升）的认知发挥着更大的作用，这一观念有利于提高学生的学业表现、员工的职场绩效，以及缓解贫困所带来的负面影响。

Dweck（1986）认为个体对于能力的信念有两种方式：一种认为能力是一种实体，不会改变；另一种认为，能力是可塑的，即可以通过后天的干预改变。Dweck 和 Leggett（1988）提出了智力的内隐理论（implicit theory of intelligence），个体对智力观念包括内隐的增长观（incremental theory）与内隐的实体观（entity theory）。Dweck 于 2000 年进一步提出了自我理论，这一理论认为个体拥有一套对于自我的信念体系或内隐理论，这种信念体系是在个体成长中形成的，用以理解世界、认识和评价自己，产生动机，影响人格等，个体关于智力的不同的内隐观念即来自于个体关于自我的内隐理论。然而，关于智力内隐理论一直有不同的界定，因此，Dweck（2006）提出了"成长型思维"和"固定型思维"，分别对应于智力的内隐成长观和内隐实体观。

---

* 测评工具研发成果参见：
1. 家晓余.（2018）.个体能力观对创造性思维的影响. 博士学位论文，浙江大学.

持有不变观的个体一般认为能力是天生的和固定不变的,因而倾向追求成绩目标,力求搜集与能力有关的证据来表现自己的能力。他们尽力避开可能会失败或让他们挣扎的情境,因为这些经历会破坏他们对自我智力的感知。在面临成就障碍时,他们更容易无助,失败后不仅对自己的能力作出负性的判断,并且更容易表现出负性的情绪和软弱。与此相反,持有可塑观的个体认为能力通过学习可以改变,因而倾向于追求学习目标,力求掌握新知识来发展或提高自己的能力。他们更多把行为因素(如努力、问题解决策略)作为任务失败的原因。他们倾向于将困难任务看作是提升自身能力的方式,寻求并敢于挑战。为达到掌握任务的目的,他们倾向于采用更好的策略,并为此付出更多的努力(家晓余,2018)。

2. 内容简介

成长型思维量表又称智力理论量表(Theory of Intelligence Scale),基于 Dweck(1999)提出的自我理论,由 Dweck(2006)编制而成,共 8 个条目,成长型思维与固定型思维各 4 个条目,Likert 5 级计分(1 代表"非常不符合",5 代表"非常符合")。

针对青少年成长型思维的研究包括成长型思维与生活满意度和幸福感(Chan,2012)、社交适应(Yeager,2017)、学业表现(Zhang、Kuusisto & Tirri,2017)等之间的关系。

该量表的变式较多,研究根据情境选取条目进行施测,例如 Claro 等人的研究中只选取其中两个条目,即"你的智力对你来说是非常基本的,同时无法有太多改变的东西"和"你能学习新的知识,但是你不能真的改变你有多智慧"(Claro,Paunesku & Dweck,2016)。目前已有 20 个条目(家晓余,2018),Likert 4 级计分(3 代表"非常同意",0 代表"非常不同意")以及 12 个条目(Chan, D. W.,2012),Likert 5 级计分(1 代表"最不像我",5 代表"最像我")的中文版。

3. 实施或使用方法

按照经典心理测量学的使用规范来实施。

4. 计分方法与解释

以附件1中的量表版本为例,其中1、4、7、8、11、12、14、16、17、20题为反向计分,其他项目均为正向计分。将测量指标加计总分,得分越高,表明个体更倾向于认为能力是可以成长和可塑的。

5. 信度与效度

在家晓余(2018)的研究中,该作者进行了GMS的分半信度检验,其分半信度值为0.84。同内隐能力理论量表(Implicit Theories of Intelligence Scale, ITOIS)(Hong et al., 1999)相关检验结果为GMS和ITOIS之间显著相关($r=-0.36, P<0.001$)。其中内隐能力理论量表的内部信度为0.94,重测信度为0.8(Hong et al., 1999)。

6. 应用价值与简要评价

Dweck的自我理论影响较大,其中发展性思维被广泛应用于教育领域,是积极心理学研究的重要工具之一。由于施测情境的原因,该量表变式较多,建议在中文情境中,面向不同的特殊群体,选择合适的中文版工具。

参考文献

1. Claro S., Paunesku D. & Dweck C. S, 2016. Growth mindset tempers the effects of poverty on academic achievement[J]. *Proceedings of the National Academy of Sciences of the United States of America*, 113 (31): 8664—8668.

2. Chan D. W, 2012. Life satisfaction, happiness, and the growth mindset of healthy and unhealthy perfectionists among Hong Kong Chinese gifted students[J]. *Roeper Review*, 34 (4): 224—233.

3. Dweck C. S, 1986. Motivational processes affecting learning[J]. *American psychologist*, 41 (10): 1040—1048.

4. Dweck C. S. & Leggett E. L, 1988. A social-cognitive approach to motivation and personality [J]. *Psychological Review*, 95(2): 256—273.

5. Dweck C. S, 2000. *Self-theories: Their role in motivation, personality, and development*[J]. Psychology Press.

6. Dweck C. S, 2006. *Mindset: The new psychology of success*[M]. New York, NY: Ballantine.

7. Hong Y. Y., Chiu C. Y, Dweck C. S., Lin D. M. S. & Wan W, 1999. Implicit theories, attributions, and coping: A meaning system approach[J]. *Journal of Personality and Social psychology*, 77(3): 588—599.

8. Yeager D. S, 2017. Dealing with social difficulty during adolescence: The role of implicit theories of personality[J]. *Child development perspectives*, 11(3): 196—201.

9. Zhang J., Kuusisto E. & Tirri K, 2017. How Teachers' and Students' Mindsets in Learning Have Been Studied: Research Findings on Mindset and Academic Achievement[J]. *Psychology*, 8(9): 1363—1377.

10. 家晓余, 2018. 个体能力观对创造性思维的影响[D]. 博士学位论文, 浙江大学.

附录 1

成长型思维量表-20

指导语：下面有一些问题，请选出你在多大的程度上同意或者不同意这些情况，请按照自己的真实情况如实填写。另，请注意数字代表的意义。

题　目	非常同意	同意	不同意	非常不同意
1. 你的智力对你来说是非常基本的,同时无法有太多改变的东西。	3	2	1	0
2. 不管你的智力有多高,你总是能改变它一点。	3	2	1	0
3. 你总是能够在很大程度上改变你的智慧。	3	2	1	0
4. 你是一种特定类型的人,想要真的改变这一点能做的事情很少。	3	2	1	0
5. 你是某种特定类型的人,你总是能够改变一些基本的东西。	3	2	1	0
6. 音乐的才能是任何人都可以通过学习而获得的。	3	2	1	0
7. 只有少数人真正擅长体育,这个天赋是生来如此的。	3	2	1	0

续表

题　目	非常同意	同意	不同意	非常不同意
8. 如果你是男孩子,或者如果来自一个重视数学的家庭,那么数学的学习会更加容易。	3	2	1	0
9. 你在某个方面越努力,那么你就会越擅长这个领域。	3	2	1	0
10. 不管你是哪种类型的人,你都总是能够在很大程度上改变。	3	2	1	0
11. 对我而言尝试新鲜事物很有压力,而我也尽力去避免尝试新鲜事物。	3	2	1	0
12. 有一些人很好很友善,有一些人并不如此,人通常是不怎么会改变的。	3	2	1	0
13. 当我的父母、老师对我的表现给予反馈的时候,我会对他们很感谢。	3	2	1	0
14. 当我收到对我的表现的反馈的时候,我通常会很生气。	3	2	1	0
15. 所有大脑没有受过伤的,以及没有生理缺陷的人都具有相同的学习量。	3	2	1	0
16. 你能学习新的知识,但是你不能真的改变你的智慧。	3	2	1	0
17. 你能够用不同的方法来处理事情,但是关于你是谁的重要部分却不能够被真正地改变。	3	2	1	0
18. 人们基本上都是善良的,但有时会作出糟糕的决定。	3	2	1	0
19. 我完成我学业任务的重要原因是我喜欢学习新的事物。	3	2	1	0
20. 真正聪明的人,并不需要努力。	3	2	1	0

来源：家晓余.(2018).个体能力观对创造性思维的影响.博士学位论文,浙江大学.

附录 2

成长型思维量表-8

回答下列关于智力的问题。请选出你在多大的程度上同意或者不同意这些表述。

题　目	非常不符合	不符合	有确定	符合	非常符合
1. 你的智力对你来说是非常基本的,你几乎无法改变。	1	2	3	4	5
2. 你可以学习新的事物,但是你无法改变你的基本智力。	1	2	3	4	5

续表

题　　目	非常不符合	不符合	有确定	符合	非常符合
3. 无论你的智力水平如何，你总能作出些改变。	1	2	3	4	5
4. 你总是可以在很大程度上改变你的智力水平。	1	2	3	4	5
5. 你是某种特定类型的人，没有什么可以改变。	1	2	3	4	5
6. 不论你是什么类型的人，你总能作出大幅度的改变。	1	2	3	4	5
7. 你能够用不同的方法来处理事情，但是关于你是谁的重要部分却不能够被真正地改变。	1	2	3	4	5
8. 你总可以改变那些决定你是哪一种人的基本事实。	1	2	3	4	5

根据 Dweck C. S. (2006). *Mindset：The new psychology of success*.翻译。

4. 儿童普遍信任量表(CGTB)

王 阳

(中国人民大学附属中学朝阳学校,北京,100085)

【摘要】 儿童普遍信任量表(Children's Generalized Trust Beliefs,CGTB)是由 Rotenberg 编制,用于测查儿童对 4 类对象(父亲、母亲、老师和同伴)行为的信任程度。量表将一般信任倾向分为 3 个维度：可靠、情感、诚实。研究者对该量表中文版进行的项目分析、信度分析和效度分析均表明,该量表在中国具有良好的信效度和适应性,可作为评价儿童人际信任情况的工具。

1. 理论背景

人际信任是很多研究者关注的重要课题之一。关于信任的定义很多,比较有影响力的是 Mayer 的观点,他认为信任是信任方在有能力监控或控制被信任方的情况下,自愿地接受自身利益可能受到被信任方损害的状态,并期待被信任方的行为会合乎自己的利益(Mayer RC, Davis JH & Schoorman FD, 1995)。Rotter 认为信任是对他人将遵守诺言的一般性期望。儿童通过反复地发现成人言语或承诺的可靠性后,学会期待其他社交对象会在将来遵守某种诺言。这种期待逐渐泛化到一般人身上,就形成了普遍性的人际信任(Rotter,1967)。

很多研究者认为,人际间的信任是社会的奠基石,是维持社会秩序的黏合剂(Rotenberg,1991,1995；Rotenberg & Cerda,1995；Rotter,1967)。还有研究者确信信任对儿童来说非常重要(Bernath & Feshbach,1995；Roter,1967)。因为儿童需要相信他们的照看者会保护和支持他们,并且相信他们的同龄人是诚实、合作和善良的。这种信任被假定为对于发展孩子健康的自尊、创造力和恰当的同伴关系是必需的(Bernath & Feshbach,1995)。研究者发现人际间的信任与孩子的道德行为(Wright & Kirmani,1977)、友谊(Rotenberg,1986)、社交能力(Buzzelli,1988；Wentzel,1991)和学业成就(Imber,1973；Wentzel,1991)有关。

为了更好地研究儿童的人际信任状况,许多研究者编写了相应的信任量表,较早的如 Hochreich(1973)的儿童人际信任量表（Children's Interpersonal Trust Scale, HCITS）和 Imber(1973)的儿童信任量表（Children's Trust Scale, ICTS），但这两个量表编写的时间较为久远，且是以测量成人的人际信任量表为基础的，并没有考虑到儿童的发展特点，且无信效度检验。另外，还有 Christie 等编制的专门针对儿童的马氏量表（Kiddie Mach, KM），但是该量表的维度较为单一。Rotenberg 以 Rotter 的理论为基础，构建了由信任基础、信任领域、信任目标 3 个维度组成的人际信任三维结构理论。该理论认为儿童的信任由可靠、情感和诚实三个维度构成。

2. 内容简介

儿童普遍信任量表由 Rotenberg 编制（Rotenberg, 2005），用于测查儿童对 4 类对象（父亲、母亲、老师和同伴）行为的信任程度。量表将一般信任倾向分为 3 个维度：可靠、情感、诚实。可靠测量的是对诺言和承诺的履行程度；情感测量的是依赖成人而避免造成情感伤害的程度，如保守秘密、避免责备和避免尴尬；诚实测量的是说实话，认为某行为是发自内心地真诚引导。每个维度有 8 个条目。Likert 5 级计分（1 代表"肯定不会"，5 代表"肯定会"）。总分越高，代表普遍信任倾向越高。量表主要适合美国孩子的情境。

龚文进、罗燕婷(2016)年对 CGTB 量表进行了翻译修改，对容易引起歧义和不符合中文语言特点的内容进行修改，如对条目中的人名和活动等进行了替换，将"投球"替换成"篮球"，将"板球"替换成"足球"等。选取 12 名儿童对量表进行了初测和条目再修订，确保儿童能准确理解量表中的条目后，最终得到了儿童普遍信任量表中文版。

3. 实施或使用方法

按照经典心理测量学的使用规范来实施。正式测试时，在条目的编排上可采用随机排列的方式，以消除受测者对同一内容在作答时产生的顺序效应。

4. 计分方法与解释

所有项目均为正向计分。可靠、情感、诚实的每个维度均有 8 个题目，其中，父亲、母亲、教师、同伴中每个信任对象均占两个题目。得分越高，表明儿童的普遍信任倾向越高。

5. 信度与效度

以龚文进和罗燕婷(2016)的研究为例,采用 CGTB 量表对 610 名 8～12 岁的孩子进行了测试,对问卷的信效度进行了检验。结果发现,量表总体的内部一致性 α 系数为 0.78,可靠性、情感和诚实 3 个维度的内部一致性 α 系数依次为 0.62、0.56、0.66。量表按条目的奇偶分半后,求得的分半信度系数为 0.60。就效度而言,可靠性、情感和诚实 3 个维度得分与量表总分的 Pearson 相关系数依次为 0.75、0.77、0.82;3 个维度之间的 Pearson 相关系数为 0.36～0.45,量表的 3 个维度既能较好地反映出总量表测量的内容,同时彼此之间的同质性也不高,说明量表的内容效度较好。验证性因素分析发现该量表的结构模型也比较理想。

6. 应用价值与简要评价

通过对该量表中文版进行的项目分析、信度分析和效度分析,均表明该量表在中国具有良好的信效度和适应性,可作为评价儿童人际信任情况的工具。

参考文献

1. Bernath M. S. & Feshbach N. D, 1995. Children's trust: Theory, assessment, development, and research directions. *Applied and Preventative Psychology*, 4: 1—19.

2. Buzzelli C. A, 1988. The development of trust in children's relations with peers. *Child Study Journal*, 18: 33—46.

3. Rotenberg K. J, 1991. Children's interpersonal trust: Sensitivity to lying, deception, and promise violations. New York: Springer-Verlag.

4. Rotenberg K. J, 1995. The socialisation of trust: Parents' and children's interpersonal trust. *International Journal of Behavioural Development*, 18: 713—726.

5. Rotenberg K. J. & Cerda, C, 1995. Racially based trust expectancies of Native American and Caucasian children. *Journal of Social Psychology*, 134: 621—631.

6. Rotenberg K. J., Fox C., Green S., Ruderman L., Slater K., Stevens K. & Carlo G, 2005. Construction and validation of a children's interpersonal trust belief scale. *British Journal of Developmental Psychology*, 23(2): 271—293.

7. Rotter J. B, 1967. A new scale for the measurement of interpersonal trust. *Journal of*

Personality,35:651—665.

8. Rotenberg K. J,1986. Same-sex patterns and sex differences in the trust-value basis of children's friendship.*Sex Roles*,15(11—12):613—626.

9. Wright T. L. &Kirmani A,1977. Interpersonal trust,trustworthiness,and shoplifting in high school. *Psychological Reports*,41:1165—1166.

10. Wentzel K. R,1991. Relations between social competence and academic achievement in early adolescence.*Child Development*,62:1066—1078.

附录:
儿童普遍信任量表

指导语:亲爱的小朋友,请仔细阅读每一个题目,给出独立的评分。评分没有好坏之分。其中,1代表"肯定不会",2代表"不会",3代表"不确定",4代表"会",5代表"肯定会"。

维度	信任对象	题 目	计分
可靠	母亲	A. 母亲说,如果莎拉打扫自己的房间,她半小时后可以上床睡觉。莎拉打扫了自己的房间。母亲半小时后让莎拉上床睡觉的可能性有多大?	
		B. 辛迪的母亲说,如果辛迪在他们的购物之旅表现良好,她会给辛迪买糖果。辛迪在购物过程中表现得很好。辛迪的妈妈给辛迪买糖果的可能性有多大?	
	父亲	A. 洛林的父亲说,他星期六带她去看电影。洛林的父亲带她去看电影的可能性有多大?	
		B. 茉莉的父亲说,在茉莉完成家庭作业后,他会和她打篮球。茉莉很快就完成了她的家庭作业。茉莉的父亲和茉莉一起打篮球的可能性有多大?	
	教师	A. 老师告诉苏西的同学,他们要看一段视频,而不是上数学课。老师说视频丢了。视频丢失的可能性有多大?	
		B. 老师说,如果梅丽莎的同学在阅读时保持安静,她就会给他们看电影。在阅读时间,课堂很安静。老师给全班同学看电影的可能性有多大?	
	同伴	A. 路易莎说,她会在午餐时间和克莱尔分享她的巧克力棒。路易莎和克莱尔分享巧克力棒的可能性有多大?	
		B. 丽塔说,她将会去劳伦学校帮助劳伦做家庭作业。丽塔去劳伦学校帮助她做作业的可能性有多大?	

续表

维度	信任对象	题 目	计分
情感	妈妈	A. 蒂娜告诉她妈妈,她在学校和一个男孩手拉手,但要求她妈妈不要告诉任何人。蒂娜的妈妈不告诉别人这件事的可能性有多大?	
		B. 海莉的妈妈不小心撕坏了海莉最喜欢的衬衫。海莉想知道她的衬衫怎么了。海莉的妈妈告诉海莉发生了什么事的可能性有多大?	
	爸爸	A. 宝拉为她母亲做了一件生日礼物。宝拉叫她父亲不要告诉她母亲她做了什么。宝拉的爸爸不告诉她妈妈这件礼物的事的可能性有多大?	
		B. 里亚告诉她的父亲,她正在努力完成学业,但要求她的父亲不要告诉别人这件事。里亚的父亲不告诉别人这件事的可能性有多大?	
	教师	A. 露西告诉她的老师,她看见另外两个孩子在操场上玩耍。她要求老师不要让其他孩子知道是谁告诉这件事的。老师不告诉孩子们的可能性有多大?	
		B. 玛蒂娜告诉她的老师,她对家里有些事很担心,但要求老师不要告诉任何人。玛蒂娜的老师不告诉别人的可能性有多大?	
	同伴	A. 加比带了一些糖果到学校。加比要求她的朋友不要告诉任何人关于糖果的事,这样她就不必和其他孩子分享了。加比的朋友不告诉其他孩子有关糖果的事的可能性有多大?	
		B. 苏菲给老师买了一件礼物作为惊喜。苏菲叫她的朋友不要把这个惊喜告诉老师。苏菲的朋友不告诉老师这个惊喜的可能性有多大?	
诚实	妈妈	A. 玛莎的妈妈说会将新的音乐CD借给玛莎。然而,玛莎的妈妈很享受在车里听音乐的时光。玛莎的妈妈把这张音乐CD借给玛莎的可能性有多大?	
		B. 简正在努力完成她的数学作业,她妈妈有时会帮助她。一天,简让妈妈帮她做数学作业。母亲说她帮不了简,因为她头痛。简的妈妈头疼的可能性有多大?	
	爸爸	A. 夏洛特问她的父亲她能不能借他的钓鱼竿。她父亲说他已经把它借给别人了。她父亲把鱼竿借给别人的可能性有多大?	
		B. 达莉亚要求她的父亲与她在学校踢足球。当她回到家,她的父亲说他太累了,不能踢足球。达莉亚的父亲累得不能踢足球的可能性有多大?	

续表

维度	信任对象	题目	计分
诚实	教师	A. 学校的网球队刚刚成立。米歇尔自愿成为球队的一员,但老师和同学们都知道米歇尔不擅长打网球。老师告诉米歇尔,网球队没有位置了。网球队没有位置的可能性有多大?	
		B. 老师告诉贝弗利的同学,在学校的最后一天,他们可以提前半小时下课。在上学的最后一天,老师发现她功课落后了。老师让学生提前半小时下课的可能性有多大?	
	同伴	A. 凯伦请尼古拉去看电影。尼古拉说她不能去,因为她觉得累了。尼古拉累了的可能性有多大?	
		B. 珍妮特向布伦达借1英镑,她借了。第二天,布伦达看到珍妮特戴着一只新手镯。珍妮特还布伦达钱的可能性有多大?	

5. 儿童认知、情感和躯体移情量表(CASES)

王 阳

(中国人民大学附属中学朝阳学校,北京,100085)

【摘要】 儿童认知、情感和躯体移情量表(Cognitive, Affective, and Somatic Empathy Scale, CASES)是由 Raine 和 Chen 等人(2017)编制的,是目前唯一的评价移情的自我报告量表。目前仅有 Jiang, Lin, & Fang(2017)在 860 名中国儿童身上对问卷的信效度进行了检验,均符合心理测量学标准。

1. 理论背景

由于神经科学的发展和对移情的神经机制的研究,在过去的 20 年里,研究者对移情表现出了浓厚的兴趣。移情并不是一个单一的过程,而是一个多面的建构(Blair,2005)。最有影响力的是情感性和情绪性移情(Blair,2005;Vachon、Lynam & Johnson,2014)。认知性移情涉及的是理解个人感受的能力—观点采择,是"心理理论"的能力(Decety,Bartal,Uzefovsky & Knafo-Noam,2016),反映的是对他人内部状态的心理意识。相反,情感性移情概述的是各种分享他人情绪体验的能力——去感受他人的感受。因此,这是两种相关且不同形式的移情(Vachon,Lynam & Johnson,2014)。

Blair(2005)认为有 3 种独立的但又形式相关的移情——情感性、认知性和躯体性移情——背后都有不同的神经系统。他认为躯体移情比另外两种更自动化,且包含了移情的一种原始的形式,在镜像神经元上有所显示。在这一过程中,对他人的认知经历了一种特殊的情感从而引发身体的动作。有研究者认为,镜像神经系统被认为是移情能力的关键神经基础(Iacoboni,2009)。类似地,其他研究者认为躯体移情是情感性移情所必须的,情感性移情会产生认知性移情(Van der Graaff et al., 2016)。

还有研究者进一步考虑了分享和间接体验他人消极和积极情感的能力,把移情划分成积极和消极形式,二者的结果也不同,比如,积极移情跟亲社会行为和健康有关(Morelli,Lieberman & Zaki, 2015)。

到目前为止,使用实验室方法已经能够测量躯体性移情,包括面部 EMG,躯体感觉事件相关电位和经颅磁躯体诱发电位。但目前只有 Raine 和 Chen 等人(2017)编制了自我报告量表。

2. 内容简介

儿童认知、情感和躯体移情量表是由 Raine 和 Chen 等人 2017 年编制的,共 30 道题目。10 个题目测量认知,10 个题目测量情感,10 个题目测量躯体。三个因素分别都有两个效价:积极移情(15 个题目)和消极移情(15 个题目)。目前只有 Jiang,Lin 和 Fang(2017)在 860 名中国儿童身上对问卷的信效度进行了检验。

3. 实施或使用方法

按照经典心理测量学的使用规范来实施。

4. 计分方法与解释

所有项目均为正向计分。认知的包括了 1、6、9、12、17、18、21、23、26、28 题。其中 1、17、9、23、28 题是认知的—积极的;6、18、21、26、12 题是认知的—消极的;2、5、8、10、13、16、19、22、25、27 题是情感的。其中,5、25、8、13、22 题是情感的—积极的;2、10、16、19、27 题是情感的—消极的。3、4、7、11、14、15、20、24、29、30 题是躯体的,其中,3、11、15、20、30 题是躯体性—积极的,4、7、14、24、29 题是躯体性—消极的。所有题目均在 3 个选项上进行选择:0 代表"很少",1 代表"有时",2 代表"经常"。

5. 信度与效度

确定性因素分析支持了两因素结构(积极和消极效价)和三因素(认知、情感和躯体移情)模式。整个移情量表的内部一致性系数为 0.91。认知、情感、躯体移情三领域及积极、消极移情的内部信度均是令人满意的,alpha 为 0.78~0.84。

由于儿童认知、情感和躯体移情量表是近两年才编制的,取样均来自西方。目前的相关研究并不多。仅有 Jiang 等人(2017)在 860 名中国儿童身上对问卷的信效度进行了检验。结果发现,二因素结构(积极—消极移情)比单因素模式更合适[$\Delta X2(1)=44.22, P<0.001$]。三因素模式是合理的[$\Delta X2(3)=179.59, P<0.001$]。整个移情量表的信度为0.92。构想效度也是满意的。女性的移情得分要显著高于男性,消极移情的效应量最大,$d=0.36$。低移情跟低 IQ 分数相关。

6. 应用价值与简要评价

儿童认知、情感和躯体移情量表,是目前唯一评价移情的自我报告量表。我们建议在中文情境中,面向不同的特殊群体,可以进一步检验。

参考文献

1. Blair R. J. R, 2005. Responding to the emotions of others: Dissociating forms of empathy through the study of typical and psychiatric populations. *Consciousness and Cognition*, 14: 698—718.

2. Decety J., Bartal I. B., Uzefovsky F. & Knafo-Noam A, 2016. Empathy as a driver of prosocial behaviour: Highly conserved neurobehavioural mechanisms across species. Philosophical Transactions of the Royal Society B: *Biological Sciences*, 371, 20150077.

3. Liu J, Qiao X, Dong F, Raine A, 2018. The Chinese version of the cognitive, affective, and somatic empathy scale for children: Validation, gender invariance and associated factors. *Plos One*, 13(5): e0195268.

4. Iacoboni M, 2009. Imitation, empathy, and mirror neurons. *Annual Review of Psychology*, 60: 653—670.

5. Morelli SA, Lieberman MD, Zaki J, 2015. The emerging study of positive empathy. *Social and Personality Psychology Compass*, 9: 57—68.

6. Vachon D. D., Lynam D. R. & Johnson J. A, 2014. The (Non)relation between empathy and aggression: Surprising results from a meta-analysis. *Psychological Bulletin*, 140: 751—773.

7. Van der Graaff J., Meeus W., de Wied M., van Boxtel A., van Lier P. A. C., Koot H. M. & Branje S, 2016. Motor, affective and cognitive empathy in adolescence: Interrelations between facial electromyography and self-reported trait and state measures. *Cognition & Emotion*, 30: 745—761.

附录
儿童认知、情感和躯体移情量表

题　目	很少	有时	经常
1. 我知道为什么我的朋友们很开心，即使他们都没说为什么。	1	2	3
2. 如果我看到我的朋友被愚弄，我会感到不舒服。	1	2	3
3. 看到他人笑，我也想笑。	1	2	3
4. 当我看到有人拔牙，我会流汗。	1	2	3
5. 看小狗玩耍使我感到快乐。	1	2	3
6. 我能分辨出什么时候一个人是内疚的。	1	2	3
7. 当我看到有人撞击时，我会退缩。	1	2	3
8. 听到体育观众的欢呼声使我感到激动。	1	2	3
9. 当一个人的心情很好时，我能通过他的表情和行为来判断。	1	2	3
10. 当我看到一个男人打一个毫无防备的女人，我会很生气。	1	2	3
11. 当我看到电影中有人冒险，我很兴奋。	1	2	3
12. 当一个人感到羞耻时，我能从他们的表情和行为上判断出来。	1	2	3
13. 看动作冒险电影让我心跳加速。	1	2	3
14. 当我看见我的朋友哭时，我的眼里也有泪水。	1	2	3
15. 看到有人在享用美味的甜点，我都流口水了。	1	2	3
16. 看到人们在葬礼上悲伤，我也会感到悲伤。	1	2	3
17. 我能理解在一个令人兴奋的情境中，那些角色是如何感受的。	1	2	3
18. 在一个人还没说出原因前，我就能知道他为什么不开心。	1	2	3
19. 当看到一个人用枪指着一个手无寸铁的人时，我会感到害怕。	1	2	3
20. 看到人们看起来很高兴，我不禁咧嘴一笑。	1	2	3
21. 当朋友被取笑时，我能理解他们为什么不高兴。	1	2	3
22. 当有人告诉我他们经历的一些好消息时，我感到很开心。	1	2	3
23. 通过家人们的谈话，我能知道他们什么时候是开心的。	1	2	3
24. 当我看到有人被割伤或流血时，我就害怕。	1	2	3
25. 看到孩子们跑来跑去玩我感到很高兴。	1	2	3

续表

题 目	很少	有时	经常
26. 通过一个人的表情,我能判断一个人是否失望。	1	2	3
27. 当一个小孩被一条大狗追时,我会感到担心。	1	2	3
28. 当别人描述自己很开心时,我能感同身受。	1	2	3
29. 当我看到恐怖的电视节目时,我的心跳会加快。	1	2	3
30. 当我看到孩子们笑的时候,我也笑了。	1	2	3

6. 社会与健康情绪量表(中学版)(SEHS-S) *

王晓静

(清华大学新雅书院,北京,100084)

【摘要】 社会与健康情绪量表(中学版)(Social and Emotional Health Survey-S,SEHS-S)由 Furlong 等(2014)编制,广泛应用于评价中学生的心理健康状况,也是中学生心理健康测评领域的具有代表性的测量工具。国内已有社会与健康情绪量表(中学版)中文修订版本,均符合心理测量学标准。本文详细介绍了谢家树等(2017)修订的中文社会与健康情绪量表(中学版)的实施与使用方法。

1. 理论背景

青少年心理健康状态直接影响青少年的成长与发展。对青少年的心理健康状态进行精准的测量,对于及时发现和治疗青少年心理疾患,促进其健康发展意义重大。最初,以精神病理学为核心的青少年心理健康单维模型把心理痛苦和幸福感看作两个相反的心理状态,用心理健康状态连续体的两个相反的极端表示。该模型认为,减少青少年的心理痛苦(如情绪和行为问题)与增强他们的幸福感(如快乐或者亲社会行为)是相同意思,反之亦然(Keyes,2007)。随着积极心理学的发展,学者们逐渐发现,心理健康应是包括积极层面的心理健康指标和消极层面的心理病理指标的双因素模型(Suldo&Shaffer,2008;Doll,2008;Antaramian et al.,2010;)。在考虑青少年的完全心理健康时,需要同时关注个体的心理痛苦症状和积极心理品质(Seligman,2009)。Furlong 等 2014 年出版的

---

* 测评工具研发成果参见:
1. 潘彦谷,张大均,陈万芬,刘广增.(2016).社会与情绪健康量表在中国中学生中的验证.*中国临床心理学杂志*,24(4):680—683.
2. 谢家树,刘姗,Chunyan Yang,Michael J. Furlong,Cixin Wang,邓婷·博延顿,邓静蓉.(2018).社会与情绪健康量表(小学版)中文再修订.*中国临床心理学杂志*,26(3):522—527.
3. 谢家树,刘姗,Yang C,等.(2017).社会与情绪健康量表(中学版)中文版修订.*中国临床心理学杂志*,25(6):1012—1016.

《学校积极心理学手册(第二版)》提出了一个积极心理品质新概念,即共同生命力(covitality),指由多个积极心理品质模块相互作用产生的共同积极效应,并在共同生命力模型基础上开发了社会和情绪健康量表(Social and Emotional Health Survey,SEHS)。这套工具针对不同年龄段学生分为三个版本:小学版(Social and Emotional Health Survey-Primary,SEHS-P)、中学版(Social and Emotional Health Survey-Secondary,SEHS-S)和大学版(Social and Emotional Health Survey-Higher Education,SEHS-HE)(Furlong,2013,2014;YouS,2014;Sukkyung You,2015)。其中 SEHS-S 已被多次修订,并且在美国以外的其他文化背景下广泛使用,日本、韩国、秘鲁、澳大利亚、中国等国家的中学生实证研究结果均支持共同生命力的理论构想(LeeS,2015;ItoA,2015;谢家树,2017;潘彦谷,2016)。

2. 内容简介

社会与情绪健康量表(中学版)由 Furlong 等(2014)编制,量表包括 36 个题项,4 个维度,12 个指标。第 1~30 题采用 Likert 4 级计分,从"完全不符合"到"完全符合";第 31~36 题采用 Likert 5 级计分,也是从"完全不符合"到"完全符合"。中文版有代表性的版本有两个:一个是潘彦谷和张大均等(2016)编制的中文版;另一个是谢家树等(2017)编制的中文修订版。谢家树的 SEHS-S 中文修订版维度结构与原量表一致,由 12 个测量指标所构成的 4 个核心积极特征维度,可以有效地聚合到二阶因子综合活力共同生命力上,4 个维度包括:情绪能力、有活力的生活、对自己的信念、对他人的信念。

3. 实施或使用方法

按照经典心理测量学的使用规范来实施。

4. 计分方法与解释

社会与情绪健康量表(中学版)(16 版)共有 36 个条目,分为 4 个维度,12 个指标,36 个题项,均采用 Likert 6 级计分,其中,1 代表"完全不像我",6 代表"就是我"。

5. 信度与效度

以谢家树(2017)的研究为例,修订后的中文版 SEHS-S 具有良好的信效度,其中全量表和 4 个分量表的α系数均在 0.80 以上,符合心理测量学标准,间隔 3 周之后的重测相关系数为 0.891,这表明中文版本 SEHS-S 具有良好的跨时间一致性。验证性因素分析结果表明,一阶 4 因素和二阶模型都有较好的拟合指标,但从模型节俭的角度,并且考虑到原量表的理论结构,可以认为二阶模型是合适的。综合活力得分与学生主观幸福感以及抑郁、焦虑、自评学业成绩进行的相关分析表明,该量表具有良好的效标效度。对男女和初、高中生样本所做的等值性检验结果表明,中文版本 SEHS-S 具有跨性别的部分等值性和跨年级的完全等值性。潘彦谷和张大均等(2016)对社会与情绪健康量表在中国中学生中的适用性进行验证发现,总量表和 4 个分量表的内部一致性α系数都在 0.80 以上,符合心理测量学要求。重测信度检验表明,总量表和分量表在间隔 4 周两次测量间相关系数均较高,表明量表具有较好的稳定性。

6. 应用价值与简要评价

社会与健康情绪量表(中学版)广泛应用于青少年心理健康领域的研究,是青少年心理健康领域具有代表性的自评工具。中文版 SEHS-S 具有良好的信效度,可以作为评估中学生积极心理品质的有效工具。

参考文献

1. Antaramian SP,Huebner ES,Hills KJ,et al,2010. A dual-factor model of mental health: toward a more comprehensive understanding of youth functioning[J]. *American Journal of Orthopsychiatry*,80(4): 462—472.
2. Doll B,2008. The Dual Factor model of mental health in youth[J]. *School Psychology Review*,37(1): 69—73.
3. Furlong MJ,Gilman R,Huebner ES,2014. *Handbook of Positive Psychology in Schools* (Second Edition[M]). Routledge.
4. Furlong MJ,You S,Renshaw TL,et al,2014. Preliminary development and validation of

the Social and Emotional Health Survey for secondary school students[J]. *Social Indicators Research*,117(3):1011—1032.

5. Furlong MJ,You S,Renshaw TL,et al,2013. Preliminary development of the Positive Experiences at School Scale for elementary school children[J]. *Child Indicators Research*,6:753—775.

6. Ito A,Smith D,You S,et al,2015. Validation and utility of the Social Emotional Health Survey-Secondary for Japanese students[J]. *Contemporary School Psychology*,19:243—252.

7. Keyes CL,2007. Promoting and protecting mental health as flourishing:acomplementary strategy for improving national mental health[J]. *American Psychologist*,62(2):95—108.

8. Lee S,You S,Furlong MJ,2015. Validation of the Social Emotional Health Survey-Secondary for Korean Students[J]. Child Indicators Research. First on line 24 January.

9. Seligman ME,Ernst RM,Gillham J,et al,2009. Positive education:Positive psychology and classroom interventions[J]. *Oxford Review of Education*,35(3):293—311.

10. Sukkyung You,Michael Furlong,Erika Felix,Meagan O'Malley,2015. Validation of the Social and Emotional Health Survey for Five Socio cultural Groups:Multigroup Invariance and Latent Mean Analyses[J]. *Psychology in the Schools*,52(4):349—362.

11. Suldo SM,Shaffer EJ,2008. Looking beyond psychopathology:the dual factor model of mental health in youth[J]. *School Psychology Review*,37(1):52—68.

12. You S,Furlong MJ,Dowdy E,et al,2014. Further validation of the Social and Emotional Health Survey for high school students[J]. *Applied Research in Quality of Life*,9:997—1015.

13. 潘彦谷,张大均,陈万芬,刘广增,2016.社会与情绪健康量表在中国中学生中的验证[J]. *中国临床心理学杂志*,24(4):680—683.

14. 谢家树,刘姗,Chunyan Yang,Michael J.Furlong,Cixin Wang,邓婷·博延顿,邓静蓉,2018.社会与情绪健康量表(小学版)中文再修订[J]. *中国临床心理学杂志*,26(3):522—527.

15. 谢家树,刘姗,Yang C.,等,2017.社会与情绪健康量表(中学版)中文版修订[J]. *中国临床心理学杂志*,25(6):1012—1016.

附录

社会与健康情绪量表（中学版）

请根据你最近几周的心理感受回答下列问题。依据你的第一反应和直觉在相应的方格内画√，这不是考试，没有对错好坏之分。请注意不要漏答或填错位置。

维度	指标	题　目	完全不像我	不像我	有点不像我	有点像我	像我	就是我
对自己的信念	自我效能	1. 我能够解决自己遇到的问题。	1	2	3	4	5	6
		2. 如果我尽力的话，我能处理好大部分事情。	1	2	3	4	5	6
		3. 我能做好很多事情。	1	2	3	4	5	6
	自我意识	4. 我的生活是有目标的。	1	2	3	4	5	6
		5. 我懂得自己的心情和感受。	1	2	3	4	5	6
		6. 我明白我为什么会做这些事。	1	2	3	4	5	6
	坚持	7. 当我有不明白的问题，我会一遍又一遍地请教老师，直到弄明白为止。	1	2	3	4	5	6
		8. 我尽力回答所有课堂上他人提出的问题。	1	2	3	4	5	6
		9. 当我尽力去解决一个数学问题的时候，我会不断尝试直到找到最终解决方案。	1	2	3	4	5	6
对他人的信念	学校支持	10. 在我的学校里，总有一个老师或者其他成年人想让我尽力做到最好。	1	2	3	4	5	6
		11. 在我的学校里，有一个老师或者其他成年人愿意聆听我的心声。	1	2	3	4	5	6
		12. 在我的学校，总有一个老师或者其他成年人相信我将来会取得成功。	1	2	3	4	5	6
	家庭和谐	13. 我的家人的确彼此相互帮助和支持。	1	2	3	4	5	6
		14. 我的家庭和睦团结。	1	2	3	4	5	6
		15. 我的家人的确彼此相处融洽。	1	2	3	4	5	6
	同伴支持	16. 我有一个非常关心我的同龄朋友。	1	2	3	4	5	6
		17. 我有一个同龄朋友，他/她会和我讨论我遇到的问题。	1	2	3	4	5	6
		18. 我有一个在我有困难时会帮助我的同龄朋友。	1	2	3	4	5	6

续表

维度	指标	题目	完全不像我	不像我	有点不像我	有点像我	像我	就是我
情绪能力	情绪调节	19. 我对自己的行为负责。	1	2	3	4	5	6
		20. 当我犯错误时,我会承认。	1	2	3	4	5	6
		21. 我可以处理好他人对我的拒绝。	1	2	3	4	5	6
	共情	22. 有人受伤害会让我感觉不好。	1	2	3	4	5	6
		23. 我尝试着去理解别人所经历的事情。	1	2	3	4	5	6
		24. 我尝试着去理解别人的感受和想法。	1	2	3	4	5	6
	自我鉴别	25. 我能为我想得到的东西而等待。	1	2	3	4	5	6
		26. 别人忙时,我不会去打扰他们。	1	2	3	4	5	6
		27. 在行动前我会先思考。	1	2	3	4	5	6
有活力的生活	感恩	28. 从昨天以来,我心怀感恩。	1	2	3	4	5	6
		29. 从昨天以来,我心怀感谢。	1	2	3	4	5	6
		30. 从昨天以来,我心怀感激。	1	2	3	4	5	6
	热情	31. 我感觉自己现在精力充沛。	1	2	3	4	5	6
		32. 我感觉自己现在充满活力。	1	2	3	4	5	6
		33. 我感觉自己现在充满热情。	1	2	3	4	5	6
	乐观	34. 我每天期待着经历一些有趣的事情。	1	2	3	4	5	6
		35. 我通常期待拥有美好的一天。	1	2	3	4	5	6
		36. 总的说来,我期待在我身上发生更多好事,而非坏事。	1	2	3	4	5	6

你存在如下身心问题吗?(选择所有适用于你的)

身体缺陷□   听力障碍□   失聪□   失明□
情绪障碍□   身体病弱□   学习障碍□   无□

对自己的信念:

自我效能:1、2、3   自我意识:4、5、6   坚持:7、8、9

对他人的信念:

学校支持:10、11、12   家庭和谐:13、14、15   同伴支持:16、17、18

情绪能力：

情绪调节：19、20、21　　共情：22、23、24　　自我控制：25、26、27

有活力的生活：

感恩：28、29、30　　热情：31、32、33　　乐观：34、35、36

7. 父母养育心理灵活性问卷（PPFQ）*

徐继红

（国家卫生健康委员会科学技术研究所，北京，100081）

【摘要】 父母养育心理灵活性问卷（Parental Psychological Flexibility Questionnaire，PPFQ）由 Burke 和 Moore（2014）编制，是一种父母报告式量表。我国学者李志红等人（2018）修订了 PPFQ 的中文版本，并在小学（6～12 岁）父母人群中施测得到了良好的信度和效度。该问卷主要用于评估儿童和青少年（10～18 岁）父母的心理灵活性。通过测量和干预父母的养育心理灵活性可以有效改善儿童的各种心理问题，这也是未来研究发展的趋势之一。

1. 理论背景

2006 年，Hayes 指出接纳承诺疗法（Acceptance and Commitment Therapy，ACT）的总体目标是增加个体心理灵活性，并将心理灵活性定义为个体能充分接触当下所处的外在情境，同时能有意识地觉察到当下内在心境，最终在个人价值方向清晰地指引下，灵活地选择坚持或改变行为。Kashda（2010）认为心理灵活性是健康的一个基本方面，较高的心理灵活性与高质量的生活、情绪健康、工作满意度等积极体验有关。个体的心理灵活性甚至还会对个体之外更为广泛的系统（尤其是家庭系统）产生影响。例如，父母的心理灵活性与青少年的压力水平有关，而且心理灵活性水平较低的父母在育儿过程中更容易采取不恰当的教养方式。

Burke 和 Moore（2014）在总结已有量表的基础上，编制了父母养育心理灵活性问卷，并发展了父母养育心理灵活性（Parental Psychological Flexibility，PPF）的概念，认为这是父母在养育过程中接纳自己对于孩子的负性想法、情绪和冲动，

---

* 测评工具研发成果参见：
1. 李志红，杨林华，朱丽莎，祝卓宏.（2018）.父母养育心理灵活性问卷中文版的信效度初步研究.中国心理卫生杂志，32(2)：166—173.

仍能采取与其养育价值观一致的有效养育行为。父母养育心理灵活性体现在认知解离（cognitive defusion，CD）、承诺行动（committed action，CA）和接纳（acceptance，A）、关注当下（being present，BP）、以己为景（self as context，SC）和明确价值（Values，V）6方面。而 PPFQ 并未涵盖 PPF 的 6 个方面，只包含了认识解离、承诺行动、接纳三个核心成分，但仍能很好地代表 PPF。其中认知解离是指父母具备在养育过程中把自身情绪、想法与养育相关的行为分离开的能力，使养育行为和决定不受自身情绪和想法的控制；承诺行动指父母在养育过程中承诺行动的能力，即父母让孩子以适当的方式来维护他们自身的独立性，父母则从孩子的选择和行动中暂且退出；接纳是指父母在养育过程中能接纳且不去改变和回避那些使自己痛苦的情绪和想法，并能够成为有影响力的父母。

2. 内容简介

父母养育心理灵活性问卷由 Burke 和 Moore(2015)编制。该问卷共 19 个条目，包含认知解离、承诺行动、接纳 3 个分问卷，分别包括条目 1~8、9~13、14~19。每个条目采用 Likert 7 级计分（1 代表"非常不符合"；2 代表"比较不符合"；3 代表"有点不符合"；4 代表"不确定"；5 代表"有点符合"；6 代表"比较符合"；7 代表"非常符合"），其中条目 1~13 为反向计分，条目 14~19 为正向计分。分问卷认识解离、承诺行动、接纳的内部一致性 α 系数分别为 0.88、0.75 和 0.74。

父母养育心理灵活性问卷中文修订版由李志红等人(2018)在此基础上修订。修订版问卷共有 16 个条目，同样包含认知解离、承诺行动、接纳 3 个因子，其中认知解离包含条目 1、2、3、4、5、6、7、8，承诺行动包含条目 9、10、11，接纳包含条目 12、13、14、15、16。认知解离、承诺行动、接纳得分越高，表示父母的认知解离、承诺行动、接纳程度越高。总分越高表示父母养育心理灵活性越高。

3. 实施或使用方法

按照经典心理测量学的使用规范来实施。

4. 计分方法与解释

中文版量表采用 Likert 7 级计分方法（1 代表"非常不符合"；2 代表"比较不

符合";3代表"有点不符合";4代表"不确定";5代表"有点符合";6代表"比较符合";7代表"非常符合")。其中,条目1~11为反向计分,12~16为正向计分。认识解离、承诺行动、接纳得分越高,表示父母的认知解离、承诺行动、接纳程度越高。总分越高表示父母养育心理灵活性越高。

5. 信度与效度

李志红等人(2018)选取北京市1 015名1~6年级全体学生($M_{age}=9$,$SD=1$)的父母为受测者,并对其中225人进行了7周后的重测。结果显示,该问卷具有良好的内部一致性信度和重测信度。其中总问卷的内部一致性α系数为0.85,认识解离、承诺行动、接纳3个分问卷的α系数分别为0.85、0.82、0.77;总问卷的重测信度为0.75,认识解离、承诺行动、接纳3个分问卷的重测信度分别为0.67、0.55、0.56。

研究者在总样本中随机抽取389人,采用认知融合问卷(CFQ)、接纳与行动问卷第二版(AAQ-Ⅱ)、自评焦虑量表(SAS)、自评抑郁量表(SDS)、正念注意觉知量表(MAAS)、特质应对方式问卷(TCSQ)和Conners儿童行为问卷CBRS检验PPFQ的效标效度,结果显示PPFQ总分及各分问卷得分与CFQ、AAQ-Ⅱ、SAS、SDS、TCSQ消极应对、CBRS得分均呈负相关,与MAAS、TCSQ积极应对得分呈正相关,这表明该问卷具有良好的效标关联效度。研究者根据嵌套模型比较法检验问卷的区别效度,结果显示PPFQ的3个因子彼此之间都具有良好的区别效度($P<0.01$)。

6. 应用价值与简要评价

在父母教育领域,PPFQ是一种新型的测量工具,可以用于测量父母在教养情境中心理灵活性水平的高低。一方面,通过测量父母的养育心理灵活性水平,可以更好地探索父母心理灵活性如何在理论和实践中影响青少年的发展;另一方面,通过干预父母的养育心理灵活性,可以有效改善儿童的各种心理问题,这也是未来研究的趋势之一。

参考文献

1. Bond F. W. & Bunce D, 2003. The role of acceptance and job control in mental health, job satisfaction, and work performance.*Journal of Applied Psychology*, 88(6): 1057.
2. Brown F. L., Whittingham K., Boyd R. N., McKinlay L. &Sofronoff K, 2015. Does Stepping Stones Triple P plus Acceptance and Commitment Therapy improve parent, couple, and family adjustment following paediatric acquired brain injury? A randomised controlled trial.*Behaviour Research and Therapy*, 73: 58—66.
3. Burke K. & Moore S, 2014. Development of the parental psychological flexibility questionnaire.*Child Psychiatry & Human Development*, 46(4): 548—557.
4. Butler J. &Ciarrochi J, 2007. Psychological acceptance and quality of life in the elderly. *Quality of life Research*, 16(4): 607—615.
5. Cheron D. M., Ehrenreich J. T. & Pincus D. B, 2009. Assessment of parental experiential avoidance in a clinical sample of children with anxiety disorders. *Child Psychiatry and Human Development*, 40(3): 383—403.
6. Hayes S. C., Luoma J. B., Bond F. W., Masuda A. & Lillis J, 2006. Acceptance and commitment therapy: Model, processes and outcomes.*Behaviour Research and Therapy*, 44(1): 1—25.
7. Kashdan T. B. &Rottenberg J, 2010. Psychological flexibility as a fundamental aspect of health.*Clinical Psychology Review*, 30(7): 865—878.
8. Williams K. E., Ciarrochi J. & Heaven, P. C, 2012. Inflexible parents, inflexible kids: A 6-year longitudinal study of parenting style and the development of psychological flexibility in adolescents.*Journal of Youth and Adolescence*, 41(8): 1053—1066.
9. 李志红, 杨林华, 朱丽莎, 祝卓宏, 2018. 父母养育心理灵活性问卷中文版的信效度初步研究.*中国心理卫生杂志*,32(2): 166—173.

附录

父母养育心理灵活性问卷

指导语：结合你对孩子的日常教育，请在下面每个句子右边评价值一栏中，在最适合的数值上画√，1代表"非常不符合"，2代表"比较不符合",3代表"有点不符合",4代表"不确定",5代表"有点符合",6代表"比较符合",7代表"非常符合"。

题 目	非常不符合	比较不符合	有点不符合	不确定	有点符合	比较符合	非常符合
1. 我的情绪阻碍我成为自己心目中完美的父亲／母亲。	1	2	3	4	5	6	7
2. 我的担忧阻碍自己成为一位出色的父亲／母亲。	1	2	3	4	5	6	7
3. 我的情绪导致自己和孩子之间出现了问题。	1	2	3	4	5	6	7
4. 我认为绝大多数父母都比我做得好。	1	2	3	4	5	6	7
5. 痛苦的记忆让我不能够按照自己希望的方式来教养孩子。	1	2	3	4	5	6	7
6. 我的感受阻碍了自己做对孩子有益的事情。	1	2	3	4	5	6	7
7. 我担心不能控制自己对孩子的情绪。	1	2	3	4	5	6	7
8. 心情好的时候我才能向孩子表达关爱。	1	2	3	4	5	6	7
9. 有很多事情我不能让孩子和小伙伴们去做,因为我觉得如果出了事情,孩子自己无法处理。	1	2	3	4	5	6	7
10. 因为过分担心孩子,我曾经不让孩子做他们认为重要的事情(如和朋友在一起玩耍,一个人去上学)。	1	2	3	4	5	6	7
11. 我不允许孩子做令我担心的事情。	1	2	3	4	5	6	7
12. 即使在我感到疲惫、紧张、悲伤或愤怒的时候,我仍能承担起教养孩子的责任。	1	2	3	4	5	6	7
13. 即使生孩子的气,我仍然能做一个好父亲／母亲。	1	2	3	4	5	6	7
14. 无论我想什么或有什么感受,我都能和孩子保持良好的关系。	1	2	3	4	5	6	7
15. 无论我的感受如何,都不会影响我如何对待孩子。	1	2	3	4	5	6	7
16. 教养孩子时的不可预知性使做父母变得有趣和有收获。	1	2	3	4	5	6	7

8. 发展性资源分析量表（DAP）[①]

高 阳

（西北大学公共管理学院，西安，710127）

【摘要】 发展性资源分析量表（Pevelopmental Assets Profile Technical Manual，DAP）是基于积极青少年发展构建，用于评估一系列有效促进所有青少年获得健康发展结果的相关经验、关系、技能和价值观。过去20年间，发展性资产分析量表在十余个国家被广泛使用，在跨文化以及纵向追踪研究中都有较好的信效度，是积极青少年发展研究领域最常用的测量工具。

1. 理论背景

青少年是当前及未来人类社会赖以发展的人力资本，促进青少年健康发展是各国的重要发展战略目标。自从20世纪初，美国心理学家G. Stanley Hall 创立青少年心理学以来长达半个多世纪的时间里，青少年发展研究在很大程度上一直以有关青少年"缺陷"（deficit）观为基础。修复或预防成为这一时期最常见的研究及实践模式，其基本范式首先是对青少年问题（如学业失败、酒精滥用、暴力行为、未成年怀孕等）加以鉴别，然后进行针对性地干预以降低其发生率或进行早期预防以避免其发生。但事实上，这种以问题为中心的解决方法通常不能发挥预期作用，即使在实施干预之后，高风险行为依然有高发生率（Great Transitions: Preparing Adolescents for a New Century, Carnegie Corporation of New York，1995）。

20世纪以来，随着发展系统理论（Developmental Systems Theory）逐步成为青少年研究和实践服务领域的主导性的理论框架，发展心理学研究开始关注人类发展潜在的可塑性（Lerner，1998）。持积极青少年发展观（Positive Youth Development Perspective，PYD）的当代发展心理学家强调青少年自身所具备的

[①] Search Institute (2005). Developmental assets profile technical manual. Minneapolis: Author.

健康发展的潜力,主张应把青少年作为一种资源去培育,而不是作为问题去管理(Damon,2004;Roth & Brooks-Gunn,2003)。青少年"优势"(strengths)观是对长久以来在发展心理学中占据主导地位的"缺陷"观的补充和平衡,其出现迅速推动了发展心理学知识的创新与应用。PYD的核心观点包括:(1)将优势视为发展的基础,强调阐释促进最佳发展的因素而不是与问题行为有关的因素;(2)强调儿童在家庭、学校、邻里等多重背景中发展,任何试图描述发展的研究都必须反映各种各样的发展背景;(3)重视关系,认为积极发展是青少年意向性和有意义的关系的作用结果(Benson,Scales,Hamilton & Sesma,2006)。PYD包含了一系列描述人类积极发展指标、路径和条件的概念模型和理论框架,发展资源(Developmental Assets)就是PYD的重要代表。

发展资源由明尼阿波利斯Search研究院(Search Institute in Minneapolis)以Benson博士为首的研究团队于1990年提出(Benson,1990;Sesma,Mannes & Scales,2005),是指一系列能够有效促进所有青少年获得健康发展结果的相关经验、关系、技能和价值观(Benson,Leffert,Scales & Blyth,1998),是"增强儿童和青少年健康发展的社会和心理优势"(Benson,2003)。Search研究院最初提出的发展资源有30种。在继续查阅大量相关文献、访谈青少年的实践以及开展实证研究的基础上,1996年Search研究院重新扩充了原有的资源框架,发展为8个类别共40种。发展资源量表力图在其测量结构中充分反映PYD的核心观点,从发展资源内涵的界定到资源分类都与PYD的核心理念及假设密切相关,40种资源中的每一种都有理论支撑(Scales & Leffert,2004)。

2. 内容简介

DAP共包含58个条目,用来评估40种发展性资源,包括外部资源(external assets)和内部资源(internal assets)各20种。外部资源代表了能够促进青少年健康发展的环境特征,又称为生态资源,主要指成人通过加强联系以及提供机会使青少年获得积极的发展经验(Benson,2002)。内部资源代表了青少年个体具有的引导其行为的价值标准、胜任特征和技能等(Benson,2002)。每一类具体分类和定义见附录。

附录

青少年的 40 种发展资源

类别	外部资源	定义
支持	1. 家庭支持	家庭生活给青少年提供高水平的爱与支持。
	2. 积极的家庭沟通	青少年与父母进行积极沟通，愿意从父母那里获得建议和忠告。
	3. 与其他长者建立良好关系	青少年从 3 个或更多长者（非父母）那里得到支持。
	4. 关怀的邻居	青少年得到邻居的关照与爱护。
	5. 关爱的学校氛围	学校提供关心的、鼓励的环境。
	6. 父母参与学校生活	父母积极参与，帮助青少年取得学业成功。
授权	7. 社区重视青少年	青少年感受到社区成人重视他们。
	8. 青少年是一种资源	青少年在社区里被委以重任。
	9. 为他人服务	青少年每星期参与社区服务 1 小时或更多。
	10. 安全	青少年在家里、学校和邻居中感到安全。
规范及期望	11. 家庭规范	家庭有明确的纪律和奖惩办法，并监控青少年的行踪。
	12. 学校规范	学校有明确的纪律和奖惩办法。
	13. 邻里规范	邻居有责任监控青少年在社区内的所作所为。
	14. 成人角色示范	父母和其他成人做出积极的、负责任的行为。
	15. 积极的同伴影响	青少年最好的朋友表现出积极的、负责任的行为。
	16. 高期望	父母和老师都鼓励青少年凡事要尽其所能去做好。
有效利用时间	17. 创意活动	青少年每星期至少花 3 小时用于音乐、戏剧或其他艺术形式的课程或实践活动。
	18. 青少年项目	青少年每星期至少花 3 小时参加体育、社会或学校、社区组织的集体活动。
	19. 宗教社团	青少年每星期至少花 1 小时参加宗教团体活动。
	20. 留在家中	青少年每星期与朋友外出"游荡"少于两个晚上。
学习投入	21. 成就动机	青少年力求学业有良好表现。
	22. 学校参与	青少年积极投入学习。
	23. 家庭作业	青少年每个学日至少做 1 小时的家庭作业。

续表

类别	外部资源	定义
学习投入	24. 关心学校	青少年关心自己的学校。
	25. 阅读乐趣	青少年每星期至少花 3 小时为乐趣而读书。
积极价值观	26. 关爱	青少年看重助人品行。
	27. 平等与社会公正	青少年以提倡平等、减少饥饿和贫穷为己任。
	28. 正直	青少年按照信念行事并坚持信仰。
	29. 诚实	青少年即使在困难的情况下仍选择说实话。
	30. 责任感	青少年接受和履行个人责任。
	31. 克制	青少年认为不纵欲、不滥用酒精和药物很重要。
社会胜任力	32. 制订计划和决策能力	青少年知道怎样制订计划及作出明智选择。
	33. 交往能力	青少年具备同情心、敏感性和交友技巧。
	34. 文化的能力	青少年对不同文化、种族、民族的人有所了解，并能和他们安然共处。
	35. 抵制技巧	青少年能够抵制不良同伴压力和应对危险的处境。
	36. 和平解决冲突	青少年寻求通过非暴力的方式解决冲突。
自我肯定	37. 个人潜能	青少年感到自己有能力控制发生在自己身上的事情。
	38. 自尊	青少年拥有高自尊水平。
	39. 目标感	青少年意识到我的人生有目标。
	40. 积极看待未来	青少年对自己的未来持乐观态度。

3. 实施或使用方法

按照经典心理测量学的使用规范来实施。

4. 计分方法与解释

DAP 采用 Likert 5 级计分，每个项目后，受试者根据自己对项目中描述与实际符合程度选择：一点都没有/极少、有点/有时、中间、非常/经常、极度/几乎一直。测量指标是一个资产类别内项目的平均分。得分越高，表明拥有的发展资产水平越高。

5. 信度与效度

根据DAP技术手册(Developmental assets profile technical manual)(Search Institute, 2005)的数据显示,采用DAP累计对1 300名6～12年级美国青少年进行测试,对量表的信效度进行了检验。结果显示量表具有较好的内部一致性,每个分维度的内部一致性α系数均大于或等于0.80,重测相关系数为0.60～0.70。按照8个类别进行发展资产统计的结果,与长时程的个人发展资产态度和行为调查[Attitudes and Behavior (A&B) Survey]结果具有很高的相关性,证明该量表具有较好的聚合效度。

Search研究院在2009—2010年又利用发展资源分析量表累计对来自美国、阿尔巴尼亚、孟加拉国、日本、黎巴嫩以及菲律宾的110 000名青少年进行测量。对量表进行了信效度检验,结果显示,各个分维度的内部一致性α系数大多处于0.70～0.80,个别在0.60左右,重测相关系数在0.60左右。探索性和验证性因素分析的结果均表明DAP具有较好的结构效度,项目在所属因子上的因素负荷均超过了0.58,验证性因素分析的拟合指标也都达到了建议值。

6. 应用价值与简要评价

DAP用于评价积极青少年发展,搜索协会及其他学者的研究提供了丰富的实验数据。根据搜索协会2011年的研究(Scales, 2011),DAP能有效应用于不同文化背景下的积极青少年发展研究,并且用于监测评估青少年发展的教育干预项目。不过青少年积极发展内涵和结构研究主要来自西方,国内的研究鲜见。但积极青少年发展的内涵和结构及其理论体系具有鲜明的文化情境性特点,东西方文化间的差异巨大,而且中国还具有明显的地域差异和亚文化差异(如城乡差异等)。这些差异,势必使积极青少年发展的内涵和理论体系具有鲜明的文化特异性特点。因此,需要系统地探讨基于中国文化背景的积极青少年发展。国内已有学者扎根中国国情建构中国文化背景下积极青少年发展的内涵、结构及理论框架,开发了积极青少年发展测量工具及指标体系(如林丹华,柴晓运,李晓燕,刘艳,翁欢欢,2017),提出了青少年积极发展"爱、志、信、毅"的品格结构,目前这些本土工具尚缺少充分的实证研究,我们建议结合搜索协会的DAP一起使用。

参考文献

1. Benson P. L, 2003. Developmental assets and asset-building community: Conceptual and empirical foundations[M]. In R. M. Lerner & P. L. Benson (Eds.), *Developmental assets and asset-building communities: Implications for research, policy, and practice* (pp. 19-43). New York: Kluwer Academic/Plenum Publishers.

2. Benson P. L, 2006. *All kids are our kids: What communities must do to raise caring and responsible children and adolescents*[M]. San Francisco: Jossey-Bass.

3. Benson P. L., Leffert N., Scales P. C. & Blyth D. A, 1998. Beyond the "village" rhetoric: Creating healthy communities for children and adolescents[J]. *Applied Developmental Science*, 2(3): 138—159.

4. Damon W., Menon J. & Bronk K. C, 2003. The development of purpose during adolescence [J]. *Applied Developmental Science*, 7(3): 119—128.

5. Damon W, 2004. What is positive youth development? [J]. The Annals of the American Academy of Political and Social Science, 591, 13-24.

6. Lerner R. M, 1998. Theories of human development: Contemporary perspectives[M]. In R. M. Lerner (Ed.), W. Damon (Series Ed.), *Handbook of child psychology: Vol. 1. Theoretical models of human development* (5th ed.). New York: Wiley.

7. Roth J. L. & Brooks-Gunn J, 2003. What exactly is a youth development program? Answers from research and practice[J]. *Applied Developmental Science*, 7(2): 94—111.

8. Search Institute, 2005. *Developmental assets profile technical manual*[M]. Minneapolis: Author.

9. Scales P. C, 2011. Youth developmental assets in global perspective: results from international adaptations of the developmental assets profile[J]. *Child Indicators Research*, 4 (4): 619—645.

10. Scales P. C. & Leffert N, 2004. *Developmental assets: A synthesis of the scientific research on adolescent development* (2nd ed.)[M]. Minneapolis: Search Institute.

11. 林丹华, 柴晓运, 李晓燕, 刘艳, 翁欢欢, 2017. 中国文化背景下积极青少年发展的结构与内涵——基于访谈的质性研究[J]. 北京师范大学学报(社会科学版), (6): 14—22.

12. 常淑敏, 张文新, 2013. 人类积极发展的资源模型——积极青少年发展研究的一个重要取向和领域[J]. 心理科学进展, 21(1): 86—95.

13. Lerner R. M. & Benson P. L, 2003. *Development Assets and Asset-Building Communities: A View of the Issues*[M]. New York: Springer US.

第六部分
积极组织与领导力
Positive Organizations and Leaderships

1. 明尼苏达满意度量表（MSQ）[*]

姚彦莉

（清华大学社会科学学院，北京，100084）

【摘要】 明尼苏达工作满意度量表（Minnesota Satisfaction Questionnaire，MSQ）由 Weiss，Dawis，England 和 Lofquist（1967）编制，广泛应用于评价工作满意度，是工作满意度最具有代表性的和使用最多的自评工具。国内已有针对教师、护士等修订版本，均符合心理测量学标准。

1. 理论背景

工作满意度最早由 Hoppock 于 1935 年提出，他认为是工作者在生理和环境两方面的对工作的心理满足感受，是工作者对工作情境的一种主观反应。工作满意度代表了员工对工作喜好或不喜好的程度，若工作符合员工的期望则产生满足感（Aziri，2011）。众多研究表明，工作满意度与员工的工作绩效、组织承诺、组织忠诚度、离职率密切相关（王怀明，冯文武，2003）；另外，有文献研究表明，工作满意度与主观幸福感（许玲丽，方敏等，2018）、正面思维（牛智勇，2016）等积极心理品质有很强相关。

台湾学者徐光中（1977）将工作满意的定义归纳为三大类：综合性定义、期望差距性定义和参考架构性定义。目前国内外有关工作满意度的研究大多采取参考架构性的定义，因此在测量工作满意度的时候，大多采用多构面的测量方式，如 Vroom（1962）认为工作满意度有 7 个构面，包括组织本身、升迁、工作内容、直接主管、待遇、工作环境和工作伙伴。而 Smith、Kendall 和 Hullin（1969）则仅采用

---

[*] 测评工具研发成果参见：
1. 王晨.（2016）.时间洞察力：问卷修订及对风险驾驶行为的影响.（硕士学位论文，西南大学）.
2. 邓旭芝.（2017）.时间洞察力、拖延对认知控制的影响.（硕士学位论文，陕西师范大学）.
3. 许艳杰.（2009）.大学生未来时间洞察力、成就动机与心理幸福感的关系研究.（硕士学位论文，河北师范大学）.

工作本身、升迁、薪水、上司和工作伙伴等5个构面(柳冰，2007)。因易于施测和衡量，工作满意度测量一般使用问卷测量法进行测量。例如，工作描述指数(JDI)、明尼苏达满意度工作量表(MSQ)、彼得需求满意度调查表(NSQ)等。我国学者冯伯麟(1996)编制了教师工作满意度量表，认为影响教师工作满意度的因素有领导、社会参照、考试压力、个人背景4个因素；卢嘉和时堪等(卢嘉、时勘等，2001)研制出了针对企业员工的工作满意度量表，它的测量结果与MSQ相关达到显著水平。

2. 内容简介

明尼苏达工作满意度量表由Weiss，Dawis，England和Lofquist(1967)编制，分为长式量表和短式量表。长式量表共有20个分量表，分别为能力效价、成就、进取、权威、公司政策训练、补偿、同事、创造力、独立性、道德价值、赞誉、责任、安全感、社会服务、社会地位、人际关系管理、技术管理、多样化和工作条件，每个量表各有5道题，共计100题；短式量表由长式量表得出，包含3个维度，即内在满意度、外在满意度和一般满意度，共计20题，内在满意度为1、2、3、4、7、8、9、10、11、15、16、20项，外在满意度为5、6、12、13、14、19项，一般满意度为20题全部。长式量表和短式量表都采用Likert 5级计分(1代表"非常不满意"，5代表"非常满意")。目前翻译修订和应用最多的是短式量表。

中文版最早由中国台湾学者吴静吉与廖素华修订编译。吴宗怡、徐联仓(1989)也曾对短式量表进行了修订，删除了道德价值、社会服务、稳定性、活动、成就感和同事关系6个题，新增了心情舒畅、信息沟通、福利、胜任、信任和成功6个题，形成了国内版本的MSQ量表(王瓒 2006)。中国台湾蔡秋月也对量表进行了修订，将工作满意度分为工作成长性满足程度、工作条件满足程度、对主管能力满足程度与工作独立自主性满足程度(蔡秋月、黄良志等，2003)。

3. 实施或使用方法

按照经典心理测量学的使用规范来实施。

4. 计分方法与解释

项目均为正向计分,分数越高表明满意度越高,反之越低。

5. 信度与效度

以吴宗怡、徐联仓(1989)研究为例,量表的分半信度系数为 0.93,内部一致性系数在 0.90 左右。蔡秋月等(2003)以台湾南部医护人员为调研对象,发放问卷 1 470 份,检验 KMO 值为 0.910,内部一致性 α 系数值为 0.786。

6. 应用价值与简要评价

MSQ 广泛应用于评价工作者的工作满意度和工作主观感受,是工作满意度领域最具有权威性和应用最多的自评工具,可以在个人和组织中广泛运用。截至 2018 年 12 月,在 Web of Science 里使用次数达到 459 次。我们建议在中文情境和语境下,选择合适的满意度问卷。

参考文献

1. Hoppock R, 1935. *Job Satisfaction*[M]. New York: Harper & Brothers Publishers.
2. Aziri B, 2011. Job satisfaction: a literature review[J]. *Management Research & Practice*, 3(4).
3. Weiss D. J., Dawis R. V., England G. W. & Lofquist L. H, 1967.*Manual for the Minnesota Satisfaction Questionnaire*. Minnesota studies in vacational rehabilitation, No. XII. Minneapolis: Industrial Relations Center, University of Minnesota.
4. 冯伯麟,1996. 教师工作满意及其影响因素的研究[J]. 教育研究,3(2):42—49.
5. 蔡秋月等,2003. 护理人员组织承诺、工作满足与组织公民行为之研究[J],4(1):35—45.
6. 柳冰,2007. 工作满意度理论探讨[J],现代商业,(27):114—115.
7. 卢嘉等,2001. 工作满意度的评价结构和方法[J],中国人力资源开发,(1):15—17.
8. 王怀明,冯文武,2003. 员工工作满意度研究述评[J],商业研究,(9):43—45.
9. 王瓒,2006. 非领导职务公务员工作满意度与工作绩效关系研究[J],大连理工大学.
10. 许玲丽等,2018. 主要领域满意度对幸福影响的动态分析[J],财经研究,44(12):57—69.
11. 牛智勇,2016. 积极心理学视角下正面思维对员工工作满意度的影响研究[D],辽宁大学.

附录

明尼苏达满意度量表

指导语：下面你能看到一些关于你目前工作的评述。仔细阅读这些陈述，确定你对句子中所描述的关于你目前工作的某方面是否满意。然后在括号中填写与你的满意程度一致的数字。

题目	非常不满意	不满意	不确定	满意	非常满意
1. 能够充分发挥我能力的机会。	1	2	3	4	5
2. 我能够从工作中获得的成就感。	1	2	3	4	5
3. 能够一直保持忙碌的状态。	1	2	3	4	5
4. 职位晋升的机会。	1	2	3	4	5
5. 告诉他人该做些什么的机会。	1	2	3	4	5
6. 公司政策实施的方式。	1	2	3	4	5
7. 我的收入与我的工作量。	1	2	3	4	5
8. 同事之间相处的方式。	1	2	3	4	5
9. 自主决定如何完成工作的机会。	1	2	3	4	5
10. 独立工作的机会。	1	2	3	4	5
11. 能够做一些不违背我良心的事情。	1	2	3	4	5
12. 工作表现出色时，所获得的奖励。	1	2	3	4	5
13. 能自己作出判断的自由。	1	2	3	4	5
14. 我的工作的稳定性。	1	2	3	4	5
15. 能够为其他人做些事情的机会。	1	2	3	4	5
16. 在团体中成为重要角色的机会。	1	2	3	4	5
17. 我的老板对待他/她的下属的方式。	1	2	3	4	5
18. 我的上司作决策的能力。	1	2	3	4	5
19. 时不时地能有做一些不同事情的机会。	1	2	3	4	5
20. 工作条件。	1	2	3	4	5

2. 心理资本量表(PCQ-24)*

姚彦莉

(清华大学社会科学学院,北京,100084)

【摘要】 心理资本量表(Psychological Capital Questionnaire,PCQ-24)由Luthans等(2004)编制,广泛应用于评价个体的心理资本和组织管理,是心理资本领域应用最广泛的测评工具。国内已有基于不同领域和对象的多个版本,均符合心理测量学标准。

1. 理论背景

二战以后,随着全球化竞争的加剧,人才的竞争越来越成为各国之间、企业之间最大的竞争。正如生命终生发展理论的创始人埃里克森(1959)所说,那些心理健康的人,那些自尊心很强的人,将是最富有成效的人。Goldsmith(1997)等人认为,一个人的心理资本可能会控制他们的工作动机和工作态度。众多研究表明,在组织管理层面,心理资本与工作绩效、组织承诺、职业倦怠有着强相关(王雁飞,朱瑜,2007);在个体层面,心理资本影响着个体的心理健康、主观幸福感(张阔,张赛等,2010)等。

心理资本是在积极心理学运动的浪潮下提出来的。积极心理学倡导研究人类的优势和美德,它要求以一种更加欣赏的眼光和态度去看待人,发挥人的潜能。在此背景下,积极心理学创始人之一塞利格曼(2002)正式提出心理资本概念,他从社会资本、文化资本的概念理解,来定义心理资本,他认为可以把那些心理成长的状态纳入心理资本的范畴。Luthans(2004)等基于人力资本理论,积极心理学和积极组织行为学理论提出了心理资本的核心概念,认为心理资本是一种积极的心理状态和

---

* 测评工具研发成果参见:
1. 温磊,七十三,张玉柱.(2009).心理资本问卷的初步修订.*中国临床心理学杂志*,17(2).
2. 柯江林,孙健敏,李永瑞.(2009).心理资本:本土量表的开发及中西比较.*心理学报*,41(9):875—888.

心理能力,包括自我效能、希望、乐观、韧性4个维度。自我效能感是指在一定的条件下执行特定任务时,对于自己能够激发动机、认知资源、采取行动最终获得成功的能力有着强烈的信心。希望是指一种基于代理(目标导向的活力)和路径(实现目标的计划)之间的交互作用而产生的成功感的积极动机状态;乐观是指个体把好的事件归因于内部、持久、普遍深入的原因,而把坏的事件归因于外部、暂时和特定情境中的原因的积极解释风格,乐观反映了心理资本中关于积极的看待任务结果和归因事件的一面。这个定义是通过人们对好的事件和坏的事件的解释风格的两个关键维度持久性和普遍深入性来界定的。韧性是指为以在重大危险或困难情境中能积极适应为特征的一类现象(Luthans,Youssef et al.,2007)。

Luthans等人基于4维度编制的心理资本问卷,目前被各国广泛采纳和使用,Avey(2011)等在此基础上开发了短版心理资本问卷(PCQ-12),其他版本的心理资本问卷有11种之多(周末,张铭,2018)。

2. 内容简介

心理资本问卷共有24个条目,每个维度6个条目,自我效能感包括1~6题,希望包括7~12题,韧性包括13~18题,乐观包括19~24题。Likert 6级计分(1代表"非常不同意",6代表"非常同意")。

中文版由李超平翻译完成。温磊等人对心理资本问卷进行了初步修订,删除了1、4、9、10、13、14、20、23题,共计8个条目,每个维度保留4个条目,共由16个条目组成。考虑到东西方文化差异等因素,柯江林等编制了本土心理资本量表,包括人际型心理资本(自信勇敢、乐观希望、奋发进取与坚忍顽强)和事务性心理资本(谦虚诚稳、包容宽恕、尊敬礼让与感恩奉献)两个因素,共计40个条目。

3. 实施或使用方法

按照经典心理测量学的使用规范来实施。

4. 计分方法与解释

13、20、23题是反向计分,其他均为正向计分。测量指标是各维度平均分。得分越高,表明心理资本水平越高。

5. 信度与效度

以温磊的研究为例,将修订后的心理资本问卷对 1 000 名国有企业职工施测,并进行了信效度检验。结果表明,量表具有较好的内部一致性和跨时间的稳定性,问卷的重测相关系数分布在 0.698 2～0.745 3($P<0.01$);探索性和验证性因素分析结果表明,心理资本问卷具有较好的结构效度,各项目在所属维度上的负荷介于 0.604～0.879($P<0.01$),累计方差解释量达 65.484%。各维度与总分的相关系数介于 0.330～0.741($P<0.01$),验证性因素分析的拟合指标也在可接受范围内。

柯江林等采用访谈、问卷调查、文献收集等收集陈述性语句,重新编制 98 条目本土化心理资本量表,分析后最终保留 40 个条目形成简版问卷,并对来自不同性别、学历、教育背景、职业的 1 200 人发放问卷。结果发现,本土化量表有着更好的信效度,从 α 值来看,事务型心理资本各维度信度值在 0.70～0.84($P<0.01$),总体为 0.81;人际型心理资本各维度信度值在 0.71～0.83($P<0.01$),总体为 0.84;本土心理资本总体为 0.86。探索性因子分析表明,本土心理资本量表将心理资本分为人际型心理资本和事务型心理资本是比较合理的。另外,本土心理资本量表有着良好的效标关联效度,与任务绩效、周边绩效以及工作满意度、工作投入与组织承诺显著相关。

6. 应用价值与简要评价

PCQ-24 广泛应用于评价组织和个体的心理资本,是心理资本测量领域最具有代表性的评价工具。考虑到中西方文化因素等差异,我们建议面向不同的特殊群体,选择合适的中文版工具。

参考文献

1. Goldsmith A. H., Veum J. R. & Darity W. Jr, 1997. The impact of psychological and human capital on wages. *Economic Inquiry*, 35(4): 815—829.
2. Avey J. B., Luthans F. & Jensen S. M, 2009. Psychological capital: A positive resource for combating employee stress and turnover. *Human Resource Management*, 48(5): 677—693.

3. Seligman M. E. P. & Csikszentmihalyi M, 2000. Positive psychology: An introduction. *American Psychologist*, 55(1): 5—14.

4. Seligman M. E, 2004. *Authentic happiness: Using the new positive psychology to realize your potential for lasting fulfillment*. Simon and Schuster.

5. Luthans F., et al, 2007. *Psychological capital: Developing the human competitive edge*. Oxford University Press.

6. 温磊,七十三,张玉柱,2009. 心理资本问卷的初步修订. 中国临床心理学杂志,17(2).

7. 柯江林,孙健敏,李永瑞,2009. 心理资本:本土量表的开发及中西比较. 心理学报,41(9): 875—888.

8. 周未,张铭,2018. 心理资本测量研究综述. 人力资源管理,(1): 62—63.

9. 王雁飞,朱瑜,2007. 心理资本理论与相关研究进展. 外国经济与管理,29(5): 32—39.

10. 张阔,张赛,董颖红,2010. 积极心理资本:测量及其与心理健康的关系. 心理与行为研究,8(1): 58—64.

附录

心理资本量表

指导语:下面有一些句子,它们描述了你目前可能是如何看待自己的。请采用下面的选项判断你同意或者不同意这些描述的程度。

题 目	非常不同意	不同意	有点不同意	有点同意	同意	非常同意
1. 我相信自己能分析长远的问题,并找到解决方案。	1	2	3	4	5	6
2. 与管理层开会时,在陈述自己工作范围之内的事情方面我很自信。	1	2	3	4	5	6
3. 我相信自己对公司战略的讨论有贡献。	1	2	3	4	5	6
4. 在我的工作范围内,我相信自己能够帮助设定目标/目的。	1	2	3	4	5	6
5. 相信自己能够与公司外部的人(比如供应商、客户)联系,并讨论问题。	1	2	3	4	5	6
6. 我相信自己能够向一群同事陈述信息。	1	2	3	4	5	6

续表

题 目	非常不同意	不同意	有点不同意	有点同意	同意	非常同意
7. 如果我发现自己在工作中陷入了困境,我能想出很多办法摆脱出来。	1	2	3	4	5	6
8. 目前,我在精力饱满地完成自己的工作目标。	1	2	3	4	5	6
9. 任何问题都有很多解决方法。	1	2	3	4	5	6
10. 眼前,我认为自己在工作上相当成功。	1	2	3	4	5	6
11. 我能想出很多办法来实现我目前的工作目标。	1	2	3	4	5	6
12. 目前,我正在实现我为自己设定的工作目标。	1	2	3	4	5	6
*13. 在工作中遇到挫折时,我很难从中恢复过来,并继续前进。	1	2	3	4	5	6
14. 在工作中,我无论如何都会去解决遇到的难题。	1	2	3	4	5	6
15. 在工作中如果不得不去做,可以说,我也能独立应战。	1	2	3	4	5	6
16. 我通常对工作中的压力能泰然处之。	1	2	3	4	5	6
17. 因为以前经历过很多磨难,所以我现在能挺过工作上的困难时期。	1	2	3	4	5	6
18. 在我目前的工作中,我感觉自己能同时处理很多事情。	1	2	3	4	5	6
19. 在工作中,当遇到不确定的事情时,我通常期盼最好的结果。	1	2	3	4	5	6
*20. 如果某件事情会出错,即使我明智地工作,它也会出错。	1	2	3	4	5	6
21. 对自己的工作,我总是看到事情光明的一面。	1	2	3	4	5	6
22. 对我的工作未来会发生什么,我是乐观的。	1	2	3	4	5	6
*23. 在我目前的工作中,事情从来没有像我希望的那样发展。	1	2	3	4	5	6
24. 工作时,我总相信"黑暗的背后就是光明,不用悲观"。	1	2	3	4	5	6

注释:*代表该题需要采用反向计分。

3. 谦逊领导量表(EHS)*

周凌霄　孙　沛

(清华大学社会科学学院,北京,100084)

【摘要】 谦逊领导量表(Expressed Humility Scale,EHS),由 Owens 等(2013)编制,广泛应用于领导谦逊的研究,是谦逊领导相关研究较有代表性的测量工具,有3维度9个条目。此量表已多次在中国情境下使用,且目前已有针对中国情境开发的6维度19个条目等修订版本,具有良好的信效度,符合心理测量学标准。

1. 理论背景

谦逊自古以来就是中华民族的优良传统美德。谦字由"言"和"兼"构成,寓意为说话要兼顾自己和他人的利益,由此产生谦逊的概念(毛江华等,2017)。Owens 等(2013)认为谦逊包括清晰的自我认识、欣赏他人及新知接受3个维度。领导谦逊的概念在本质上来源于谦逊的概念(毛江华,2017)。谦逊曾一度认为与领导形象是相互矛盾的,但越来越多的研究表明,谦逊可以促进领导更好地制定决策,建立优势关系(Weick,2001),提升员工满意度、工作投入等(Owens,Johnson & Mitchell,2013)。

Owens,Johnson 和 Mitchell(2013)提出了谦逊领导的3个维度,包括对自我的正确认识(willingness to see the self accurately)、对他人能力和贡献的欣赏(appreciation of others strengths and contributions)、对新知的接受(teachability)。对自我的正确认识是指有意愿对个人的局限、缺点以及错误形成

---

* 测评工具研发成果参见:
1. 陈艳虹,张莉,陈龙.(2017).中国文化背景下谦逊型的结构和测量.管理科学,30(3):14—22.
2. 毛江华,廖建桥,韩翼,刘文兴.(2017).谦逊领导的影响机制和效应:一个人际关系视角.心理学报,49(9):1219—1233.
3. 曲庆,何志婵,梅哲群.(2013).谦卑领导行为对领导有效性和员工组织认同影响的实证研究.中国软科学,7:101—109.

正确认识;对他人能力和贡献的欣赏是指承认下属对团队或组织的价值,而这只有当领导对下属进行真诚的、实质性的称赞,并且真诚地欣赏他人的贡献时才被认为是有效的;对新知的接受是指对新观点和信息的开放态度、先听后说以及乐于接受反馈。

对于谦逊测量,可以从情境性(situational)以及特质性(dispositional)两个层面进行,主要包括自我报告、内隐测量、比较测量以及他人报告等测量方式(毛江华,2017)。

2. 内容简介

谦逊领导量表由 Owens 等(2013)编制,共 9 个条目。清晰的自我认识、欣赏他人以及新知接受 3 个维度各由 3 个项目测量。Likert 7 级计分(1 代表"完全不同意",7 代表"完全同意")。

OU(2014)等人在 Owens 的基础上,开发了中国情境下的谦逊 CEO 6 维量表,包括自我觉知(self-awareness)、对反馈的开明(openness to feedback)、欣赏他人(appreciation of others)、卓越的自我概念(transcendent self-view)、低自我中心(low self-focus)以及追求自我超越(self-transcendent pursuit)。

曲庆等(2013)、毛江华等(2017)采用回译与专家讨论的方法完整使用了 Owens 等(2013)编制的 3 维度 9 条目量表。

3. 实施或使用方法

按照经典心理测量学的使用规范来实施。

4. 计分方法与解释

各题目均为正向计分。清晰的自我认识包括 1、2、3 题;欣赏他人包括 4、5、6 题;新知接受包括 7、8、9 题。测量指标是总分相加,得分越高,代表领导谦逊程度越高。

5. 信度与效度

Owens 等(2013)编制的 3 维度 9 个条目量表已被诸多学者在中国情境下使

用,显示出良好的信度(毛江华等,2017)。以毛江华等(2017)的研究为例,采用标准翻译—回译程序,运用谦逊领导量表、关系亲近性量表、领导成员交换量表、建言行为量表、帮助行为量表以及下属归因的领导谦逊动机量表对13家企业、72个团队的350名成员进行测试,最终回收具有有效区配效果的团队领导64份,团队员工295份。结果显示,谦逊领导量表总体信度为0.95;谦逊领导与关系亲近性正相关($r=0.49, P<0.001$),与建言正相关($r=0.24, P<0.001$),与帮助行为正相关($r=0.37, P<0.001$)。

曲庆、何志婵、梅哲群(2013)使用领导有效性问卷、组织认同问卷、谦卑领导量表调查了54家企业,收回有效问卷1 240份。结果显示,本研究中,谦卑领导量表的内部一致性α系数为0.94。

6. 应用价值与简要评价

谦逊领导量表广泛应用于评价领导谦逊,是谦逊领导领域具有代表性的测量工具。截至2019年1月,在Web of Science里被引81次。

参考文献

1. Hook J. N., Davis D. E., Owen J., Worthington E. L. & Utsey S. O, 2013. Cultural Humility: Measuring Openness to Culturally Diverse Clients. *Journal of Counseling Psychology*, 60(3): 353—366.
2. Owens B. P, 2009. *Humility in organizational leadership*. Seattle, WA: University of Washington.
3. Owens B. P. & Hekman D. R, 2012. Modeling How to Grow: An Inductive examination of Humble leader Behaviors, Contingencies, and Outcomes. *Academy of Management Journal*, 55(4): 787—818.
4. Owens B. P., Johnson M. D. & Mitchell T. R, 2013. Expressed Humility in Organizations: Implications for Performance, Teams, and Leadership. *Organization Science*, 24(5): 1517—1538.
5. Ou A. Y., Tsui A. S., Kinicki A. J., Waldman D. A., Xiao Z. X. & Song L. J, 2014. Humble Chief Executive Officers' Connections to Top Management Team Integration and Middle Managers' Responses. *Administrative Science Quarterly*, 59(1): 34—72.

6. 毛江华,2017.理性选择视角下领导谦逊行为的概念、成因及其影响效应研究.(博士学位论文,华中科技大学).

7. 毛江华,廖建桥,韩翼,刘文兴,2017.谦逊领导的影响机制和效应:一个人际关系视角.心理学报,49(9):1219—1233.

8. 曲庆,何志婵,梅哲群,2013.谦卑领导行为对领导有效性和员工组织认同影响的实证研究.中国软科学,7:101—109.

附录

谦逊领导量表

指导语:请根据你的真实情况对下面的陈述进行选择,1代表"完全不同意",7代表"完全同意"。

真实情况是……	完全不同意						完全同意
1. 我的领导积极地寻求反馈,即使是负面反馈。	1	2	3	4	5	6	7
2. 我的领导承认他人有超过自己的知识和能力。	1	2	3	4	5	6	7
3. 我的领导承认自己有时不知道怎么做事情。	1	2	3	4	5	6	7
4. 我的领导能意识到他人的优势和长处。	1	2	3	4	5	6	7
5. 我的领导经常对他人的长处表示赞赏。	1	2	3	4	5	6	7
6. 我的领导对他人的贡献表示欣赏。	1	2	3	4	5	6	7
7. 我的领导愿意向他人学习。	1	2	3	4	5	6	7
8. 我的领导愿意倾听他人的想法和建议。	1	2	3	4	5	6	7
9. 在处理问题时,我的领导愿意听取他人的意见。	1	2	3	4	5	6	7

来源:毛江华,廖建桥,韩翼,刘文兴.(2017).谦逊领导的影响机制和效应:一个人际关系视角.心理学报,49(9):1219—1233.

4. 生涯适应力量表(CAAS)[*]

黄琳妍

(北京教育学院心理学系,北京,100120)

【摘要】 生涯适应力量表(Career Adapt-Abilities Scale,CAAS)由 Savickas 等(2012)编制,广泛应用于评价个体应对职业变化和职业发展的心理资源,是生涯发展领域最具代表性的自评工具。国内已有该量表的中文修订版(CAAS-China),已在大学生和企业员工等群体中修订,均符合心理测量学标准。

1. 理论背景

生涯适应力是生涯发展理论的最新进展。Savickas(1997,2005)基于生涯建构理论对舒伯生涯发展理论中的生涯成熟概念进行的阐述和发展,后续的学者们都把它作为生涯发展的核心概念(于海波,郑晓明,2013)。生涯适应力是个体应对生涯中的任务、问题、转折甚至是重大事件时的心理资源,是个体应对职业变化和职业发展的一种资源(Savickas & Porfeli,2012),体现了个体在生涯发展过程中面对外部挑战所具备的核心能力(Hou,Leung,Li & Xu,2012)。

生涯适应力依照从抽象到具体可分三个层次来理解。首先是最抽象的层次,由生涯关注(career concern)、生涯控制(career control)、生涯好奇(career curiosity)、生涯自信(career confident)构成,分别对应着"我有未来吗?""谁拥有我的未来?""未来我想要做什么?"和"我能做到吗?"4个重要职业生涯发展问题(赵小云,郭成,2010)。中间层次是生涯适应力的主要内容,Savickas 将其归纳为 ABCs:态度(attitudes)、信念(beliefs)、能力(competencies)。底下是最具体的

---

[*] 测评工具研发成果参见:
  1. Savickas M. L. & Porfeli, E. J. (2012). Career adaptabilities scale: Construction, reliability, and measurement equivalence across 13 countries. *Journal of Vocational Behavior*, 80(3): 661—673.
  2. Hou Z. J., Leung S. A., Li X. X., Li X., Xu H. (2012). Career adapt-abilitiesscale-China form: Construction and initial validation. *Journal of Vocational Behavior*, 80(3): 686—691.

层次,是各种具体的个体职业行为(vocational behavior),主要是面对外部职业环境变化所作出的自我调整的应对策略(关翩翩,李敏,2015)。

2008~2012年,Savickas联合了多国学者对生涯适应力的操作化定义进行补充、完善,通过定量和定性两种研究范式,共同推动生涯适应力的可操作化进程(Savickas & Profeli, 2012)。其中,最显著成果是13个国家和地区合作开发的生涯适应力量表(Career Adapt-Ability Scale, CAAS)。

2. 内容简介

生涯适应力量表由Savickas等(2012)编制,共24个题项,4个维度分别为生涯关注、生涯控制、生涯好奇和生涯自信,各维度由6个题项组成,Likert 5级计分(1代表"不强",5代表"非常强")。

2012年,Savickas在生涯建构的理论框架下经过十多年研究探索与实践,与全球13个国家与地区的生涯发展研究学者共同完成生涯适应力量表国际版(Career Adapt-Ability Scale-international 2.0, Savickas & Porfeli, 2012)的开发编制工作,中国大陆侯志瑾教授参与了该跨文化量表的翻译与修订。

3. 实施或使用方法

按照经典心理测量学的使用规范来实施。

4. 计分方法与解释

Likert 5级计分,分别是不强、不太强、一般、比较强、非常强,各赋值1、2、3、4、5,分数越高表示个体在每项能力上的发展程度越高,即优势越强,无反向计分题。量表共包含生涯关注、生涯控制、生涯好奇和生涯自信4个维度,分别对应1~6题、7~12题、13~18题与19~24题。测量总分越高,代表生涯适应力越强。

5. 信度与效度

以Hou等人(2012)的研究为例,采用生涯适应力量表中文修订版(CAAS-China,24道题)、生涯适应力量表国际版(CAAS-International Form 1.0,44道题)、生涯适应力量表中文初始版(CAAS-China Research,56道题)对296名大学生进行了测试,对量表的信效度进行检验。结果表明该量表的信度良好,α 系数为 0.89,且结构效度较高,RMSEA＝0.064,SRMR＝0.057,在中国大学生群体中有很好的适用性。

田静(2015)对 Hou 等人(2012)修订的 CAAS-China 在 405 名企业员工中进行了测试。结果表明,企业员工的生涯适应力结构与 Hou 等(2012)对大学生生涯适应力的结构分析一致。表明中文版生涯适应力量表在企业员工中依然具有较好的适用性,信效度较好。具体而言,生涯适应力是二阶 4 因素结构,含生涯关注(α＝0.866)、生涯控制(α＝0.838)、生涯好奇(α＝0.861)、生涯自信(α＝0.846)4 个维度,总量表内部一致性 α 系数为 0.936。验证性因素分析表明：χ^2/df＝3.48,NFI＝0.95,CFI＝0.96,RMSEA＝0.078。

6. 应用价值与简要评价

近年来,生涯适应力量表(CAAS)已在国际学术研究中被广泛使用,多个中国情境下的实证研究也表明生涯适应力量表中文版(CAAS-China)具有较高的信度和效度(田静,2015;关翩翩,2017)。我们建议在中文情境中,面向大学生或企业员工,可以选择使用 CAAS-China。

参考文献

1. Hou Z. J., Leung S. A., Li X. X., Li X. & Xu H, 2012. Career Adapt-Abilities Scale—China form: Construction and initial validation[J]. *Journal of Vocational Behavior*, 80: 686—690.
2. Savickas M. L, 1997. Career adaptability: An integrative construct for life-span, life-space theory[J]. *Career Development Quarterly*, 45(3): 247—259.
3. Savickas M. L. & Porfeli E. J, 2012. Career adaptabilities scale: Construction, reliability, and measurement equivalence across 13 countries[J]. *Journal of Vocational Behavior*, 80(3): 661—673.
4. 关翩翩, 2017. 员工生涯适应力研究：自我与组织职业生涯管理的影响及其结果[D]. (博士学位论文, 华南理工大学).
5. 关翩翩, 李敏, 2015. 生涯建构理论：内涵、框架与应用[J]. 心理科学进展, 23(12): 2177—2186.

6. 田静,2015.企业员工生涯适应力:组织职业生涯管理与工作投入的关系研究[D].(硕士学位论文,南京师范大学).
7. 于海波,郑晓明.(2013).生涯适应力的作用:个体与组织层的跨层面分析.心理学报,45(6):680—693.
8. 赵小云,郭成.(2010).国外生涯适应力研究述评.心理科学进展,18(9):1503—1510.

附录

生涯适应力量表

指导语:每个人在建立自己的生涯时,都有不同的优势。没有人擅长做所有的事情,我们每个人都比其他人更善用某些能力。请对量表中每项能力的程度进行自我评估并打分(1=不强,2=有点强,3=中等,4=比较强,5=非常强)。

题 目	不强	有点强	中等	比较强	非常强
1. 思考我的未来会是什么样的	1	2	3	4	5
2. 意识到现在的选择会塑造我的未来	1	2	3	4	5
3. 为未来做准备	1	2	3	4	5
4. 觉察到我必须要做出教育和职业选择	1	2	3	4	5
5. 计划如何实现我的目标	1	2	3	4	5
6. 关注我的职业生涯	1	2	3	4	5
7. 保持乐观	1	2	3	4	5
8. 靠自己作决定	1	2	3	4	5
9. 为我的行为负责	1	2	3	4	5
10. 执着于我的信念	1	2	3	4	5
11. 依靠我自己	1	2	3	4	5
12. 做自己认为正确的事	1	2	3	4	5
13. 探索我周围的环境	1	2	3	4	5
14. 寻找机会得到成长	1	2	3	4	5
15. 做选择前调查各种可能的选择	1	2	3	4	5
16. 观察别人做事的不同方式	1	2	3	4	5

5. 体验购买倾向量表（EBTS）*

周凌霄　孙　沛

（清华大学社会科学学院，北京，100084）

【摘要】 体验购买倾向量表（Experiential Buying Tendency Scale，EBTS）由 Howell，Pchelin 和 Lyer（2012）编制，用于评价个体体验式购买倾向，量表共有4个题项，是消费类型领域比较具有代表性的测量工具。国内已有大学生等修订版本，符合心理测量学标准。

1. 理论背景

消费是社会再生产过程中的一个重要环节，消费的本质是满足和创造人的需要。在马克思看来，消费是人类生存的基本方式，是人们在满足自己生存和生活需要的过程中产生的一种社会现象（梁爱强，2011）。在积极心理学的研究中，人们也非常重视消费带来的快乐与主观幸福感。

Van Boven 和 Gilovich（2003）将消费类型分为体验消费/购买（experiential purchases）和实物消费/购买（material purchases），这一观点目前已经得到学界普遍的认同。体验购买是指为了获得生活经历或经验而产生的购买行为，实物购买是指为了拥有物品类商品而进行的消费行为（曾陶然等，2017）。对消费类型的测量方法包括实验操纵与心理测量，实验操纵常用的三种方式分别为回忆、想象和行为选择（陈炜，郭国庆，陈凤超，2014），心理测量一般采用问卷的形式。越来越多的研究表明，相对于实物购买，体验购买可以带给个体更多的快乐和主观幸福感（曾陶然，徐凤，蒋奖，2016；Howell & Hill，2009），更少地产生享乐适应（Pchelin & Howell，2014）。

体验购买倾向是指个体进行购买时倾向于体验性消费还是倾向于实用性消

---

* 测评工具研发成果参见：
1. 张锐.（2018）.*对"体验消费优先论"的检验*.（硕士学位论文，上海师范大学）.

费的程度(张锐,2018)。一般来讲,这种倾向是个体习惯性的购买方式,是一种长期稳定的特质。由于体验购买和实物购买不是二分变量,而是一个连续体的两端(Nicolao,Irwin & Goodman,2009),因此这种倾向反映了个体购买类型在这个连续体的相对位置。

目前相关研究主要涉及对个体消费类型的界定与测量(蒋奖,徐凤,曾陶然,徐亚一,2014)以及不同购买类型与幸福感、快乐的关系(Nicolao,Irwin & Goodman,2009;蒋奖,徐凤,曾陶然,徐亚一,2014;曾陶然,徐亚一,蒋奖,2017)等方面。

2. 内容简介

体验式购买倾向量表由 Howell,Pchelin 和 Lyer(2012)编制,共 4 个条目,Likert 7 级计分(1 代表"一件实物",7 代表"一次生活体验";1 代表"物质商品",7 代表"活动";1 代表"一点也不",7 代表"很大程度上")。

中文版已有张锐(2018)针对大学生群体的修订版本,删除了原量表的第 4 题,形成了 3 个题项的体验购买倾向量表中文版,1~10 计分(1 代表"买生活实用品",10 代表"用于生活体验";1 代表"购买生活用品",10 代表"参与各种活动";1 代表"一点也不像",10 代表"太像他们了")。

3. 实施或使用方法

按照经典心理测量学的使用规范来实施。

4. 计分方法与解释

第 4 题为反向计分,其他均为正向计分。测量指标是分数加和,求平均分。得分(1~7)越高,表明个体体验式购买倾向程度越高。

5. 信度与效度

以张锐(2018)的研究为例,采用修订的购买幸福感问卷(Purchase-related Well-being)、体验购买倾向量表(Experiential Buying Tendency Scale,EBTS)、物质主义价值观量表(Material Values Scale,MVS)、大学生基本心理需要量表

(Basic Needs Satisfaction in General Scale of Undergraduates)中文版本,对 133 名大学生进行测试,最终对 120 份有效数据进行分析。结果显示,保留全部 4 题的 KMO 值为 0.687,累积方差贡献率为 49.298%;删去第 4 题,KMO 值为 0.685,累积方差贡献率上升为 65.371%,因此删去第 4 题,形成 3 个题项的中文版。

6. 应用价值与简要评价

EBTS 越来越多地应用于评价个体的体验式购买倾向,是消费类型领域具有代表性的测量工具。截至 2019 年 2 月,在 Web of Science 里被引 31 次。

参考文献

1. Howell R. T., Pchelin P. & Iyer R, 2012. The preference for experiences over possessions: Measurement and construct validation of the Experiential Buying Tendency Scale[J]. *Journal of Positive Psychology*, 7(1): 57—71.
2. Howell R. T. & Hill G, 2009. The mediators of experiential purchases: Determining the impact of psychological needs satisfaction and social comparison[J]. *The Journal of Positive Psychology*, 4(6): 511—522.
3. Pchelin P. & Howell R. T, 2014. The hidden cost of value-seeking: People do not accurately forecast the economic benefits of experiential purchases[J]. *The Journal of Positive Psychology*, 9(4): 322—334.
4. Nicolao L., Irwin J. R. & Goodman J. K, 2009. Happiness for sale: Do experiential purchases make consumers happier than material purchases?[J]. *Journal of Consumer Research*, 36(2): 188—198.
5. Van B. L. & Gilovich T, 2003. To do or to have? that is the question[J]. *Journal of Personality & Social Psychology*, 85(6): 1193.
6. 陈炜,郭国庆,陈凤超, 2014. 消费类型影响幸福感的实验研究述评与启示[J]. *市场营销*, 26(12): 45—55.
7. 蒋奖,徐凤,曾陶然,徐亚一, 2014. 体验购买与实物购买:概念、测量及其与快乐的关系[J]. *心理科学进展*, 22(11): 1782—1790.
8. 梁爱强, 2011. 马克思消费思想的人学意蕴[J]. *求是*, 12: 7—11.
9. 张锐, 2018. 对"体验消费优先论"的检验[D]. (硕士学位论文,上海师范大学).

10. 曾陶然,徐亚一,蒋奖,2017.体验购买、实物购买与幸福感：关系需要满足的中介作用[J].心理科学,40(1)：168—173.

11. 曾陶然,徐凤,蒋奖,2016.消费者的购买类型与幸福感的关系[J].中国临床心理学杂志,24(2)：352—355.

附录1

体验购买倾向量表

1. 一般来说,我有闲钱的话,往往会去……

买生活实用品　　　　　　　　　　　　　　　　　　用于生活体验

| 1 | 2 | 3 | 4 | 5 | 6 | 7 | 8 | 9 | 10 |

2. 当我想变得快乐时,我往往喜欢把钱用在……上

购买生活用品　　　　　　　　　　　　　　　　　　参与各种活动

| 1 | 2 | 3 | 4 | 5 | 6 | 7 | 8 | 9 | 10 |

3. 有的人往往把钱用在大量不同的生活体验上(如下馆子、听音乐会、旅游等)。他们热衷于参加每天碰到或经历的活动以享受生活。你和这种人有多像？

一点也不像　　　　　　　　　　　　　　　　　　　太像他们了

| 1 | 2 | 3 | 4 | 5 | 6 | 7 | 8 | 9 | 10 |

4. 有的人往往把钱用在大量的实用物品上(如手机、衣物等)。他们热衷于购买自己能拥有或保存的东西来享受生活。你和这种人有多像？

一点也不像　　　　　　　　　　　　　　　　　　　太像他们了

来源：张锐.(2018).对"体验消费优先论"的检验.硕士学位论文,上海师范大学.

附录2

The EBTS

In this section of the survey we would like to know more about the purchasing choices you are typically more likely to make. A material item is something tangible, such as jewelry or clothes. An experiential item is something that is intangible, like going out to dinner or going on vacation. Using the scale below as a guide, indicate your preferences.

Item 1. In general, when I have extra money I am likely to buy ……

A material item   A life experience

1	2	3	4	5	6	7

Item2. When I want to be happy, I am more likely to spend my money on……

Material goods   Activities and events

1	2	3	4	5	6	7

Item 3. Some people generally spend their money on a lot of different life experiences (e.g., eating out, going to a concert, traveling, etc). They go about enjoying their life by taking part in daily activities they personally encounter and live through. To what extent does this characterization describeyou?

Not at all   A great deal

1	2	3	4	5	6	7

Item 4. Some people generally spend their money on a lot of material goods and products (e.g.,jewelry, clothing).They go about enjoying their life by buying physical objects that they can keep in their possession. To what extent does this characterization describe you?

Not at all   A great deal

1	2	3	4	5	6	7

来源：Howell R. T., Pchelin P. &Iyer R. (2012). The preference for experiences over possessions: Measurement and construct validation of the Experiential Buying Tendency Scale. *Journal of Positive Psychology*, 7(1): 57—71.

附录

1. 心理测验管理条例

（中国心理学会，2015年5月）

第一章 总则

第1条 为促进中国心理测验的研发与应用，加强心理测验的规范管理，根据国家有关法律法规制定本条例。

第2条 心理测验是指测量和评估心理特征（特质）及其发展水平，用于研究、教育、培训、咨询、诊断、矫治、干预、选拔、安置、任免、就业指导等方面的测量工具。

第3条 凡从事心理测验的研制、修订、使用、发行、销售及使用人员培训的个人或机构都应遵守本条例以及中国心理学会《心理测验工作者职业道德规范》的规定，有责任维护心理测验工作的健康发展。

第4条 中国心理学会授权其下属的心理测量专业委员会负责心理测验的登记和鉴定，负责心理测验使用资格证书的颁发和管理，负责心理测验发行、出售和培训机构的资质认证。

第二章 心理测验的登记

第5条 凡个人或机构编制或修订完成，用以研究、测评服务、出版、发行与销售的心理测验，都应到中国心理学会心理测量专业委员会申请登记。

第6条　登记是心理测验的编制者、修订者、版权持有者或其代理人到中国心理学会心理测量专业委员会就其测验的名称、编制者(修订者)、版权持有者、测量目标、适用对象、测验结构、示范性项目、信度、效度等内容予以申报,中国心理学会心理测量专业委员会按照申报内容备案存档并予以公示。心理测验登记的申请者应当向中国心理学会心理测量专业委员会提供测验的完整材料。

第7条　测验登记的申请者必须确保所登记的测验不存在版权争议。凡修订的心理测验必须提交测验原版权所有者的书面授权证明。

第8条　中国心理学会心理测量专业委员会在收到登记申请后,将申请登记的测验在中国心理学会心理测量分会的有关刊物和网站上公示3个月(条件具备时同时在相关学术刊物公示)。3个月内无人对版权提出异议的,视为不存在版权争议;有人提出版权异议的,责成申请者提交补充证明材料,并重新公示(公示期重新计算)。

第9条　公示的测验内容包括但不限于测验的名称、编制者(修订者)、版权所有者、测量目标、适用对象、结构、示范性项目、信度和效度。

第10条　对申请登记的测验提出版权异议需要提供有效证明材料。1个月内不能提供有效证明材料的版权异议不予采纳。

第11条　中国心理学会心理测量专业委员会只对登记内容齐备、能够有效使用、没有版权争议的心理测验提供登记。凡经过登记的心理测验,均给予统一的分类编号。

第三章　心理测验的鉴定

第12条　心理测验的鉴定是指由中国心理学会心理测量专业委员会指定的专家小组遵循严格的认证审核程序对测验的科学性、有效性及其信息的真实性进行审核验证的过程。

第13条　心理测验只有获得登记才能申请鉴定。中国心理学会心理测量专业委员会只对没有版权争议、经过登记的心理测验进行鉴定,只认可经科学程序开发且具有充分科学证据的心理测验。

第14条　中国心理学会心理测量专业委员会每年受理两次测验鉴定的申请。第15条鉴定申请材料包括但不限于以下内容：测验(工具)、测验手册(用户手册和技术手册)、记分方法、计分方法、测验科学性证明材料、信效度等研究的原始数据、测试结果报告案例、信息函数、题目参数、测验设计、等值设计、题库特征等内容资料。

第 16 条 对不存在版权争议的测验，中国心理学会心理测量专业委员会组织专家在 3 个月内完成鉴定。

第 17 条 鉴定工作程序包括初审、匿名评审、公开质证和结论审议 4 个环节。

1) 初审主要审核鉴定申请材料的完备程度和是否存在版权争议。

2) 初审符合要求后进入匿名评审。匿名评审按通讯方式进行。参加匿名评审的专家有 5 名（或以上），每个专家都要独立出具是否同意鉴定的书面评审意见。无论鉴定是否通过，参与匿名评审专家的名单均不予以公开，专家本人也不得向外泄露。

3) 匿名评审通过后进入公开质证，由鉴定申请者方面向鉴定专家小组说明测验的理论依据、编修或开发过程、相关研究和实际应用等情况，回答鉴定专家小组成员以及旁听人员对测验科学性的质询。鉴定专家小组由 5 名以上专家组成，成员由中国心理学会心理测量专业委员会聘任或指定。

4) 公开质证结束后进入结论审议。鉴定专家小组闭门讨论，以无记名方式投票表决，对测验做出科学性评级。科学性评级分 A 级（科学性证据丰富，推荐使用）、B 级（科学性证据基本符合要求，可以使用）、C 级（科学性证据不足，有待完善）。

第 18 条 为保证测验鉴定的公正性，规定如下：

1) 测验的编制者、修订者和鉴定申请者不得担任鉴定专家，也不得指定鉴定专家；

2) 为所鉴定测验的科学性和信息真实性提供主要证据的研究者或者证明人不得担任鉴定专家；

3) 参加鉴定的专家应主动回避直系亲属及其他可能影响公正性的测验鉴定；

4) 参与鉴定的专家应自觉维护测验评审工作的科学性和公正性，评审时只代表自己，不代表所在部门和单位。

第 19 条 为切实保护鉴定申请者和鉴定参与者的权益，参加鉴定和评审工作的所有人员均须遵守以下规定：

1) 不得擅自复制、泄露或以任何形式剽窃鉴定申请者提交的测验材料；

2) 不得泄露评审或鉴定专家的姓名和单位；

3) 不得泄露评审或鉴定的进展情况和未经批准和公布的鉴定或评审结果。

第 20 条　对于已经通过鉴定的心理测验,中国心理学会心理测量专业委员会颁发相应级别的证书。

第四章　测验使用人员的资格认定

第 21 条　使用心理测验从事职业性的或商业性的服务,测验结果用于教育、培训、咨询、诊断、矫治、干预、选拔、安置、任免、指导等用途的人员,应当取得测验的使用资格。

第 22 条　测验使用人员的资格证书分为甲、乙、丙三种。甲种证书仅授予主要从事心理测量研究与教学工作的高级专业人员,持此种证书者具有心理测验的培训资格。乙种证书授予经过心理测量系统理论培训并通过考试,具有一定使用经验的人。丙种证书为特定心理测验的使用资格证书,此种证书需注明所培训使用的测验名称,只证明持有者具有使用该测验的资格。

第 23 条　申请获得甲种证书应具有副高以上职称和 5 年以上心理测验实践经验,需由本人提出申请,经 2 名心理学教授推荐,由中国心理学会心理测量专业委员会统一审查核发。

第 24 条　申请获得乙种和丙种证书需满足以下条件之一:

1) 心理专业本科以上毕业;

2) 具有大专以上(含)学历,接受过中国心理学会心理测量专业委员会备案并认可的心理测量培训班培训,且考核合格。

第 25 条　心理测验使用资格证书有效期为 4 年。4 年期满无滥用或误用测验记录,有持续从事心理测验研究或应用的证明(如论文、被测者承认的测试结果报告,或测量专家的证明),或经不少于 8 个小时的再培训,予以重新核发。

第 26 条　中国心理学会心理测量专业委员会对获得心理测验使用资格的人颁发相应的证书。

第五章　测验使用人员的培训

第 27 条　为取得心理测验使用资格证书举办的培训,必须包括有关测验的理论基础、操作方法、记分、结果解释和防止其滥用或误用的注意事项等内容,安排必要的操作练习,并进行严格的考核,确保培训质量。学员通过考核方能颁发心理测验使用资格证书。

第 28 条　在心理测验培训中,应将中国心理学会心理测量专业委员会颁布的心理测验管理条例与心理测验工作者职业道德规范纳入培训内容。

第 29 条　培训班所讲授的测验应当经过登记和鉴定。为尊重和保护测验编制者、修订者或版权拥有者的权益,培训班所讲授的测验应得到测验版权所有者的授权。

第 30 条　培训班授课者应持有心理测验甲种证书(讲授自己编制的、已通过登记和鉴定的测验除外)。

第 31 条　中国心理学会心理测量专业委员会对心理测验使用资格的培训机构进行资质认证,并对培训质量进行监控管理。

第 32 条　通过资质认证的培训机构举办心理测量培训班需到中国心理学会心理测量专业委员会申报登记,并将培训对象、培训内容、课时安排、考核方法、收费标准与详细培训计划及授课人的基本情况上报备案。中国心理学会坚决反对不具有培训资质的培训机构或者个人举办心理测验使用培训。

第 33 条　培训的举办者有责任对培训人员的资质情况进行审核。

第 34 条　培训中应严格考勤。学员因故缺席培训超过 1/3 以上学时的,或者未能参加考核的,不得颁发资格证书。

第 35 条　培训结束后,主办单位应将考勤表、试题及学员考核成绩等培训情况报中国心理学会备案。凡通过考核的学员需填写心理测量人员登记表。

第 36 条　中国心理学会心理测量专业委员会建立心理测验专业人员档案库,对获得心理测验使用资格者和专家证书者进行统一管理。凡参加中国心理学会心理测量专业委员会审批认可的心理测量培训班学习并通过考核者,均予颁发心理测验使用资格证书,列入中国心理学会心理测量专业委员会专业心理测验人员库。

第六章　测验的控制、使用与保管

第 37 条　经登记和鉴定的心理测验只限具有测验使用资格者购买和使用。未经登记和鉴定的心理测验中国心理学会心理测量专业委员会不予以推荐使用。

第 38 条　为保护测验开发者的权益,防止心理测验的误用与滥用,任何机构或个人不得出售没有得到版权或代理权的心理。

第 39 条　凡个人和机构在修订与出售他人拥有版权的心理测验时,必须首先征得该测验版权所有者的同意；印制、出版、发行与出售心理测验器材的机构应该到中国心理学会心理测量专业委员会登记备案，并只能将测验器材售予具有测验使用资格者；未经版权所有者授权任何网站都不能使用标准化的心理量表，不得制作出售任何心理测验的有关软件。

第40条 任何心理测验必须明确规定其测验的使用范围、实施程序以及测验使用者的资格，并在该测验手册中予以详尽描述。

第41条 具有测验使用资格者，可凭测验使用资格证书购买和使用相应的心理测验器材，并负责对测验器材的妥善保管。

第42条 测验使用者应严格按照测验指导手册的规定使用测验。在使用心理测验结果作为诊断或取舍等重要决策的参考依据时，测验使用者必须选择适当的测验，并确保测验结果的可靠性。测验使用的记录及书面报告应妥善保存3年以备检查。

第43条 测验使用者必需严格按测验指导手册的规定使用测验。在使用心理测验结果作为重要决策的参考依据时，应当考虑测验的局限性。

第44条 个人的测验结果应当严格保密。心理测验结果的使用须尊重测验被测者的权益。

第七章　附则

第45条 对于已经通过登记和鉴定的心理测验，中国心理学会心理测量专业委员会协助版权所有者保护其相关权益。

第46条 中国心理学会心理测量专业委员会对心理测验进行日常管理。为方便心理测验的日常管理和网络维护，对测验的登记、鉴定、资格认定和资质认证等项服务适当收费，制定统一的收费标准。

第47条 测验开发、登记、鉴定和管理中凡涉及国家保密、知识产权和测验档案管理等问题，按国家和中国心理学会有关规定执行。

第48条 中国心理学会对违背科学道德、违反心理测验管理条例、违背《心理测验工作者道德准则》和有关规定的人员或机构，视情节轻重分别采取警告、公告批评、取消资格等处理措施，对造成中国心理学会权益损害的保留予以法律追究的权力。

第49条 本条例自中国心理学会批准之日起生效，其修订与解释权归中国心理学会心理测量专业委员会。

2. 心理测验工作者的道德准则

(中国心理学会,1992 年 12 月)

心理测验在鉴别智力、因材施教、人才选择、就业指导、临床诊断等方面具有作为咨询鉴定和预测工具的效能。凡在诊断、鉴定、咨询及人员选择等工作中使用心理测验的人员,必须具备心理测量专业委员会所认定的资格。在使用心理测验时,心理测验工作者应高度重视科学性与客观性原则,不利用职位或业务关系妨碍测验功能的正常发挥。使用心理测验的人员,有责任遵循下列道德准则。

一、心理测验工作者应知道自己承担的重大社会责任,对待测验工作须持有科学、严肃、谨慎、谦虚的态度。

二、心理测验工作者应自觉遵守国家的各项法令与法规,遵守《心理测验管理条例》。

三、心理测验工作者在介绍测验的效能与结果时,必须提供真实和准确的信息,避免感情用事,虚假的断言和曲解。

四、心理测验工作者应尊重被测者的人格,对测量中获得的个人信息要加以保密,除非对个人或社会可能造成危害的情况,才能告知有关方面。

五、心理测验工作者应保证以专业的要求和社会的需求来使用心理测验,不得滥用和单纯追求经济利益。

六、为维护心理测验的有效性,凡规定不宜公开的心理测验内容、器材、评分标准以及常模等,均应保密。

七、心理测验工作者应以正确的方式将所测结果告知被测者或有关人员,并提供有益的帮助与建议。在一般情况下,只告诉测验的解释,不要告诉测验的具体分数。

八、心理测验工作者及心理测量机构之间在业务交流中,应以诚相待,互相学习,团结协作。

九、在编制、修订或出售、使用心理测验时,应考虑到可能带来的利益冲突,避免有损于心理测量工作的健康发展。